Das neuseeländische Accident Compensation Scheme

Frankfurter Abhandlungen zum Sozialrecht

Herausgegeben von Ingwer Ebsen, Franz Ruland und Michael Stolleis

Band 10

PETER LANG

Frankfurt am Main · Berlin · Bern · Bruxelles · New York · Oxford · Wien

Olaf Dziallas

Das neuseeländische Accident Compensation Scheme

Haftungsersetzung durch Volksunfallversicherung

PETER LANG
Europäischer Verlag der Wissenschaften

Bibliografische Information Der Deutschen Bibliothek
Die Deutsche Bibliothek verzeichnet diese Publikation in der Deutschen Nationalbibliografie; detaillierte bibliografische Daten sind im Internet über <http://dnb.ddb.de> abrufbar.

Zugl.: Frankfurt (Main), Univ., Diss., 2005

D 30
ISSN 0944-1263
ISBN 3-631-54749-8

www.peterlang.de

Meinem Großvater

Gerhard Dziallas

(11.05.1917 – 26.01.2002)

'Injury arising from accident demands an attack on three fronts. The most important is obviously prevention. Next in importance is the obligation to rehabilitate the injured. Thirdly, there is the duty to compensate them for their losses.'

Sir Owen Woodhouse

Vorwort

Die vorliegende Arbeit wurde im Sommersemester 2005 von der Juristischen Fakultät der Johann Wolfgang Goethe-Universität Frankfurt am Main als Dissertation angenommen. Literatur und Rechtsprechung konnten danach weitestgehend bis Oktober 2005 berücksichtigt werden.

Mein Dank gilt an allererster Stelle meinem Doktorvater Herrn Prof. Dr. Dr. h.c. mult. Michael Stolleis für die unkomplizierte Übernahme der Betreuung dieser Arbeit, für seine Unterstützung des gewählten Themas und nicht zuletzt für seine Geduld, das lange versprochene Ergebnis abzuwarten. Seine angenehme und engagierte Art und seine stets freundliche Bereitschaft zum Gespräch machten die Zusammenarbeit ausgesprochen angenehm und trugen wesentlich zum Gelingen dieser Arbeit bei. Weiterhin danke ich meinem Zweitgutachter Herrn Prof. Dr. Ingwer Ebsen für die bereitwillige Übernahme dieser Aufgabe und insbesondere für die außergewöhnlich schnelle Erstellung seines Gutachtens. Auch Herrn Professor Dr. Manfred Wandt gebührt mein Dank, da er mir einst den Anstoß zu der hier behandelten Thematik gegeben hatte.

Den freundlichen Mitarbeitern der Accident Compensation Corporation in Wellington möchte ich meinen Dank für Ihre Hilfe und Unterstützung bei Daten- und Literaturbeschaffung aussprechen. Gleiches gilt für die Mitarbeiter des Max-Planck-Instituts für ausländisches und internationales Privatrecht in Hamburg.

Weiter danke ich Herrn Rechtsanwalt Dr. Thomas Schröer dafür, dass er mir eine flexible Gestaltung meiner Arbeitszeit ermöglichte, so dass ich diese Arbeit neben meiner Berufstätigkeit fertig stellen konnte. Mein besonderer Dank gilt Frau Rechtsanwältin Maja Riedel, und zwar nicht nur für die Korrektur des Manuskripts, sondern vor allem für ihr stets offenes Ohr auch in Zeiten, in denen sie sicherlich wichtigere Dinge zu tun hatte. Auch bei Frau Rechtsanwältin Dr. Nicole Löblich möchte ich mich für ihre zahlreichen Tipps herzlich bedanken. An meine anderen Kolleginnen und Kollegen der Sozietät geht ebenfalls ein Dankeschön für ihre stetige moralische Unterstützung. Frau Elsbeth Clay danke ich sehr herzlich für ihre Hilfe bei verschiedenen Übersetzungstätigkeiten.

Schließlich gab es bei der Erstellung dieser Arbeit die Menschen, die auch persönlich immer hinter mir standen. Allen voran gilt dabei mein ganz besonderer Dank meiner geliebten Frau Karin, die mir über die ganze und nicht immer einfache Zeit der Promotion beständig den nötigen emotionalen Rückhalt gab, stets als geduldige Beraterin an meiner Seite stand, mir in unzähligen Gesprächen immer wieder wertvolle Fingerzeige vermittelte und mir die Schritte zum Ziel dadurch erheblich erleichtert hat. Bei meinen Eltern und insbesondere meinem Vater möchte ich mich ganz herzlich für jedwede Unterstützung über die Jahre bedanken, nicht zuletzt auch für die sorgfältige Endkorrektur des Manuskripts.

Mein lieber Großvater hat die Fertigstellung dieser Arbeit leider nicht mehr erleben dürfen. Ihm, der mich schon frühzeitig das Vertrauen in die eigenen Fähigkeiten lehrte, widme ich diese Arbeit.

Schließlich möchte ich all jenen Personen danken, die mich auf dem steinigen Weg der Promotion begleitet, mir den nötigen Glauben an das Gelingen dieser Arbeit und die erforderliche Motivation vermittelt oder mir sonst mit Rat und Tat zur Seite gestanden haben.

Frankfurt am Main, im November 2005 Olaf Dziallas

Inhaltsverzeichnis

Abkürzungsverzeichnis 19

1. Teil: Einleitung 25

A. Gegenstand der Untersuchung 25

I. Problemstellung: Die soziale Dimension von Unfällen 25
II. Neuseeland – Von der Kolonie zum Wohlfahrtsstaat 27
III. Das *Accident Compensation Scheme* 32

B. Vorgehensweise 33

2. Teil: Schadensausgleich bei Unfällen als Rechtsproblem 37

A. Reaktionen auf die Unfallproblematik im Schadensausgleichrecht 37

I. Entwicklungstendenzen des Haftungsrechts 37
II. Die Verschuldenshaftung 39
III. Die Gefährdungshaftung 41
IV. Haftungsersetzung durch Versicherungsschutz 43
1. Begriff 43
2. Der Prototyp: Die Arbeitsunfallversicherung 44
3. Weitere Modelle haftungsersetzender Versicherungssysteme 47

B. Die Volksunfallversicherung: Umfassende Haftungsersetzung durch Versicherungsschutz 51

3. Teil: Das neuseeländische Accident Compensation Scheme 57

A. Einführung 57

B. Historie und Ziele des neuseeländischen Modells 57

I. Das frühere Schadensausgleichssystem in Neuseeland 57
1. Einführung in das neuseeländische Rechtssystem 57

a) Das Staatssystem ... 57
b) Rechtsquellen ... 59
aa) *Common Law* ... 59
bb) Gesetzgebung ... 60
c) Das Gerichtssystem ... 60
2. Grundlagen des neuseeländischen Haftungsrechts ... 62
a) Tatbestände ... 62
aa) *Intentional Torts* ... 62
bb) *Negligence* ... 63
b) Schadensersatz ... 64
aa) *Compensatory Damages* ... 65
bb) *Exemplary Damages* ... 65
3. Schadensausgleich durch die Betriebsunfallversicherung ... 71
4. Zusammenfassung ... 73
II. Die Reformierung des neuseeländischen Unfallschadensrechts ... 74
1. Der Beginn der Reform ... 74
2. Das *Committee on Absolute Liability* ... 75
3. Die *Royal Commission on Personal Injury* ... 76
a) Der *Woodhouse Report* ... 76
aa) Die Kritik am bestehenden System ... 77
bb) Die Vision der Kommission ... 79
aaa) *Community Responsibility* ... 80
bbb) *Comprehensive Entitlement* ... 80
ccc) *Complete Rehabilitation* ... 80
ddd) *Real Compensation* ... 80
eee) *Administrative Efficiency* ... 80
cc) Das Ergebnis der Kommission ... 81
b) Die Reaktionen auf den *Woodhouse Report* ... 81
4. Der weitere Weg bis zum Gesetzeserlass ... 82
III. Das *Accident Compensation Scheme* ... 83
1. Der *Accident Compensation Act 1972* ... 83
a) Die Grundlagen des Systems ... 83
b) Die Leistungen unter dem ursprünglichen System ... 85
c) Die Finanzierung des Systems ... 86
d) Die Reaktionen auf die Einführung des Systems ... 86
2. Die weitere Entwicklung des Systems ... 87
a) Das *Quigley Cabinet Caucus Committee (1979)* ... 87
b) Der *Accident Compensation Act 1982* ... 89
c) Das *Officials Committee* und die *Law Commission (1986/1989)* ... 91
d) Der *Accident Rehabilitation and Compensation Insurance Act 1992* ... 94

e) Der *Accident Insurance Act 1998*: Die Privatisierung des Systems ... 102
f) Die Rückkehr zum staatlichen System (2000) ... 104
3. Der *Injury Prevention Rehabilitation and Compensation Act 2001* ... 105
IV. Die Rolle privater Versicherungen in Neuseeland ... 106

C. Der Versicherungsschutz: Der Deckungsbereich des *Accident Compensation Scheme* ... 106

I. Sachlicher Deckungsbereich ... 107
1. Vorliegen eines Personenschadens (*Personal Injury*) ... 109
a) Der Begriff des Personenschadens ... 109
b) Psychische Körperschäden ... 110
c) Krankheiten ... 112
d) Herzinfarkte und Schlaganfälle ... 114
e) Ungewollte Schwangerschaft ... 114
f) Sonstige Schäden ... 115
2. Anspruchsbegründende Ursachen des Personenschadens ... 116
a) Unfall (*Accident*) ... 117
aa) Definition ... 117
bb) Arbeitsunfälle ... 120
cc) Verkehrsunfälle ... 121
b) Medizinischer Unglücksfall (*Medical Misadventure*) ... 122
aa) Die Rechtslage vor dem 1. Juli 1992 ... 122
bb) Die Rechtslage seit dem 1. Juli 1992 ... 125
aaa) Definition des *Medical Misadventure* ... 126
(1) *Medical Error* ... 127
(2) *Medical Mishap* ... 128
(3) *Registered health professional* ... 131
(4) Klinische Studien ... 133
(5) Zusammenfassung ... 134
bbb) *Treatment for Personal Injury* ... 136
c) Berufskrankheiten (*Work related disease*) ... 137
3. Kausalität und Beweislast ... 141
4. Unmittelbarkeit des Schadens ... 143
II. Personeller Deckungsbereich ... 144
1. Räumlicher Deckungsbereich ... 144
2. Ausländer in Neuseeland ... 144
3. Neuseeländer im Ausland ... 145
4. Straftäter ... 146
III. Zeitlicher Deckungsbereich ... 147

D. Die Haftungsersetzung 148

I. Einleitung 148
II. Der Ausschluss des Zivilrechtswegs 149
III. Das Verhältnis zum *Common Law* 150
1. Problemstellung 150
2. *Compensatory Damages* 151
a) Allgemeines 151
b) Psychische Körperschäden 152
3. *Exemplary Damages* 155
a) Die Grundsatzentscheidung: *Donselaar v. Donselaar* (1982) 156
b) Die Entscheidung *Daniels v. Thompson* (1998) 157
c) Die gesetzliche Regelung 159
4. *Nominal Damages* 159
5. Vertragliche Ansprüche 160
6. Sachschäden 161
7. Schäden aus unberechtigter Kündigung eines Dienstverhältnisses 161
8. Sonstige Schäden 162
a) Grundsätzliches 162
b) Schäden durch medizinische Behandlungsunfälle 162
c) Schäden durch berufsbedingte Krankheiten 166
9. Zusammenfassung 166
IV. Das Verhältnis des *Accident Compensation Scheme* zu sonstigen Schadensausgleichsnormen 167
1. Das Verhältnis zum Staatshaftungsrecht 167
2. Internationale Abkommen 168
V. Das Verhältnis des *Accident Compensation Scheme* zum internationalen Deliktsrecht 169
1. Problemstellung 169
2. Schäden von Ausländern in Neuseeland 170
a) Die Rechtslage nach deutschem internationalen Privatrecht 171
aa) Anwendbares Recht 171
aaa) Der Entschädigungsanspruch unter dem *Accident Compensation Scheme* 172
bbb) Der Haftungsanspruch gegenüber dem Schädiger 173
(1) Art. 40 Abs. 1 EGBGB 173
(2) Art. 40 Abs. 2, 41 Abs. 1 EGBGB 174
ccc) Zusammenfassung 175
bb) Verweisung auf neuseeländisches Recht 175

aaa) Funktionale Qualifikation der Präklusion ... 176
bbb) Lösung über eine Ersatzanknüpfung wegen Normmangels ... 178
ccc) Lösung über eine Analogie ... 178
ddd) Lösung im Rahmen des ordre public ... 180
cc) Verweisung auf deutsches Recht ... 181
b) Die Rechtslage nach neuseeländischem internationalen Privatrecht ... 183
3. Schäden von Neuseeländern im Ausland ... 184
a) Geltendmachung des Schadens im Ausland ... 184
b) Geltendmachung des Schadens in Neuseeland ... 185
aa) Das neuseeländische internationale Privatrecht ... 185
bb) Anwendbares Recht ... 188
VI. Zusammenfassung ... 189

E. Der Schadensausgleich ... 190

I. Medizinische Behandlung und Rehabilitation ... 191
II. Verdienstausfall (*Weekly Compensation*) ... 194
1. Voraussetzungen ... 194
2. Verdienstausfall für die erste Woche (*First Week Compensation*) ... 195
3. Weiterer Verdienstausfall ... 196
a) Angestellte ... 197
b) Selbständige ... 197
c) Geringverdiener und Erwerbslose ... 198
d) Minderjährige ... 199
e) Erlöschen des Anspruchs ... 199
III. Schmerzensgeld (*Lump Sum Payments*) ... 200
1. Voraussetzungen ... 200
2. Höhe der Entschädigung ... 202
IV. Ausgleich im Todesfall (*Death Benefits*) ... 203
V. Anspruchsausschließende Faktoren ... 204
1. Entfallen der Anspruchsvoraussetzungen ... 204
2. Selbstschädigung ... 204
3. Straftäter ... 205

F. Die Finanzierung des Systems ... 206

I. Grundlagen der Finanzierung ... 206
II. Die Finanzierungsfonds ... 207

1. Der *Employers' Account* 208
a) Allgemeines 208
b) Das Beitragsaufkommen des *Employers' Account* 208
c) Beteiligung der Arbeitgeber am Schadensmanagement 210
d) Der *Employers' Account* in Zahlen 211
2. Der *Earners' Account* 212
a) Allgemeines 212
b) Das Beitragsaufkommen des *Earners' Account* 213
c) Sonderregelungen für beurlaubte Arbeitnehmer 213
d) Der *Earners' Account* in Zahlen 214
3. Der *Self-Employed Work Account* 215
a) Allgemeines 215
b) Das Beitragsaufkommen des *Self-Employed Work Account* 215
c) Der *Self-Employed Work Account* in Zahlen 216
4. Der *Non-Earners' Account* 217
a) Allgemeines 217
b) Das Beitragsaufkommen des *Non-Earners' Account* 217
c) Der *Non-Earners' Account* in Zahlen 218
5. Der *Motor Vehicle Account* 219
a) Allgemeines 219
b) Das Beitragsaufkommen des *Motor Vehicle Account* 219
c) Der *Motor Vehicle Account* in Zahlen 220
6. Der *Medical Misadventure Account* 221
7. Der *Residual Claims Account* 222
III. Das Gesamtaufkommen 223

G. Organisation und Durchführung des *Accident Compensation Scheme* in der Praxis 224

I. Die *Accident Compensation Corporation* (ACC) 224
1. Die Entstehung der ACC 224
2. Der Aufbau der ACC 225
3. Die Aufgaben der ACC 225
II. Das Entschädigungsverfahren in der Praxis 226
1. Einleitung des Verfahrens 226
2. Entscheidungsmöglichkeiten der ACC 227
3. Der *Code of ACC Claimants' Rights* 228
4. Rechtsmittel 230
a) Behördliches Überprüfungsverfahren (*Review*) 231
b) Gerichtliches Überprüfungsverfahren (*Appeal*) 233
aa) Klage zum *District Court* 233

bb) Revision zum *High Court* ... 234
cc) Revision zum *Court of Appeal* ... 234
dd) Überprüfung durch den *Privy Council* ... 234

4. Teil: Würdigung des neuseeländischen Systems ... 235

A. Einleitung ... 235

B. Die Kritik am *Accident Compensation Scheme* ... 236

I. Unfallprävention ... 236

1. Problemstellung: Haftungsersetzung und Unfallprävention ... 236
2. Unfallprävention unter dem *Accident Compensation Scheme* ... 237
a) Maßnahmen zur Unfallprävention ... 237
b) Erhebung unfallbezogener Daten ... 239
c) Der Regressverzicht ... 239
3. Auswirkungen der Haftungsersetzung auf die Unfallhäufigkeit ... 240
a) Zur Präventionswirkung des Haftungsrechts ... 240
b) Empirische Untersuchungen ... 244
aa) Empirische Untersuchungen in Neuseeland ... 245
bb) Empirische Untersuchungen in Kanada ... 246
cc) Empirische Untersuchungen in den USA ... 247
c) Zusammenfassung ... 249
4. Ergebnis ... 249
II. Deckungsbereich und Leistungsumfang ... 251
1. Die Nichteinbeziehung von Krankheiten ... 252
2. Umfang der Leistungen ... 256
III. Betrug ... 259
IV. Organisation ... 261

C. Die Zukunft des *Accident Compensation Scheme* ... 262

D. Das neuseeländische System als Vorbild für internationale Reformen ... 265

E. Ausblick ... 267

5. Teil: Wesentliche Ergebnisse 273

Substantial Findings 277

Literaturverzeichnis 279

Abkürzungsverzeichnis

A.A.	Abweichende Auffassung
Abl. EG	Amtsblatt der Europäischen Gemeinschaft
Abs.	Absatz
AC	Appeal Cases (England)
ACA 1974	Accident Compensation Act 1974 (N.Z.)
ACA 1982	Accident Compensation Act 1982 (N.Z.)
ACC	Accident Compensation Commission / Accident Compensation Corporation
ACC Code	Injury Prevention, Rehabilitation, and Compensation (Code of ACC Claimants' Rights) Notice 2002 (SR 2002/390)
AcP	Archiv für die civilistische Praxis
ACS	Accident Compensation Scheme
AIA 1998	Accident Insurance Act 1998 (N.Z.)
A.J.I.C.L.	Arizona Journal of International and Comparative Law
Alabama L. Rev.	Alabama Law Review
All ER	All England Law Reports
ALER	American Law and Economics Review
AMG	Arzneimittelgesetz
AmJCompL	The American Journal of Comparative Law
Anglo-American L.R.	Anglo-American Law Review
AP	Appeal
ARCIA 1992	Accident Rehabilitation and Compensation Insurance Act 1992 (N.Z.)
AtomG	Atomgesetz
Auckland ULR	Auckland University Law Review
Aufl.	Auflage
AUS	Australien
BBergG	Bundesberggesetz
BGB	Bürgerliches Gesetzbuch
BGBl.	Bundesgesetzblatt
BGH	Bundesgerichtshof
BGHZ	Entscheidungen des Bundesgerichtshof in Zivilsachen
BjagdG	Bundesjagdgesetz
BMJ	British Medical Journal
BSG	Bundessozialgericht
BSGE	Entscheidungen des Bundessozialgerichts
BT-Drs.	Drucksachen des Bundestages

BVerfG	Bundesverfassungsgericht
BVerfGE	Entscheidungen des Bundesverfassungsgerichts
bzw.	beziehungsweise
C.A.	Court of Appeal (New Zealand)
CA	Court of Appeal (Entscheidungen)
ca.	Circa
Can BR	Canadian Bar Review
CP	Civil Proceeding
Cal. L. Rev.	California Law Review
Ch.	Chapter
Corp.	Corporation
ders.; dies.	derselbe; dieselbe
DLR	Dominion Law Reports (Kanada, 1912-1955)
DLR (4th)	Dominion Law Reports, Fourth Series (Kanada, 1984-)
€	Euro
EG	Europäische Gemeinschaft
EGBGB	Einführungsgesetz zum Bürgerlichen Gesetzbuch
EGVVG	Einführungsgesetz zum Versicherungsvertragsgesetz
ERNZ	Employment Reports of New Zealand
EuGVÜ	EWG-Übereinkommen vom 27.06.1968 über die gerichtliche Zuständigkeit und die Vollstreckung gerichtlicher Entscheidungen in Zivil- und Handelssachen
EuGVVO	Verordnung (EG) Nr. 44/2001 über die gerichtliche Zuständigkeit und die Anerkennung und Vollstreckung von Entscheidungen in Zivil- und Handelssachen
Eur.Rev.Pr.L.	European Review of Private Law
Eval. Rev.	Evaluation Review
EWG	Europäische Wirtschaftsgemeinschaft
EWR	Europäischer Wirtschaftsraum
f.; ff.	folgend(e)
Fn.	Fußnote
FNRZ	Familiy Reports of New Zealand
FS	Festschrift
GenTG	Gesetz zur Regelung der Gentechnik - Gentechnikgesetz
GVG	Gerichtsverfassungsgesetz
H.C.	High Court
H.M.	Herrschende Meinung
H.L.R.	Health Law Review

HaftPflG	Haftpflichtgesetz
Harv. L. Rev.	Harvard Law Review
Hawaii L. Rev.	Hawaii Law Review
Health Econ.	Health Economics
Hon.	Honorable
Hrsg.	Herausgeber
i.F.	im Folgenden
ICLQ	International and Comparative Law Quarterly
Insurance LJ	Insurance Law Journal
Int. Enc. Comp. Law	International Encyclopedia of Comparative Law
IPRCA 2001	Injury Prevention Rehabilitation Compensation Act 2001 (N.Z.)
IRLE	International Review of Law and Economics
JLE	Journal of Law and Economics
JLSP	Journal of Law and Social Policy
JRI	Journal of Risk and Insurance
JZ	Juristenzeitung
Kap.	Kapitel
KB	Law Reports, King's Bench Division 1901-1952
Kfz	Kraftfahrzeug
£	Englisches Pfund (1 £ ≈ 1,44 € - Stand: 10.10.2005)
Lkw	Lastkraftwagen
Ltd.	Limited
LMCLQ	Lloyd's Maritime and Commercial Law Quarterly
LuftVG	Luftverkehrsgesetz
m	Meter
m. w. Nachw.	mit weiteren Nachweisen
Mio.	Millionen
Michigan L. Rev.	Michigan Law Review
Missouri L. Rev.	Missouri Law Review
MLR	Modern Law Review
Md.L.Rev.	Maryland Law Review
MedLR	Medical Law Review
Mississippi L.J.	Mississippi Law Journal
Modern L. Rev.	Modern Law Review
n. Chr.	nach Christus
n.F.	neue Fassung
NEJM	The New England Journal of Medicine
NJW	Neue Juristische Wochenschrift
NLJ	New Law Journal
No.	Number
Nr.	Nummer

N.Z.	New Zealand
NZ$	New Zealand Dollar (1 NZ$ ≈ 0,55 € - Stand: 10.10.2005)
NZc	New Zealand Cent (1 NZc = 0,01 NZ$)
NZAR	New Zealand Administrative Reports
NZJH	New Zealand Journal of History
NZLJ	The New Zealand Law Journal
N.Z.Med.J.	New Zealand Medical Journal
NZLR	New Zealand Law Review
NZULR	New Zealand Universities Law Review
NZV	Neue Zeitschrift für Verkehrsrecht
Osgoode Hall L.J.	Osgoode Hall Law Journal
Otago L.R.	Otago Law Review
Ottawa L. Rev.	Ottawa Law Review
P.C.	Privy Council (England)
para	Paragraph
Pearson Report	Report of the Royal Commission on Civil Liability and Compensation for Personal Injury, Vol. 1 – 3, London 1978
ProdHG	Produkthaftungsgesetz
QB	Law Reports, Queen's Bench 1891-1901, 1952-
RabelsZ	Rabels Zeitschrift für ausländisches und internationale Privatrecht
Rdnr., Rdnrn.	Randnummer, Randnummern
Re	Review
Rev. Dr. int. Comp.	Revue de droit international et de droit compare
RIW	Recht der internationalen Wirtschaft
RGBl.	Reichsgesetzblatt
S.	Seite
San Diego L. Rev.	San Diego Law Review
Sec., ss.	Section, Sections
SGB	Sozialgesetzbuch
SI	Statutory Instruments
Social Pol. J. of N.Z.	Social Policy Journal of New Zealand
SR	Statutory Regulations
StVG	Straßenverkehrsgesetz
Sydney L. Rev.	Sydney Law Review
The Adelaide L.. R.	The Adelaide Law Review
Tort L. Rev.	Tort Law Review
Torts L. J.	Torts Law Journal
Tul. L. Rev.	Tulane Law Review
tw.	teilweise

u.a.	unter anderem
U.B.C. Law Rev.	University of British Columbia Law Review
U.K.	United Kingdom
U. Chicago L.R.	University of Chicago Law Review
U. Haw. L. Rev.	University of Hawaii Law Review
U. Pennsylvania L.R.	University of Pennsylvania Law Review
U. Toronto L.J.	University of Toronto Law Journal
UmweltHG	Umwelthaftungsgesetz
URL	Uniform Resource Locator (Internetadresse)
USA	United States of America
v.	vom, von
v.	versus
VersR	Versicherungsrecht
VersRAI	Zeitschrift für Versicherungsrecht / Beilage Ausland
Vgl.	Vergleiche
Vict.	Queen Victoria
Vol.	Volume
VR	Victorian Reports
VSSR	Vierteljahresschrift für Sozialrecht
VUWLR	Victoria University of Wellington Law Review
VVG	Versicherungsvertragsgesetz
Washburn L.J.	Washburn Law Journal
WCA	Workers' Compensation Act 1956 (N.Z.)
WHG	Wasserhaushaltsgesetz
Woodhouse Report	Report of the Royal Commission of Inquiry, Compensation for Personal Injury in New Zealand, Wellington 1967
Z.B.	Zum Beispiel
ZEuP	Zeitschrift für Europäisches Privatrecht
ZfRV	Zeitschrift für Rechtsvergleichung
ZIAS	Zeitschrift für ausländisches und internationales Arbeits- und Sozialrecht
ZPO	Zivilprozessordnung
ZRG Germ. Abt.	Zeitschrift der Savigny-Stiftung für Rechtsgeschichte Germanistische Abteilung.
ZRP	Zeitschrift für Rechtspolitik
ZSR	Zeitschrift für Schweizerisches Recht
ZversWiss	Zeitschrift für die gesamte Versicherungswissenschaft
ZvglRWiss	Zeitschrift für vergleichende Rechtswissenschaft

1. Teil:

Einleitung

A. Gegenstand der Untersuchung

I. Problemstellung: Die soziale Dimension von Unfällen

Kein Zeitalter war derart bestimmt von der ständig zunehmenden Technisierung wie das heutige. Die permanente Entwicklung neuer Errungenschaften und technischer Fortschritte hat die menschliche Zivilisation in unvergleichlicher Weise geprägt und wird sie weiterhin prägen. Damit korrespondierend brachte die Industrialisierung aber auch eine ständig wachsende Fülle neuer Gefahren mit sich, die sich in einer massiven Zunahme von Unfällen[1] niederschlugen. Jeden Tag werden weltweit durch unzählige Unfälle Menschen verletzt oder getötet, Sachwerte beschädigt oder zerstört und sonstige Schäden verursacht. Dementsprechend wird nahezu jeder Mensch heute im Laufe seines Lebens einmal mit der Frage konfrontiert, wer für die Folgen eines Unfalls einzustehen hat. Vor Beginn der Industrialisierung waren Unfälle Einzel- und Ausnahmefälle, so dass – ungeachtet des persönlichen Leids der Opfer – zumindest kaum von einem *Rechts*problem gesprochen werden konnte. In der hochtechnisierten Welt der Gegenwart jedoch, in der immer mehr und immer leistungsfähigere Maschinen und andere technische Einrichtungen in Industrie, Handwerk, im Verkehrswesen und im Haushalt Verwendung finden, in einer Zeit, in der die Menschen in Ballungsräumen unter Intensivierung der sozialen Kontakte millionenfach immer näher zusammendrängen, ist die daraus resultierende Gefahr der Verursachung von Sach- und Personenschäden überdimensional angestiegen[2].

Folgende Zahlen sollen allein für den Bereich von Straßenverkehrs- und Arbeitsunfällen in Deutschland die tatsächlichen Ausmaße der heutigen Unfallproblematik veranschaulichen: Auf Deutschlands Straßen geschahen im Jahr 2003 2.259.567 Verkehrsunfälle, aufgrund derer 462.170 Menschen verletzt und 6.613 Personen getötet wurden[3]. Allein die damit befassten Haftpflichtversi-

---

1) Als ‚Unfall' wird im Rahmen des Unfallhaftpflichtrechts regelmäßig ein zeitlich begrenztes, plötzliches, von außen wirkendes unfreiwilliges Ereignis verstanden, das für eine Körperbeschädigung oder den Tod eines Menschen ursächlich ist (vgl. *BSGE* 23, S. 139 [141]; 61, S. 113 [115]), wobei es an dieser Stelle aber nicht auf genauere Abgrenzungen ankommen soll und der Unfallbegriff im weitesten Sinne verstanden wird.

2) *V. Hippel*, in: Haftungsersetzung durch Versicherungsschutz, S. 40 [40], spricht gar vom „Zeitalter der Unfälle"; vgl. auch *Kötz/Wagner*, Deliktsrecht, Rndr. 205.

3) Quelle: *Statistisches Bundesamt*, Statistisches Jahrbuch 2004 für die Bundesrepublik Deutschland, Wiesbaden 2004, S. 480.

cherungen haben im Jahr 2002 rund 11,7 Mrd. € für den Ausgleich der Schäden aufgebracht[4], was jedoch aufgrund einer hohen Dunkelziffer nur einen Teil des tatsächlichen Gesamtschadens darstellen dürfte[5]. Hinzu kamen im Jahr 2002 1.749.000 meldepflichtige[6] Arbeitsunfälle, von denen 1.757 tödlich verliefen[7]. Die öffentlichen Träger der Unfallversicherung brachten in diesem Jahr knapp 14,8 Mrd. € für Entschädigungsleistungen auf[8]. Überschattet wird dies von einer hohen Anzahl statistisch nicht näher erfassten Unfälle im Haushalts-, Sport- und Freizeitbereich, aber auch von Gewaltdelikten[9].

Zur bereits hohen Anzahl der Individualschadensfälle kommen in erschreckender statistischer Regelmäßigkeit Unfälle mit Massenschäden wie Flugzeugabstürze, Eisenbahnunfälle, Industrieunglücke oder Naturkatastrophen hinzu, deren Abwicklung zumeist – aufgrund der Höhe des Schadens, der Anzahl der Geschädigten, der Suche nach der Ursache und des häufig internationalen Bezugs – besondere Probleme bereitet[10].

Die soziale Tragweite dieser Zahlen zeigt sich, wenn man die Schäden, Ausfälle und Einbußen betrachtet, welche die Volkswirtschaft als Ganze durch Sachschäden einerseits (Inanspruchnahme volkswirtschaftlicher Ressourcen durch Reparatur oder Neuproduktion) und Personenschäden andererseits (Bindung von Ressourcen durch die Rehabilitation des Geschädigten) erleidet[11]. Gerade in den modernen Industriestaaten sind Unfälle daher ein tatsächliches Rechtsproblem mit einer erheblichen sozialen und wirtschaftlichen Relevanz. So unmöglich ein perfekter Schutz vor allen Gefahren des Lebens ist, so wird doch gesellschaftlich vom Gesetzgeber eine Vervollkommnung des Schadensausgleichrechts verlangt. Die Bewältigung des Unfallphänomens mittels rechtlicher Regelungen hat dabei an zwei Punkten anzusetzen: Zum einen müssen Opfern

---

4) Quelle: *Statistisches Bundesamt*, Statistisches Jahrbuch 2004 für die Bundesrepublik Deutschland, Wiesbaden 2004, S. 505.

5) *Kötz/Wagner*, Deliktsrecht, Rndr. 208.

6) Arbeitsunfälle sind in Deutschland gegenüber dem Unfallversicherungsträger meldepflichtig, wenn sie zum Tod oder zu einer mehr als 3-tägigen Berufsunfähigkeit führen (§ 193 Abs. 1 SGB VII).

7) Quelle: *Statistisches Bundesamt*, Statistisches Jahrbuch 2004 für die Bundesrepublik Deutschland, Wiesbaden 2004, S. 192.

8) Quelle: *Statistisches Bundesamt*, Statistisches Jahrbuch 2004 für die Bundesrepublik Deutschland, Wiesbaden 2004, S. 192.

9) Im Jahr 2002 starben in der BRD immerhin 604 Menschen aufgrund von Gewaltdelikten, 11.163 Menschen kamen – wenngleich dies nicht mehr vom „klassischen“ Unfallbegriff erfasst ist – als Folge einer vorsätzlichen Selbstbeschädigung ums Leben (Quelle: *Statistisches Bundesamt*, Statistisches Jahrbuch 2004 für die Bundesrepublik Deutschland, Wiesbaden 2004, S. 234).

10) Diese Problematik war u.a. Thema der zivilrechtlichen Abteilung des 62. Deutschen Juristentages vom 22. – 25.09.1998; vgl. zu dieser Thematik auch *Braun*, NJW 1998, S. 2318 [2318 ff.] und *Müller*, VersR 1998, S. 1181 [1181 ff.].

11) Dazu *Kötz/Wagner*, Deliktsrecht, Rndr. 210.

von Unfällen Regelungen zur Seite gestellt werden, die einen Ausgleich zumindest der finanziellen Schäden ermöglichen. Weiterhin müssen Regelungen aber auch schon im Vorfeld durch verhaltenssteuernde Anweisungen ansetzen, um Unfälle so weit als möglich zu verhindern.

Angesichts der heutigen Unfallzahlen und der damit korrespondierenden Forderung der Bürger nach sozialer Sicherheit kommt dem Unfallschadensrecht in unserer Gesellschaft eine immense praktische Bedeutung zu. Seine heutige Ausgestaltung wird wie jedes andere Rechtsgebiet von den jeweiligen gesellschaftlichen Wertungen mitgeprägt[12]. Den gewagtesten Vorstoß im Hinblick auf eine Reformierung des Unfallschadensrechts unternahm dabei ohne Zweifel der neuseeländische Gesetzgeber, indem er im Jahr 1974 das klassische Haftungsrecht für den Bereich der unfallbedingten Körperschäden durch ein staatliches Versicherungssystem vollständig ersetzte. Kein anderer Staat auf der Welt hat bislang eine auch nur annähernd so weitreichende Reform in Angriff genommen. Dass der Schauplatz für diese bemerkenswerte Neuordnung des Unfallschadensrechts ausgerechnet in Neuseeland zu finden ist, verwundert wenig, wenn man sich die Entwicklung des heutigen neuseeländischen Wohlfahrtsstaates näher betrachtet.

II. Neuseeland – Von der Kolonie zum Wohlfahrtsstaat

Aotearoa – das Land der langen weißen Wolke – heißt Neuseeland lautmalerisch in der Sprache seiner Ureinwohner. Der aus den zwei großen Hauptinseln und zahlreichen kleineren Inseln bestehende Staat im Südpazifik ist weltweit berühmt für seine landschaftliche Schönheit, seine einzigartige, vielfach endemische Fauna und Flora und nicht zuletzt für eines seiner wichtigsten Exportprodukte: Die Kiwi.

Dieser naturgegebenen Prominenz steht die Entwicklung des heutigen neuseeländischen Wohlfahrtsstaats in Nichts nach. Neuseeland blickt auf eine ungewöhnlich wechselvolle Staatshistorie zurück, die stets von teilweise pionierartigen Reformmaßnahmen geprägt war. Gerade im Hinblick auf seine sozialpolitischen Reformmaßnahmen kam Neuseeland bereits im 19. Jahrhundert eine global einzigartige und herausragende Vorreiterrolle zu, die sich bis zum heutigen Tag fortgesetzt hat. In diese beispiellose und zumeist auch noch von Erfolg gekrönte Reformfreudigkeit fügt sich die in dieser Arbeit behandelte Volksunfallversicherung, das *Accident Compensation Scheme*, nahtlos ein. Zum besseren Verständnis der in dieser Arbeit behandelten Thematik bietet es sich daher an, mit einem kurzen Überblick über die geschichtliche Entwicklung des Staates zu beginnen.

---

12) *Kürschner*, in: *Wussow*, Unfallhaftpflichtrecht, Kap. 1 Rdnr. 1.

Die erste Besiedlung Neuseelands erfolgte vermutlich um das Jahr 1180 n. Chr., als polynesische Siedler mit großen Kanus das Land erreichten und sich dort rasch ansiedelten[13]. Diese Ureinwohner von Neuseeland, die Maori, entwickelten in den folgenden Jahrhunderten eine bemerkenswerte eigenständige Kultur. Im Jahr 1642 sichtete der Holländer *Abel Janszoon Tasman* als erster Europäer das Land, wurde aber bei seinem Landungsversuch in der *Golden Bay* von Maoris angegriffen und setzte seine Entdeckungsfahrt unmittelbar fort[14]. Erst 127 Jahre später wurde der fortan als *Nieuw Zeeland* in den Karten verzeichnete Inselstaat durch den Engländer *James Cook* am 9. Oktober 1769 im Auftrag der Britischen Krone gezielt „wiederentdeckt". *Cook* nahm entsprechend seinem Auftrag die Inseln im Namen des englischen Königs *George III.* zu Gunsten der Krone in Besitz. Der daraufhin zunächst nur sporadisch erfolgenden Besiedlung Neuseelands durch Walfänger und Missionare folgte ab 1840 eine systematische Kolonialisierung durch Großbritannien, das sich im gleichen Jahr im Vertrag von Waitangi[15] die volle Souveränität über Neuseeland und die Maori, sicherte[16]. Mit der Umwandlung der für die Kolonialverwaltung Neuseelands zuständigen *New Zealand Company* in eine Aktiengesellschaft durch den britischen Kolonialminister wurde die Besiedlung und Kolonialisierung Neuseelands in

---

13) *Brooking*, The History of New Zealand, S. 11 f.; einige Forscher vermuten, dass die ersten Menschen das Land schon vor über 3000 Jahren besiedelten, gesicherte Beweise dafür existieren aber nicht.

14) *Brooking*, The History of New Zealand, S. 24 f.

15) Am 06.02.1840 unterzeichneten 500 Maori-Häuptlinge den *Treaty of Waitangi*, das Gründungsdokument Neuseelands. Der Vertrag von Waitangi räumte dem britischen Königshaus die Souveränität über Neuseeland sowie das alleinige Recht ein, Land aufzukaufen. Im Gegenzug erhielten die Maori alle Rechte und Privilegien britischer Untertanen sowie das unanfechtbare Besitzrecht über ihr Land, ihre Wälder und Fischfanggebiete zugesichert. Die vertraglichen Rechte der Maori wurden indes von den Siedlern bei der Suche nach neuem Landbesitz kaum beachtet, was in den Folgejahren zu massiven kriegerischen Auseinandersetzungen zwischen Siedlern und Maori führte. Eine umfassende Rehabilitation wurde über 100 Jahre später von der damaligen *Labour*-Regierung im Jahre 1975 durch Erlass des *Treaty of Waitangi Act* (Public Act 1975 No. 114 v. 10.10.1975) eingeleitet, wonach den Maori Entschädigungsleistungen für Vertragsverletzungen zugestanden und sich zum Beispiel durch Anerkennung der Maori-Sprache als Landessprache um Gleichberechtigung der Maori bemüht wurde. Vgl. hierzu ausführlich *Brooking*, The History of New Zealand, S. 37 ff., 161. Der 06.02. eines jeden Jahres ist im Gedenken an den Tag der Unterzeichnung heute ein nationaler Feiertag in Neuseeland. Der Text des Vertrags sowie interessante Hintergrundinformationen hierzu finden sich auf der von der neuseeländischen Regierung verwalteten Homepage unter der URL http://www.treatyofwaitangi.govt.nz (Stand: 10.10.2005).

16) *The Treaty of Waitangi*, § 1: *„The Chiefs of the Confederation and all the Chiefs who have not joined that Confederation give absolutely to the Queen of England for ever the complete government over their land*".

den Folgejahren nunmehr planmäßig und systematisch durchgeführt[17]. Zahllose Einwanderer aus Europa ließen die Bevölkerung nunmehr stark wachsen. Die Folgen waren vor allem in den 60-iger und 70-iger Jahren des 19. Jahrhunderts blutige kriegerische Auseinandersetzungen mit den Maori, die nicht zuletzt aufgrund der weit überlegenen Waffen der Siedler zu einer Unterdrückung der Maori und ihrer Verdrängung aus ihren bisherigen Besitzständen führten[18].

Unabhängig davon erlangte Neuseeland außenpolitisch von Großbritannien bereits 1852 eine begrenzte Selbstverwaltung auf föderativer Grundlage[19]. Die Entdeckung reicher Goldvorkommen auf der Südinsel und die Ausdehnung der Weide- und Viehwirtschaft begünstigten die rasche Entwicklung einer überdurchschnittlichen Bildungs- und Infrastruktur innerhalb des Landes und leiteten ein nationales Wirtschaftswachstum ein[20]. Das Ende des 19. Jahrhunderts schließlich war unter der sozialdemokratischen *Labour*-Regierung geprägt durch eine Demokratisierung und stark sozialstaatliche Ausrichtung der Politik. Die Ministerpräsidenten *Sir Harry Atkinson*, *Wiliam Pember Reeves* und *Richard John Seddon* machten Neuseeland durch Umsetzung eines umfassenden Maßnahmenkatalogs zum fortschrittlichsten Staatswesen seiner Zeit[21]. Einige herausragende Maßnahmen waren die Einführung der Schulpflicht unter Einrichtung eines kostenfreien öffentlichen Schulsystems (1877), die Einführung des Wahlrechts für alle Männer über 21 Jahren (1879) und Frauen (1893)[22], der Erlass liberaler Steuer- und Sozialgesetze zur Sicherung der Arbeits- und Lohnbedingungen sowie die Einführung einer staatlich finanzierten Altersversorgung (1898)[23]. Insbesondere mit Einführung der staatlichen Rentenversicherung hatte Neuseeland eine Schutzpflicht des Staates für seine Bürger anerkannt, die Wende zur Entwicklung zum modernen Wohlfahrtsstaat war eingeleitet. Parallel dazu wurde der Kolonie Neuseeland am 26.09.1907 seitens des Vereinigten Königreichs von Großbritannien der Status eines „*Dominion*" eingeräumt, was be-

---

17) *Brooking*, The History of New Zealand, S. 43 ff.

18) *Brooking*, The History of New Zealand, S. 52 ff.; *Dalley/Labrum*, New Zealand Social & Cultural History, S. 39 ff.

19) *The New Zealand Constitution Act 1852* (15 and 16 Vict., Ch. 72).

20) *Brooking*, The History of New Zealand, S. 61 ff.

21) *Brooking*, The History of New Zealand, S. 77 ff.

22) *Electoral Act 1893*. Damit war Neuseeland das weltweit erste Land, in dem Frauen das Wahlrecht auf Staatsebene eingeräumt wurde.

23) *Old Ages Pensions Act 1898*. Neuseeland führte die staatliche Rentenversicherung nach Deutschland und Dänemark als weltweit drittes Land ein; das Gesetz gewährte allerdings – verglichen mit heutigen Maßstäben – lediglich eine Minimalsicherung für Personen ab einem Alter von 65 Jahren. Für Immigranten galt das Gesetz nur dann, wenn sich diese bereits mehr als 25 Jahre in Neuseeland aufhielten; Staatsbürger asiatischer Länder wurden vom Schutzbereich des Gesetzes sogar explizit ausgenommen.

reits eine weitgehende Selbständigkeit und Unabhängigkeit von Neuseeland garantierte[24].

Nach Einführung des Rentenversicherungssystems im Jahr 1889 wurde das soziale Netz in der ersten Hälfte des 20. Jahrhunderts zunehmend ausgebaut. 1911 erhielten Witwen einen Anspruch auf Witwenrente[25], 1915 wurde Minenarbeitern medizinischer Schutz für die Staublungenkrankheit zugesprochen[26], 1926 wurde das Kindergeld für Familien mit mehr als zwei Kindern eingeführt[27].

Als Reaktion auf die Weltwirtschaftskrise, die Neuseeland zwischen 1929 und 1934 besonders hart traf, entwickelte die *Labour*-Regierung unter dem damaligen Premierminister *Michael Savage* in Fortführung der bereits bestehenden sozialstaatlichen Ausrichtung das Modell eines Sozialstaats, das weltweit einzigartig war. Die Einführung von Arbeitsbeschaffungsmaßnahmen ging mit der gesetzlichen Kodifizierung eines Rechts auf Arbeit sowie der Festschreibung von Mindestlöhnen einher. 1936 wurden Arbeitnehmer gesetzlich zum Eintritt in die Gewerkschaften verpflichtet. Im selben Jahr wurde die 40-Stunden-Woche per Gesetz eingeführt. Der *Social Security Act* von 1938 schließlich gewährte eine kostenlose Gesundheitsversorgung, eine Erweiterung der Altersversorgung, Waisengeld, Familienunterstützung, Arbeitslosenhilfe und vieles mehr. Diese vorbildliche soziale Sicherung wurde in den 1950er Jahren weiter ausgebaut und deckte praktisch jeden denkbaren Unglücksfall ab[28].

Gleichzeitig führte eine immer stärker florierende Wirtschaft dazu, dass Neuseeland nach dem zweiten Weltkrieg zu den wohlhabendsten Ländern der Welt gehörte. Im „Kiwi-Paradies“ wurde durch konsequente Subventionierung, Devisenbewirtschaftung und Zollschranken ein weltweit nahezu unübertroffener Lebensstandard geschaffen[29]. Durch Ratifizierung des *Statute of Westminster*[30] am 25. November 1947 erlangte Neuseeland gegenüber Großbritannien zwar die volle staatliche Souveränität, die innige Verbindung mit dem Mutterland Großbritannien aber blieb insbesondere auf dem Wirtschaftssektor bestehen: Die Abnahme von gut 90% der neuseeländischen Agrarproduktion durch Großbritannien sicherte der *„outlaying farm*“, dem „Garten Großbritanniens“, über Jahrzehnte diesen einzigartigen Wirtschaftsstandard, der durch Vollbeschäftigung,

---

24) *Order in Council 1907.*

25) *The Widows Pension Act 1911.*

26) *The Miners Phthisis Act 1915.*

27) *The Family Allowance Act 1926.*

28) *McClure*, A Civilised Community: A History of Social Security in New Zealand 1898 – 1998, S. 257.

29) *Dalley/Labrum*, New Zealand Social & Cultural History, S. 189; *McClure*, A Civilised Community: A History of Social Security in New Zealand 1898 - 1998, S. 7.

30) *The Statue of Westminster*, 1931, 22 George V. c. 4 (U.K), vom 11.12.1931, räumte fortan allen britischen Kolonien die Unabhängigkeit ein.

hohe Gehälter und eine beachtliche Infrastruktur geprägt wurde[31]. Diese unter dem „*New Zealand Dream*“[32] vermittelte Sicherheit war letztlich trügerisch, da sich Neuseeland weder um eine Strukturänderung der heimischen Wirtschaft noch um neue Absatzmärkte bemühte.

Als nahezu zwangsläufige Folge dieser Politik erfolgte im Jahr 1973 mit dem EG-Beitritt Großbritanniens schlagartig der wirtschaftliche Zusammenbruch Neuseelands: Die strengen Einfuhrbestimmungen der Europäischen Gemeinschaft verhinderten die weitere Großabnahme der neuseeländischen Exportprodukte durch Großbritannien und entzogen dadurch der neuseeländischen Wirtschaftsstrategie den Boden. Überschattet wurde diese Situation noch durch die Ölkrise von 1974. Als Folge wurde Neuseeland zwischen 1973 und 1984 von hoher Arbeitslosigkeit und steigender Inflation bestimmt[33]. Von dieser Wirtschaftskrise erholte sich Neuseeland nur langsam, die Rezession hielt bis Mitte der 1990er Jahre an. 1984 setzte die sozialdemokratische *Labour*-Regierung weitreichende Reformen durch, die von der Deregulierung des Finanzsektors bis zur Senkung der Einkommenssteuer reichten und sich insbesondere durch eine Abschwächung des staatlichen Einflusses im wirtschaftlichen Bereich auszeichneten[34]. Durch Gründung einer Wirtschaftsgemeinschaft mit Australien und insbesondere durch Verlagerung der Wirtschaftsschwerpunkte auf neue Sektoren gelang es Neuseeland bis Mitte der 1990er Jahre wieder, einen hohen Wirtschaftsstandard bei gleichzeitiger wirtschaftlicher Unabhängigkeit von Großbritannien sicherzustellen[35].

Von der wechselhaften wirtschaftlichen Geschichte weitgehend unberührt blieb hingegen die innenpolitische Experimentier- und Reformfreudigkeit in Neuseeland, wenngleich freilich gerade wirtschaftliche Extremsituationen oftmals auslösende Faktoren für die Durchführung radikaler Reformen sind. Neben den bereits genannten sozialstaatlich geprägten Neuerungen Ende des 19. Jahrhunderts sowie in den 1930er Jahren wurden in den 80er Jahren des letzten Jahrhunderts im Zusammenhang mit den wirtschaftlichen Deregulierungsmaßnahmen auch innenpolitisch umfangreiche und sehr erfolgreiche Reformmaß-

---

31) *Brooking*, The History of New Zealand, S. 137 ff.; vgl. auch *Dalley/Labrum*, New Zealand Social & Cultural History, S. 189: „*New Zealand's golden age*“.

32) Der Begriff beherrschte das Land in den 60er Jahren des 20. Jahrhunderts und war bewusst auf die in den USA aufkommenden propagandistischen Schlagworte des „*American way of life*“ oder des „*American Dream*“ gemünzt, vgl. hierzu *Fairburn*, in: The Oxford Illustrated History of New Zealand, S. 206; *Ferguson*, Building the New Zealand Dream, S. 15 ff.; *Rolfe*, NZJH 33 (1/1999), S. 73 [74].

33) *Brooking*, The History of New Zealand, S. 143 ff.

34) *Knorr*, Modell Neuseeland? Reformen und Reformergebnisse im Überblick, S. 8 ff., sowie *McMillan*, The World Economy 21 (1998), S. 827 [827 ff.].

35) *Brooking*, The History of New Zealand, S. 169 ff.

nahmen im öffentlichen Sektor durchgeführt[36]. Im Jahr 1993 führte Neuseeland die Volksinitiative auf nationaler Ebene ein[37], ebenfalls eine Einzigartigkeit auf der Welt[38]. Auch im Bereich des Tierschutzrechts machte Neuseeland von sich reden, als es Ende 1999 als erstes Land der Erde die Durchführung von Tierversuchen an Menschenaffen gänzlich untersagte, und zwar nicht aus Gründen des Artenschutzes, sondern aus solchen des Individualschutzes[39].

Das in sozialpolitischer Hinsicht herausragendste internationale Novum neuseeländischer Reformpolitik war zweifellos die Einführung des in dieser Arbeit näher zu behandelnden *Accident Compensation Scheme* im Jahr 1974.

III. Das *Accident Compensation Scheme*

Das *Accident Compensation Scheme* (ACC[40]) ist ein Schadensausgleichssystem in Form einer sozialstaatlich geprägten Volksunfallversicherung[41] in staatlicher Hand, die in dieser Form bis zum heutigen Tag weltweit einzigartig geblieben ist. Das neuseeländische *Accident Compensation Scheme* gewährt kostenlose medizinische Behandlung, Ersatz des Verdienstausfalls sowie weitere Entschädigungsleistungen und auch Hilfe bei der Rehabilitation für alle Menschen, die eine körperliche Verletzung aufgrund eines Unfalls, eines medizinischen Behandlungsfehlers oder einer Berufskrankheit erleiden. Wurde der entschädigungsfähige Personenschaden durch einen Dritten verursacht, so tritt der Anspruch gegen das Versicherungssystem an die Stelle des haftungsrechtlichen Direktanspruchs des Geschädigten gegen den Schädiger. Einem Geschädigten ist es somit grundsätzlich nicht möglich, den Schädiger wegen der verursachten Schäden direkt in Anspruch zu nehmen, wenn er deswegen unter

---

36) Hierzu eingehend *Knorr,* Modell Neuseeland? Reformen und Reformergebnisse im Überblick, insb. S. 8 ff., sowie *McMillan,* The World Economy 21 (1998), S. 827 [827 ff.].

37) *Citizens Initiated Referenda Act 1993* (Public Act 1993 No. 101 v. 28.09.1993).

38) Sieht man einmal von der Schweiz mit deren Neutralitätsstatus und ihrer eigentümlichen und mit repräsentativ-parlamentarisch regierten Staaten schwer vergleichbaren Regierungsform ab.

39) § 85 *Animal Welfare Act 1999* (Public Act 1999 No. 142 v. 14.10.1999). Im Rahmen dieser Arbeit wird der Einfachheit halber das in Deutschland geläufigere „§"-Zeichen an Stelle der in Neuseeland üblichen Bezeichnung „s." bzw. „ss." (*section / sections*) verwandt.

40) Die in Neuseeland gebräuchliche Abkürzung für das Schadensausgleichssystem ist ‚ACC' und wird dort synonym verwendet für die Abkürzung des behördlichen Trägers des Systems, die *Accident Compensation Corporation.*

41) Der Begriff der Volksunfallversicherung wurde von *v. Hippel* geprägt und ist eigentlich zu eng für das neuseeländische System, da dieses auch Fälle beruflich bedingter Krankheiten oder medizinischer Behandlungsfehler erfasst, die im gemeinen Sprachgebrauch nicht als Unfall bezeichnet werden.

dem *Accident Compensation Scheme* entschädigungsberechtigt ist. Gleichzeitig sieht auch das Versicherungssystem keine Regressmöglichkeiten seitens des Staates gegenüber dem Schädiger vor.

Die mit Einführung dieser Versicherung einhergehende revolutionäre Neuerung war zunächst politischer Natur: Die Anerkennung einer sozialen Dimension von Unfällen und einer damit korrespondierenden Schutzpflicht des Staates, mithin eine enorme Stärkung des Sozialstaatsprinzips.

In rechtlicher Hinsicht liegt die revolutionäre Neuerung in der ersatzlosen Abschaffung der aus den modernen Rechtsordnungen kaum hinwegzudenkenden deliktsrechtlichen Regelungen für den Bereich unfallbedingter Körperschäden.

B. Vorgehensweise

Mit dieser Arbeit soll der Versuch einer Bewertung unternommen werden, ob das neuseeländische *Accident Compensation Scheme* als weltweit umfassendstes Modell eines öffentlich-rechtlichen und haftungsersetzenden Entschädigungssystems ein taugliches Schadensausgleichssystem darstellt und ob dieses System den ursprünglich an ein solches Modell gestellten Erwartungen gerecht wurde und sich in der Praxis bewährt hat. Weiterhin soll untersucht werden, inwieweit dieses staatliche Schadensausgleichssystem unter Abschaffung des traditionellen Haftungsrechts als Vorbild für moderne sozialstaatlich ausgerichtete Staatssysteme dienen kann und ob ein solches System die Lücken zu schließen imstande ist, die den traditionellen, aus einem Zusammenspiel von haftungs- und sozialrechtlichen Normen aufgebauten Schadensausgleichssystemen nachgesagt werden. Das neuseeländische *Accident Compensation Scheme* steht hierbei beispielhaft für ein ungewöhnlich stark sozialstaatlich ausgerichtetes Schadensausgleichssystem, welches innerhalb seines Anwendungsbereichs das klassische Deliktsrecht vollständig abgelöst hat. Das *Accident Compensation Scheme* existiert nunmehr seit über 30 Jahren und bietet damit nicht nur einen theoretischen Anknüpfungspunkt für eine Untersuchung, sondern stellt vor allem ein praktisches Anschauungsobjekt dar, welches nunmehr genügend Erfahrungswerte bietet, sich zudem in Neuseeland etabliert hat und in das gesellschaftliche, politische und rechtliche Gesamtgefüge des Landes derart eingearbeitet ist, dass eine solche Untersuchung auch in sinnvoller und praxisorientierter Weise möglich ist.

Ein besonderer Reiz der Untersuchung gerade des neuseeländischen Systems liegt nicht zuletzt darin, dass Neuseeland mit einer relativ niedrigen Bevölkerungszahl von knapp über vier Mio. Einwohnern ein Land ist, in welchem das Gesetzgebungsverfahren in einer – gerade für deutsche Verhältnisse – ungewohnt schnellen Art und Weise vonstatten geht. Damit ist der neuseeländische Gesetzgeber in die Lage versetzt, auf sich ändernde Verhältnisse oder Bedürfnisse schnell und zeitnah zu reagieren. Hinzu kommt außerdem noch, dass die Legislaturperioden mit nur drei Jahren Dauer rasche Wechsel in der Grundsatzpolitik begünstigen, wobei sich in der Tat in Neuseeland seit Jahrzehnten die beiden großen Parteien des Landes[42] mit der Übernahme der Regierung in regelmäßiger Folge abgewechselt haben und dann auch jeweils zu keinem Zeitpunkt vor umfassenden und kurzfristig durchgesetzten Reformmaßnahmen zurückgeschreckt sind.

Vor diesem Hintergrund erklärt sich der Umstand, dass die gesetzlichen Grundlagen des *Accident Compensation Scheme* fortwährenden Änderungen unterliegen und seit der Einführung des Entschädigungssystems im Jahr 1974 dieses entsprechend den sich fortlaufend ändernden tatsächlichen, wirtschaftlichen oder politischen Verhältnissen angepasst und weiterentwickelt wurde. Zahlreiche grundlegende Reformen veränderten das System tiefgreifend mit weitreichenden Auswirkungen, wobei die geschilderten politischen Verhältnisse wiederholt dazu führten, dass derartige Grundsatzreformen des *Accident Compensation Scheme* nur kurze Zeit später nach einem Regierungswechsel wieder rückgängig gemacht wurden. Die wohl in keinem Staat der Erde zu vermeidende Reflexion des staatspolitischen Klimas in einem staatlichen Versicherungssystem hat daher gerade in Neuseeland seine besondere Ausprägung erhalten und das *Accident Compensation Scheme* nicht zu Unrecht oftmals dem Vorwurf eines „politischen Spielballs" ausgesetzt[43]. Gleichwohl ermöglicht diese permanente Wandlung eine unvergleichlich direkte sowie praxisnahe Untersuchung und Bewertung eines solchen modernen Schadensausgleichssystems – ein Umstand, der die Beschäftigung mit der Thematik gerade am Beispiel des neuseeländischen Modells besonders reizvoll macht.

Diese Arbeit kann und soll dabei keine rechtsvergleichende Darstellung verschiedener Schadensausgleichssysteme bzw. deren rechtlicher Grundlagen leisten, da solch ein Unterfangen sicherlich kaum zufriedenstellend zu bewältigen wäre. Gleichwohl soll im Rahmen dieser Arbeit bei der Darstellung und Bewertung des neuseeländischen Modells einer Unfallschadensbewältigung an geeigneten Stellen immer der Blick „über den Tellerrand" erhoben und die Rechtslage in anderen Staaten kurz dargestellt werden; dies schon deshalb, weil der Thematik dieser Arbeit zwangsläufig ein internationaler Bezug dadurch verliehen ist, dass die zugrundeliegende Problemstellung weltweit identisch ist: Wie begegnet ein Staatssystem dem Phänomen von Unfallschäden und deren weitreichenden sozialen und wirtschaftlichen Folgen? Die denkbaren Möglichkeiten reichen von einem völligen Sich-Heraushalten des Staats über eine Be-

---

42) Wie im „Mutterstaat" Großbritannien wird auch in Neuseeland die Parteienlandschaft von den beiden großen Parteien in Gestalt der linksgerichteten *Labour-Party* und der konservativen *National-Party* dominiert.

43) Vgl. nur *Todd*, Washburn L.J. 39 (2000), S. 404 [406]: „*Nowadays it has become far more of a political football*".

reitstellung privatgesetzlicher Regelungen bis hin zur völligen Übernahme aller wirtschaftlichen und organisatorischen Folgen. Während das erstgenannte Extrem an den historischen Zustand vor der Entwicklung moderner Staats- und Rechtsordnungen erinnert, wird das andere Extrem geradezu beispielhaft durch das neuseeländische Modell repräsentiert. Demgegenüber haben sich die meisten Staaten in mehr oder minder großen Teilbereichen für die mittlere Lösung entschieden, indem sie ihren Bürgern gesetzliche Regelungen zur Verfügung stellen, um allen Beteiligten eine geordnete und vorhersehbare Abwicklung von Schadensfolgen zu ermöglichen.

Zum besseren Verständnis des neuseeländischen Systems bietet es sich daher an, diese Arbeit mit einem kurzen Überblick zu beginnen, in dessen Rahmen die historische Entwicklung des Schadensausgleichrechts als rechtspolitische Reaktion auf die weltweit gestiegene Anzahl von Personenschäden dargestellt werden soll. Die darauf aufbauende Darstellung der sich hierbei innerhalb der soeben skizzierten Spannbreite herausgebildeten Lösungen zur rechtlichen Bewältigung von Unfallschäden mündet zwanglos in der Darstellung derjenigen Modelle, welche als Grundlage für das neuseeländische System gedient haben.

Daran anknüpfend wird als Schwerpunkt dieser Arbeit das neuseeländische *Accident Compensation Scheme* eingehend behandelt. In diesem Rahmen wird nach einem für das Verständnis wichtigen kurzen Überblick über das neuseeländische Rechtssystem zunächst die historische Entwicklung des neuseeländischen Schadensausgleichssystems aus dem klassischen Haftungsrecht heraus ausführlich dargestellt. Im Anschluss daran folgt die Darstellung des neuseeländischen Systems auf Grundlage des derzeit geltenden Rechts. Hierbei wird neben der Darstellung der gesetzlichen Grundlagen sowie der ergangenen Rechtsprechung zum Deckungsbereich, zum Schadensausgleich und der Finanzierung sowie Organisation des Schadensausgleichssystems ausführlich auf die rechtliche Problematik der Haftungsersetzung und das Verhältnis des Systems zu anderen Schadensausgleichsnormen eingegangen. Eingehend wird hierbei insbesondere die in Neuseeland sehr praxisrelevante Problematik untersucht werden, inwieweit die aus dem angloamerikanischen Rechtskreis kaum hinwegzudenkenden Strafschadensersatzansprüche bei einer deliktischen Schädigung isoliert geltend gemacht werden können, obwohl das staatliche Versicherungssystem eintritt und jegliches Vorgehen gegen den Schädiger kraft Gesetzes ausschließt.

Besonderes Augenmerk wird schließlich auf das rechtlich hochproblematische Verhältnis des neuseeländischen Systems zum internationalen Deliktsrecht gelegt, was speziell die Fälle betrifft, in denen Ausländer bei einem Schadensfall innerhalb Neuseelands nur einen minimalen Schadensausgleich nach neuseeländischem Recht erhalten, sie nach dem Recht ihres Heimatstaates aber weitergehenden Schadensersatz gegen den Schädiger geltend machen könnten; gerade dies ist ihnen aber nach neuseeländischem Recht aufgrund des haftungsersetzenden staatlichen Entschädigungssystems verwehrt. Die hiermit zusammenhängenden Problematiken von Kollisionen und Regelungskonflikten hängenden Problematiken von Kollisionen und Regelungskonflikten mit den Normen des internationalen Deliktsrechts sind bislang kaum geklärt.

Auf dieser Grundlage schließt sich eine Analyse und Bewertung des neuseeländischen Systems vor dem Hintergrund seiner normativen Leitbilder an. Hierbei werden insbesondere die gegen das neuseeländische System vorgebrachten Bedenken auf ihre Schlüssigkeit hin untersucht; ebenso wird die Umsetzung der durch den historischen Gesetzgeber des Schadensausgleichssystems gesteckten Ziele hinterfragt werden.

Die Arbeit endet mit einem kurzen internationalen Überblick über diejenigen Schadensausgleichssysteme, die sich am neuseeländischen System orientiert haben, sowie mit einem Ausblick, welche Perspektiven sich für das neuseeländische System innerhalb Neuseelands und auch in anderen Staaten bieten.

2. Teil:

Schadensausgleich bei Unfällen als Rechtsproblem

A. Reaktionen auf die Unfallproblematik im Schadensausgleichrecht

Die zunehmende Anzahl von Unfällen mit all ihren praktischen und wirtschaftlichen Konsequenzen warf im Laufe der Zeit in den sich entwickelnden modernen Rechts- und Sozialstaaten die Frage auf, wie Unfälle verhindert oder – wenn sie geschehen sind – die Unfallfolgen gerecht ausgeglichen werden können.

I. Entwicklungstendenzen des Haftungsrechts

Grundsätzlich basiert das gesamte Haftungsrecht auf dem Grundsatz „*casum sentit dominus*“: Wer den Schaden hat, muss ihn auch selbst tragen[44]. Die *Haftung*, also das Einstehenmüssen des Einzelnen für die von ihm verursachten Schäden gegenüber Dritten, stellte ursprünglich die Ausnahme dar[45]. Sie war nur dann gegeben, wenn dafür besondere Gründe bestanden[46]. Ihre Normierung finden diese besonderen Gründe im Deliktsrecht. Die Rechtfertigung eines Schadensausgleichs wird im Deliktsrecht grundsätzlich nur dann als gegeben angesehen, wenn ein anderer für den Schaden verantwortlich gemacht und der Schaden ihm damit zugerechnet werden kann, sei es durch Verletzung einer Sorgfaltspflicht oder durch Schaffung einer Quelle besonderer Gefahren[47]. Gelingt es dem Geschädigten nicht, eine bestimmte Person ausfindig zu machen, welcher der Schaden aus diesen Gründen zugerechnet werden kann, so bleibt er unter haftungsrechtlichen Gesichtpunkten auf seinem Schaden sitzen[48].

Das Verständnis der Haftung als Ausnahme eines grundsätzlichen Selbstbehalts hat sich heute weitgehend gewandelt[49]. Es erscheint kaum mehr vorstellbar, dass ein moderner Sozialstaat seinen Bürgern jeden Schadensausgleich verweigern kann, wenn der Unfall auf niemandes Fahrlässigkeit beruht oder kein Verursacher ausfindig gemacht werden kann. Das gesteigerte Bedürfnis der

---

44) Genauer übersetzt: Den Zufall spürt der Eigentümer; vgl. *Deutsch*, RabelsZ 44 (1980), S. 487 [487]; *Fuchs*, Deliktsrecht, S. 2.

45) *Deutsch*, RabelsZ 44 (1980), S. 487 [487]; *Kötz/Wagner*, Deliktsrecht, Rndr. 5.

46) *Kötz/Wagner*, Deliktsrecht, Rndr. 5; *Zweigert/Kötz*, Einführung in die Rechtsvergleichung, S. 684.

47) *Kötz/Wagner*, Deliktsrecht, Rndr. 5; *Zweigert/Kötz*, Einführung in die Rechtsvergleichung, S. 684.

48) *Zweigert/Kötz*, Einführung in die Rechtsvergleichung, S. 684 f.

49) Dazu *Stolleis*, in: FS Zacher, S. 1081 [1085].

Bürger nach sozialer Sicherheit verlangt dem Schadensersatzrecht eine sozialstaatliche Ausgestaltung ab[50].

In allen modernen Rechtsordnungen hat sich das Sicherheitsverlangen der Bürger dergestalt durchgesetzt, dass diese Rechtsordnungen weit über die reine Verschuldenshaftung hinausgehende Regelungen bereitstellen. Darüber hinaus ist das Haftpflichtrecht in zahlreichen Bereichen kollektiviert, indem durch den Einsatz von kollektiven Haftungseinheiten in Form von Haftpflichtversicherungen der Schadensersatz heutzutage weit gestreut wird[51]. Dies gewährleistet einerseits eine weitgehende Kompensation des Schadens unabhängig von der wirtschaftlichen Leistungskraft des Schädigers, zum anderen bewahrt es aber auch den Schädiger vor ruinösen Haftungsrisiken. Die soziale Komponente des Haftungsrechts wird – am Beispiel des deutschen Rechtssystems – vollends deutlich durch die Einführung einer Versicherungspflicht in besonders unfallträchtigen Bereichen[52], die Einräumung eines Direktanspruchs gegen den Versicherer unter Ausschluss von Einwendungen aus dem Versicherungsvertrag[53], die Ausgleichsfonds für Verkehrsunfallopfer, denen etwa aufgrund gegnerischer Verkehrsunfallflucht kein Anspruchsgegner gegenübersteht[54] und die staatliche Versorgung von Verbrechensopfern[55]. Zahlreiche moderne Staaten haben weltweit entsprechende Regelungen entwickelt. Vor dem Hintergrund der Kollektivierung des Haftpflichtrechts ist der individuelle Schadensausgleich heute faktisch zur Ausnahme geworden[56]. Die „Haftung“ des Einzelnen ist von einer kollektiven Risikoverteilung verdrängt worden und damit zu einem Deckmantel verkümmert, unter dem letztlich zumeist nur über die Leistungspflicht des Versicherers entschieden wird[57]. Zum Teil entscheidet die Rechtsprechung die Haftung des Einzelnen sogar nach der Versicherung, entgegen dem Grundsatz, dass sich die Versicherung nach der Haftung zu richten hat[58].

---

50) *Fuchs*, Deliktsrecht, S. 5; *Kötz*, Sozialer Wandel im Unfallrecht, S. 5.

51) *Deutsch*, RabelsZ 44 (1980), S. 487 [488]; *Kötz*, Sozialer Wandel im Unfallrecht, S. 6.

52) In Deutschland für Kfz-Halter eingeführt durch das PflVG v. 07.11.1939 (RGBl. I, S. 2223).

53) In Deutschland seit 1965 normiert in § 3 Nr.1 PflVG.

54) In Deutschland geregelt durch § 12 PflVG.

55) In Deutschland: Gesetz über Entschädigung für Opfer von Gewalttaten v. 11.5.1976 (BGBl. I, S. 1181).

56) *Fuchs*, Deliktsrecht, S. 8.

57) *V. Hippel*, NJW 1969, S. 681 [683].

58) *BGHZ* 39, S. 156 [158]: „... *Von einer unangemessenen Belastung des verantwortlichen Schädigers kann um so weniger die Rede sein, als es sich in aller Regel um Schäden handelt, bei denen der Schutz der gesetzlichen Haftpflichtversicherung oder, falls diese nicht eingreift, der Schutz einer bei solchen Sportveranstaltungen üblichen besonderen Haftpflichtversicherung eingreift*“.

Die Frage, die sich daher heute bei einem Schadensausgleich regelmäßig stellt, ist die, wann und bis zu welchem Ausmaß ein Unfallopfer aus einem von allen Risikoträgern finanzierten Fonds entschädigt werden soll[59]. Dementsprechend wird regelmäßig nur noch darüber gestritten, ob der Schaden von einem Vorsorgeträger als einer Gesamtheit potentieller Verletzter oder von einem Haftpflichtversicherer als einer Gesamtheit potentieller Schädiger getragen werden soll[60]. Auch das Schadensmanagement wird dementsprechend praktisch regelmäßig vom Versicherer übernommen.

Dieses in modernen Staatssystemen inzwischen als selbstverständlich empfundene Bereitstehen von kollektiven Schadensausgleichssystemen basiert letztlich auf einer über Jahrhunderte währenden Entwicklung der gesetzlich normierten Schadenszurechnungsgründe.

So haben sich in den verschiedenen Rechtsordnungen – neben der hier nicht relevanten Vertragshaftung – drei verschiedenartige Systeme des Unfallschadensausgleichs herausgebildet: Die deliktische Verantwortlichkeit in Gestalt der Verschuldenshaftung einerseits und der Gefährdungshaftung andererseits sowie die davon zu unterscheidende Substitution der Haftung durch versicherungsrechtlichen Schutz[61].

II. Die Verschuldenshaftung

Grundlage nahezu aller Rechtsordnungen ist das Verschuldensprinzip, dessen Wurzeln sich im individualistisch und liberalistisch geprägten Geist des vorigen Jahrhunderts finden[62]: Der Schädiger haftet dem Geschädigten nur dann auf Schadensersatz, wenn ihm ein Verschulden zur Last fällt. Die Verschuldens-

---

BGH, NJW 1966, S. 41 [42]: „... *Das ist um so weniger anzunehmen, als der Beklagte gegen Haftpflicht versichert ist und eine solche Haftungseinschränkung daher im Widerspruch zu dem wohlverstandenen Interesse der Beteiligten stände*".
BGHZ 63, S. 51 [59]: „... *Der schuldige Ehegatte, hinter dem ein Haftpflichtversicherer steht, hat keinen Anlass, von seinem verletzten Partner irgendwelche Verzichtsbereitschaft zu erwarten oder zu fordern, und erst recht kann der Versicherer eine solche Haltung nicht verlangen, weil sie allenfalls auf einem ehelichen Einverständnis über die beschränkten Möglichkeiten einer internen Wiedergutmachung beruhen könnte*".
BGH, NJW 1992, S. 2474 [2475]: „... *Dies gilt insbesondere dann, wenn, wie hier, hinter dem Tierhalter eine Versicherung steht, denn ein Haftungsverzicht, der lediglich den Versicherer entlastet, entspricht in der Regel nicht dem Willen der Beteiligten und ihrem wohlverstandenen Interesse*".
Kritisch hierzu *Sieg*, VersR 1983, S. 1085 [1090].

59) *V. Hippel*, in: Haftungsersetzung durch Versicherungsschutz, S. 40 [48].

60) *Kötz*, Sozialer Wandel im Unfallrecht, S. 28.

61) *Marschall v. Bieberstein*, VersR 1968, S. 509 [510], spricht insofern treffend von einer „Dreispurigkeit des Schadensausgleichrechts".

62) *V. Caemmerer*, RabelsZ 42 (1978), S. 5 [8]; *Kötz/Wagner*, Deliktsrecht, Rdnrn. 21 f., zum *Common Law*; *Zweigert/Kötz*, Einführung in die Rechtsvergleichung, S. 610 f.

haftung wird in den nationalen Rechtsordnungen auch heute noch als allgemeine Grundlage der deliktischen Haftung angesehen[63], und im anglo-amerikanischen Rechtskreis, aber auch in vielen romanischen Rechtsordnungen, ist das Prinzip der Verschuldenshaftung bis heute die einzige Basis für die Verkehrsunfallhaftung[64]. Das Verschuldensprinzip hat dabei in vielen Bereichen zweifellos seine Berechtigung. Es gewährleistet den Freiraum, der dem Einzelnen zusteht, wenn er bei seinem Tätigwerden an die Interessen anderer stößt[65]. Hier entfaltet es seine Funktion, als deliktsrechtliche Ausprägung der Privatautonomie den Freiraum für die Betätigung des Einzelnen zu sichern[66].

Gleichwohl hat sich die allgemeine Deliktshaftung dabei den Erfordernissen des modernen Unfallrechts angepasst[67]. So wird in den meisten Rechtsordnungen heute die Objektivierung des Fahrlässigkeitsbegriffs vertreten[68]. Weiterhin werden die deliktsrechtlichen Verhaltenspflichten ausgedehnt[69]. Schließlich zeigt sich die Tendenz zur Ausweitung der Verschuldenshaftung insbesondere auf der Ebene des Beweises der haftungsbegründenden Tatsachen in Form von Verschuldensvermutungen, der Festlegung von Fällen des Anscheinsbeweises oder anderer Veränderungen der Beweiserfordernisse[70]. Hier ist insbesondere im Rahmen der Straßenverkehrshaftpflicht gerade die Beweislastumkehr auf internationaler Ebene ein häufig angewandtes Mittel zur Ausweitung der Verschuldenshaftung[71]. Auch im *Common Law*-Rechtskreis verwendet man Techniken der Beweislastregeln und der Erhöhung der Sorgfaltsanforderungen[72]. Die Tendenz zur Ausweitung der Verschuldenshaftung hat daher internationalen Charakter[73].

---

63) *Magnus*, Eur.Rev.Pr.L. 1995, S. 427 [430].

64) *Lemor*, VersR 1992, S. 648 [648 ff.]; *v. Hippel*, Schadensausgleich bei Verkehrsunfällen, S. 3 ff.; *Kötz*, in: Schadensersatz bei Straßenverkehrsunfällen, S. 11 [12]. Zum entsprechenden anglo-amerikanischen Haftungstatbestand der *Negligence* vgl. unten, S. 63.

65) *V. Caemmerer*, RabelsZ 42 (1978), S. 5 [24].

66) *V. Caemmerer*, RabelsZ 42 (1978), S. 5 [24]; *Honsell*, in: Symposium Stark, S. 15 [15].

67) *Magnus*, Eur.Rev.Pr.L. 1995, S. 427 [430].

68) *V. Caemmerer*, RabelsZ 42 (1978), S. 5 [16] ; *Magnus*, Eur.Rev.Pr.L. 1995, S. 427 [430, 443].

69) *V. Hippel*, Schadensausgleich bei Verkehrsunfällen, S. 5 f.; *ders.*, in: Haftungsersetzung durch Versicherungsschutz, S. 40 [42]; *Magnus*, Eur.Rev.Pr.L. 1995, S. 427 [431].

70) *V. Hippel*, Schadensausgleich bei Verkehrsunfällen, S. 7 f.; *ders.*, in: Haftungsersetzung durch Versicherungsschutz, S. 40 [42]; *Leser*, AcP 183 (1983), S. 568 [591 f.]: „Verdünnung" des Verschuldens; *Magnus*, Eur.Rev.Pr.L. 1995, S. 427 [431].

71) *Magnus*, Eur.Rev.Pr.L. 1995, S. 427 [433]; Vgl. auch *Schwarz*, NJW 1991, S. 2058 [2058 ff.] sowie *Lemor*, VersR 1992, S. 648 [648 ff.] mit rechtsvergleichenden Beispielen.

72) *Kötz/Wagner*, Deliktsrecht, Rdnr. 265; *v. Hippel*, Schadensausgleich bei Verkehrsunfällen, S. 3 ff.; *Sieghörtner*, Internationales Verkehrsunfallrecht, S. 64 f.

73) *Sieghörtner*, Internationales Verkehrsunfallrecht, S. 65.

III. Die Gefährdungshaftung

Zahlreiche Rechtsordnungen haben es nicht bei der Verschuldenshaftung bewenden lassen, sondern auf die sich in bestimmten Bereichen abzeichnende Unfallträchtigkeit mit der Ausprägung von Gefährdungshaftungstatbeständen reagiert. Kennzeichnendes Merkmal der Gefährdungshaftungstatbestände ist das Fehlen von Verschuldenselementen[74]. Die Gefährdungshaftung ist dabei insbesondere im deutschen Rechtskreis sowie den nordischen Rechtsordnungen verbreitet [75].

Ihren Ursprung findet die Gefährdungshaftung in der Anfang bis Mitte des 19. Jahrhunderts rasant zunehmenden Industrialisierung und Technisierung, als sich aus den dadurch erzeugten Gefahren selbst bei Beachtung aller nur denkbaren Sorgfalt gehäuft Schäden entwickelten[76]. Durch die in immer größerer Häufigkeit und Schwere auftretenden Unfälle wurde die rechtliche Haftungsfrage drastisch verschärft. Es entwickelte sich langsam der Gedanke, dass eine Rechtsordnung dem Bürger auch soziale Sicherheit gewährleisten müsse[77]. Zudem begann sich ein Interessenprinzip zu entwickeln und durchzusetzen: Wer aus einer Risikotätigkeit Vorteile zieht, soll auch die entstehenden Nachteile tragen müssen[78]. Die Entwicklung der verschuldensunabhängigen Gefährdungshaftung für besonders gefahrenträchtige Anlagen und Tätigkeiten war die Folge[79]. In Abweichung vom Verschuldensprinzip knüpfen derartige Haftungstatbestände an eine von der bloßen Inbetriebnahme einer Einrichtung ausgehenden Gefährdung

---

74) Durch die genannten Ansätze zur Ausweitung der Verschuldenshaftung verschwimmen freilich heute die Unterschiede zwischen Gefährdungs- und Verschuldenshaftung. Eine scharfe Trennung von Verschuldens- und Gefährdungshaftung ist dementsprechend oftmals kaum möglich, zahlreiche Rechtsordnungen kennen diese Unterscheidung gar nicht und sehen die Gefährdungshaftung lediglich als eine verschärfte Deliktshaftung an, vgl. hierzu ausführlich *Sieghörtner*, Internationales Verkehrsunfallrecht, S. 67 ff. sowie *Stoll*, in: FS Ferid, S. 397 [402].

75) *V. Caemmerer*, RabelsZ 42 (1978), S. 5 [12 f.]; *Lemor*, VersR 1992, S. 648 [648]; *Magnus*, Eur.Rev.Pr.L. 1995, S. 427 [434].

76) *Fuchs*, Deliktsrecht, S. 7.

77) *Lukes*, VersR 1983, S. 697 [700]; *Zweigert*/Kötz, Einführung in die Rechtsvergleichung, S. 651 f.

78) *Honsell*, in: Symposium Stark, S. 15 [15].

79) In Deutschland lassen sich die Gefährdungshaftungstatbestände grob – ohne Anspruch auf Vollständigkeit – in vier Gruppen unterteilen: Die Tierhalter- bzw. Wildschadenshaftung (§§ 833, 834 BGB, §§ 29 ff. BJagdG), die Verkehrsmittelhaftung (§ 1 HaftPflG, § 7 StVG, § 33 LuftVG), die Anlagen- und Leitungshaftung (§§ 2, 3 HaftPflG, § 22 WHG, § 25 AtomG, §§ 114 ff. BBergG) sowie die Produkt-, Chemie- und Arzneimittelhaftung (§ 1 ProdHG, § 22 WHG, § 84 AMG, § 34 GenTG, § 6 UmweltHG). Eine internationale Übersicht über Gefährdungshaftungstatbestände im Bereich des Straßenverkehrsrechts gibt *Sieghörtner*, Internationales Straßenverkehrsunfallrecht, S. 65 [Rdnr. 35].

an. Während der verschuldensabhängigen Deliktshaftung primär der Gedanke des Ausgleichs für Unrecht zugrunde liegt, steht bei der Gefährdungshaftung die gerechte Verteilung von Unfallschäden im Vordergrund[80]. So werden auch heute zur dogmatischen Rechtfertigung der Gefährdungshaftung – stichwortartig – angeführt die besondere Gefahrenhöhe, die Gestattung des Betriebs trotz dessen Gefährlichkeit, die Schadensverursachung durch verkörperte Gefahrenquellen, das Ausgeliefertsein der Öffentlichkeit, die Nähe des Verantwortlichen zur Gefahrenquelle und damit korrespondierende Beweisprobleme sowie das Interesse des Verantwortlichen daran, aus der gefährlichen Anlage Vorteile zu ziehen[81]. Neben dieser „Herstellung verteilender Gerechtigkeit" soll der Gefährdungshaftung insbesondere auch eine besondere Präventionsfunktion zukommen, indem sie zu Sicherheitsvorkehrungen motivieren und die Gefahr des Schadenseintritts verringern helfen soll[82].

Gleichwohl widersprach die an bloße Tätigkeiten oder den Betrieb von Einrichtungen anknüpfende Gefährdungshaftung dem über Jahrhunderte apodiktisch angewandten Schuldprinzip[83]. Die Verschuldenshaftung war noch für *Rudolf von Jhering* eine bare Selbstverständlichkeit[84]. Umgekehrt aber war der den späteren Gefährdungshaftungstatbeständen innewohnende Gedanke der damaligen Rechtsprechung auch im Rahmen der Verschuldenshaftung nicht völlig fremd: Bevor im Jahr 1839 auf maßgebliches Betreiben durch *F. C. von Savigny* das preußische Eisenbahngesetz als erstes Gefährdungshaftungsgesetz in Kraft trat[85], bediente man sich zur Bejahung der Haftung des Eisenbahnunternehmers des argumentativen Kunstgriffs, dass bereits der Betrieb der Eisenbahn an sich ein rechtswidriges und „culpöses" Unternehmen sei[86].

So fand auch nach Erlass dieses ersten Gefährdungshaftungsgesetzes nur langsam eine Gewöhnung an eine solche Form der Haftung statt, und bis zum heutigen Tag stellte die Einführung der Gefährdungshaftungstatbestände immer nur eine – meist verzögerte – Reaktion des Gesetzgebers auf den technischen Fortschritt dar, wenn es darum ging, neuen technischen Risiken Rechnung zu tragen. Damit im Einklang steht die deutsche Judikatur, welche die Gefährdungshaftungstatbestände stets als eng auszulegende Sondertatbestände ansieht

80) *Kürschner*, in: *Wussow*, Unfallhaftpflichtrecht, Kap. 1 Rdnr. 6.

81) Vgl. *Cosack*, VersR 1992, S. 1439 [1439 ff.].

82) Vgl. nur *Blaschczok*, Gefährdungshaftung und Risikozuweisung, S. 4, 47 m. w. Nachw.

83) Während in Deutschland und Frankreich das Verschuldensprinzip unangefochten in Geltung stand, begann sich im *Common Law*-Rechtskreis die Haftung für fahrlässiges Handeln in Form des *Negligence*-Tatbestands zu dieser Zeit überhaupt erst herauszubilden, vgl. *Zweigert/Kötz*, Einführung in die Rechtsvergleichung, S. 650.

84) *V. Jhering*, Das Schuldmoment im Privatrecht, S. 199: „*Nicht der Schaden verpflichtet zum Schadensersatz, sondern die Schuld*".

85) Vgl. dazu die eingehende Darstellung bei *Baums*, ZRG Germ. Abt. 104 (1987), S. 277 [280].

86) Vgl. *Oberappellationsgericht München*, Seufferts Archiv 14 (1861), Nr. 208.

und mit dieser Begründung ein strenges Analogieverbot für die Gefährdungshaftungsnormen statuiert hat[87]. Schmerzensgeld wird auf Grundlage von Gefährdungshaftungstatbeständen grundsätzlich nicht gewährt[88]. Auch ist die Haftung im Rahmen der Gefährdungshaftung – im Gegensatz zur unbegrenzten Verschuldenshaftung – regelmäßig gesetzlich auf Höchstsummen begrenzt, um die wirtschaftliche Funktionsfähigkeit der Versicherungen nicht zu gefährden, die in der Praxis die Gefährdungshaftung in den meisten relevanten Bereichen abdecken[89]. Ungeachtet der vorgesehenen Haftungsbegrenzungen kann die Schadenshöhe gerade bei Massenschäden gleichwohl leicht die finanziellen Möglichkeiten des Schädigers übersteigen. Zur Gewährleistung des Schadensausgleichs in diesen Fällen hat der Gesetzgeber daher für den potentiellen Schädiger meist die Verpflichtung zur Deckungsvorsorge vorgesehen, sei es durch die Verpflichtung zum Abschluss einer Haftpflichtversicherung oder durch Nachweis einer Freistellungsverpflichtung durch den Bund oder die Länder[90].

IV. Haftungsersetzung durch Versicherungsschutz

1. Begriff

Als drittes Schadensausgleichssystem hat sich außerhalb des Deliktsrechts eine versicherungsrechtliche Lösung entwickelt. Kennzeichnend für ein solches System sind Rechtsnormen, die für bestimmte Sachverhalte deliktische Schadensersatzansprüche ausschließen und statt dessen einen Anspruch gegen einen vom potentiellen Schädiger finanzierten Versicherungsträger gewähren. Hier kommt es für den Ersatzanspruch des Geschädigten nicht auf die Haftung des Schädigers an, sondern lediglich darauf, ob die Schädigung die anspruchsbegründenden Merkmale der vom Versicherungsschutz erfassten Ereignisse aufweist[91]. Dieses System ist daher nicht wie die deliktsrechtlichen Normen *kausal*, sondern *final* orientiert[92].

Die Vorteile einer solchen versicherungsrechtlichen Lösung liegen auf der Hand: Zum einen befreit sie den Schädiger vor ruinösen Haftungsrisiken, auf der

---

87) Vgl. *BGHZ* 54, S. 332 [336]; *BGHZ* 55, S. 229 [234].

88) Ausnahmen sind im deutschen Recht beispielsweise die Vorschriften der §§ 833, 844 BGB sowie § 53 Abs. 3 LuftVG.

89) Vgl. § 12 StVG, §§ 9, 10 HaftPfG, §§ 10, 11 ProdHG. Zusätzlich sind in der Regel alle Versicherungsverträge auf Höchstsummen begrenzt. Interessant in diesem Zusammenhang ist aber auch § 11 ProdHG, der über den Ausschluss von Kleinschäden ebenfalls die Versicherungswirtschaft schützen soll. Eine unbegrenzte Haftung ist in Deutschland beispielsweise in § 53 LuftVG für Schäden, die durch militärische Luftfahrzeuge verursacht worden sind, sowie in § 22 WHG vorgesehen.

90) Vgl. § 1 PflVersG, § 94 AMG, § 36 GenTG, §§ 13, 34, 36 AtomG.

91) Vgl. *Kötz/Wagner*, Deliktsrecht, Rndr. 8.

92) *Weyers*, ZRP 1977, S. 292 [292].

anderen Seite gewährt sie dem Geschädigten umfassenden und von der Solvenz des Schädigers unabhängigen Schutz[93]. Mit ihrer Hilfe lassen sich Streitigkeiten um die Haftungsfrage vermeiden, so dass sich ihr Einsatz vor allem in solchen Bereichen anbietet, in denen die vom Deliktsrecht gewährten Einsatzmöglichkeiten als unzureichend oder umständlich angesehen werden[94]. Die versicherungsrechtliche Lösung wurde in Deutschland unter *Bismarck* bereits 15 Jahre vor dem Inkrafttreten des BGB für den Bereich der Arbeitsunfälle eingeführt[95]. Da diese gesetzliche Unfallversicherung der Prototyp des versicherungsrechtlichen Systems und Vorbild für schadensrechtliche Reformen in anderen Staaten – so auch in Neuseeland – war, soll ihre Entstehung kurz geschildert werden.

2. Der Prototyp: Die Arbeitsunfallversicherung

Der historische Ursprung der zunächst im Deutschen Reich eingeführten, vom zivilen Deliktsrecht losgelösten Arbeitsunfallversicherung liegt in der Mitte des 19. Jahrhunderts, als mit der zunehmenden Industrialisierung Hunderttausende von Menschen in die Industriereviere strömten und dabei als Fabrikarbeiter meist in bescheidensten Wohnverhältnissen lebten und den Risiken von Krankheit, Invalidität und Arbeitslosigkeit schutzlos ausgeliefert waren[96]. Das rasante Wachstum der Industrialisierung und Technisierung forderte dabei seinen Tribut, Unfälle von Arbeitnehmern traten mit steigender Anzahl und Schwere auf. Die Haftpflicht des Unternehmers baute damals überall auf dem Verschuldensprinzip auf, weswegen die Opfer von Arbeitsunfällen nur sehr unzureichend geschützt waren[97]. Die Durchsetzung möglicher Ansprüche von Geschädigten wurde zusätzlich erschwert durch eine Überlastung der Gerichte, das Entstehen übermäßiger Kosten und unfaire Vergleiche zu Lasten der Geschädigten, was unter der Arbeiterschaft wachsenden Unmut hervorrief[98]. Nicht zuletzt unter dem Eindruck der sozialistischen Wahlerfolge wurden Stimmen in den tonangebenden Schichten des Bismarckreichs laut, dass man sich zur Vermeidung einer Radikalisierung der Industriearbeiterschaft der „Arbeiterfrage" annehmen müs-

---

93) *V. Hippel*, JZ 1972, S. 735 [736].

94) *Marschall v. Bieberstein*, VersR 1968, S. 509 [509].

95) Unfallversicherungsgesetz v. 6.7.1884 (RGBl. 1884, S. 69).

96) *Stolleis*, Die Geschichte des Sozialrechts, S. 42 ff.

97) Nach dem Reichshaftpflichtgesetz vom 07.06.1871 (RGBl. S. 207) konnten die in Bergwerken, Gruben, Steinbrüchen und in Fabriken beschäftigten Arbeiter im Fall unfallbedingter Erwerbsunfähigkeit einen Entschädigungsanspruch gegenüber dem Unternehmer nur dann geltend machen, wenn sie die Schuld der Unternehmensleitung an dem jeweiligen Unfall nachweisen konnten; vgl. dazu *Becker*, Die materielle Rechtsstellung, S. 9 sowie *Gitter*, Schadensausgleich im Arbeitsunfallrecht, S. 11.

98) *V. Hippel*, in: Haftungsersetzung durch Versicherungsschutz, S. 40 [43].

se, indem Fabrikarbeiter gegen das Invaliditätsrisiko durch Arbeitsunfälle besser zu schützen seien[99].

Während man zunächst über eine Verschärfung der Unternehmerhaftpflicht in Form einer Gefährdungshaftung oder durch Einführung einer Verschuldensvermutung in Koppelung mit einem Haftpflichtversicherungszwang nachdachte, ist es maßgeblich dem Einfluss von *Bismarck* selbst zuzuschreiben, dass letztlich die zivilrechtliche Haftung des Unternehmers zu Gunsten eines Unfallversicherungssystems abgelöst wurde[100]. *Bismarck* wandte sich zudem strikt dagegen, das Unfallversicherungssystem der Privatwirtschaft zu überlassen; die Gefahr von überhöhten Prämien, langwierigen Prozessen der Geschädigten gegen die Versicherung zur Erlangung einer Entschädigung und die Aufbürdung des Konkursrisikos auf die Arbeiter bei einer privatwirtschaftlichen Organisation sprachen nach der Einschätzung von *Bismarck* für eine staatliche Lösung[101].

Gleichwohl war der parlamentarische Beratungsprozess langwierig. So bestand vor allem Uneinigkeit im Hinblick auf die Errichtung einer zentralen Reichsversicherungsanstalt und der Beteiligung des Staates an der Finanzierung des Versicherungssystems, wofür *Bismarck* sich einsetzte[102]. Erst der dritte Gesetzesentwurf, in dem diese von *Bismarck* befürworteten Rahmenbedingungen fallengelassen worden waren, fand die erforderliche Mehrheit im Parlament[103]. Dieses am 06.07.1884 verabschiedete Unfallversicherungsgesetz[104] war eine internationale Pionierleistung.

Die neue Versicherung wurde – ebenfalls wie die kurz zuvor unter *Bismarck* im Jahr 1883 eingeführte Krankenversicherung[105] – als Zwangsversicherung ausgestaltet. Den Versicherungsschutz genossen zunächst alle in bestimmten besonders gefährlichen Gewerbebetrieben beschäftigten Arbeiter und Angestellten, sofern ihr Jahresverdienst 2000 Mark nicht überstieg[106]. Die Entschädigungspflicht betraf alle den Tod oder eine Erwerbsbeeinträchtigung verursachenden Unfälle, die vom Verletzten nicht vorsätzlich herbeigeführt worden waren und auf besondere, dem Betrieb eigentümliche Gefahren zurückgeführt werden konnten. Die Leistungen unter dem Gesetz wurden ab der 14. Woche nach Eintritt einer unfallbedingten Erwerbsunfähigkeit gewährt und umfassten die

---

99) Tatsächlich dürfte nicht das Gebot der Nächstenliebe, sondern vielmehr der taktische Versuch, die Arbeiterschaft durch Bindung an den monarchistischen Staat der Sozialdemokratie zu entfremden, die ausschlaggebende Motivation für *Bismarck* gewesen sein, vgl. *Kaltenborn*, JZ 1998, S. 770 [773]; *Kötz/Wagner*, Deliktsrecht, Rdnr. 576.

100) *Kötz/Wagner*, Deliktsrecht, Rdnr. 577; *Stolleis*, Die Geschichte des Sozialrechts, S. 52.

101) Vgl. die Reichstagsrede von *Bismarck* vom 02.04.1881, abgedruckt bei *Kötz/Wagner*, Deliktsrecht, Rdnr. 578.

102) Dazu *Stolleis*, Die Geschichte des Sozialrechts, S. 54 f.

103) Vgl. *Kaltenborn*, JZ 1998, S. 770 [771].

104) RGBl. I, S. 69.

105) Gesetz betreffend die Krankenversicherung der Arbeiter, RGBl. 1883, S. 73.

106) § 1 Unfallversicherungsgesetz.

Übernahme der Heilungskosten sowie die Zahlung einer Erwerbsunfähigkeitsrente für die Dauer der Erwerbsunfähigkeit in Höhe von zwei Dritteln des zuvor erhaltenen Durchschnittslohns[107]. Im Todesfall gewährte das Gesetz eine Hinterbliebenenrente sowie einen Pauschalbetrag für den Ersatz der Beerdigungskosten[108]. Die Finanzierung der Versicherung oblag allein den Unternehmern, deren Betriebe in unterschiedliche Gefahrenklassen mit entsprechend differenzierten Beitragssätzen eingestuft wurden.

Die der Arbeitsunfallversicherung eigene Ersetzung der Haftpflicht des Arbeitgebers gegenüber dem verunfallten Arbeitnehmer durch einen versicherungsrechtlichen Schutz fand sich in § 95 des Unfallversicherungsgesetzes, wonach ein Geschädigter einen unmittelbaren Schadensersatzanspruch gegen seinen Arbeitgeber nur geltend machen konnte, wenn letzterer den Unfall vorsätzlich herbeigeführt hatte und dies durch ein strafgerichtliches Urteil festgestellt worden war. In allen sonstigen Fällen wurde der Anspruch des Geschädigten gegen den Arbeitgeber durch die Leistung der Berufsgenossenschaft ersetzt. Dieses System wurde im Grundsatz bis heute beibehalten[109].

Als Versicherungsträger wurden Berufsgenossenschaften für bestimmte Berufszweige und Bezirke durch Zusammenschluss einzelner Unternehmen eingerichtet, die nach dem Prinzip der Selbstverwaltung arbeiteten[110]. Die von *Bismarck* befürwortete Schaffung einer Reichsversicherungsanstalt als zentralem Versicherungsträger war damit zu Gunsten einer dezentralen, vom Staat weitgehend unabhängigen Lösung auf Unternehmensebene abgelöst worden[111]. Der Anspruch des Versicherten richtete sich somit gegen eine öffentlich-rechtliche Solidargemeinschaft und damit gegen einen stets leistungsfähigen Schuldner[112].

---

107) § 5 Unfallversicherungsgesetz. In den ersten 13 Wochen nach Eintritt der Erwerbsunfähigkeit hatten die Betroffenen, die krankenversichert waren, einen Anspruch gegen die Krankenversicherung auf Zahlung der Krankenfürsorge, die gem. § 5 Unfallversicherungsgesetz ab der 5. Woche auf mindestens zwei Drittel des zuvor erhaltenen Durchschnittslohns angehoben werden musste. Bei nicht krankenversicherten Arbeitern und Angestellten wurde der Betriebsunternehmer selbst nach der vorgenannten Vorschrift zur Leistung in gleicher Höhe für die ersten 13 Wochen entsprechend den Regelungen des Krankenversicherungsgesetzes verpflichtet.

108) §§ 6 f. Unfallversicherungsgesetz.

109) §§ 104 f. SGB VII. Zur Verfassungsmäßigkeit der Vorgängerregelungen der §§ 636, 637 RVO s. *BVerfG*, NJW 1973, S. 502 [502 ff.]. Eingehend zur Systematik der Haftungsersetzung *Schulin/Igl*, Sozialrecht, Rdnrn. 399 ff. Die Zahlung von Schmerzensgeld sieht die deutsche Arbeitsunfallversicherung nicht vor, vgl. dazu *Marquardt*, Der Ausgleich immateriellen Schadens in der gesetzlichen Unfallversicherung, S. 17 ff., 58 ff.

110) §§ 9 ff. Unfallversicherungsgesetz.

111) Vgl. *Kaltenborn*, JZ 1998, S. 770 [771].

112) *Breuer*, in: *Schulin*, Handbuch des Sozialversicherungsrechts, Bd. 2, § 1 Rdnr. 65.

Die Aufsicht über die Genossenschaften wurde dem eigens hierfür geschaffenen Reichsversicherungsamt übertragen[113].

Während man sich in einigen Staaten zunächst mit einer Verschärfung der Unternehmerhaftpflicht behalf, gingen im Laufe der Zeit zahlreiche Staaten rund um die Welt dazu über, aufgrund der positiven Erfahrungen in Deutschland eine Arbeitsunfallversicherung in gleicher oder ähnlicher Form einzuführen. Trotz diverser Unterschiede im Detail wird das System der Arbeitsunfallversicherung in allen Ländern von einem Grundgedanken geprägt: Die Ersetzung der Verschuldenshaftung des Arbeitgebers durch ein Versicherungssystem, das durch Beitragszahlung des Arbeitgebers in einen Fonds finanziert wird, aus dem Unfallopfer Schadensausgleich erhalten[114].

3. Weitere Modelle haftungsersetzender Versicherungssysteme

Die positive Resonanz auf die deutsche Arbeitsunfallversicherung zeigte sich nicht zuletzt in deren rascher Übernahme in zahlreichen anderen Ländern der Welt. Praktisch alle modernen Industriestaaten haben inzwischen eine staatliche Arbeitsunfallversicherung nach dem ursprünglichen Modell der Bismarck'schen Unfallversicherung eingeführt. Die positiven Erfahrungen mit der Arbeitsunfallversicherung gaben auch Anlass zu der rechtspolitischen Diskussion, inwieweit nicht auch andere Bereiche des Haftungsrechts durch ein Versicherungsmodell substituiert werden sollten.

Bereits Mitte des 20. Jahrhunderts[115] wurde die Einführung der versicherungsrechtlichen Lösung auch für andere unfallträchtige Bereiche, insbesondere für Verkehrsunfälle, diskutiert. Vorschläge in diese Richtung haben insbesondere *Ehrenzweig* (1954)[116], *Keeton* und *O'Connell* (1965)[117] sowie *von Hippel* (1968)[118] gemacht.

---

113) §§ 87 ff. Unfallversicherungsgesetz.

114) Vgl. *Bogs*, Die Sozialversicherung im Staat der Gegenwart, S. 452; *v. Hippel*, in: Haftungsersetzung durch Versicherungsschutz, S. 40 [44 f].

115) Nach *Szakats*, Compensation for Road Accidents, S. 56, wurde die erste Studie zur Einführung eines versicherungsrechtlichen Schadensausgleichmodells für Verkehrsunfallopfer analog der Arbeitsunfallversicherung bereits im Jahr 1928 an der Columbia University New York durchgeführt.

116) *Ehrenzweig*, „Full Aid" Insurance for the Traffic Victim.

117) *Keeton/O'Connell*, Basic Protection for the Traffic Accident Victim: A Blueprint for Reforming Automobile Insurance. Insbesondere *Keeton* trat in weiteren Veröffentlichungen später auch für die Einbeziehung weiterer Lebensbereiche in den Schutzbereich von *No-Fault*-Systemen ein, vgl. *Keeton*, Mississippi L.J. 44 (1973), S. 1 [1 ff.] sowie *ders.*, U. Pennsylvania L.R. 121 (1973), S. 590 [590 ff.], speziell zur medizinischen Behandlungsunfällen.

118) *V. Hippel*, Schadensausgleich bei Verkehrsunfällen.

Darauf aufbauend ergriffen bald auf internationaler Ebene zahlreiche Befürworter der versicherungsrechtlichen Lösung das Wort. In unzähligen Abhandlungen wurden vor allem in den 1970er und -80er Jahren die Vorzüge von versicherungsrechtlichen Schadensausgleichssystemen gegenüber dem Haftungsrecht herausgestellt und insbesondere im angloamerikanischen Raum heftig diskutiert. Nach dem Muster der als Vorbild dienenden Arbeitsunfallversicherung wurde die versicherungsrechtliche Lösung als Schadensabwicklungsmodell für andere Unfalltypen empfohlen, vor allem zur Bewältigung der im Zusammenhang mit der steigenden Anzahl von Verkehrsunfällen entstehenden Schäden[119].

Pionier einer praktischen Umsetzung des versicherungsrechtlichen Modells außerhalb von Arbeitsunfällen war noch vor dem Beginn dieser rechtspolitischen Diskussion die kanadische Provinz Saskatchewan, die bereits im Jahr 1946 für den Bereich von Verkehrsunfällen ein entsprechendes „*No-Fault*"-System[120] einführte. Die Einführung einer Haftpflichtversicherungspflicht für Kfz-Halter wurde mit der Schaffung einer staatlichen Versicherung, der *Saskatchewan Government Insurance Corporation* verbunden, der die monopolisierte Stellung als Versicherer zukam[121]. Das gleichzeitig eingeführte Unfallversicherungssystem erlaubte die Durchsetzung von Haftungsansprüchen gegen den Unfallverursacher insoweit, als die Schäden nicht von der staatlichen Versicherung übernommen wurden. Diese Verzahnung von Haftungs- und Sozialrecht wurde Anfang 1995 zugunsten des versicherungsrechtlichen Modells endgültig aufgegeben: Seit diesem Zeitpunkt ist es dem Geschädigten gesetzlich verwehrt, gegen den Unfallverursacher vorzugehen. Die praktische Umsetzung dieses *No-Fault*-Modells ist in Saskatchewan zum Teil auf erheblichen Widerstand gestoßen[122].

Während sich zwischen 1946 und 1974 nur noch zwei weitere Staaten – Puerto Rico (1968) und Massachusetts (1971) – an die Einführung eines versicherungsrechtlichen Modells zur Bewältigung von Verkehrsunfallschäden wagten, nahm im Jahr 1974 der neuseeländische Gesetzgeber die umfassendste Umsetzung des versicherungsrechtlichen Modells mit der Einführung des in dieser Ar-

---

119) *V. Hippel*, Schadensausgleich bei Verkehrsunfällen, S. 8 ff.; *ders.*, in: Haftungsersetzung durch Versicherungsschutz, S. 40 [48 ff.].

120) „*No-Fault*" ist im angloamerikanischen Sprachkreis die allgemein gängige Bezeichnung für haftungsersetzende Versicherungssysteme.

121) *The Automobile Accident Insurance Act 1946*. Vgl. dazu auch *v. Hippel*, Schadensausgleich bei Verkehrsunfällen, S. 55

122) Die zögerliche Gewährung von Entschädigungen durch die Versicherer und niedrig bemessene Entschädigungsleistungen gaben dort sogar Anlass zur Gründung der ‚*Coalition Against No-Fault in Saskatchewan*', einer Vereinigung von Unfallopfern, die sich die Abschaffung des dortigen *No-Fault*-Modells zum Ziel gesetzt hat; sie ist im Internet vertreten unter der URL http://www.againstnofault.com (Stand: 10.10.2005).

beit behandelten *Accident Compensation Scheme* vor, das nahezu alle Unfallschäden einem staatlichen haftungsersetzenden Versicherungssystem unterstellt.

Seitdem haben, nicht zuletzt motiviert durch die Erfahrungen mit der Einführung des neuseeländischen Systems, eine ganze Reihe weiterer Staaten weltweit verschiedene Einzelbereiche des Haftungsrechts in ein versicherungsrechtliches System überführt. Neben dem Bereich des Arbeitsunfallrechts sind hier in erster Linie das Verkehrsunfallrecht sowie der Bereich des Medizinrechts zu nennen.

Gerade der Bereich von Verkehrsunfallschäden ist in zahlreichen Staaten der Welt einem staatlichen versicherungsrechtlichen System unterstellt worden, wobei das Element der Haftungsersetzung nicht in allen Ländern in das jeweilige System implementiert wurde. Eine vollständige Ersetzung der Kfz-Halter- oder -fahrerhaftung durch Versicherungsschutz unter Abschaffung des Klagerechts haben bislang beispielsweise Israel, die kanadischen Provinzen Quebec, Manitoba, Ontario und Saskatchewan sowie der australische Staat Northern Territory durchgeführt[123].

Eine teilweise Ersetzung des Haftungsrechts für den Bereich der Verkehrsunfallschäden durch ein versicherungsrechtliches System findet man in der kanadischen Provinz Alberta, in 16 Gliedstaaten der USA[124], in den australischen Staaten Victoria und Tasmanien, in Puerto Rico, Polen, Norwegen, Schweden, Finnland, Algerien und Westsamoa[125]. Innerhalb dieser Systeme ist es Geschädigten in mehr oder minder großem Ausmaß gestattet, über die Leistungen des staatlichen Systems hinaus oder auch unabhängig vom Eingreifen des Systems direkt gegen den Schädiger vorzugehen. Insofern kann man diese Lösungen eher als haftungsergänzende denn als haftungsersetzende Schadensausgleichssysteme bezeichnen.

Neben den Bereichen der Arbeits- und Verkehrsunfallschäden galt dem Umgang mit medizinischen Behandlungsunfällen in der rechtspolitischen Diskussion das größte Interesse. Ein derartiges staatliches Schadensausgleichssystem für medizinische Behandlungsfehler wurde – nach neuseeländischem Vorbild – zunächst im Jahr 1975 in Schweden eingeführt. Die schwedische Patientenversicherung kompensiert, ohne dass es auf den Nachweis eines Verschuldens ankommt, körperliche Schäden, die im Zusammenhang mit der Gesundheits- und Krankenpflege in Schweden entstanden sind. Die Versicherung wird

---

123) Vgl. die Übersicht in *Liao/White*, ALER 2002, S. 258 [291 ff.].

124) Dies sind derzeit Colorado, Connecticut, Florida, Georgia, Hawaii, Kansas, Kentucky, Massachusetts, Michigan, Minnesota, Nevada, New Jersey, New York, North Dakota, Pennsylvania und Utah, vgl. dazu die nähere Übersicht in *Cummins/Phillips/Weiss*, JLE 44 (10/2001), S. 427 [461] sowie die Darstellung der Entwicklung in *Greer*, Anglo-American L.R. 21 (1992), S. 221 [221 ff.].

125) Nach *Campbell*, Compensation for Personal Injury in New Zealand, S. 38 u. *v. Hippel*, in: Haftungsersetzung durch Versicherungsschutz, S. 40 [49].

aus allgemeinen Steuermitteln finanziert, die Kosten innerhalb des ersten Jahres nach Inkrafttreten des Systems beliefen sich dabei auf nur 50 cent pro Einwohner[126]. Das zunächst auf freiwilliger Basis ausgestaltete System wurde zum 01.01.1997 in eine gesetzliche Pflichtversicherung überführt[127]. Zur Erfüllung der Anspruchsvoraussetzungen ist neben dem Vorliegen eines gesetzlich näher definierten medizinischen Behandlungsunfalls[128] ein Kausalitätsnachweis in Form einer „überwiegenden Wahrscheinlichkeit" erforderlich[129]. Die Art und Höhe der Entschädigungsleistungen richtet sich ausschließlich nach dem allgemeinen Schadensersatzrecht und umfasst dementsprechend auch Schmerzensgeld[130]. Ein direktes Vorgehen gegen den Schädiger ist dem Geschädigten gleichwohl erlaubt, so dass die schwedische Versicherung ein haftungsergänzendes und kein haftungsersetzendes System darstellt[131]. Darüber hinaus besteht ein Regressanspruch des Versicherers bei vorsätzlichem oder grob fahrlässigem Handeln des Schädigers[132].

Dem schwedischen Vorbild wiederum folgten Ende der 1980er Jahre die anderen skandinavischen Staaten Finnland (1987), Norwegen (1988) und Dänemark[133], auch Utah und Colorado haben entsprechende Systeme eingeführt[134].

---

126) Vgl. dazu die seinerzeitige Darstellung und Würdigung des Systems von *Cooper*, NEJM 294 (1976), S. 1268 [1268 ff.].

127) *Fasterling*, VersRAI 1997, S. 45 [45].

128) Im Einzelnen erfasst die Versicherung körperliche Schäden aufgrund von
- Untersuchungen, Pflege, Behandlungen durch ein risikoreiches Verfahren, wenn ein risikoärmeres Verfahren bekannt ist,
- Fehlern medizinisch-technischer Produkte, fehlerhafter Anwendung medizinischer Ausrüstung oder mangelhafter Krankenhausausrüstung,
- fehlerhaften Diagnosen,
- Unglücksfällen im Zusammenhang mit der Untersuchung, Pflege, Behandlung, des Krankentransports oder eines Brandes,
- Abgabe oder Verordnung von Medikamenten ohne Anweisung.

Nicht erfasst sind hingegen Infektionsschäden oder Folgen notwendiger medizinischer Behandlungen bei schweren Krankheiten. Zu den Anspruchsvoraussetzungen und auch zum schwedischen System insgesamt ausführlich *Köhler*, in: Arzthaftung, S. 207 [226 ff.]; *Fasterling*, VersRAI 1997, S. 45 [46]; *Hiersche*, in: Die Entwicklung der Arzthaftung, S. 167 [168]; *Oldertz*, AmJCompL 34 (1986), S. 635 [635 ff.]; *Radau*, Ersetzung der Arzthaftung durch Versicherungsschutz, S. 222 f.

129) *Köhler*, in: Arzthaftung, S. 207 [226 f.]; *Towse/Danzon*, Health Econ. 8 (1999), S. 93 [97].

130) *Fasterling*, VersRAI 1997, S. 45 [46]; *Hiersche*, in: Die Entwicklung der Arzthaftung, S. 167 [169]; *Pichler*, Rechtsentwicklungen zu einer verschuldensunabhängigen Entschädigung im Medizinbereich, S. 366.

131) *Fasterling*, VersRAI 1997, S. 45 [46]; *Pichler*, Rechtsentwicklungen zu einer verschuldensunabhängigen Entschädigung im Medizinbereich, S. 43.

132) *Fasterling*, VersRAI 1997, S. 45 [46]; *Köhler*, in: Arzthaftung, S. 207 [235].

133) Vgl. *Gaines*, BMJ 326 (2003), S. 997 [998].

134) *Fenn*, The Economic Journal 114 (6/2004), S. 272 [280 ff.].

Ein auf Geburtsschäden reduziertes *No-Fault*-System findet sich in Virginia und in Florida[135]. Auch in Deutschland wurde die Einführung einer entsprechenden Patientenversicherung verschiedentlich mit beachtlichen Argumenten befürwortet[136], allerdings niemals umgesetzt.

Weitere Schadensausgleichssysteme mit mehr oder weniger stark ausgeprägtem versicherungsrechtlichem Charakter findet man im Bereich der Arzneimittel- oder medizinischen Probandenhaftung; hier haben neben Neuseeland und den skandinavischen Ländern beispielsweise Deutschland[137], England, Frankreich und Japan entsprechende Systeme eingeführt[138]. Auch der Schadensausgleich für Opfer von Gewalttaten ist in vielen Ländern versicherungsrechtlichen Systemen übertragen[139].

B. Die Volksunfallversicherung: Umfassende Haftungsersetzung durch Versicherungsschutz

Wenn man die im letzten Abschnitt dargestellte Aufzählung betrachtet, welche einzelnen und mehr oder weniger willkürlich ausgewählten Teilbereiche in den jeweiligen Staaten versicherungsrechtlichen Systemen unterworfen wurden, so wird schnell deutlich, dass in allen modernen Staaten die jeweiligen Schadensausgleichssysteme eine komplexe Verflechtung von privatem Haftungs- und staatlichem Sozialrecht darstellen, wobei letzteres das Haftungsrecht zunehmend verdrängt und dominiert. Die westlichen Industriegesellschaften haben gewaltige Privat- und Sozialversicherungssysteme aufgebaut, um den großen Lebensrisiken durch Solidargemeinschaften effektiv zu begegnen[140]. In der Tat sind heute bereits ganze Lebensbereiche aus der deliktischen Individualhaftung durch kollektive Auffangnetze herausgenommen worden[141], so dass die allgemeine Entschädigung von Unfallopfern in vielen Staaten nur noch zu einem

---

135) *Fenn*, The Economic Journal 114 (6/2004), S. 272 [280 ff.]; *Gaines*, BMJ 326 (2003), S. 997 [998].

136) *Barta*, in: Arzthaftung, S. 251 [251 ff.]; *Baumann*, JZ 1983, S. 167 [167 ff.]; *Dinslage*, VersR 1981, S. 310 [310 ff.]; *Klingmüller*, VersR 1980, S. 694 [694 ff.].

137) Dies ist die sog. „Probandenversicherung" nach § 40 Abs. 1 Nr. 8 AMG. Vgl. hierzu ausführlich *Wenckstern*, Die Haftung bei der Arzneimittelprüfung und die Probandenversicherung: Haftungsersetzung durch Versicherungsschutz, S. 1 ff., sowie kritisch *Rittner/Kratz/Walter-Sack*, VersR 2000, S. 688 [688 ff.].

138) *Dewees/Duff/Trebilcock*, Exploring the Domain of Accident Law, S. 240 ff.

139) Vgl. *Fenn*, The Economic Journal 114 (6/2004), S. 272 [272].

140) *Stolleis*, in: FS Zacher, S. 1081 [1087].

141) *Steffen*, ZVersWiss 1993, S. 13 [25].

bescheidenen Teil die Aufgabe des Haftungsrechts ist; sie wird vielmehr durch ein Zusammenwirken von Haftungs- und Sozialrecht bewirkt[142].

Die Bemühungen des Gesetzgebers, für unterschiedliche Gefahrenbereiche sachgerechte und wirtschaftlich tragbare Regelungen zu finden, führen dabei im Zusammenspiel mit der ständigen Novellierung dieser Gesetze bereits allein im Haftungsrecht zu Uneinheitlichkeit und Disharmonie in dessen Ordnungsbereich[143]. Das Nebeneinander von Haftungs- und Sozialrecht führt noch stärker zu Diskrepanzen und ungerechtfertigten Differenzierungen bei der Regelung ähnlich liegender Fälle[144], die sich in Deutschland geradezu mustergültig in der Ab- und Ausgrenzung von Wegeunfällen im Rahmen der gesetzlichen Unfallversicherung widerspiegeln[145].

Diese durch das in den meisten Staaten bestehende Nebeneinander von Haftpflicht- und Sozialrecht bedingte Rechtskomplexität und die damit einhergehende Ungleichbehandlung objektiv gleicher Sachverhalte werfen die rechtspolitische Fragestellung auf, wie eine Gesellschaft mit dem letztlich doch unvermeidbaren Phänomen von Unfallschäden sinnvoll und vor allem gerecht umzugehen hat.

Erleidet eine Person einen fremdverschuldeten Unfall, so ist der individuelle Schadensausgleich durch den Schädiger in den meisten modernen Rechtsordnungen für den Betroffenen in der Regel nur noch von geringem Interesse. Sein Schaden wird in aller Regel von kollektiven Schadenstragungssystemen übernommen[146]. Das Haftungsrecht erlangt in diesem Zusammenhang insofern Bedeutung, als der Haftungsanspruch des Geschädigten in aller Regel kraft Gesetzes auf den Versicherungsträger übergeht[147] und damit für das Bestehen des Regressanspruchs gegen den Schädiger ausschlaggebend ist.

---

142) *Becker*, Die materielle Rechtsstellung, S. 53; *Kötz*, in: Haftungsersetzung durch Versicherungsschutz, S. 7 [7]; *Weyers*, ZRP 1977, S. 292 [292]; vgl. die oben dargestellte „Dreispurigkeit" des Schadensausgleichs.

143) *Hohloch*, VersR 1979, S. 199 [200].

144) *Kötz*, Soziale Schäden, S. 34 ff.; *Weyers*, ZRP 1977, S. 292 [292].

145) Vgl. etwa *BSG*, NJW 1995, S. 2942 [2942 f.].

146) Die Rechtslage ist dabei in meisten modernen Rechtsordnungen strukturell identisch: Ist der Betroffene Arbeitnehmer, so hat er zunächst einen mehr oder minder befristeten Anspruch auf Fortzahlung seines Arbeitsentgelts unmittelbar gegen seinen Arbeitgeber (in Deutschland für die Dauer von sechs Wochen nach § 3 Abs. 1 Lohnfortzahlungsgesetz), der von einem Anspruch gegen den Träger der gesetzlichen Krankenversicherung abgelöst wird (in Deutschland: Krankengeld nach § 44 SGB V). Entsprechende Regelungen existieren für Beamte (in Deutschland: § 52 BRRG). Handelte es sich bei dem Unfall um einen Arbeitsunfall, steht dem Betroffenen ein Anspruch gegen den gesetzlichen Unfallversicherungsträger zu (in Deutschland: Verletztengeld nach § 45 SGB VII).

147) In Deutschland finden sich die entsprechenden Regelungen in § 6 Entgeltfortzahlungsgesetz; § 110 SGB VII; § 116 Abs. 1 SGB X; § 67 Abs. 1 VVG.

Zu Recht wurde daraus der Schluss gezogen, das Haftungsrecht sei in der Rechtswirklichkeit letztlich zu einem Recht der Regressvoraussetzungen verkümmert[148]. Für den Geschädigten ist das Haftungsrecht und damit der individuelle Schadensausgleich nur noch dann von praktischer Relevanz, wenn sein Schaden nicht versichert ist oder von keiner Versicherung übernommen wird[149]. Nochmals überlagert wird dieser gesamte Komplex dadurch, dass inzwischen viele Bürger freiwillige private Unfall-, Kranken- oder Haftpflichtversicherungen abgeschlossen haben, um verbleibende Schutzlücken zu schließen oder als unzureichend empfundene Kompensationen zu erhöhen.

Das komplexe Ineinandergreifen von Haftpflichtrecht und Vorsorge- sowie Versicherungsträgern verdrängt in der Rechtswirklichkeit das Haftpflichtrecht weitgehend, indem es dieses auf die Festlegung von Regressmöglichkeiten reduziert oder sogar gänzlich funktionslos macht. Eine sinnvolle Funktion kann dem Haftpflichtrecht für den Personenschadensausgleich kaum mehr zugesprochen werden. Dieser wird größtenteils unabhängig vom Vorliegen der haftpflichtrechtlichen Voraussetzungen erbracht, die verbleibenden Lücken könnten durch eine Ausdehnung des Schutzbereichs der bestehenden Versicherungs- und Vorsorgeeinrichtungen ausgefüllt werden.

Eine solche Tendenz zur Ausweitung des gesetzlichen Unfallversicherungsschutzes über den Bereich der „echten" Arbeitsunfälle hinaus lässt sich in Deutschland schon lange beobachten: So genießen den Unfallversicherungsschutz in Deutschland auch gerichtlich geladene Zeugen, Luftschutz- und Entwicklungshelfer, ehrenamtlich für den Staat Tätige, Hilfeleistende bei einem Unglück, Arbeitslose auf dem Weg zur Meldestelle, Blutspender auf dem Weg ins Krankenhaus ebenso wie Personen, die beim Bau eines staatlich geförderten Eigenheims tätig werden oder einen flüchtigen Straftäter festzunehmen suchten[150]. Diese punktuellen Erweiterungen machen deutlich, dass der Gesetzgeber jeweils nur bei Bedarf tätig wurde und der Erweiterung des Versicherungsschutzes kein durchdachtes Konzept zu Grunde lag[151]. Handelte es sich bei der Einbeziehung der vorgenannten Personengruppen noch um insgesamt wenig relevante Sondertatbestände, so wird man dies kaum von der 1971 eingeführten Regelung des § 2 Nr. 8 SGB VII sagen können. Danach wurden auf einen Schlag 12 Millionen Personen in den Schutzbereich der Arbeitsunfallversicherung einbezogen, nämlich Kinder, Schüler und Studenten, soweit sie einen Ausbildungsunfall beim Besuch von Kindergärten, Schulen oder Hochschulen bzw. auf dem Weg

---

148) *Fuchs*, Deliktsrecht, S. 228; *v. Hippel*, Schadensausgleich bei Verkehrsunfällen, S. 35; *ders.*, Grundfragen der sozialen Sicherheit, S. 54; *ders.*, in: Haftungsersetzung durch Versicherungsschutz, S. 40 [62]; *Kötz*, Deliktsrecht, Rdnr. 211; *ders.*, Sozialer Wandel im Unfallrecht, S. 26 ff.; *Weyers*, Unfallschäden, S. 401.

149) *Braun*, NJW 1998, S. 2318 [2319].

150) Vgl. § 2 Nrn. 9 ff. SGB VII.

151) *Kötz/Wagner*, Deliktsrecht, Rdnr. 616.

zwischen Wohnung und Ausbildungsstätte erleiden[152]. Auf dieser Grundlage verwundert es wenig, dass auch die Erstreckung des Versicherungsschutzes auf Hausfrauen oder auf sämtliche „Nichtberufsunfälle" gefordert wurde[153]. Die Schweiz ist sogar noch einen Schritt weiter gegangen und hat den Versicherungsschutz auch auf nicht arbeitsbedingte Unfälle der Versicherten ausgedehnt[154]. Dieser Gedanke kann zwanglos weitergeführt werden:

Berücksichtigt man den sozialen Charakter, der heute der Notwendigkeit eines Schadensausgleichs zukommt, so kann man als Ziel der fortschreitenden Entwicklung des Schadensausgleichrechts die These formulieren: Lückenloser und bestmöglicher Schutz des Einzelnen vor den Risiken unserer Zeit[155]. Ergänzt man diese Forderung konsequenterweise noch um die stets unter dem Gleichbehandlungsgrundsatz postulierte These, gleiche Sachverhalte gleich zu behandeln, so lässt sich eine schlagwortartige und revolutionär klingende Forderung formulieren: Gleichbehandlung für *alle* Geschädigten[156].

Wenn man sich daher dazu entschließen würde, die Individualhaftung auch in den noch nicht von kollektiven Vorsorgesystemen erfassten unfallträchtigen Bereichen durch eine Versicherung zugunsten der Opfer abzulösen, ergibt sich in Anwendung der vorgenannten Thesen zwanglos die Forderung nach einem lückenlosen, verschuldens- und ursachenunabhängigen Schadensausgleich für *alle* Unfallopfer[157]. In der Praxis würde dies bedeuten, dass sämtliche haftungsrechtlichen und versicherungsrechtlichen Regelungen zu einem einheitlichen System einer final orientierten Unfallversicherung zusammengefasst werden müssen, um im Endeffekt jedermann gegen jegliche Unfallrisiken unabhängig von deren Ursache gleichermaßen zu schützen. Noch bevor sich die internatio-

---

152) Vgl. dazu *Kötz/Wagner*, Deliktsrecht, Rdnr. 617. Allein die Ausgaben für diese Personengruppe beliefen sich im Jahr 2002 in der BRD auf knapp 370 Mio. € (Quelle: *Statistisches Bundesamt*, Statistisches Jahrbuch 2004 für die Bundesrepublik Deutschland, Wiesbaden 2004, S. 191).

153) vgl. *Kötz/Wagner*, Deliktsrecht, Rdnrn. 619 f.

154) Vgl. *Kötz/Wagner*, Deliktsrecht, Rdnr. 620.

155) *V. Hippel*, in: Haftungsersetzung durch Versicherungsschutz, S. 40 [41].

156) *Schäfer*, Soziale Schäden, soziale Kosten und soziale Sicherung, S. 162 ff.

157) Vgl. *Deutsch*, RabelsZ 44 (1980), S. 487 [488]; *Fleming*, in: Kolloquium Neuere Entwicklungen, S. 429 [451 f.]; *v. Hippel*, in: Haftungsersetzung durch Versicherungsschutz, S. 40 [48]; *Miller*, in: *Sumner/Israel/O'Connor/Sarre*, International Victimology: Selected Papers from the 8th International Symposium held 21. – 26. Aug. 1994, Adelaide; *O'Connell*, Osgoode Hall L.J. 13 (1975), S. 461 [461 ff.]; *Zweigert/Kötz*, Einführung in die Rechtsvergleichung, S. 687 ff.

nale rechtswissenschaftliche Literatur diesem Thema näher widmete[158], vollzog der Gesetzgeber in Neuseeland im Jahr 1972 den kühnen Schritt, diese Theorie in die Praxis umzusetzen.

Das im Jahr 1972 beschlossene und 1974 in Kraft getretene *Accident Compensation Scheme* Neuseelands ist bis heute das weltweit einzige Modell einer echten Volksunfallversicherung, die innerhalb ihres Geltungsbereichs das klassische Haftungs- und Deliktsrecht nahezu völlig verdrängt hat.

158) Befürworter der Einführung einer Volksunfallversicherung waren insbesondere *O'Connell*, Osgoode Hall L.J. 13 (1975), S. 461 [461 ff.] und v. *Hippel*, NJW 1967, S. 1729 [1736]; *ders.*, JZ 1972, S. 735 [736 f.]; *ders.*, ZRP 1972, S. 49 [50]; *ders.*, ZRP 1973, S. 27 [27 ff.]; *ders.*, ZRP 1976, S. 252 [254]; *ders.*, Grundfragen der sozialen Sicherheit, S. 30; *ders.*, in: Haftungsersetzung durch Versicherungsschutz, S. 40 [56 ff.]. *Schäfer*, Soziale Schäden, soziale Kosten und soziale Sicherung, hat für Deutschland einen Plan zur Umsetzung einer umfassenden Gesundheitsversicherung entwickelt. Zur kritischen Diskussion im angloamerikanischen Raum seinerzeit *Posner*, Osgoode Hall L.J. 13 (1975), S. 471 [471 ff.].

3. Teil:

Das neuseeländische *Accident Compensation Scheme*

A. Einführung

Seit dem 1. April 1974 wird in Neuseeland bei allen auf Unfällen jedweder Art oder beruflich bedingten Krankheiten basierenden Personenschäden unter einem staatlichen Schadensausgleichssystem Entschädigung gewährt. Die Geltendmachung von Ansprüchen des Geschädigten direkt gegen den Schädiger ist unter dem System ausgeschlossen. Selbst bei schwerstem Verschulden des Schädigers wird seitens des staatlichen Versicherers auf einen Regress verzichtet. Dieses final orientierte *No-Fault*-System hat in jenem Bereich den Schadensausgleich nach herkömmlichen deliktsrechtlichen Regeln und somit die Individualhaftung des Schädigers nahezu völlig verdrängt.

Die Entwicklung vom traditionellen Haftungsrecht zum modernen Schadensausgleichssystem wird im folgenden Abschnitt dargestellt.

B. Historie und Ziele des neuseeländischen Modells

I. Das frühere Schadensausgleichssystem in Neuseeland

Im Folgenden soll in Grundzügen das neuseeländische Schadensausgleichssystem dargestellt werden, wie es vor der Einführung des *Accident Compensation Scheme* im Jahr 1974 galt und – außerhalb des Anwendungsbereichs des *Accident Compensation Scheme* – auch noch bis heute fortgilt.

Zum besseren Verständnis der nachfolgenden Darstellungen wird zunächst ein kurzer Überblick über das neuseeländische Staats- und Rechtssystem vorangestellt.

1. Einführung in das neuseeländische Rechtssystem

a) Staatssystem

Das heutige Staatssystem von Neuseeland orientiert sich als parlamentarische Monarchie im Wesentlichen an der Tradition der britischen Demokratie, wie auch die Wurzeln des Rechtssystems im britischen *Common Law* liegen, die zwangsläufige Folge einer über 150 Jahre währenden Kolonialherrschaft Großbritanniens. Der britischen *Queen* kommt bis zum heutigen Tag die Rolle des königlichen Oberhaupts des Staates zu[159], wobei ihre Rolle allerdings weitgehend auf repräsentative Aufgaben beschränkt ist. Sie wird innerhalb Neuseelands repräsentiert durch den *Governor General*, dessen Aufgaben[160] in erster Linie in der Ernennung des Premierministers sowie der Ausfertigung der vom Parlament verabschiedeten Gesetze bestehen[161]; darüber hinaus ist der *Governor General* der Oberbefehlshaber der neuseeländischen Streitkräfte[162].

Auch das politische System Neuseelands orientiert sich naturgemäß ebenfalls stark am britischen Vorbild, wobei das Parlament jedoch nur aus einer Kammer besteht, es also im Gegensatz zu Großbritannien kein Oberhaus gibt[163]. Kern des Parlaments ist das *House of Representatives*, das aus 120 Abgeordneten[164] gebildet wird, die seit 1996 in dreijährigem Turnus nach dem Verhältniswahlrecht gewählt werden[165], welches das zuvor angewandte Mehrheitswahlrecht nach englischem Vorbild ablöste. Das Parlament hat seinen Sitz in Wellington, der auf der Nordinsel gelegenen Hauptstadt Neuseelands. Wie in Großbritannien wird auch in Neuseeland die Parteienlandschaft von den beiden großen Parteien in Gestalt der linksgerichteten *Labour*-Party und der konservativen *National*-Party dominiert.

Die Regierung (*Government*) schließlich wird gebildet aus dem Premierminister[166], der die Richtlinien der Politik bestimmt, sowie den von ihm ernannten Ministern.

---

159) § 2 *Constitution Act 1986* (Public Act 1986 No. 114 v. 13.12.1986).

160) Grundlage der Machtübertragung ist das britische *Letters Patent Constituting the Office Constituting the Office of Governor-General of New Zealand* v. 28.10.1983, wiedergegeben auf der Homepage der neuseeländischen Regierung unter der URL http://www.dpmc.govt.nz/cabinet/manual/letters-_patent_constituting.html (Stand: 10.10.2005). Dieses Dokument wurde in nationales Recht umgesetzt im *Constitution Act 1986* (Public Act 1986 No. 114 v. 13.12.1986).

161) Vgl. § 16 *Constitution Act 1986* (Public Act 1986 No. 114 v. 13.12.1986): „*A Bill passed by the House of Representatives shall become law when the Sovereign or the Governor-General assents to it and signs it in token of such assent*".

162) Funktionen und Hintergründe des *Governor General* sind auf der Homepage http://www.gg.govt.nz (Stand: 10.10.2005) zu finden. Die Position wird seit April 2001 bekleidet von *Dame Silvia Cartwright.*

163) Parlament und Regierung unterhalten eine außerordentlich umfangreiche und sehr informativen Homepage unter der URL http://www.govt.nz (Stand: 10.10.2005).

164) *Members of Parliament* (MP).

165) Gesetzliche Grundlage ist der *Electoral Act 1993* (Public Act 1993 No. 87 v. 17.08.1993). Die dreijährige Legislaturperiode ergibt sich aus § 17 *Constitution Act 1986* (Public Act 1986 No. 114 v. 13.12.1986).

166) Auch der *Prime Minister* hat eine informative Homepage unter der URL http://www.primeminister.govt.nz (Stand: 10.10.2005). Seit dem 27.11.1999 wird die Position bekleidet von *Helen Clark* von der *Labour Party* .

a) Rechtsquellen

Das neuseeländische Recht basiert im Wesentlichen auf zwei Rechtsquellen: Dem *Common Law* sowie der Gesetzgebung. Eine einheitliche kodifizierte Verfassung besitzt Neuseeland bis zum heutigen Tag nicht. Die tragenden Verfassungsprinzipien finden sich bislang verteilt in verschiedenen Gesetzen, deren wichtigste der *Constitution Act*[167], der *Bill of Rights Act*[168], der *Human Rights Act*[169], der *Electoral Act*[170] sowie der *Treaty of Waitangi*[171] sind.

aa) *Common Law*

Das neuseeländische Recht basiert aufgrund der britischen Kolonialisierung im Wesentlichen auf dem bereits im Jahr 1817 landesweit eingeführten britischen *Common Law*. Der Begriff des *Common Law* bezeichnet im engeren Sinn nur das in England von den königlichen Gerichten geschaffene Recht, wird aber im angloamerikanischen Rechtssystem allgemein für das System der gewohnheitsrechtlich anerkannten, nicht kodifizierten Regelungen, die auf zahllosen Gerichtsentscheidungen der letzten Jahrhunderte beruhen, verwendet[172]. Nach der *Stare-Decisis*-Doktrin sind die präjudiziellen Entscheidungen der im Instanzenzug höheren Gerichte bindend für die nachfolgenden Gerichte[173]. Abzugrenzen ist der Rechtskomplex des *Common Law* von den vom Parlament erlassenen Gesetzesrecht – dem *Statute Law* – sowie der gerade in England vorhandenen Rechtsmasse der „*Equity*", ein vom *Court of Chancery* eigenständig entwickelter Komplex von Billigkeitsgrundsätzen[174].

Gerade im Bereich des hier interessierenden Delikts- und Haftungsrechts existieren in Neuseeland keine geschriebenen Normen, die entsprechenden Tatbestände beruhen sämtlich auf den Prinzipien des *Common Law*. Die Gerichte in Neuseeland orientieren sich dementsprechend bis heute stark an der englischen Rechtsprechung, wenngleich sich die Entwicklung des neuseeländischen Rechts in den letzten Jahrzehnten vermehrt an die U.S.-amerikanische, kanadische und insbesondere australische höchstrichterliche Rechtsprechung anlehnt.

---

167) *Constitution Act 1986* (Public Act 1986 No. 114 v. 13.12.1986).
168) *The New Zealand Bill of Rights Act 1990* (Public Act 1990 No. 109 v. 28.08.1990).
169) *Human Rights Act 1993* (Public Act 1993 No. 82 v. 10.08.1993).
170) *Electoral Act 1993* (Public Act 1993 No. 87 v. 17.08.1993).
171) *The Treaty of Waitangi*, vgl. hierzu oben, S. 28.
172) Vgl. *Zweigert/Kötz*, Einführung in die Rechtsvergleichung, S. 185.
173) Vgl. *Graf von Bernstorff*, Einführung in das englische Recht, S. 9.
174) Dazu *Zweigert/Kötz*, Einführung in die Rechtsvergleichung, S. 185 ff.

bb) Gesetzgebung

Die im Gegensatz zum *Common Law* gesetzlich kodifizierten Normen werden als *Statute Law* bezeichnet[175]. Neben den formellen, vom Parlament verabschiedeten Gesetzen (*Statutes*) kann die Regierung auf der Grundlage entsprechender gesetzlicher Ermächtigung Rechtsverordnungen (*Statutory Regulations*) erlassen. Daneben gibt es noch zahlreiche *Local* und *Private Acts* auf kommunaler Ebene.

Das Gesetzgebungsverfahren läuft prinzipiell in mit dem hierzulande bekannten Verfahren vergleichbarer Weise ab: Jedes Mitglied des Parlaments kann einen Gesetzesvorschlag (*Bill*) einbringen, der in drei Lesungen vor dem Parlament verhandelt wird. Die meisten Gesetzesentwürfe werden nach der ersten Lesung einem Ausschuss (*Select Committee*) vorgelegt und dort ausgearbeitet. Wird der Gesetzesentwurf in der dritten Lesung verabschiedet, muss er vom *Governor General* ausgefertigt werden, um in Kraft zu treten[176]. Insgesamt geht der Gesetzgebungsprozess in einer für deutsche Verhältnisse außerordentlich schnellen Weise vonstatten.

b) Das Gerichtssystem

Das Gerichtssystem Neuseelands ist im Hinblick auf den ordentlichen Rechtsweg folgendermaßen aufgebaut[177]: Erste Instanz[178] für Zivilverfahren mit einem Streitwert bis zu 200.000 NZ$ sowie für Fälle leichterer Kriminalität sind die *District Courts*, die in derzeit 66 Städten Neuseelands ansässig sind[179].

---

175) Alle geltenden neuseeländischen Gesetze und Rechtsverordnungen sind im Internet abrufbar unter der URL http://www.legislation.govt.nz (Stand: 10.10.2005).

176) Vgl. dazu oben, S. 58.

177) Vgl. auch die eingehende Darstellung in *McDowell/Webb*, The New Zealand Legal System, S. 236 ff.

178) Für zivilrechtliche Ansprüche mit einem Streitwert von weniger als 7.500 NZ$ - mit Zustimmung beider Parteien auch bis zu 12.000 NZ$ - ist seit 1988 das beim *District Court* eingerichtete *Disputes Tribunal* zuständig, ein auf gütliche Einigung ausgerichtetes Schiedsgericht, wobei im Verfahren nicht einmal Rechtsanwälte beigezogen werden dürfen. Die verfahrensrechtlichen Grundlagen finden sich im *Disputes Tribunals Act 1988* (Public Act 1988 No. 110 v. 28.07.1988).

179) Mit Umsetzung der umfassenden Justizreform von 1980 lösten die *District Courts* die zuvor als *Magistrates Courts* bezeichneten erstinstanzlichen Gerichte ab. Gesetzliche Regelungen Zusammensetzung, Zuständigkeit und Verfahren vor den *District Courts* sind im *District Courts Act 1947* (Public Act 1947 No. 16 v. 24.10.1947) niedergelegt. Als Unterabteilung sind bei den *District Courts* zudem der *Familiy Court* für familienrechtliche Fragen (Verfahrensregelungen im *Familiy Courts Act 1980* [Public Act 1993 No. 161 v. 21.01.1981]) sowie die *Youth Courts* als Jugendgerichtsbarkeit in Strafsachen (Verfahrensregelungen in §§ 272 ff. des *Children, Young Persons, & Their Families Act 1989* [Public Act 1989 No. 24 v. 27.05.1989]) eingerichtet.

Rechtsmittelinstanz für diese und auch andere Gerichtsbarkeiten sowie erste Instanz für bedeutsame Strafsachen und Zivilverfahren mit einem Streitwert über 200.000 NZ$ ist der *High Court*, dessen Verhandlungssitze in den drei größten Städten Neuseelands ansässig sind[180].

Das höchste Gericht innerhalb Neuseelands ist der *Court of Appeal* mit Sitz in Wellington; er fungiert ausschließlich als Rechtsmittelgericht gegenüber Entscheidungen der unterinstanzlichen Gerichte[181]. Seine Entscheidungen binden alle unteren Gerichte und können nur durch ein vom Parlament erlassenes Gesetz außer Kraft gesetzt werden[182].

Höchstes Gericht insgesamt ist – als ein Relikt der *Commonwealth*-Zugehörigkeit Neuseelands – das britische *House of Lords* in seiner Funktion als *Judicial Committee of the Privy Council*[183], das unter engen Voraussetzungen als Revisionsgericht gegenüber letztinstanzlichen Entscheidungen des *High Court* und des *Court of Appeal* angerufen werden kann und dessen Entscheidungen alle neuseeländischen Gerichte binden[184]. Rechtsmittel zum *Privy Council* unterliegen der Zulassungspflicht durch den *Court of Appeal*, der diese Zulassung nur bei Fällen von allgemeiner Bedeutung und einem Streitwert von über 5.000 NZ$ erteilen darf[185].

---

180) Die Hauptsitze des *High Court* sind in Auckland, Wellington und Christchurch, in einigen weiteren Städten sind optionale Verhandlungssitze eingerichtet; der *High Court* wurde 1980 mit Umsetzung einer umfassenden Justizreform geschaffen und löste den bereits seit 1841 bestehenden *Supreme Court* als oberinstanzliches Gericht ab. Zusammensetzung, Zuständigkeit und Verfahren vor dem *High Court* sind im *Judicature Act 1908* (Public Act 1908 No. 89 v. 04.08.1908) enthalten.

181) Gesetzliche Regelungen über den bereits seit 1862 bestehenden *Court of Appeal* finden sich ebenfalls im *Judicature Act 1908* (vgl. vorige Fn.).

182) *O'Keefe/Farrands*, Introduction to New Zealand Law, S. 12.

183) Das *House of Lords* ist sowohl Gesetzgebungsorgan als auch Oberster Gerichtshof von England, und – als *Privy Council* – auch oberster Gerichtshof vieler anderer *Commonwealth*-Staaten, was seitens Englands meist Anfang des 20. Jahrhunderts durch entsprechende ‚*Order in Council*' festgesetzt wurde. Während Kanada, Indien, Pakistan und Australien zwischenzeitlich das Klagerecht zum *Privy Council* abgeschafft haben, entscheidet er noch über die Angelegenheiten so verschiedener Länder wie Sierra Leone, Bermuda, Gibraltar, Mauritius und eben auch Neuseeland, vgl. *Zweigert/Kötz*, Einführung in die Rechtsvergleichung, S. 206. Gesetzliche Regelungen über das Verfahren sind dabei allein im englischen Recht vorhanden.

184) Vgl. hierzu kritisch *Cox*, NZULR 20 (2002), S. 202 [202 ff.], wonach eine Abschaffung des Klagerechts zum *Privy Council* unter Einrichtung eines neuen obersten neuseeländischen Gerichts, des *Supreme Court*, derzeit in der politischen Diskussion ist.

185) Die diesbezüglichen Regelungen sind in der 'Order in Council Regulating Appeals to His Majesty in Council from the Court of Appeal and from the Supreme Court of New Zealand 1910' (1910 No. 70 [L 3]) enthalten, geändert durch die 'New Zealand (Appeals to the Privy Council) (Amendment) Order 1972' (SI 1972 No. 1994).

Außerdem existieren in Neuseeland noch eine Reihe weiterer Gerichte und Gerichtsbarkeiten mit spezialisierter Zuständigkeit, deren Kenntnis für die vorliegende Arbeit aber nicht notwendig ist[186]. Alle Gerichte unterstehen dem Justizministerium, mit Ausnahme der Arbeitsgerichte, die dem Arbeitsministerium zugeordnet sind.

2. Grundlagen des neuseeländischen Haftungsrechts

a) Tatbestände

Im Hinblick auf das im Rahmen dieser Arbeit in erster Linie interessierende Delikts- und Haftungsrecht (*Tort Law*) existieren in Neuseeland praktisch keine gesetzlich ausformulierten Tatbestände. Die Prinzipien des Haftungsrechts richten sich nach den unter dem *Common Law* entwickelten gewohnheitsrechtlichen Regeln. Man unterscheidet grundsätzlich zwischen vorsätzlich verursachten Rechtsverletzungen (*Intentional Torts*) und fahrlässig verursachten Rechtsverletzungen (*Negligence*). Gefährdungshaftungstatbestände (*Strict Liability*) gibt es in Neuseeland im Bereich des Personenschadensrechts nicht. Eine Sonderstellung nehmen traditionell die aus dem englischen Recht übernommenen Tatbestände zum Besitzschutz an unbeweglichen Sachen (*Land-based Torts*) ein, die im Rahmen dieser Arbeit aber nicht weiter relevant sind[187].

aa) *Intentional Torts*

Im Bereich des Schadensausgleichrechts werden die unter dem *Common Law* entwickelten Tatbestände der vorsätzlich verursachten Körperschädigungen unter dem Begriff *Tresspass to the Person* zusammengefasst. Die fünf wichtigsten Tatbestände sind in diesem Rahmen *Battery* (Körperverletzung), *Assault* (Körperliche Bedrohung oder tätliche Beleidigung), *False Imprisonment* (Freiheitsberaubung), *Intentional Infliction of Emotional Distress* (Verursachung psychischer Schäden) und *Invasion of Privacy* (Eingriffe in das allgemeine Per-

---

186) Dies sind insbesondere der *Environment Court* für Fragen des öffentlichen Umweltrechts (Verfahrensregelungen in §§ 247 ff. des *Resource Management Act 1991* [Public Act 1991 No. 69 v. 22.07.1991]), der *Maori Land Court* für Entschädigungsfragen wegen der Enteignung der Ureinwohner (Verfahrensregelungen im *Te Ture Whenua Maori Act 1993/Maori Land Act 1993* [Public Act 1993 No. 4 v. 21.03.1993]), sowie der *New Zealand Employment Court* als Arbeitsgericht (Verfahrensregelungen in §§ 186 ff. des *Employment Relations Act 2000* [Public Act 2000 No. 24 v. 19.08.2000] sowie den hierzu aufgrund dessen § 237 erlassenen *Employment Court Regulations 2000* [SR 2000/250]).

187) Zur Vertiefung vgl. *Atkin/Evans/McLay/Petersson*, Torts in New Zealand, S. 452 ff.

sönlichkeitsrecht)[188]. Allen Tatbeständen ist gemeinsam, dass sie vorsätzlich und rechtswidrig verwirklicht werden müssen, also nicht durch eine gesetzliche oder gewohnheitsrechtlich anerkannte Regelung (*Defence*) gerechtfertigt sind. Als Rechtsfolge kann das Opfer im Rahmen einer Zivilklage (*action for damages*) Schadensersatz vom Täter verlangen[189]. Dem Opfer obliegt es im Rahmen einer Klage, das vorsätzliche Verhalten des Täters zu beweisen. Gelingt ihm dies nicht, ist nur Raum für den allgemeinen Fahrlässigkeitstatbestand, die *Negligence*.

bb) *Negligence*

Der unter dem *Common Law* gewohnheitsrechtlich anerkannte wichtigste deliktische Tatbestand ist jener der *Negligence*. Der Tatbestand erfasst im weitesten Sinne alle fahrlässig verursachten Schäden an Leib, Leben oder dem allgemeinen Persönlichkeitsrecht Anderer. Dadurch, dass dieser eine Tatbestand ähnlich einer Generalklausel alle Fahrlässigkeitsschäden erfasst, kommt ihm heute die zentrale Rolle im Deliktsrecht unter dem *Common Law* zu[190]. Der Haftungstatbestand der *Negligence* wurde erst im Laufe des 19. Jahrhunderts als eine selbständige Grundlage deliktischer Ersatzpflicht anerkannt. Den Anstoß hierfür gab die massenhafte Zunahme von – in aller Regel nicht vorsätzlich verursachten – Arbeits- und Verkehrsunfällen durch die zunehmende Verwendung von Maschinen in Industrie und Verkehr[191]. Verständlicherweise ist gerade die *Negligence* aufgrund einer fehlenden gesetzlichen Fixierung von einem nahezu unüberschaubaren Fallrecht geprägt.

Das typische Merkmal dieser selbständigen Ersatzpflicht ist die schuldhafte Außerachtlassung der erforderlichen Sorgfalt, so dass zur Bejahung der *Negligence* folgende Voraussetzungen erfüllt sein müssen: Dem Schädiger muss eine Pflicht zu sorgfältigem Verhalten gerade gegenüber dem Geschädigten auferlegt sein (*duty of care*), diese Sorgfaltspflicht muss er verletzen (*breach*), und als vernünftigerweise zurechenbare Folge des sorgfaltswidrigen Verhaltens muss

---

188) Zur Vertiefung vgl. *Atkin/Evans/McLay/Petersson*, Torts in New Zealand, S. 21 ff. sowie aus dem deutschen Sprachraum *Zweigert/Kötz*, Einführung in die Rechtsvergleichung, S. 607 ff.

189) Zu den Formen und dem Umfang des möglichen Schadensersatzes vgl. unten, S. 64.

190) Vgl. *Atkin/Evans/McLay/Petersson*, Torts in New Zealand, S. 208: „*Negligence is at the heart of the modern law of torts*".

191) *Kötz/Wagner*, Deliktsrecht, Rdnr. 22; *Zweigert/Kötz*, Einführung in die Rechtsvergleichung, S. 610 f.

ein Schaden entstanden sein (*damage* oder *injury*)[192]. Dem Geschädigten obliegt es im Streitfall, die Sorgfaltspflichtverletzung zu beweisen[193].

Vor Einführung des *Accident Compensation Scheme* im Jahr 1974 war – mit Ausnahme des Bereichs von Arbeitsunfällen – die auf *Negligence* gestützte Klage der mit Abstand bedeutsamste Weg, um im Zusammenhang mit unfallbedingten Körperschäden einen Schadensausgleich herbeizuführen[194]. Insbesondere im Hinblick auf Straßenverkehrsunfälle kannte das neuseeländische Recht keinerlei Spezialgesetze[195], so dass ein Schadensersatzanspruch gegen den Schädiger vor Gericht ausschließlich im Rahmen der *action for damages* geltend gemacht werden konnte[196].

b) Schadensersatz

Hinsichtlich des Umfangs des zu ersetzenden Schadens ist das *Common Law* differenzierter als das deutsche Recht ausgestaltet. Es sind mehrere verschiedene Formen des Schadensersatzes mit unterschiedlichen Funktionen anerkannt, deren Kenntnis für das Verständnis der Einbettung des *Accident Compensation Scheme* in das neuseeländische Schadensausgleichssystem unabdingbar ist.

---

192) Vgl. *Donoghue v. Stevenson*, [1932] AC, S. 562 [579] (*House of Lords*): „*In order to support an action for damages for negligence the complainant has to show that he has been injured by the breach of a duty owed to him in the circumstances by the defendant to take reasonable care to avoid such injury*". Vgl. ausführlich zu den näheren Voraussetzungen der *Negligence* und dem umfangreichen Fallrecht *Atkin/Evans/McLay/Petersson*, Torts in New Zealand, S. 208 ff.; *Cane*, Atiyah's Accidents, Compensation and the Law, S. 28 ff.; *Fleming*, The Law of Torts, S. 113 ff.; *Markesinis/Deakin*, Tort Law, S. 65 ff.; *Rogers*, Winfield and Jolowicz on Tort, S. 103 ff., 190 ff.; *McBride/Bagshaw*, Tort Law, S. 43 ff, 435 ff., 539 ff.; aus dem deutschen Sprachraum: *Zweigert/Kötz*, Einführung in die Rechtsvergleichung, S. 611 ff.

193) Vgl. *Atkin/Evans/McLay/Petersson*, Torts in New Zealand, S. 208 ff.; *Zweigert/Kötz*, Einführung in die Rechtsvergleichung, S. 611.

194) Vgl. dazu *Palmer*, AmJCompL 21 (1973), S. 1 [12].

195) Das 1962 durch das neuseeländische Parlament eingesetzte *Committee on Absolute Liability* sollte erstmals die Einführung eines gesetzlich kodifizierten Gefährdungshaftungstatbestands für Straßenverkehrsunfälle untersuchen; in der Folge führten die Empfehlungen des Ausschusses aber nicht zur Einführung einer Gefährdungshaftung, sondern bildeten den Grundstein für die spätere Einführung des *Accident Compensation Scheme*; vgl. dazu näher unten, S. 75.

196) *Jitsuka/Glücksmann*, VSSR 4 (1976), S. 349 [350 f.]; *Palmer*, AmJCompL 21 (1973), S. 1 [12].

aa) *Compensatory Damages*

Wird durch eine unerlaubte Handlung eine Person in geschützten Rechtsgütern verletzt, so richtet sich der Anspruch auf „gewöhnlichen" Schadensersatz unter dem *Common Law* zunächst auf eine Kompensation der finanziellen Schäden (*compensatory damages*). Die für die Wiederherstellung des ohne das schädigende Ereignis notwendigen Kosten sind hiervon ebenso erfasst wie entgangener Gewinn. Ziel des Schadensersatzes ist ein 100%-iger Ausgleich aller finanziellen Schäden, so dass die möglichen Schadensersatzsummen nicht nach oben hin begrenzt sind[197]. Der Anspruch auf *compensatory damages* umfasst zusätzlich auch Schadensersatz für immaterielle Schäden, also erlittene Schmerzen und erlittenes Leid (*damages for pain and suffering*) sowie Schadensersatz für verlorene Lebensfreude (*damages for loss of amenity*) [198]. Dieser Ausgleich für immaterielle Schäden entspricht in seiner Funktion in etwa dem deutschen Schmerzensgeld.

Daneben gibt es noch den Begriff der *nominal damages*, die ebenfalls immaterielle Schäden ausgleichen sollen; sie werden gewährt, wenn dem Opfer kein finanzieller Schaden entstanden ist, das Gericht aber die Missbilligung einer gegen die Rechts- oder Werteordnung verstoßenden Tat zum Ausdruck bringen will[199]. Beispiele sind Diskriminierungen oder Beleidigungen.

bb) *Exemplary Damages*

Über die Gewährung dieses grundsätzlichen Schadensersatzes hinaus kennt das *Common Law* das Rechtsinstitut der *exemplary damages*[200]. *Exemplary damages* werden zusätzlich zu den eigentlichen Schadensersatzleistungen dem Op-

---

197) Die höchste zugesprochene *compensatory damages*-Schadensersatzsumme liegt bei ca. 9 Mio. £; ein junger Mann wurde bei einem fremdverschuldeten Autounfall schwerstverletzt und komplett gelähmt, wodurch er auch eine neue Tätigkeit mit einem Jahresverdienst von 500.000 £ verlor (nach *Cane*, Atiyah's Accidents, Compensation and the Law, S. 143 Fn. 9).

198) Vgl. dazu eingehend *Vennell*, Remedies, S. 870.

199) Vgl. *Vennell*, Remedies, S. 868.

200) Der Begriff der *exemplary damages* ist in der englischen Literatur und Rechtsprechung der alteingeführte Begriff für den im amerikanischen Rechtskreis als *„punitive damages"* bezeichneten Strafschadensersatz und wird auch in Neuseeland für diese Art des Schadensersatzes ausschließlich verwendet. Die Begriffe *„punitive damages"* und *„exemplary damages"* sind aber gleichbedeutend. Daneben kennt das *Common Law* noch den Begriff der *aggravated damages*, die bei unerlaubten Handlungen zusätzlich zum gewöhnlichen Schadensersatz gewährt werden können, wenn das Opfer durch die besonders verwerfliche Art und Weise der Tatbegehung psychische Körperschäden erlitten hat, die über das gewöhnliche Maß hinausgehen; diese spielen im Rahmen der hier zu behandelnden Thematik aber keine Rolle.

fer einer unerlaubten Handlung gewährt, wenn der Schädiger für eine besonders verwerfliche Art und Weise der Tatbegehung bestraft werden soll[201]. Es geht somit um Schadensersatz mit einem ausschließlich bestrafenden Charakter, der gleichwohl im Zivilprozess gewährt wird. *Exemplary damages* werden niemals eigenständig zugesprochen, sondern setzen voraus, dass der Täter aus einem deliktischen Tatbestand haftet und ein genereller Schadensersatzanspruch dem Grunde nach besteht[202]; sie sind daher – entgegen dem im deutschen Rechtskreis eingebürgerten Begriff – weniger „Strafschadensersatz" als vielmehr ein „Strafzuschlag zum Schadensersatz", dessen Höhe und Festsetzung im Übrigen allein dem richterlichen Ermessen obliegt[203].

Exemplary damages sind – wenngleich dem deutschen Recht fremd[204] – im angloamerikanischen Rechtskreis tief verwurzelt. Erste bekannte Gesetze und Entscheidungen aus England, in denen mehrfacher Schadensersatz zum Zwecke der Abschreckung zugesprochen wurde, gehen bis in das Jahr 1275 zurück[205].

Praktisch alle *Common Law*-Staaten haben die *exemplary* bzw. *punitive damages* fest in die Systeme ihres Schadensausgleichrechts übernommen. Insbesondere in einigen Staaten der USA haben die in Einzelfällen zugesprochenen Strafschadensersatzsummen Ausmaße erreicht, die mit unserem Rechtsverständnis nur noch schwer in Einklang zu bringen sind[206].

Sinn und Zulässigkeit von *exemplary* bzw. *punitive damages* im angloamerikanischen Rechtskreis sind äußerst umstritten und im hiesigen wie im dortigen Schrifttum Gegenstand unzähliger Abhandlungen, wobei die hierzu vertretenen

---

201) Vgl. *Vennell*, Remedies, S. 870.

202) *Cane*, Atiyah's Accidents, Compensation and the Law, S. 143 f.; *Großfeld*, Die Privatstrafe, S. 43; *Rosengarten*, Punitive Damages und ihre Anerkennung und Vollstreckung in der Bundesrepublik Deutschland, S. 43.

203) *Mörsdorf-Schulte*, Funktion und Dogmatik US-amerikanischer punitive damages, S. 11.

204) Die Anerkennung von *punitive damages* im deutschen Recht bei der Vollstreckung ausländischer Titel hat der *BGH* im Jahr 1992 wegen Verletzung des *ordre public* ausdrücklich abgelehnt (*BGHZ* 118, S. 312 [312 ff.]); diese Sichtweise wurde allerdings in anderem Zusammenhang durch das Bundesverfassungsgericht etwas relativiert (*BVerfGE* 91, S. 335 [335 ff.]). Vgl. zu dieser Thematik ausführlich *Bentert*, Das pönale Element, S. 151 ff., u. *Rosengarten*, Punitive damages und ihre Anerkennung und Vollstreckung in der Bundesrepublik Deutschland, S. 176 ff.

205) *Bentert*, Das pönale Element, S. 44; *Marx*, Exemplary damages im englischen Recht, S. 5 ff.; *Rosengarten*, Punitive damages und ihre Anerkennung und Vollstreckung in der Bundesrepublik Deutschland, S. 32 f.

206) Dabei sind allerdings nicht in allen Staaten der USA *punitive damages* überhaupt anerkannt, vgl. *Schlueter/Redden*, Punitive Damages, Vol. 2, § 18.1 [A] [29]; so ist ihre Verhängung in Nebraska und Louisiana überhaupt nicht, in Massachusetts, New Hampshire und Washington nur bei Bestehen einer gesetzlichen Grundlage zulässig. Vgl. auch *Mörsdorf-Schulte*, Funktion und Dogmatik US-amerikanischer punitive damages, S. 56.

Ansichten von uneingeschränkter Zustimmung bis hin zu völliger Ablehnung[207] reichen. Ein näheres Eingehen hierauf würde den Rahmen dieser Arbeit sprengen und ist zum Verständnis der hier behandelten Problematik auch nicht erforderlich[208]. Wichtig für das Verständnis des neuseeländischen Entschädigungssystems ist hingegen die Tatsache, dass diese in den *Common Law*-Staaten selbstverständliche Form des Strafschadensersatzes auch in Neuseeland bei Einführung des *Accident Compensation Scheme* im Jahr 1974 ein anerkanntes Rechtsinstitut dargestellt hat und bis heute darstellt. Gerade hieraus resultierte ein bis heute andauernder Streit in der rechtswissenschaftlichen Literatur und der Rechtsprechung, wie das rechtliche Verhältnis zwischen dem haftungsersetzenden *Accident Compensation Scheme* und dem Anspruch auf *exemplary damages* zu bewerten ist.

Aufgrund des haftungsersetzenden Charakters des *Accident Compensation Scheme* sind Klagen des Schädigers gegen den Geschädigten gerade ausgeschlossen worden. Die Gewährung einer Entschädigung in Höhe eines ansonsten statthaften Ersatzanspruchs auf *exemplary damages* war naturgemäß nicht vorgesehen. Dies kam faktisch einer Abschaffung des Rechtsinstituts der *exemplary damages* gleich, was aufgrund dessen tiefer Verwurzelung im neuseeländischen *Common Law* zu massiver Kritik am *Accident Compensation Scheme* und in der Folge auch zu gegenläufigen Gerichtsentscheidungen geführt hat, so dass das Spannungsverhältnis zwischen haftungsersetzendem *Accident Compensation Scheme* und der Gewährung von *exemplary damages* in bestimmten Ausnahmefällen heute schon zu einer eigenen Wissenschaft geworden ist[209].

Gleichwohl nehmen *exemplary damages* im neuseeländischen Haftungsrecht nicht den Stellenwert ein, den sie insbesondere in den Vereinigten Staaten von Amerika haben. Auch erreichten die in Neuseeland gewährten Summen bei weitem nicht die aus den USA bekannten Schadenszahlungen. Der Grund hierfür liegt historisch in der engen Anlehnung der neuseeländischen Rechtsprechung an die englische. Denn obgleich England das Ursprungsland des Rechtsinstituts der *exemplary damages* ist, nahm man dort bereits frühzeitig die mit Abstand restriktivste Haltung zum Strafschadensersatz ein. Seit dem Jahr 1964 ist ein Anspruch auf *exemplary damages* in England aufgrund der Leitentschei-

---

207) Vgl. nur *Honsell*, ZSR 1997, S. 297 [297, Fn. 4]: „*kollektiver Unsinn*".

208) Vgl. eingehend zum Streitstand *Schlueter/Redden*, Punitive Damages, Vol. 1, § 2.2 (A) (2) sowie *Mörsdorf-Schulte*, Funktion und Dogmatik US-amerikanischer punitive damages, S. 56 ff.

209) Vgl. dazu eingehend unten, S. 148 ff.

dung des *House of Lords* in der Sache *Rookes v. Barnard* nur noch in sehr eng begrenzten Ausnahmefällen gegeben[210].

An dieser restriktiven Rechtsprechung hat sich Neuseeland orientiert. Mit der Grundsatzentscheidung des *Court of Appeal* in *Taylor v. Beere*[211] wurden die vom *House of Lords* in dessen *Rookes v. Barnard*-Entscheidung statuierten Leitlinien ausdrücklich höchstrichterlich für Neuseeland übernommen.

In der Folgezeit entfernte sich die neuseeländische Rechtsprechung allerdings zunehmend von der englischen. Während in Neuseeland zunächst im Einklang mit der englischen Rechtsprechung *exemplary damages* nur in Fällen vorsätzlicher Schädigung zugesprochen wurden[212], folgten in jüngerer Zeit nach dem Vorbild anderer *Common Law*-Staaten[213] vermehrt Klagen, die auch in Fällen einfacher Fahrlässigkeit die Verurteilung des Schädigers zum Ersatz von *exemplary damages* zum Gegenstand hatten. Im Jahr 1996 wurden zum ersten Mal in Neuseeland *exemplary damages* bei fahrlässiger Körperverletzung durch

---

210) Vgl. *Chapman/Trebilcock*, Alabama L. Rev. 40 (1989), S. 741 [746 ff.]. Nach der Grundsatzentscheidung des *House of Lords* (*Rookes v. Barnard* [1964], 1 All ER S. 367 [367 ff.]) ist die Geltendmachung von *exemplary damages* in England nur mehr in drei Fallgruppen möglich: Erstens bei willkürlichen oder verfassungswidrigen Handlungen von staatlichen Organen, zweitens bei missbilligenswerten Verhaltensweisen, die ein Täter bewusst zur Gewinnerzielung wählt, und drittens dann, wenn dies spezialgesetzlich vorgesehen ist (vgl. *Rookes v. Barnard* [1964], 1 All ER S. 367 [410]). Diese Rechtsprechung wurde durch das *House of Lords* in *Cassell & Co. Ltd. v. Broome* ([1972] 1 All ER S. 801 [801 ff.]) nochmals ausdrücklich bestätigt. Einer im Hinblick auf die Gewährung von *exemplary damages* noch restriktiveren Tendenz des englischen *Court of Appeal* im Fall *Gibbons v. South West Water Services* (QB 1993, S. 507 [507 ff.]) trat das *House of Lords* allerdings im Fall *Kuddus v. Chief Constable of Leicestershire Constabulary* ([2001] 3 All ER S. 193 [193 ff.]) wieder entgegen und erklärte diese Entscheidung für falsch. Vgl. dazu eingehend *Dias/Markesinis*, Tort Law, S. 525, sowie *Rogers*, Winfield and Jolowicz on Tort, S. 605.

211) *Taylor v. Beere*, NZLR 1/1982, S. 81 [81 ff.] (C.A.). Zu dieser Entscheidung und der auch im Folgenden geschilderten weiteren eigenständigen Entwicklung der neuseeländischen Rechtsprechung vgl. *Todd*, The Law of Torts in New Zealand, S. 1129 ff.

212) Vgl. *Donselaar v. Donselaar*, NZLR 1/1982, S. 97 [97 ff.].

213) Vgl. die Grundsatzentscheidungen *Coloca v. BP Australia Ltd.*, VR 2/1992, S. 441 [441 ff.] für Australien und *Robitaille v. Vancouver Hockey Club Ltd.*, DLR 125 (1981), S. 228 [228 ff.] für Kanada.

den *High Court* zugesprochen[214]. Der neuseeländische *Court of Appeal* trat dieser Tendenz allerdings entgegen und entschied nur kurze Zeit später in einem anderen Verfahren, dass zwar im Grundsatz auch eine nicht vorsätzlich verursachte Schädigung die Geltendmachung von *exemplary damages* rechtfertigen könnte, hierfür aber niemals einfache Fahrlässigkeit ausreichend sei[215].

Auch im Hinblick auf die übrigen Voraussetzungen hat sich die neuseeländische Rechtsprechung etwas von den restriktiven Vorgaben der englischen Rechtsprechung entfernt und *exemplary damages* ohne das Vorliegen der vom *House of Lords* in der *Rookes v. Barnard*-Entscheidung statuierten Grundsätze zugesprochen, allerdings jeweils nur in vergleichsweise geringer Höhe[216].

Von der englischen Rechtsprechung abgesehen war die Sichtweise der neuseeländischen Rechtsprechung allerdings im Vergleich zu anderen *Common Law*-Staaten immer noch die restriktivste. Dies brachte der *Court of Appeal* in weiteren Entscheidungen zum Ausdruck und führte insoweit zusätzliche Beschränkungen ein. Insbesondere zur Höhe der geltend gemachten *exemplary damages* äußerte sich der *Court of Appeal* kritisch und brachte in verschiedenen Entscheidungen die sodann auch rasch von den unteren Instanzgerichten über-

---

214) *McLaren Transport Ltd. v. Somerville*, NZLR 3/1996, S. 424 [424 ff.] (H.C.); in dem zugrundeliegenden Fall pumpte ein Angestellter der *McLaren Transport Ltd.* den Reifen eines Traktors grob fahrlässig mit mehr als dem doppelten des höchstzulässigen Luftdrucks auf, so dass der Reifen später explodierte und den Geschädigten *Somerville* schwer verletzte. Das Opfer fiel unter den Schutzbereich des *Accident Compensation Scheme* und wurde insofern entschädigt; zusätzlich sprach ihm das Gericht *exemplary damages* in Höhe von 15.000 NZ$ zu. Die Entscheidung wurde – wohl aufgrund des geringen Streitwerts – nicht höchstrichterlich durch den *Court of Appeal* überprüft; vgl. hierzu *Carden*, Law Talk 1996, S. 9 [9].

215) *Ellison v. L*, CA 287/96 (19.11.1997, C.A.); die Klägerin machte in dem Fall eine Summe von 250.000 NZ$ in Form von *exemplary damages* gegen ihren Zahnarzt geltend, der nach einer Zahnextraktion fahrlässig Materialreste in der Wunde hinterlassen hatte, was zu einer neun Monate andauernden Infektion führte. In dieser Entscheidung führte der *Court of Appeal* aus: „*We are prepared to accept fort he sake of argument, though leaving the matter to be decided on another occasion, that in some cases of negligence damages may be awarded. But because negligence is an unintentional tort those cases are likely to be rare indeed. Exemplary damages are awarded to punish a defendant for high handed disregard of the rights of a plaintiff or for acting in bad faith or for abusing a public position or behaving in some other outrageous manner which infringes the rights of the defendant. Negligence simpliciter will never suffice*".

216) Vgl. etwa *Cook v. Evatt*, NZLR 1/1992, S. 677 [677 ff.] (H.C.) - *exemplary damages* in Höhe von 5.000 NZ$ bei Verletzung treuhänderischer Pflichten durch einen Geschäftsführer; *Witten Hannah v. Davies*, NZLR 2/1995, S. 141 [141 ff.] (C.A.) - *exemplary damages* in Höhe von 10.000 NZ$ bei Verletzung treuhänderischer Pflichten durch einen Rechtsanwalt; *Delbarea v. Northern Storemen & Packers Union*, NZLR 2/1989, S. 174 [174 ff.] (C.A.) - *exemplary damages* in Höhe von 20.000 NZ$ bei ungerechtfertigter Kündigung eines langjährig beschäftigten Angestellten; vgl. dazu *Todd*, The Law of Torts in New Zealand, S. 1233.

nommene Rechtsauffassung zum Ausdruck, dass in Neuseeland keine überhöhten *exemplary damages* zu erwarten seien[217]. Dabei nahmen sich schon die zuvor in Neuseeland gewährten Strafschadensersatzsummen selbst bei absichtlich zugefügten Verletzungen recht bescheiden aus[218].

Im Jahr 1998 stellte der *Court of Appeal* zudem die neue Regelung auf, dass auf die Gewährung von *exemplary damages* gerichtete Zivilklagen unzulässig sind, wenn der Täter in einem Strafverfahren zuvor verurteilt wurde[219]. Weitere in der Rechtsprechung Neuseelands entwickelte Einschränkungen bei der Geltendmachung von *exemplary damages* sind beispielsweise, dass ein Erbe oder Angehöriger des Opfers keine *exemplary damages* geltend machen kann, wenn das Opfer vor der mündlichen Verhandlung verstirbt[220]. Auch muss eine Klage

---

217) Vgl. *Donselaar v. Donselaar*, NZLR 1/1982, S. 97 [97 ff.] (C.A.): „*The Courts will have to keep a tight rein on actions, with a view to Countering any temptation, conscious or unconscious, to give exemplary damages merely because the statutory benefits may be felt to be inadequate. Immoderate amounts will have to be discouraged*".
Ellison v. L., NZLR 1/1998, S. 416 [419] (C.A.): „*The marking out and punishment of outrageous behaviour can be adequately achieved by a relatively modest penalty. It is to be remembered that such awards are not intended as compensation. Legal advisers should be careful not to be associated with claims for amounts of damages which on any objective view are unattainable and give the appearance of being brought in terrorem*".
Wilson v. Nightingale Trading Ltd., CP 88/99 (H.C., 04.08.1999): „*Where exemplary damages are appropriate, the amount of any award will be modest, at least in this country, warnings to that effect having been issued from at least Donselaar through to Ellison and beyond*".

218) Selbst bei mehrfachem Missbrauch eines Kindes wurde in einem solchen Fall lediglich eine Summe von 20.000 NZ$ *exemplary damages* gewährt, vgl. *H. v. R.*, NZLR 1/1996, S. 299 [299 ff.] (H.C.). Vgl. auch *L. v. Robinson*, NZLR 3/2000, S. 499 [499 ff.] (H.C.) - 10.000 NZ$ wegen sexueller Übergriffe eines Psychiaters; *A. v. M.*, NZLR 3/1991, S.229 [229 ff.] (C.A.) - 20.000 NZ$ wegen Vergewaltigung; *G. v. G.*, FRNZ 15/1996, S. 22 [22 ff.] (C.A.) - 85.000 NZ$ wegen massiver Misshandlung einer Frau durch ihren Ehemann; die wohl höchste Summe mit einem Betrag von 100.000 NZ$ wurde im Fall *M. v. L.*, NZLR 3/1998, S. 104 [104 ff.] (C.A.) zugesprochen; auch dort wurde eine Frau von ihrem Ehemann unter gleichzeitiger Verletzung gerichtlicher Auflagen misshandelt. Vgl. zur restriktiven Handhabung der *exemplary damages* durch neuseeländische Gerichte auch *Browne*, in: Legal Updates 1996, S. 5 [16]. Instruktiv auch der Fall *Morrit v. Jespersen* (ERNZ 3/1998, S. 1 [1 ff.]); dort war eine Angestellte aufgrund schlechter und ungesetzlicher Arbeitsbedingungen chronisch erkrankt; trotz zahlreicher Aufforderungen von ihrer Seite sowie später von eingeschalteten Behörden änderte der Arbeitgeber die Bedingungen nicht. Die Geschädigte klagte *exemplary damages* in Höhe von 800.000 NZ$ ein – 20.000 NZ$ wurden gewährt.

219) Dem Urteil lagen mehrere zur gemeinsamen Entscheidung verbundenen Fälle zugrunde: *Daniel v. Thompson*, *J. v. Bell*, *W. v. W.* und *H. v. P.*, NZLR 3/1998, S. 22 [22 ff.] (C.A.).

220) *Re Chase*, NZLR 1/1989, S. 325 [325 ff.] (C.A.) unter Bezugnahme auf § 3 Abs. 2 *Law Reform Act 1936* (Public Act 1936 No. 31 v. 18.09.1936).

auf Geltendmachung von *exemplary damages* bei zugrunde liegenden Körperschäden in Neuseeland innerhalb von zwei Jahren ab Entdeckung des körperlichen Schadens oder zumutbarer Möglichkeit der Entdeckung erhoben werden[221].

3. Schadensausgleich durch die Betriebsunfallversicherung

Eine Ausnahme von den strikt verschuldensabhängigen Schadensausgleichsnormen des Haftungsrechts bildete die Betriebsunfallversicherung, die in Neuseeland nach deutschem Vorbild bereits im Jahr 1900 für alle Arbeitnehmer eingeführt wurde[222].

Wie in anderen aufkommenden Industrienationen traten auch in Neuseeland im Laufe des 19. Jahrhunderts Unfälle von Beschäftigten mit wachsender Häufigkeit und Schwere auf[223]. Die Opfer waren praktisch völlig schutzlos gestellt, was auch einer ungewöhnlich arbeitgeberfreundlichen Rechtsprechung zuzuschreiben war. Die erste bekannt gewordene Entscheidung eines englischen Gerichts über die Klage eines Arbeitnehmers gegen seinen Arbeitgeber aus dem Jahr 1837, *Priestley v. Fowler*[224], wurde in der angloamerikanischen Rechtswissenschaft berühmt, als dort die Doktrin des „*Common Employment*", auch bekannt als „*fellow servant rule*", aufgestellt wurde: Wer durch einen Arbeitsunfall verletzt wurde, der auch nur im weitesten Sinne von einem anderen Arbeitnehmer verursacht wurde, konnte nicht den Arbeitgeber in Anspruch nehmen[225]. Dieser Rechtfertigungsgrund war nur der erste einer unrühmlichen, gerade im Bereich des Arbeitsschadensrechts angewandten Doktrinentrias unter dem *Common Law*, deren weitere Rechtfertigungsgründe die „*Contributory Negligence*"-Doktrin und die „*Volenti non fit injuria*"-Doktrin waren. Hiernach war der Schadensersatzanspruch eines verunfallten Arbeitnehmers gegen den Arbeitgeber zu versagen, wenn dem Arbeitnehmer entweder selbst ein Mitverschulden vorgeworfen werden konnte oder er sich bewusst dem Risiko einer Schädigung ausgesetzt hatte. Gerade die letztere „*Volenti*"-Doktrin wurde oftmals dergestalt angewandt, dass bereits die Aufnahme einer gefährlichen Tätigkeit durch einen Arbeiter als Einwilligung in spätere Unfälle verstanden wur-

---

221) *G. D. Searle & Co v. G.*, NZLR 2/1996, S. 129 [129 ff.]; die Zweijahrsfrist ergibt sich aus § 4 Abs. 7 *Limitation Act 1950* (Public Act 1950 No. 65 v. 01.12.1950).

222) *Workers' Compensation Act 1900*, später *Workers' Compensation Act 1956* (WCA). Eine ausführliche Darstellung zur Historie des Gesetzes findet sich bei *MacDonald*, Law Relating to Workers' Compensation in New Zealand, S. 36 f. Das Gesetz wurde mit Einführung des *Accident Compensation Scheme* am 01.04.1974 aufgehoben.

223) *Campbell*, Compensation for Personal Injury in New Zealand, S. 6 ff.

224) Vgl. hierzu *Stein*, Boston College L.R. 44 (2003), S. 689 [689 ff.].

225) Dieser Rechtfertigungsgrund wurde in Neuseeland erst im Jahr 1936 durch § 18 des *Law Reform Act 1936* ausdrücklich abgeschafft, vgl. *Campbell*, Compensation for Personal Injury in New Zealand, S. 6.

de[226]. Hierdurch wurde in zahllosen Fällen die ohnehin schon schwierige Durchsetzung eines Schadensersatzanspruchs gegen den Arbeitgeber verhindert[227]. Zwischen den Jahren 1854 und 1891 wurden in Neuseeland einige gesetzliche Regelungen zum Schutz der Arbeiter geschaffen, die aber allesamt auf dem Verschuldensprinzip aufbauten und die vorgenannten Rechtfertigungsgründe zum Teil sogar ausdrücklich fixierten[228]. Beeinflusst durch die politischen Diskussionen um die Einführung einer Arbeitsunfallversicherung in Großbritannien Ende des 19. Jahrhunderts setzte sich der damalige neuseeländische Arbeitsminister, *Edward Tregear*, nachhaltig für die Einführung einer Arbeitsunfallversicherung nach dem Vorbild Deutschlands ein[229]. Die mehrjährige und sehr kontroverse politische Diskussion wurde überschattet von einem schweren Minenunglück im Jahr 1896 mit 67 Toten, das ein maßgeblicher Faktor für die Verabschiedung eines Gesetzes zur Einführung einer staatlichen Arbeitsunfallversicherung im Jahr 1900 war[230].

Nach dem zugrundeliegenden *Worker's Compensation Act* (WCA) war der Arbeitgeber dem Arbeitnehmer für alle Gesundheitsschäden haftbar, die dieser aufgrund eines Unfalls während oder im Zusammenhang mit der Arbeit oder aufgrund einer beruflich bedingten Krankheit erlitt, ohne dass es auf ein Verschulden auf Seiten des Arbeitgebers ankam[231]. Der Anspruch umfasste sämtliche Kosten, die aus einer ärztlichen Behandlung resultierten, sowie Lohnfortzahlung in Höhe von 80 % des zuletzt gezahlten Lohns[232]. Ein Schmerzensgeldanspruch bestand dagegen nicht. Die Arbeitsunfallversicherung erlaubte allerdings die parallele Durchsetzung des Anspruchs auf dem Klagewege, typischerweise im Rahmen der *Negligence*-Klage[233].

---

226) Vgl. hierzu *Campbell*, Compensation for Personal Injury in New Zealand, S. 7 f.

227) *Campbell*, Compensation for Personal Injury in New Zealand, S. 8; *Stein*, Boston College L.R. 44 (2003), S. 689 [698].

228) *Campbell*, Compensation for Personal Injury in New Zealand, S. 8 ff.

229) *Campbell*, Compensation for Personal Injury in New Zealand, S. 12 f.

230) Hintergrund war eine Explosion in der *Brunner Mine*, einer Kohlenmine in der Nähe von Brunnerton auf der Südinsel am 26.03.1896; vgl. *Campbell*, Compensation for Personal Injury in New Zealand, S. 14.

231) § 22 WCA. Eine Entschädigung für Berufskrankheiten wurden erst 1908 eingeführt. Vgl. dazu ausführlich *Campbell*, Compensation for Personal Injury in New Zealand, S. 16 ff. sowie auch *Jitsuka/Glücksmann*, VSSR 4 (1976), S. 349 [350].

232) § 14 WCA. Nach dem ursprünglichen Gesetz betrug die Höhe der Entschädigung nur 50% des Lohns, mit der ersten von zahlreichen Gesetzesänderungen im Jahr 1902 wurde die Erhöhung auf 80% eingeführt. Die Beträge waren allerdings sowohl in der Summe als auch zeitlich begrenzt und durften nur für maximal sechs Jahre ab dem Zeitpunkt des Unfalls gezahlt werden.

233) § 124 Abs. 1 WCA: „*Except as otherwise expressly provided by this Act, nothing in this Act shall affect any civil liability of an employer or any other person which exists independently of this Act*".

Zur Vermeidung einer Doppelzahlung war die Geltendmachung des Schadens gegenüber der Versicherung jedoch untersagt, wenn die Klage erfolgreich war; umgekehrt wurden bereits erhaltene Leistungen der Versicherung auf eine im Klagewege erstrittene Summe angerechnet[234]. Die Zweispurigkeit dieses Systems eröffnete einem geschädigten Arbeitnehmer die Möglichkeit, auch einen unter dem WCA nicht vorgesehenen Schmerzensgeldanspruch gerichtlich durchzusetzen, sofern er in der Lage war, ein Verschulden des Arbeitgebers zu beweisen. Eine solche Vorgehensweise war im WCA – im Gegensatz etwa zum deutschen Recht[235] – nicht ausgeschlossen. Die Zahlung der Entschädigung wurde den Arbeitgebern auferlegt, wobei aufgrund der dadurch zunächst bedingten Probleme im Jahr 1943 ein Versicherungszwang für die meisten Arbeitgeber eingeführt wurde[236]. Trotz der aufgezeigten geringfügigen systemischen Unterschiede der neuseeländischen zur deutschen Arbeitsunfallversicherung gewährte sie neuseeländischen Arbeitnehmern eine verlässliche finanzielle Grundsicherung gegenüber Arbeitsunfällen und Berufskrankheiten.

4. Zusammenfassung

Zusammenfassend gab es damit vor der Einführung des *Accident Compensation Scheme* am 1. April 1974 für ein Unfallopfer in Neuseeland zwei für die Entstehung des *Accident Compensation Scheme* bedeutsame Möglichkeiten, einen Schadensausgleich herbeizuführen: Ereignete sich ein fremdverschuldeter Unfall außerhalb eines arbeitsrechtlichen Beschäftigungsverhältnisses, so musste der Geschädigte gegen den Schädiger im Rahmen der zivilrechtlichen Schadensersatzklage vorgehen. Ihm oblag die volle Beweislast hinsichtlich der Voraussetzungen der aufgeführten Haftungstatbestände. Bei Unfällen innerhalb eines Arbeitsverhältnisses hatte der Geschädigte darüber hinaus einen Anspruch auf Schadensausgleich gegen die Betriebsunfallversicherung. Opfer medizinischer Unglücksfälle waren ebenfalls auf eine Schadensersatzklage angewiesen, sei es aus vertraglicher Haftung oder allgemeinem Deliktsrecht, in deren Rahmen sie dem Arzt einen Verstoß gegen den Standard eines durchschnittlichen umsichtigen und kompetenten Arztes nachweisen mussten[237]. Selbstverschuldete Unfälle außerhalb eines Arbeitsverhältnisses waren überhaupt nicht abgesichert. Körperliche Schäden aufgrund von Krankheiten waren und sind bis heute unter der gesetzlichen Krankenversicherung unter dem *Social Security Act 1964* versi-

---

234) § 124 Abs. 2 – 5 WCA.

235) Aufgrund des Haftungsausschlusses in §§ 104 ff. SGB VII.

236) § 81 WCA.

237) Vgl. die Grundsatzentscheidung des *Court of Appeal* in *Smith v. Auckland Hospital Board*, NZLR 1965, S. 191 [191 ff.] (C.A.), zur Reichweite der Aufklärungspflicht eines Arztes. Zur Rechtslage vor Inkrafttreten des *Accident Compensation Scheme* vgl. auch *Butler*, Medical Misadventure, S. 37 ff.

chert, die allerdings nur Grundleistungen im Rahmen einer Behandlung in öffentlichen Krankenhäusern gewährt[238].

II. Die Reformierung des neuseeländischen Unfallschadensrechts

1. Der Beginn der Reform

Das auf dem reinen Verschuldensprinzip aufgebaute System und die damit verbundenen Lücken stießen in Neuseeland zunehmend auf Kritik, da die Interessen der Unfallopfer nicht ausreichend berücksichtigt werden konnten[239]. Arbeitsunfallgeschädigte waren zwar aufgrund der versicherungsrechtlichen Lösung unter dem WCA noch am besten geschützt, doch bestanden auch hier Lücken. Kritisiert wurde vor allem, dass der WCA nicht alle Arbeitsverhältnisse erfasste und die Entschädigungen niedrig und zeitlich begrenzt waren[240]. Hinzu kam das auch in Deutschland hinlänglich bekannte Problem der Abgrenzung zwischen arbeitsbedingten und sonstigen Unfällen[241]. Opfer von Unfällen außerhalb eines Arbeitsverhältnisses kamen überhaupt nicht in den Genuss einer derartigen Regelung. Zwar führte auch Neuseeland wie zahlreiche andere Staaten aufgrund der wachsenden Anzahl von Kraftfahrzeugen und den damit verbundenen Unfällen im Jahr 1928 einen Haftpflichtversicherungszwang für alle Kraftfahrzeugeigentümer ein[242]. Damit konnte – und dies war auch die Intention des Gesetzgebers – der Geschädigte zumindest auch dann Schadensausgleich erhalten, wenn der Schädiger mittellos war[243]. Die Haftpflichtversicherung leistete aufgrund des Verschuldensprinzips allerdings nur dann, wenn dem versicherten Schädiger ein Verschulden nachweisbar war, außerdem waren beispielsweise die Ansprüche eines verletzten Mitfahrers gegenüber dem Fahrer betragsmäßig begrenzt, in der Anfangszeit waren sogar Familienmitglieder des Fahreres vom Versicherungsschutz ausgeschlossen[244].

Während der politischen Debatte um die Einführung des Haftpflichtversicherungszwangs für Autofahrer wurde erstmals bereits im Jahr 1928 der Vor-

---

238) Die meisten Neuseeländer haben daher private Zusatzkrankenversicherungen.

239) *Fleming*, in: Kolloquium Neuere Entwicklungen, S. 429 [452]; *Jitsuka/Glücksmann*, VSSR 4 (1976), S. 349 [351].

240) Vgl. *Fleming*, in: Kolloquium Neuere Entwicklungen, S. 429 [452]; *Jitsuka/Glücksmann*, VSSR 4 (1976), S. 349 [351]; *Palmer*, AmJCompL 21 (1973), S. 1 [13].

241) Vgl. *Todd*, Washburn L.J. 39 (2000), S. 404 [409].

242) *Motor-Vehicles (Third-Party Risks) Act 1928*, später *Transport Act 1962* (Public Act 1962 No. 135 v. 14.12.1962). Der Versicherungszwang wurde allerdings mit Inkrafttreten des ACA 1972 aufgehoben.

243) Vgl. dazu *Fahy*, Accident Compensation Coverage, S. 8.

244) Vgl. *Campbell*, Compensation for Personal Injury in New Zealand, S. 37; *Jitsuka/Glücksmann*, VSSR 4 (1976), S. 349 [351].

schlag für die Einführung eines versicherungsrechtlichen Systems für Verkehrsunfallschäden eingebracht, aber nicht weiter verfolgt[245]. Im Jahr 1940 wurde seitens der Regierung ein Ausschuss mit der Untersuchung der Einführung einer Gefährdungshaftung für Straßenverkehrsschäden beauftragt, der seine Arbeit aber aufgrund des Kriegs nicht weiter verfolgte[246]. Im Jahr 1947 wurde die Thematik von einem anderen Ausschuss erneut diskutiert, aber aufgrund durchsetzungskräftiger Interessenvertreter der Versicherungsindustrie schnell wieder aufgegeben[247].

2. Das *Committee on Absolute Liability*

Nach einem Regierungwechsel griff im Jahr 1962 der Minister *Hon. J. R. Hanan* die Diskussion zur Einführung einer Gefährdungshaftung wieder auf und setzte zur näheren Untersuchung der Thematik das *Committee on Absolute Liability* ein[248]. Der Ausschuss sollte zunächst nur klären, ob die Einführung einer Gefährdungshaftung für Todesfälle und Verletzungen bei Straßenverkehrsunfällen unter Berücksichtigung aller rechtlichen und praktischen Gesichtspunkte sinnvoll sei.

In seinem Bericht[249] sprach sich der Ausschuss im Ergebnis zwar gegen die Einführung einer Gefährdungshaftung im Straßenverkehrsrecht aus, wobei er die Ausdehnung des bestehenden Haftpflichtversicherungsschutzes auf alle Verkehrsteilnehmer befürwortete. Zwischen den Zeilen empfahl der Ausschuss aber eine Reform des gesamten Unfallschadensrechts: Nach der Auffassung des Ausschusses sollten alle Unfallopfer in den Genuss einer verschuldensunabhängigen Haftung kommen, sofern ein solches System finanzierbar sei[250]. Insbesondere sei es inkonsequent, Verkehrsunfallopfern einen besseren Schutz zu gewähren als Arbeitsunfall- oder sonstigen Unfallopfern[251]. Diese Empfehlung des Ausschusses, der ursprünglich eine ganz andere Frage klären sollte, blieb nicht ohne

245) *Campbell*, Compensation for Personal Injury in New Zealand, S. 39.

246) Brooker's AC, S. xvii.; *Campbell*, Compensation for Personal Injury in New Zealand, S. 39.

247) *Campbell*, Compensation for Personal Injury in New Zealand, S. 39.

248) *Campbell*, Compensation for Personal Injury in New Zealand, S. 40.

249) Report of the Committee on Absolute Liability, 1967.

250) Report of the Committee on Absolute Liability, para 40: „*There is a case for an accident insurance scheme which would cover all persons who are injured in any way without negligence on their part, provided the community can afford to bear the cost on an equitable basis*", vgl. dazu *Rennie/Miller*, Brooker's Accident Compensation in New Zealand, S. xviii; *Campbell*, Compensation for Personal Injury in New Zealand, S. 41; *Jitsuka/Glücksmann*, VSSR 4 (1976), S. 349 [351].

251) Report of the Committee on Absolute Liability, para 47 : „... *it would not be logical or acceptable to introduce a system which would mean that persons injured in industrial accidents would be in a much worse position than those injured on the road*".

Folgen und war der eigentliche Auslöser des nachfolgenden Reformprozesses, der letztendlich zur Einführung der Volksunfallversicherung unter dem *Accident Compensation Scheme* führen sollte[252].

3. Die *Royal Commission on Personal Injury*

Parallel zur Untersuchung der Verkehrsunfallproblematik durch das *Committee on Absolute Liability* wurde auf die Initiative des seinerzeitigen Arbeitsminister, *Hon. T. P. Shand*, die Reformierung des Arbeitsunfallrechts unter Geltung des *Workers' Compensation Act* erwogen[253]. Insbesondere die Befristung aller Entschädigungszahlungen auf maximal sechs Jahre stellte im internationalen Vergleich eine inadäquate Kompensation für Schwerstgeschädigte dar. Auf dieser Grundlage – und sicherlich auch beeinflusst durch den Bericht des *Committee on Absolute Liability* – setzte die neuseeländische Regierung im Jahr 1966 die *Royal Commission on Personal Injury* ein. Primärer Auftrag der Kommission war – im Hinblick auf die angestrebte Reformierung des Arbeitsunfallrechts – die eingehende Untersuchung des *Workers' Compensation Act* auf internationaler Grundlage, um die neuseeländische Arbeitsunfallversicherung an die internationalen Standards anzupassen.

a) Der *Woodhouse Report*

Unter Vorsitz eines Richters am *Supreme Court, Sir Owen Woodhouse*, nahm die *Royal Commission* eine umfassende Untersuchung vor, holte dabei unzählige Stellungnahmen verschiedenster internationaler Organisationen ein und besuchte Italien, Kanada, die Schweiz, Schweden, Großbritannien, die USA und Australien[254].

Am 13.12.1967 veröffentlichte die Kommission ihren umfangreichen Untersuchungsbericht[255], der umgangssprachlich üblicherweise nach dem Vorsitzenden der Kommission als *Woodhouse Report* bezeichnet wird. Die Kommission kam in ihrem Bericht zu dem Ergebnis, dass es keinen vernünftigen Grund gäbe, Arbeitsunfälle isoliert von anderen Unfällen zu betrachten und gab auf

---

252) Ironischerweise existiert in Neuseeland heute zwar eine Volksunfallversicherung, aber immer noch kein Gefährdungshaftungstatbestand für Verkehrsunfallschäden, so dass im Hinblick auf Sachschäden der Geschädigte im Streitfall nach wie vor den Verschuldensbeweis führen muss und – da kein Haftpflichtversicherungszwang mehr besteht – oftmals auf die Solvenz des Schädigers angewiesen ist.

253) *Campbell*, Compensation for Personal Injury in New Zealand, S. 42 f.

254) *Campbell*, Compensation for Personal Injury in New Zealand, S. 44.

255) Report of the Royal Commission of Inquiry, Compensation for Personal Injury in New Zealand, 1967; i.F.: *Woodhouse Report*. Eingehend zur Entstehung des *Woodhouse Reports Easton*, VUWLR 34 (2003), S. 207 [207 ff.].

dieser Grundlage die revolutionäre Empfehlung ab, das *Tort Law* als Grundlage der Haftung für sämtliche unfallbedingten Personenschäden abzuschaffen und durch ein umfassendes und auf öffentlich-rechtlicher Grundlage basierendes Entschädigungssystem abzulösen[256].

aa) Die Kritik am bestehenden System

Dieses – weit über die ursprünglich der Kommission vorgelegte Fragestellung hinausgehende – Ergebnis begründete diese mit den Unzulänglichkeiten des *Tort Law*, das nach ihrer Ansicht keinen opfergerechten und effizienten Schadensausgleich zu gewährleisten imstande sei[257].

Für die Abschaffung des *Tort Law* in diesem Bereich führte die Kommission eine ganze Reihe von Argumenten an, die sich kurz in folgenden Punkten skizzieren lassen[258]:

- Die Durchsetzung eines zivilrechtlichen Anspruchs setze voraus, dass der Geschädigte dem Schädiger ein Verschulden nachweisen muss. Das Vorliegen einer dieses Verschulden begründenden Sorgfaltspflichtverletzung werde objektiv beurteilt, unabhängig von den Folgen für den Geschädigten. Klare und gerechte Richtlinien, mit deren Hilfe ein mögliches Mitverschulden des Geschädigten berücksichtigt werden könne, existierten nicht.

- Da in der heutigen Praxis nahezu sämtliche Schadensrisiken durch Versicherungen abgedeckt seien, sei das Verschuldensprinzip weitgehend überflüssig geworden.

- Durch den in vielen Bereichen gesetzlich vorgeschriebenen Haftpflichtversicherungszwang werde heutzutage das oftmals zitierte Leitziel zivilrechtlicher Schadensersatzregelungen untergraben, durch hohe Haftungsrisiken zu umsichtigem Verhalten anzuhalten. Auch im Übrigen sah die Kommission keinen Beweis für diese Präventivwirkung des Haftpflichtrechts, wohingegen man sich einen weitaus größeren Effekt

---

256) Vgl. hierzu *Fleming*, in: Kolloquium Neuere Entwicklungen, S. 429 [429], der dieses Ergebnis als *significant* bewertet.

257) *Woodhouse Report*, para 59; *ACC*, Accident Compensation 1995, S. 9.

258) Nach dem *Woodhouse Report*, para 78 – 127: „*Disadvantages of the Common Law Process*". Vgl. zu den Kritikpunkten am *Tort Law*-System auch ausführlich *Cane*, Atiyah's Accidents, Compensation and the Law, S. 395 ff., sowie ferner *Gaskins*, Torts L. J. 7 (1999), S. 289 [290]; *Henderson*, U. Chicago L.R. 48 (1981), S. 781 [781 f.]; *Palmer*, U. Toronto L.J., Vol. 44 (1994), S. 223 [238]; *Todd*, Washburn L.J. 39 (2000), S. 404 [407 f.].

in dieser Hinsicht von Erziehungsprogrammen und staatlichen Kontrollen versprach, was das bisherige System nicht zuließ. Schließlich führte die Kommission die Sanktionsmöglichkeiten der strafrechtlichen Normen an, die letztlich auch bei einer postulierten Abschaffung der deliktsrechtlichen Normen nach Ansicht der Kommission die nötige Präventivwirkung ausüben würden.

- Der Erfolg der gerichtlichen Durchsetzung eines Schadensersatzanspruchs hänge von zahlreichen Unwägbarkeiten ab, wodurch ein Haftungsprozess nicht selten einem Lotteriespiel gleichkomme[259]. Dieses Prozessrisiko führe dazu, dass zahlreiche Geschädigte ihren Anspruch nur unzureichend oder gar nicht weiterverfolgten.

- Gerichtsprozesse dauerten lange, nicht selten viele Jahre. Während dieser Zeit erhalte der Geschädigte keine Kompensation, seine Rehabilitation werde verhindert, und überdies sei er noch seelisch wie auch finanziell zusätzlich mit dem Prozessrisiko belastet.

- Das klassische auf dem *Tort Law* aufgebaute und mit einem System privater Versicherungen verwobene Haftungssystem sei mit außerordentlich hohen Kosten, insbesondere Verwaltungskosten, verbunden, was die praktische Handhabung des Systems seit jeher langsam, teuer und ineffektiv mache; nur 60% der an Versicherer geleisteten Prämien kämen letztlich dem Opfer zugute.

- Die unter dem *Tort Law* übliche einmalig zu zahlende Pauschalentschädigung (*Lump Sum*) zur Abgeltung jeglicher – auch zukünftiger – Schäden sei gerade bei Opfern mit schweren und nachhaltigen Verletzungen ungerecht. Zum einen sei die präzise Bestimmung der Höhe einer solchen Entschädigung unmöglich, zum anderen erhielten Opfer, deren Verletzung zunächst unterbewertet würde und sich später als erheblich schwerer herausstelle, keine weitere Hilfe.

- Im Hinblick auf die vorgenannten Unzulänglichkeiten des *Tort Law* bestehe das Bedürfnis zur Einführung eines Systems, das Unfallopfern nicht nur eine sofortige Entschädigung gewährt, sondern darüber hinaus regelmäßige Überprüfungen zu Gunsten des Geschädigten zulässt.

---

259) Vgl. *Woodhouse Report*, para 19: „*The negligence action is a form of lottery*“. Interessant ist in diese Zusammenhang das fast zeitgleiche Erscheinen des Werks von *Ison*, The Forensic Lottery, welches der *Woodhouse Commission* wohl verschiedentlich als Vorbild gedient hat; vgl. hierzu *Butler*, Medical Misadventure, S. 48.

Nach der Untersuchung dieser Nachteile des klassischen Haftungsrechts nahm die *Woodhouse Commission* in ihrem Bericht eine Analyse der bestehenden Arbeitsunfallversicherung vor[260]. Neben den bereits oben dargestellten Nachteilen der Arbeitsunfallversicherung monierte die *Woodhouse Commission* dabei vor allem, dass sich unter diesem System der Versicherung weder Unfallprävention noch eine ausreichende Rehabilitation der Geschädigten verwirklichen ließ. Gerade diese beiden Bereiche sollten jedoch die Grundfesten eines wie auch immer gearteten Schadensausgleichssystems bilden[261]. Auf dieser Grundlage kam die *Woodhouse Commission* zu dem Ergebnis, dass weder das herkömmliche Haftungsrecht noch die Arbeitsunfallversicherung ein zufriedenstellendes Entschädigungssystem darstellten.

Im Nachhinein wurde schnell klar, dass diese Ergebnisse des *Woodhouse-Reports* mehr auf prinzipiellen Erwägungen als auf nachvollziehbaren Untersuchungen beruhten: Es gab in Neuseeland keinerlei empirische Daten, auf welche die Kommission sich hätte stützen können, und die Kommission selbst gab zwar zahlreiche, im Ergebnis aber vergleichsweise oberflächliche Untersuchungen in Auftrag[262].

bb) Die Vision der Kommission

Zur Lösung der nach Ansicht der Kommission unzumutbaren Unzulänglichkeiten des Haftungsrechts schlug sie die Integration eines versicherungsrechtlichen Entschädigungssystems in das bestehende Geflecht der Sozialgesetzgebung vor[263]. Dieses Entschädigungssystem sollte den folgenden Grundprinzipien verpflichtet sein[264]:

---

260) *Woodhouse Report*, para 176-240.

261) *Woodhouse Report*, para 240.

262) *Palmer*, Compensation for Incapacity, S. 26.

263) *Woodhouse Report*, para 278-281.

264) Vgl. den Wortlaut im *Woodhouse Report*, para 55: „*First, in the national interest, and as a matter of national obligation, the community should protect all citizens (including the self-employed) ... from the burden of sudden individual losses when their ability to contribute to the general welfare by their work has been interrupted by physical incapacity; Second, all injured persons should receive compensation from any community financed scheme on the same uniform method of assessment, regardless of the causes which gave rise to their injuries; Third, the scheme must be deliberately organized to urge forward the physical and vocational recovery of these citizens while at the same time providing a real measure of money compensation for their losses; Fourth, real compensation demands for the whole period of incapacity the provision of income-related benefits for lost income and recognition of the plain fact that any permanent bodily impairment is a loss in itself regardless of its effect on earning capacity; Fifth, the achievement of the system will be eroded to the extent that its benefits are delayed, or are inconsistently assessed, or the system itself is administered by methods that are economically wasteful*“.

aaa) *Community Responsibility*

Nach dem in diesem Schlagwort zum Ausdruck kommenden Verantwortungs- oder Solidarprinzip obliegt der staatlichen Gemeinschaft die Pflicht zum Schutz, zur Hilfeleistung und letztlich auch zur finanziellen Entschädigung von Personen, die durch den plötzlichen Verlust ihrer physischen Fähigkeiten außerstande sind, durch ihre Arbeit einen Beitrag zum allgemeinen Wohl zu leisten. Damit hat der Staat Unfallopfern Hilfe zu leisten. Letztlich ist das Solidarprinzip Ausdruck des hinter dem Entschädigungssystem stehenden Gedankens einer Sozialversicherung[265].

bbb) *Comprehensive Entitlement*

Das zu schaffende Entschädigungssystem sollte alle verletzten Personen unabhängig von der Verletzungsursache, dem Ort des Geschehens und insbesondere unabhängig von der Person des Unfallopfers nach den gleichen Grundsätzen behandeln und entschädigen.

ccc) *Complete Rehabilitation*

Der Gemeinschaft obliegt ebenfalls die Pflicht, die Wiederherstellung der physischen Gesundheit der Unfallopfer zu ermöglichen und sie wieder in das gemeinschaftliche Leben und insbesondere den Arbeitsprozess zu integrieren.

ddd) *Real Compensation*

Das zu schaffende Entschädigungssystem sollte neben einem umfassenden Ersatz der durch die medizinische Heilbehandlung entstandenen Kosten eine einkommensbezogene Unterstützung für die gesamte Zeit einer unfallbedingten Erwerbsunfähigkeit bereitstellen, wobei auch die körperliche Beeinträchtigung an sich als entschädigungsrelevante Einbuße anerkannt werden soll.

eee) *Administrative Efficiency*

Schließlich sollte das zukünftige Entschädigungssystem in effektiver und ökonomischer Weise verwaltet werden.

---

265) Kritisch zum Begriff der Sozialversicherung *Brown/Smillie*, NZLJ 1991, S. 249 [251].

cc) Das Ergebnis der Kommission

Zur Verwirklichung dieser Ziele riet die *Woodhouse Commission* zur Schaffung eines umfassenden öffentlich-rechtlichen Entschädigungssystems in Form einer Sozialversicherung, das *allen* Unfallopfern – ungeachtet der Unfallursache und der Schuldfrage – Entschädigung und Rehabilitation gewähren sollte und zudem Unfallprävention zuließ. Auch immaterielle Schäden sollten durch periodisch zu zahlende Ausgleichsbeträge entschädigt werden[266]. Im Gegenzug sollte, schon um einer ökonomischen Verwaltung willen, das System geschlossen gehalten und ein Vorgehen des Geschädigten gegen einen eventuellen Schädiger ebenso ausgeschlossen sein wie ein Rückgriff der Verwaltungsbehörde gegen den Schädiger.

Damit hatte die *Woodhouse Commission* erstmals konkret eine revolutionäre Innovation beschrieben: Die Abschaffung der traditionellen deliktsrechtlichen Haftung für den Bereich jeglicher unfallbedingter Personenschäden und deren Ersatz durch ein einziges umfassendes staatliches Sozialsystem[267].

b) Die Reaktionen auf den *Woodhouse Report*

Die Reaktionen auf den *Woodhouse Report* waren gespalten: Während er zum einen als Grundstein für eine neue Ära des Wohlfahrtsstaats gefeiert wurde, sahen andere in ihm nicht mehr als eine von Idealismus geprägte und unpraktikable Vision[268]. Vor allem die zur Umsetzung des *Woodhouse Reports* notwendige Abschaffung der zivilrechtlichen Schadensersatzklage für den überwiegenden Bereich des gesamten Haftungsrechts wurde in der Rechtswissenschaft mit großer Skepsis betrachtet[269]. Das neuseeländische Parlament war gleichfalls gespalten, nahm die Empfehlungen des *Woodhouse Reports* insgesamt aber sehr ernst. Sie beauftragte den Universitätsprofessor und späteren Premierminister *Geoffrey Palmer* mit der Erstellung eines *White Paper*, um die parlamentarische Diskussion in Gang zu bringen[270].

---

266) Vgl. dazu *Keeler*, U. Toronto L.J., Vol. 44 (1994), S. 275 [284].

267) *Ison*, Accident Compensation, S. 13. Die Einbeziehung von Krankheiten unter das System wurde von der *Royal Commission* zwar befürwortet, aufgrund der nicht näher geklärten finanziellen Auswirkungen ging die Kommission der Frage jedoch nicht näher nach, vgl. dazu *Harris*, Modern L. Rev. 37 (1974), S. 361 [363] sowie *Mathieson*, Modern L. Rev. 31 (1968), S. 544 [546].

268) *Campbell*, Compensation for Personal Injury in New Zealand, S. 45.

269) *Campbell*, Compensation for Personal Injury in New Zealand, S. 45.

270) *Campbell*, Compensation for Personal Injury in New Zealand, S. 45 f.

4. Der weitere Weg bis zum Gesetzeserlass

Im Oktober 1969 legte die Regierung dem Parlament das von *Palmer* ausgearbeitete *White Paper*[271] vor, in dem die praktische Umsetzbarkeit des zwei Jahre zuvor veröffentlichten *Woodhouse Reports* erörtert wurde. Auf Betreiben des damaligen Arbeitsministers, *Hon. T. P. Shand*, setzte das Parlament im Jahr 1970 zur weiteren Ausarbeitung des *White Paper* das *Parliamentary Select Committee* ein, welches am 12. November 1970 dem Parlament seinen Bericht vorlegte[272]. Hierin wurde zwar auch die Reform des bestehenden Versicherungsrechts befürwortet, man ging jedoch nicht so weit wie die *Woodhouse Commission*, sondern schlug die Einführung zweier verschiedener Systeme vor, unter denen Schadensausgleich jeweils nur für Verkehrsunfallopfer und für Arbeitsunfallopfer gewährt werden sollte. Darüber hinaus sprach sich das *Select Committee* dafür aus, private Versicherungen an der Durchführung des neuen Systems zu beteiligen – im Gegensatz zur *Woodhouse Commission,* die private Versicherer von der staatlichen Sozialversicherung gänzlich fernhalten wollte.

Am 15. Dezember 1971 wurde dem Parlament der ausgearbeitete Gesetzesvorschlag unterbreitet[273], der nach intensiver Bearbeitung, Änderung und Ergänzung am 3. Oktober 1972 in dritter Lesung einstimmig vom Parlament als *Accident Compensation Act 1972* (ACA 1972)[274] verabschiedet wurde[275]. Das Gesetz trat zwar formal am 20. Oktober 1972 in Kraft, das eigentliche Entschädigungssystem mit seinen finanztechnischen Vorschriften jedoch erst am 1. April 1974. Mit Inkrafttreten des ACA 1972 wurden der *Workers' Compensation Act 1956* sowie der ebenfalls überflüssig gewordene *Criminal Injuries Compensation Act*, der die Entschädigung von Opfern von Straftaten zum Gegenstand hatte, aufgehoben.

---

271) *New Zealand Department of Labour*, Personal Injury - A Commentary on the Report of the Royal Commission of Inquiry into Compensation for Personal Injury in New Zealand, Wellington 1969.

272) *Select Committee on Compensation for Personal Injury in New Zealand*, Report of Select Committee on Compensation for Personal Injury in New Zealand, Wellington 1970.

273) *Accident Compensation Bill (N.Z.)*.

274) The Statutes of New Zealand 1972 I No. 43, S. 521.

275) Eine detaillierte Darstellung der letzten Wegschritte vor Erlass des Gesetzes findet sich insbesondere bei *Palmer*, Compensation for Incapacity, S. 63 ff., sowie bei *Blair*, Accident Compensation in New Zealand, S. 4 f.

III. Das *Accident Compensation Scheme*

1. Der *Accident Compensation Act 1972*

Mit der Verabschiedung des ACA 1972 hatte Neuseeland den entscheidenden Schritt getan, das herkömmliche verschuldensabhängige Haftungsrecht des *Common Law* durch eine staatliche Sozialversicherung abzulösen, die unabhängig von der Schuldfrage bei unfallbedingten Körperschäden Entschädigung gewährte. Damit war weltweit erstmals in der Rechtsgeschichte ein umfassendes öffentlich-rechtliches Entschädigungssystem an die Stelle des bisherigen Haftpflichtrechts getreten.

a) Die Grundlagen des Systems

Das Gesetz in seiner ursprünglichen Fassung blieb zunächst einen Schritt hinter den Empfehlungen des *Woodhouse Reports* zurück, da sein Schutzbereich – entsprechend der Empfehlung des *Parliamentary Select Commitee* – nur auf Verkehrsunfallopfer sowie auf verletzte Berufstätige beschränkt war. Nichterwerbstätige hingegen, die einen Unfall außerhalb des Straßenverkehrs erlitten, waren weiterhin auf den Schadensausgleich nach dem *Common Law* angewiesen. Diese schwer zu rechtfertigende Ungleichbehandlung griff die *Labour Party* im Hinblick auf die unmittelbar bevorstehende Parlamentswahl als Wahlkampfthema auf und forderte eine Ausweitung des Systems auch auf Nichterwerbstätige[276]. Nachdem die *Labour Party* die Wahl am 20. November 1973 für sich entscheiden konnte und die bis dahin regierende *National Party* ablöste, setzte sie ihr Wahlversprechen auch unmittelbar um, indem sie den Geltungs- und Leistungsbereich des ACA 1972 noch vor dessen Inkrafttreten durch Einführung des sog. *Supplementary Scheme* erweiterte[277], wodurch die bis dahin vom Gesetz nicht erfassten Personengruppen – Studenten, Erwerbslose und ausländische Besucher – den Beschäftigten gleichgestellt und in den Schutzbereich des Gesetzes einbezogen wurden, wobei im Gegenzug die zivilrechtliche Klagemöglichkeit für den Bereich sämtlicher Unfallschäden abgeschafft wurde. Durch diese Überarbeitung erstarkte das *Accident Compensation Scheme* endgültig zu der umfänglichen Volksunfallversicherung nach dem einstigen Vorbild des *Woodhouse Reports*.

---

276) *Palmer*, Compensation for Incapacity, S. 103 sowie *Vennell*, Accident Compensation, S. 26 [28]. Die Existenz des ACA 1972 stand durch die Parlamentswahl allerdings zu keinem Zeitpunkt auf dem Spiel, da die Reform des Unfallversicherungsrechts kein nennenswerter politischer Streitpunkt zwischen den Parteien gewesen war; vgl. dazu *Palmer*, AmJCompL 21 (1973), S. 1 [39].

277) *Accident Compensation Amendment Act (No.2)* v. 23.11.1973.

Am 1. April 1974 schließlich trat der ACA 1972 in vollem Umfang in Kraft. Das Gesetz bildete die alleinige Grundlage für das *Accident Compensation Scheme* und regelte von der Finanzierung über die Auszahlung der Entschädigung bis hin zu gerichtlichen Rechtsmitteln alles, wodurch das *Accident Compensation Scheme* ein in sich geschlossenes und autarkes staatliches Entschädigungssystem darstellte.

Der eigentliche sachliche Deckungsbereich des Gesetzes – *Personal Injury by Accident* (unfallbedingter Körperschaden) – wurde durch das Gesetz zunächst überhaupt nicht definiert. Erst kurz nach Inkrafttreten führte ein Änderungsgesetz[278] insoweit eine Begriffsbestimmung in den ACA 1972 ein, um keine Rechtsunsicherheit hinsichtlich des Schutzbereichs des Entschädigungssystems aufkommen zu lassen[279]. Gleichwohl wurde der Terminus des „*Personal Injury by Accident*“ dabei bewusst nicht abschließend definiert, sondern nur grob und beispielhaft umrissen[280]. Diese generalklauselartig formulierte Bestimmung des Anwendungsbereichs sollte den Rechtsanwendern, also der ACC und den Rechtsmittelgerichten, die Bildung einer präziseren Begriffsbestimmung erlauben[281], wobei der zentrale Begriff des „Unfalls“ in Abgrenzung zu den nicht durch das *Accident Compensation Scheme* erfassten Krankheiten durch den

---

278) *Accident Compensation Amendment Act 1974.*

279) Vgl. *Cochrane*, VUWLR 7 (1972), S. 277 [277 ff.].

280) § 2 ACA 1972:
"Personal injury by accident"
(a) Includes
(i) The physical and mental consequences of any such injury or of the accident.
(ii) Medical, surgical, dental, or first aid misadventure.
(iii) Incapacity resulting from an occupational disease or industrial deafness to the extent that cover extends in respect of the disease or industrial deafness under sections 28 and 29 of this Act.
(iv) Actual bodily harm (including pregnancy and mental or nervous shock) arising by any act or omission of any other person which is within the description of any of the offences specified in sections 128, 132, and 201 of the Crimes Act 1961, irrespective of whether or not any person is charged with the offence and notwithstanding that the offender was legally incapable of forming a criminal intent.
(b) Except as provided in the last preceding paragraph, does not include
(i) Damage to the body or mind caused by a cardio-vascular or cerebro-vascular episode unless the episode is the result of effort, strain, or stress that is abnormal, excessive, or unusual for the person suffering it, and the effort, strain, or stress arises out of and in the course of the employment of that person.
(ii) Damage to the body or mind caused exclusively by disease, infection, or the ageing process.

281) *Hussels*, ZIAS 1994, S. 54 [55]; *Lichtenstein*, Social Justice Resarch 12 (1999), S. 99 [102]; *Todd*, Washburn L.J. 39 (2000), S. 404 [410].

Court of Appeal erstmals im Jahr 1976 höchstrichterlich definiert wurde als „*unintended consequence of an intended action*“[282], also jede ungewollte Folge einer bewussten Handlung erfasste, die zu einer körperlichen Schädigung führte. Diese begrüßenswerte Flexibilität des Gesetzes wurde in den später erlassenen Gesetzen aufgegeben, nachdem der Anwendungsbereich des *Accident Compensation Scheme* durch eine immer extensivere Auslegung des Unfallbegriffs durch die Gerichte stetig weiter ausgedehnt wurde, was in der Folge mitursächlich für die späteren Finanzierungsprobleme unter dem Entschädigungssystem war[283].

Die Verwaltung des Systems wurde einer eigens für diesen Zweck neu eingerichteten staatlichen Behörde übertragen, der *Accident Compensation Commission* (ACC) mit Sitz in Wellington.

b) Die Leistungen unter dem ursprünglichen System

Das *Accident Compensation Scheme* unter dem ACA 1972 gewährte allen von seinem Anwendungsbereich erfassten Unfallopfern den Ersatz aller unmittelbar durch den Unfall verursachten Kosten, insbesondere Arzt- und Arzneimittelkosten sowie Krankentransportkosten[284]. Verletzten Arbeitnehmern wurde ein Anspruch auf Erstattung des Verdienstausfalls in Höhe von 80% des ursprünglichen Einkommens eingeräumt, sofern die Arbeitsunfähigkeit länger als eine Woche andauerte[285]. Für dauerhaft Geschädigte gewährte das Gesetz Entschädigung für die Kosten einer dauernden Betreuung oder Hilfeleistung für den Verletzten[286]. Im Todesfalle erhielten die Angehörigen über eine Pauschalentschädigung für die Bestattung hinaus auch eine Hinterbliebenenrente, deren Höhe vom ursprünglichen Einkommen des Opfers abhing[287]. Darüber hinaus wurden Pauschalentschädigungen für dauerhafte Körperschäden in Höhe von bis zu

---

282) *G. v. Auckland Hospital Board*, NZLR 1/1976, S. 638 [638 ff.] (C.A.). Hintergrund der Entscheidung war die Vergewaltigung einer Patientin durch einen Angestellten des Krankenhauses, was höchstrichterlich als Unfall i. S. des ACA 1972 anerkannt wurde; kritisch zu dieser Entscheidung *Klar*, U. Toronto L.J. 33 (1983), S. 80 [88].

283) Vgl. dazu unten, S. 95.

284) §§ 107 ff. ACA 1972.

285) § 113 ACA 1972.

286) § 121 ACA 1972.

287) §§ 122 ff. ACA 1972.

7.000 NZ$ sowie Schmerzensgeld[288] in Höhe von bis zu 10.000 NZ$ gewährt[289]. Keine Entschädigung hingegen sah der ACA 1972 für krankheitsbedingte Körperschäden vor, mit Ausnahme der bereits unter dem *Workers' Compensation Act* erfassten beruflich bedingten Krankheiten. Ebenfalls nicht erfasst wurden Sachschäden aller Art, hinsichtlich derer bis zum heutigen Tag das *Common Law* Anwendung findet.

c) Die Finanzierung des Systems

Die Finanzierung des ursprünglichen Systems erfolgte durch drei Fonds, in welche die jeweils durch sie begünstigten Risikoträger Beiträge einzahlten. In das „*earner's scheme*" zahlten alle Arbeitgeber und Selbständigen eine Abgabe zur Deckung aller Unfälle von Erwerbstätigen ein. Die Höhe der Abgabe war risikobezogen und variierte demnach je nach der Gefahrenträchtigkeit der ausgeübten Tätigkeit. Der zweite Fonds war das „*motor vehicle accident scheme*", der zur Deckung aller Straßenverkehrsunfälle diente und durch eine Abgabe aller Kraftfahrzeughalter finanziert wurde, die diese bei der Registrierung ihres Kraftfahrzeugs zu zahlen hatten. Der dritte Fonds schließlich war das „*supplementary scheme*", der alle Unfälle abdeckte, die nicht von den beiden vorgenannten Fonds erfasst wurden, also insbesondere die Unfälle der Nichterwerbstätigen außerhalb des Straßenverkehrs. Dieser Fonds wurde aus allgemeinen Steuermitteln finanziert.

Von der im ACA 1972 vorgesehenen Möglichkeit, weitere Abstufungen der Beiträge nach einem Bonus-Malus-System vorzunehmen, machte die ACC zunächst keinen Gebrauch[290].

---

288) Der Begriff des Schmerzensgeldes ist in dieser für uns geläufigen Form im *Accident Compensation Scheme* nicht enthalten. Vielmehr trennten der ACA 1972 wie auch der ACA 1982 zwischen finanziellem Ersatz für „*permanent loss or impairment of bodily function*" (§ 78 ACA 1982), „*loss sufferes by the person of amenities or capacity for enjoying, including loss from disfigurement*" (§ 79 Abs. 1 a ACA 1982) sowie „*pain and mental suffering, including nervous shock and neurosis*" (§ 79 Abs. 1 b ACA 1982). Wenngleich diese Begriffsdefinitionen nach unserer Terminologie allesamt dem Oberbegriff der immateriellen Schäden unterzuordnen wären, werden sie im Folgenden aufgrund der mit der in Deutschland geläufigen Definition des Schmerzensgeldes identischen Zielsetzung dieser Regelungen unter dem Begriff des Schmerzensgeldes zusammengefasst.

289) §§ 119 f. ACA 1972.

290) *Todd*, Washburn L.J. 39 (2000), S. 404 [411].

d) Die Reaktionen auf die Einführung des Systems

Das neue System wurde rasch von der Bevölkerung akzeptiert und fand insbesondere in der internationalen rechtswissenschaftlichen Literatur große Beachtung und Anerkennung[291]. Wenn es auch zum einen erstaunlich ist, dass die Einführung des neuen und beispiellosen Systems und die mit ihr verbundene umfassende Neuorganisation wesentlicher Teile der Staats- und Rechtsordnung ohne nennenswerte Komplikationen vonstatten ging, so verwundert es andererseits auch nicht, dass sich schnell verschiedene Kritikpunkte an dem System herauskristallisierten, die eine Überarbeitung des *Accident Compensation Scheme* erforderlich machten. Kritische Stimmen wurden vor allem aus dem Lager der Arbeitgeber laut, denen die Finanzierung aller Freizeitunfälle der Arbeitnehmer auferlegt worden war[292]. Zum anderen waren die Kosten des Systems enorm angestiegen, teilweise bedingt durch die großzügige Leistung von Schmerzensgeldern[293], zum anderen wohl auch, weil man die finanzielle Belastung aufgrund dauerhafter Zahlungen an berufsunfähige Unfallopfer unterschätzt hatte[294]. In den Folgejahren und bis zum heutigen Tag wurde das System daher stetig reformiert – zunächst zögerlich, mit der Zeit aber immer tiefgreifender.

---

291) *Blair*, Accident Compensation in New Zealand, S. 56; *Deutsch*, VersR 1980, S. 201 [205]; *Fleming*, in: Haftungsersetzung durch Versicherungsschutz, S. 11 [14 f.]; *Gaskins*, Osgoode Hall L.J. 18 (1980), S. 238 [238 ff.]; *Giesen*, International Medical Malpractice Law, S. 540 f.; *Harris*, Modern L. Rev. 37 (1974), S. 361 [361 ff.]; *v. Hippel*, ZRP 1976, S. 252 [252]; *ders.*, Grundfragen der sozialen Sicherheit, S. 58; *ders.*, in: Haftungsersetzung durch Versicherungsschutz, S. 40 [55 ff.]; *Jitsuka/Glücksmann*, VSSR 4 (1976), S. 349 [370]; *Kinder*, NLJ 124 (1974), S. 442 [442 ff.]; *O'Keefe/Farrands*, Introduction to New Zealand Law, S. 250; *Palmer*, AmJCompL 21 (1973), S. 1 [44]; *ders.*, AmJCompL 25 (1977), S. 1 [4]; *ders.*, Compensation for Incapacity, S. 394 ff.; *ders.*, NZLJ 1976, S. 368 [368 ff.]; *Szakats*, U.B.C. Law Rev. 8 No. 1 (1973), S. 7 [7 ff.]; *Todd*, The Law of Torts in New Zealand, S. 79; *Tunc*, in: International Encyclopedia of Comparative Law, Vol. 11, Ch. 14, supp. I-16; *ders.*, Rev. dr. int. comp. 1989, S. 139 [139 ff.]; *Woodhouse*, NZLJ 1979, S. 395 [402].

292) Vgl. *Fleming*, in: Kolloquium Neuere Entwicklungen, S. 429 [433 f.]; *Hussels*, ZIAS 1994, S. 45 [59]; *Ison*, Accident Compensation, S. 181.

293) *Fleming*, in: Kolloquium Neuere Entwicklungen, S. 429 [430], sowie – aus Sicht der *Accident Compensation Commission – ACC*, Accident Compensation 1995, S. 24.

294) Vgl. *Rennie/Miller*, Brooker's Accident Compensation in New Zealand, S. xix.

2. Die weitere Entwicklung des Systems

a) Das *Quigley Cabinet Caucus Committee (1979)*

Die erste nennenswerte Überarbeitung des *Accident Compensation Scheme* erfolgte im Jahr 1979, als die Regierung zur Revision des Systems ein *Cabinet Caucus Committee* unter Leitung des Abgeordneten *Derek Quigley* einsetzte. Der Ausschuss machte eine Reihe von Änderungsvorschlägen, die sich praktisch ausnahmslos mit den Kosten des Systems beschäftigten und eine Kostensenkung innerhalb des Systems bezweckten[295].

So sollte in erster Linie das Finanzierungssystem überarbeitet werden. Die bislang unter dem ACA 1972 gehandhabte Praxis war, dass die jährlichen Einnahmen jeweils alle in diesem Jahr entstandenen Kosten decken mussten, also insbesondere auch einen möglicherweise noch jahrzehntelang zu zahlenden Verdienstausfall zu umfassen hatten (*Full Funding*)[296]. Der Vorschlag des *Quigley Committee* ging dahin, diese Finanzierungspraxis dergestalt zu ändern, dass die jährlichen Einnahmen nur noch die in dem entsprechenden Finanzierungsjahr tatsächlich auszuzahlenden Kosten decken sollten, also zwar laufende Kosten aus früheren Unfällen zu berücksichtigen hatten, nicht jedoch erst in der Zukunft zu zahlende Entschädigungen (*Pay-as-you-go)*[297].

Weiterhin schlug das *Quigley Committee* eine Reihe von Entschädigungskürzungen vor. So sollte der Anspruchsberechtigte zukünftig einen Teil der Kosten selbst tragen, die bei den beiden ersten Arztbesuchen anfielen. Schmerzensgeldzahlungen sollten außer in Fällen schwerer und nachhaltiger kosmetischer Schäden gänzlich abgeschafft werden, da diese als eine der Hauptursachen für den Kostenanstieg unter dem System ausgemacht wurden[298]. Schließlich wurde vorgeschlagen, den Zeitraum zwischen Unfall und Eintrittspflicht der *Accident Compensation Commission* bei dem Ersatz des Verdienstausfalls im Rahmen

---

295) *Cabinet/Caucus Committee,* The New Zealand *Accident Compensation Scheme*: A Review (1980). Vgl. dazu *Campbell*, Compensation for Personal Injury in New Zealand, S. 50 ff. u. *Vennell*, Accident Compensation, S. 26 [28]. Auf die mindestens ebenso wichtigen Aspekte der Prävention und Rehabilitation wurde in dem Bericht hingegen mit keinem Wort eingegangen.

296) Dieses „*Full Funding*"-Prinzip ist eine Form des versicherungsrechtlichen Kapitaldeckungsprinzips.

297) Das „*Pay-as-you-go*"-Prinzip entspricht dem rentenversicherungsrechtlichen Umlageverfahren.

298) Nach *Palmer*, Compensation for Incapacity, S. 243, wurden im Geschäftsjahr 1977/78 unter dem *Accident Compensation Scheme* insgesamt 89,1 Mio. NZ$ Entschädigungszahlungen geleistet, wovon 18,1 Mio. NZ$ auf Schmerzensgeldzahlungen entfielen; dies entsprach einem Anteil von rund 20%. Vgl. zu der Thematik auch *Fleming*, in: Kolloquium Neuere Entwicklungen, S. 429 [430], sowie – aus Sicht der Kommission – *ACC*, Accident Compensation 1995, S. 24.

von Arbeitsunfällen von bislang einer Woche auf zwei Wochen zu verlängern, um die durch die zahlreichen Kurzzeitausfälle von Arbeitnehmern bei geringeren Verletzungen verursachten Kosten zu minimieren. Die vorgeschlagenen Leistungskürzungen wurden einem *Select Committee* vorgelegt, bereits dort jedoch weitgehend wieder verworfen[299]. Schließlich regte man an, den bislang nur aus drei Personen bestehenden Träger des Systems, die *Accident Compensation Commission*, in eine *Accident Compensation Corporation* unter Leitung eines Aufsichtsrats umzuwandeln[300].

b) Der *Accident Compensation Act 1982*

Als Reaktion auf die Vorschläge des *Quigley Committees* verabschiedete das Parlament 1982 den *Accident Compensation Act 1982*[301], der einige grundlegende Veränderungen mit sich brachte, die jedoch weit hinter den Forderungen des *Quigley Committees* zurückblieben. Lediglich die Umwandlung der *Accident Compensation Commission* in eine privatrechtlich organisierte *Corporation* wurde mit unmittelbarer Wirkung umgesetzt. Die seitens des *Committee* vorgeschlagenen Leistungskürzungen dagegen übernahm der Gesetzgeber nicht. Die Lohnfortzahlung durch den Arbeitgeber für die erste Woche wurde zwar von 100 % auf 80 % reduziert, dem Vorschlag einer Verlängerung der Fortzahlungspflicht durch den Arbeitgeber auf zwei Wochen kam man indes nicht nach; somit kamen zwar die Arbeitgeber in den Genuss einer finanziellen Entlastung, nicht jedoch – wie eigentlich vorgesehen – die ACC. Umgekehrt erhielten Opfer von Unfällen außerhalb eines Arbeitsverhältnisses zwei Wochen keine Entschädigung.

Der Deckungsbereich des Gesetzes wurde unverändert belassen, die Schmerzensgeldhöchstsumme erhöhte man für den Bereich dauerhafter Körperschädigungen sogar von 10.000 NZ$ auf 17.000 NZ$[302]. Umgesetzt wurde dagegen die vom *Quigley Committee* vorgeschlagene Änderung des Finanzierungssystems in ein *pay-as-you-go*-Schema. Diese Änderung sollte sich langfristig als äußerst ungeschickt erweisen:

Da in den Anfangsjahren des *Accident Compensation Scheme* noch keine bzw. keine wesentlichen laufenden Kosten für dauerhafte Schäden aufgrund früherer Unfälle aufzubringen waren, waren die Einnahmen im Wege der *Full-funding*-Finanzierung stets höher als die Ausgaben. Dies führte dazu, dass die ACC erhebliche finanzielle Reserven angesammelt hatte. Die Einführung des *pay-as-you-go*-Schemas zog nunmehr unmittelbar die politische Forderung der

---

299) *Todd*, Washburn L.J. 39 (2000), S. 404 [411].

300) Vgl. hierzu *Campbell*, Compensation for Personal Injury in New Zealand, S. 52 f.

301) Public Act 1982 No. 181.

302) § 78 Abs. 1 ACA 1982.

Arbeitgeber nach sich, die Beiträge zu reduzieren[303]. Die Folge war, dass die finanziellen Reserven schnell aufgebraucht waren und massive Finanzierungsprobleme schnell zu einem Damoklesschwert über dem einstigen Vorzeigemodell heranwuchsen[304]. Diese Änderung der Finanzierungspraxis war bereits für sich genommen zweifelsohne eine recht kurzsichtige Maßnahme und im Rückblick ein folgenschwerer Fehler, da die Finanzreserven in kurzer Zeit aufgebraucht waren[305]. Das kumulative Zusammentreffen mit einer akuten Währungskrise und einer damit einhergehenden erheblichen Inflation Mitte der 1980er Jahre führte dazu, dass das System im Geschäftsjahr 1985/1986 das erste Mal kurz vor dem finanziellen Zusammenbruch stand[306]. Systemintern wurden hierfür vor allem die auf nahezu 15 % angestiegenen Verwaltungskosten verantwortlich gemacht[307]. Zudem wurden die Beiträge der Arbeitgeber und Selbständigen seinerzeit im Rahmen der *pay-as-you-go*-Finanzierung immer erst zum Ende einer Rechnungsperiode fällig. Auch dies führte vermutlich im Zusammenspiel mit den mangels ausreichender Computer- und Informationssysteme fehlenden Schätzungen über die zu erwartenden Einnahmen und Ausgaben zu den massiven finanziellen Problemen[308]. Schließlich mag auch eine vermehrte betrügerische Ausnutzung des Systems mitursächlich für den Kostenanstieg gewesen sein[309].

Als Reaktion war die Regierung mehrfach zu einer massiven Beitragserhöhung gezwungen. Die Beitragsrate für den *Motor Vehicle Fund* wurde ab dem 01.10.1987 um 132 %, die für Selbständige ab dem 19.12.1986 um durchschnittlich 265 % - in Einzelfällen sogar um 537 % –, die für Arbeitgeber schließlich um durchschnittlich 192 % erhöht[310]. Parallel dazu wurde der Modus der Beitragszahlungen für Selbständige reformiert, was bei zahlreichen selbständig Tätigen zu einer zusätzlichen Beitragserhöhung führte[311].

---

303) *Todd*, Washburn L.J. 39 (2000), S. 404 [412].

304) *Maughan*, NZLJ 1999, S. 221 [223]; *St John*, in: Redesigning the Welfare State, S. 154 [159]. Die Kosten des Systems stiegen zwischen 1985 und 1990 um durchschnittlich 25% pro Jahr an, vgl. *Mahoney*, AmJCompL 40 [1992], S. 159 [160].

305) *Campbell*, Compensation for Personal Injury in New Zealand, S. 256; *Epstein*, Accident Compensation, S. 15; *Palmer*, U. Toronto L.J. 44 (1994), S. 223 [231].

306) Vgl. die Darstellung in *ACC*, Annual Report 1987, S. 4 f.

307) *ACC*, Annual Report 1988, S. 7, 32 u. 40.

308) *Hussels*, ZIAS 1990, S. 35 [37].

309) Vgl. dazu *Birch*, Accident Compensation - A Fairer Scheme, S. 1.

310) *ACC*, Annual Report 1987, S. 9; vgl. hierzu *Rennie/Miller*, Brooker's Accident Compensation in New Zealand, S. xx, wo von einem „*blow out*" der Ausgaben gesprochen wird.

311) Zuvor zahlten selbständig Tätige als Beitrag unter dem *Accident Compensation Scheme* pauschal 1% ihres Jahreseinkommens, nach 1986 wurden sie in Gruppen nach Schadensgeneigtheit eingestuft, wie dies bereits bei den Arbeitgebern gehandhabt wurde, vgl. *Hussels*, ZIAS 1990, S. 35 [37 f.].

Neben diesen Finanzierungsproblemen geriet das System auch von anderer Seite unter zunehmenden Druck. So wurde verstärkt die Nichteinbeziehung von Krankheiten unter das System kritisiert[312]. Unter Arbeitgebern wurde der Unmut darüber immer lauter, dass diese für sämtliche Freizeitunfälle der Arbeitnehmer aufzukommen hatten. Obwohl die Arbeitgeber etwa 70 % der Gesamtkosten des Systems trugen, waren nur etwa 40 % der dadurch finanzierten Unfälle tatsächlich arbeitsbedingt[313]. Allein 15,44 % aller Unfälle waren im Jahr 1988 Sportunfälle, von denen wiederum 26% auf Rugby zurückzuführen waren[314]. Daher wurde die Einführung von Beiträgen insbesondere für diese gefahrenträchtigen Sportarten gefordert, die von den Sportlern selbst getragen werden sollten[315].

Es entstand ein massiver öffentlicher Druck auf den Gesetzgeber, das System neuerlich und gründlich zu überarbeiten[316].

c) Das *Officials Committee* und die *Law Commission (1986/1989)*

1986 griff das Parlament die öffentliche Forderung nach einer Überarbeitung des Systems auf und setzte das *Official Committee* ein, welches sich aus Vertretern der ACC, des Sozial-, Arbeits-, Gesundheits- und des Finanzministeriums zusammensetzte. Dieses Komitee wurde beauftragt, das *Accident Compensation Scheme* dahin zu überprüfen, ob die fünf Grundprinzipien des legendären *Woodhouse Reports* derart in die Praxis umgesetzt werden könnten, dass eine optimale Anpassung des Systems an die derzeitigen und die zukünftigen Bedingungen möglich sei[317]. Das Komitee schlug in seinem Abschlussbericht in erster Linie eine ganze Reihe von Punkten vor, die eine drastische Kostensenkung herbeiführen sollten.

Die Regierung beauftragte daraufhin die *New Zealand Law Commission*, das *Accident Compensation Scheme* ebenfalls noch einmal einer eingehenden Überprüfung zu unterziehen. Die *Law Commission* empfahl in ihrem Bericht[318] zunächst dringend die Ausweitung des Deckungsbereichs des *Accident Compensation Scheme* auf sämtliche Körperschäden, unabhängig von deren Ursache.

---

312) *Brown/Smillie*, NZLJ 1991, S. 249 [251]; *Henderson*, U. Chicago L.R. 48 (1981), S. 781 [782]; vgl. auch *Todd*, Washburn L.J. 39 (2000), S. 404 [412].

313) *Fleming*, in: Kolloquium Neuere Entwicklungen, S. 429 [433 f.]; *Hussels*, ZIAS 1994, S. 45 [59]; *Ison*, Accident Compensation, S. 181; *Lichtenstein*, Social Justice Resarch 12 (1999), S. 99 [104]; *Todd/Hughes*, S. 30.

314) *ACC*, Annual Report 1988, S. 25.

315) Vgl. *Hussels*, ZIAS 1990, S. 35 [38].

316) *Todd*, The Law of Torts in New Zeakand, S. 79.

317) Vgl. *Rennie/Miller*, Brooker's Accident Compensation in New Zealand, S. xx.

318) *Law Commission (N.Z.)*, Personal Injury: Prevention and Recovery – Report on the *Accident Compensation Scheme* (1988).

Damit sollten auch Krankheiten von dem System erfasst werden[319]. Die Kommission schlug hierzu eine stufenweise Ausweitung des Systems vor, wobei im Gegenzug die Pauschalentschädigungs- sowie Schmerzensgeldzahlungen abgeschafft werden sollten. Ein weiterer Punkt, der einer Kostenreduktion dienen sollte, war die Verlängerung der bislang eine Woche betragenden Wartezeit von arbeitsunfähigen Arbeitnehmern und Selbständigen, bis die Entschädigungszahlungen der ACC begannen. Die *Law Commission* rechnete aus, dass bei einer Verlängerung der Wartefrist auf zwei Wochen eine Kostenersparnis von 26 Mio. NZ$, bei einer Verlängerung auf vier Wochen sogar von 60 Mio. NZ$ erreicht werden könnte[320].

Hinsichtlich der Finanzierung einer solchen umfassenden Gesundheitsversicherung kam die Kommission zu dem Ergebnis, dass dies durch Beiträge und Steuermittel ohne nennenswerte Probleme möglich sei, wenn dafür an anderen Stellen gespart würde; die aktuellen Finanzierungsprobleme des *Accident Compensation Scheme* führte die Kommission in erster Linie auf eine erhebliche Zunahme derjenigen Fälle zurück, in denen die ACC langjährige oder lebenslange Entschädigungen zu zahlen hatte[321]. Eine konkrete Ursache für die Zunahme dieser Fälle vermochte die *Law Commission* nicht auszumachen; sie vermutete ein Zusammenspiel mehrerer Umstände, wie etwa Veränderungen in der Kostenerstattung, den Wegfall gesetzlicher Beschränkungen bei der Erstattung von Verdienstausfall, eine Anhäufung nicht bearbeiteter Altfälle, vor allem aber die höheren und häufiger gezahlten Pauschalentschädigungen bzw. Schmerzensgelder[322]. Da die gesetzlichen Höchstsummen für Schmerzensgeld nie der Inflation angepasst wurden, verfügte die ACC in den achtziger Jahren sehr großzügig darüber und gewährte häufig ohne nähere Prüfung des Falls die mögliche Höchstsumme von insgesamt 27.000 NZ$[323].

Auch Betrug war in den Augen der Kommission ein nicht unwesentlicher Punkt für den Kostenanstieg unter dem System[324]. Diese Thematik war ohnehin in der öffentlichen Diskussion zunehmend kritisiert worden, da eine missbräuch-

---

319) *Law Commission (N.Z.)*, Personal Injury: Prevention and Recovery – Report on the *Accident Compensation Scheme* (1988), S. 176. Vgl. eingehend zu dem Bericht der *Law Commission Keith*, VUWLR 34 (2003), S.293 [293 ff.].

320) *Law Commission (N.Z.)*, Personal Injury: Prevention and Recovery – Report on the *Accident Compensation Scheme* (1988), S. 198.

321) *Law Commission (N.Z.)*, Personal Injury: Prevention and Recovery – Report on the *Accident Compensation Scheme* (1988), §§ 83 - 102.

322) Zum hier verwendeten Begriff des Schmerzensgeldes vgl. oben, S. 86 (Fn. 288).

323) *ACC*, Accident Compensation 1995, S. 6, 24. Auch die Gerichte hatten sich dieser Praxis angepasst und sprachen in kritischen Fällen regelmäßig die Höchstsumme zu, vgl. *Vennell*, Accident Compensation, S. 26 [38 ff.].

324) Vgl. *Campbell*, Compensation for Personal Injury in New Zealand, S. 60; *Todd*, Washburn L.J. 39 (2000), S. 404 [413].

liche Inanspruchnahme der Leistungen des *Accident Compensation Scheme* relativ leicht war und dies bekanntermaßen offensichtlich auch ausgenutzt wurde[325].

Auf dieser Grundlage empfahl die *Law Commission* die völlige Abschaffung der einmaligen Entschädigungszahlungen für dauerhafte Körperschäden einschließlich des Schmerzensgeldes, die Verlängerung der Eintrittspflicht des Arbeitgebers zur Lohnfortzahlung von einer auf zwei Wochen, eine sich aus dem Durchschnittsverdienst aller Neuseeländer errechnende und für alle Personen gleiche Verdienstausfallentschädigung sowie die Verminderung der an Ärzte auszuzahlenden Gebühren. Zudem sollten die Missbrauchsmöglichkeiten des Systems näher untersucht werden, aber auch die Abschaffung des zur Finanzierung verwandten Fondssystems, in dessen Rahmen jedem Schadensbereich ein separater und autonomer Fonds zur Finanzierung zugewiesen ist, sollte näher geprüft werden[326].

Eine parallel durch die *Royal Commission on Social Policy* erarbeitete Stellungnahme zur Zukunft des *Accident Compensation Scheme* befürwortete ebenfalls die Ausweitung des Systems auf alle Krankheiten, sprach sich jedoch im Gegensatz zur *Law Commission* für eine massive Einschränkung der Leistungen unter dem System aus[327].

Auf der Grundlage und in Umsetzung insbesondere des Berichts der *Law Commission* erarbeitete die *Labour*-Regierung einen neuen Gesetzesentwurf[328], den sie im September 1990 dem Parlament vorlegte, und der unter anderem die Erweiterung des *Accident Compensation Scheme* auf sämtliche Krankheiten vorsah[329].

Die Umsetzung dieses Gesetzesentwurfs hätte das *Accident Compensation Scheme* zu einer weltweit einzigartigen, einheitlichen und umfassenden Gesundheitsversicherung erstarken lassen; sie scheiterte jedoch letztlich an der Parlamentswahl am 27. Oktober 1990, welche die *National Party* nunmehr wieder für sich entscheiden konnte. Die *National*-Regierung setzte zunächst eine ministerielle Arbeitsgruppe zur erneuten Überprüfung des *Accident Compensation*

---

325) *Birch*, Accident Compensation – A Fairer Scheme, S. 1; *Hussels*, ZIAS1990, S. 34 [47], mit Nachweisen aus Tageszeitungen, die von verschiedenen Fällen berichten, in deren Rahmen Personen mit Hilfe ärztlicher Gefälligkeitsbescheinigungen „bezahlten Urlaub" nahmen oder mehrere Monate „auf *accident compensation*" lebten.

326) *Law Commission (N.Z.)*, Personal Injury: Prevention and Recovery – Report on the *Accident Compensation Scheme* (1988), S. 225; vgl. dazu ACC Annual Report 1995, S. 24; *Rennie/Miller*, Brooker's Accident Compensation in New Zealand, S. xx; *Fleming*, in: Kolloquium Neuere Entwicklungen, S. 429 [430]; *Hussels*, ZIAS 1990, S. 35 [39].

327) *Royal Commission on Social Policy*, 2nd Report of the Royal Commission on Social Policy – Future Directions (1988); vgl. dazu *Palmer*, U. Toronto L.J. 44 (1994), S. 223 [260].

328) *Rehabilitation and Incapacity Bill 1990.*

329) Hierzu sowie zum nachfolgenden Scheitern dieses Entwurfs eingehend *Palmer*, U. Toronto L.J. 44 (1994), S. 223 [233 ff.].

Scheme ein. Diese empfahl in ihrem Bericht nunmehr die Beteiligung privater Versicherungen an dem staatlichen System, während sie auf die Einbeziehung von Krankheiten unter das System mit keinem Wort einging[330]. Das Parlament akzeptierte diesen Vorschlag nicht und beauftragte die ministerielle *Working Party* erneut mit der konkretisierten Fragestellung, wie eine Kostensenkung unter Beibehaltung des *Accident Compensation Scheme* in seiner bisherigen Form zu realisieren sei. Der daraufhin von der *Working Party* abgegebene Bericht bildete die Grundlage für eine schriftliche Stellungnahme des Arbeitsministeriums, in der zwar der Wille zum Festhalten an dem bisherigen System bekundet, aber auch statuiert wurde, dass sich die Systemkosten in den vergangenen fünf Jahren um jährlich 25% erhöht hatten und ohne eine grundlegende Veränderung des bisherigen Systems dieses nicht mehr lange finanzierbar sein würde[331]. Diese Aussage stand in erheblichem Widerspruch zu dem Bericht der *Law Commission*, die erst ein Jahr zuvor die bestehenden Finanzierungsprobleme nicht für derart bedeutsam gehalten hatte. Trotz der notwendig gewordenen massiven Beitragserhöhungen war das System objektiv gesehen nach wie vor sehr billig: Auf die Bevölkerung umgelegt kostete das *Accident Compensation Scheme* im Jahr 1992 am Tag umgerechnet ca. 0,50 € pro Einwohner[332].

Gleichwohl war die *National*-Regierung fest entschlossen, ihre Finanzreform durchzusetzen. So erarbeitete sie auf der Grundlage des Berichts des Arbeitsministeriums nunmehr einen eigenen, neuen Gesetzesentwurf[333], den sie im November 1991 dem Parlament vorlegte und der die Basis des am 1. April 1992 verabschiedeten *Accident Rehabilitation and Compensation Insurance Act 1992* (ARCIA 1992) bildete. Der ARCIA 1992 trat am 1. Juli 1992 in Kraft und löste den *Accident Compensation Act 1982* ab.

d) Der *Accident Rehabilitation and Compensation Insurance Act 1992*

Der *Accident Rehabilitation and Compensation Insurance Act 1992* (ARCIA 1992) reformierte das gesamte Entschädigungssystem vor dem Hintergrund einer beabsichtigten massiven Kostenreduzierung grundlegend, und zwar vor allem im Hinblick auf den Deckungsbereich, die Leistungen und die Finanzie-

---

330) *Ministerial Working Party on the ACC and Incapacity*, Report of the Ministerial Working Party on the ACC and Incapacity (1991); vgl. dazu *St John*, in: Redesigning the Welfare State, S. 154 [161].

331) *New Zealand Dep't of Labour*, Accident Compensation – A Fairer Scheme (1991).

332) *Palmer*, U. Toronto L.J. 44 (1994), S. 223 [227]. Dazu auch *Lichtenstein*, Social Justice Resarch 12 (1999), S. 99 [105] sowie *St John*, in: Redesigning the Welfare State, S. 154 [163 f.].

333) Dies, obwohl die *National Party* zuvor im Wahlkampf die Ausweitung des Systems auf Krankheiten ebenfalls befürwortet hatte; nach der Wahl kam die Regierung jedoch rasch zu der Überzeugung, dass eine solche Ausweitung des *Accident Compensation Scheme* nicht finanzierbar sei, vgl. *Todd*, Washburn L.J. 39 (2000), S. 404 [414].

rung des Systems. Wenngleich die seitens der *Ministerial Working Party on the ACC and Incapacity* favorisierte Privatisierung des Entschädigungssystems nicht umgesetzt wurde, so lehnte sich das System nunmehr doch in seiner Ausgestaltung durchaus an das Schema privater Versicherungen an, was nicht zuletzt erstmals auch in der Namensgebung des Gesetzes – „*Insurance Act*" – sowie der Verwendung des Begriffs „*premium*" anstelle von „*levy*" seinen Niederschlag fand[334]. Der ARCIA 1992 behielt zwar die Grundprinzipien der vorhergehenden Gesetze grundsätzlich bei, folgte jedoch nicht den Vorschlägen der *Law Commission* im Hinblick auf eine Ausweitung des Systems auf Krankheitsschäden[335]. Gerade im Gegenteil führte das Gesetz erstmals detaillierte und abschließende Begriffsbestimmungen und Legaldefinitionen ein, was im Ergebnis zu einer Einschränkung des Deckungsbereichs des Systems führte. Die Notwendigkeit solcher Legaldefinitionen war vor Inkrafttreten des ARCIA 1992 seitens des Arbeitsministeriums damit begründet worden, dass die extensive Auslegung des Begriffs „*Personal Injury by Accident*" durch die Rechtsmittelgerichte mitursächlich für den Kostenanstieg unter dem *Accident Compensation Scheme* waren[336].

Der ARCIA 1992 ging indes noch weiter und definierte enumerativ und vor allem abschließend die Fälle, in denen ein Körperschaden Entschädigungsansprüche auslöste. Viele der nunmehr legaldefinierten Fallgruppen waren zwar auch zuvor von der Rechtsprechung unter den Bestimmungen des ACA 1972 und des ACA 1982 als anspruchsbegründend eingestuft worden; mit der nun erfolgten Ausformulierung sollte der judiziellen Praxis zur extensiven Anwendung

---

334) Vgl. hierzu *Caygill*, VUWLR 34 (2003), S. 395 [395 ff.]; *Duncan*, VUWLR 34 (2003), S. 433 [433 ff.]; *Lichtenstein*, Social Justice Resarch 12 (1999), S. 99 [105].

335) Gerade im Gegenteil wurde nunmehr in § 10 Abs. 1 ARCIA 1992 explizit festgeschrieben, dass Krankheiten – mit Ausnahme der nach wie vor erfassten Berufskrankheiten – keinen Entschädigungsanspruch unter dem *Accident Compensation Scheme* auslösten: „*For the avoidance of doubt, it is hereby declared that personal injury caused wholly or substantially by gradual process, disease, or infection is not covered by this Act (...)*".

336) Vgl. *Todd*, Washburn L.J. 39 (2000), S. 404 [415], sowie *McLay*, VUWLR 30 (1999), S. 197 [203 ff.]. In *Wallbutton v. Accident Compensation Corporation*, NZACR 1983, S. 629 [629 ff.], wurde beispielsweise eine schwere Rückenverletzung als unfallbedingt angesehen, die eine Frau beim Herunterbeugen nach einer Milchflasche erlitt, obwohl sie bereits seit 13 Jahren an einer hierfür mitursächlichen (aber nicht durch das *Accident Compensation Scheme* erfassten) degenerativen Rückenerkrankung litt; in *Accident Compensation Corporation v. E.*, NZLR 2/1992, S. 426 [426 ff.] (C.A.), sah der *Court of Appeal* den Nervenzusammenbruch einer 49-jährigen Angestellten ebenfalls als unfallbedingten körperlichen Schaden an, den diese als Folge eines stressverursachenden Managerkurses erlitten hatte, vgl. dazu *Atkin/Evans/McLay/Petersson*, Torts in New Zealand, S. 162 ff. Vgl. auch die bei *Hussels*, ZIAS 1994, S. 54 [56], zitierten Fälle, wonach „Nasebohren" und „ein Schock, den ein Vater erlitt, als ihm in einer Plastiktüte das Gehirn seines toten Sohnes überreicht wurde", als *Personal Injury by Accident* angesehen wurden.

des *Accident Compensation Scheme* allerdings ein Riegel vorgeschoben werden[337]. Die Folge war, dass die durch 18-jährige Rechtsprechung gefestigte Auslegung der normativen Begriffe und die entsprechend lange Praxis im Umgang mit Schadensausgleichszahlungen nunmehr überholt waren; alle, die mit der praktischen Anwendung des Gesetzes befasst waren, wurden faktisch vor einen Neuanfang gestellt[338]. Beispielsweise waren fortan psychische Körperschädigungen nur noch in eng begrenzten Ausnahmefällen ersatzfähig[339], im Bereich der medizinischen Kunstfehler traten durch gesetzestechnische Einschränkungen bedenkliche Schutzlücken auf[340].

Die primäre Intention des Gesetzgebers, durch die Reform eine Kostenreduzierung zu erreichen, schlug sich nicht nur in einer Eingrenzung des Deckungsbereichs, sondern vor allem auch in einer Kürzung der Leistungen unter dem *Accident Compensation Scheme* nieder. Der Ersatz des Verdienstausfalls in Höhe von 80% ab der ersten Woche nach Eintritt der Arbeitsunfähigkeit wurde zwar beibehalten[341]; Änderungen erfuhren hingegen die zeitlichen Ausdehnungen des Anspruchs: Während zuvor der Verdienstausfall auch dann unbegrenzt ersetzt wurde, wenn der wieder arbeitsfähige Betroffene keine neue Beschäftigung fand, wurde dies nun auf maximal 12 Monate begrenzt, sofern der Betroffene mehr als 85% der vollen Arbeitsfähigkeit wiedererlangt hatte[342]. Der Anspruch auf Verdienstausfall endete fortan generell mit Eintritt in das Rentenalter[343]. Ein Schwerpunkt der Gesetzesreform sollte in einer Stärkung der Rehabilitation von Geschädigten liegen, was nicht nur in der eher kosmetischen Namensänderung des Gesetzes selbst sowie der verwaltenden *Corporation* zum Ausdruck kam: Die Einführung eines persönlichen Rehabilitationsprogramms für jeden Geschädigten und die vorgesehene Übernahme aller hierfür von der ACC für notwendig befundenen Kosten täuschten darüber hinweg, dass die Entschädigungsleistungen für Rehabilitationshilfen massiv gekürzt wurden[344].

---

337) *Todd*, Washburn L.J. 39 (2000), S. 404 [415].

338) *Rennie/Miller*, Brooker's Accident Compensation in New Zealand, S. ix.

339) Vgl. dazu ausführlich unten, S. 110 ff.

340) Vgl. dazu eingehend unten, S. 122 ff.

341) § 38 ARCIA 1992.

342) § 49 ARCIA 1992. Da sich der „85%-Test“ als sehr unpraktikabel erwies, wurde er im Jahr 1996 dadurch ersetzt, dass sich der Betroffene für die von ihm gelernte oder ausgeübte Tätigkeit allgemein als arbeitsfähig erweisen musste, § 12 *Accident Rehabilitation and Insurance Amendment Act No. 2* (1996).

343) § 52 ARCIA 1992.

344) Die Restriktionen waren so erheblich, dass mit dem *Accident Rehabilitation and Insurance Amendment Act No. 2* im Jahr 1996 der ACC das Recht eingeräumt wurde, von den Beschränkungen abzuweichen; vgl. dazu *Todd*, Washburn L.J. 39 (2000), S. 404 [416].

Sämtliche Schmerzensgeldzahlungen[345] wurden abgeschafft und durch eine Art Rente in Form der *independence allowance* ersetzt, wonach Geschädigte mit einer Körperschädigung von mehr als 10% eine laufende Entschädigungszahlung erhalten sollten, die bei einem Behinderungsgrad von 10 % 4 NZ$, bei einem Behinderungsgrad von 100 % maximal 40 NZ$ pro Woche betrug[346]. Die *independance allowance* war frühestens 13 Wochen nach dem schädigenden Ereignis fällig und auf maximal fünf Jahre befristet. Zur Feststellung des Behinderungsgrads wurde der ACC in § 54 Abs. 15 b ARCIA 1992 die Befugnis zum Erlass von Richtlinien (*Regulations*) eingeräumt, von der sie mit Erlass der *Accident Rehabilitation and Compensation Insurance (Independence Allowance Assessment) Regulations 1993* zum 1. Juli 1993 Gebrauch machte und ein Fragebogenprinzip einführte. Nichterwerbstätige, die aufgrund eines Unfalls eine Körperschädigung von mehr als 10 % erlitten hatten, erhielten nunmehr als einzige Entschädigung – neben den Behandlungs- und Rehabilitationskosten – eine im Gegensatz zu den bis dahin großzügig gewährten Schmerzensgeldzahlungen minimale[347] *independence allowance*, was vor allem die sozial schwächsten Mitglieder der Gesellschaft – Erwerbslose, Frauen, Kinder und ältere Menschen – hart traf und dementsprechend scharf kritisiert wurde[348]. Psychische Körperschäden, für die zuvor genauso wie bei körperlichen Schäden umfassende Ent-

---

345) Zum hier verwendeten Begriff des Schmerzensgeldes vgl. oben, Fn. 288 (S. 86).

346) § 54 ARCIA 1992; die Entschädigung war damit selbst bei schwersten und irreversiblen Verletzungen auf maximal 10.400 NZ$ begrenzt. Sehr kritisch zur Abschaffung des Schmerzensgeldes und zur dadurch bewirkten Abkehr des *Accident Compensation Scheme* von den ihm zugrunde liegenden Prinzipien des *Woodhouse-Reports Miller*, Md.L.Rev. 52 (1993), S. 1070 [1074 f.] sowie *Mahoney*, AmJCompL 40 (1992), S. 159 [208 f.] und *Palmer*, U. Toronto L.J. 44 (1994), S. 223 [250 ff.].

347) Die Festsetzung einer *independance allowance* wurde zunächst von der ACC sehr restriktiv gehandhabt. So soll ein auf einem Auge erblindetes Unfallopfer keine Entschädigung erhalten haben, weil die ACC einen Behinderungsgrad von 10% nicht als gegeben ansah, vgl. *Palmer*, U. Toronto L.J. 44 (1994), S. 223 [259]. Überhaupt war die 10%-Schwelle von ihren Voraussetzungen her derart hoch angesetzt, dass schätzungsweise zwei Drittel aller Betroffenen nicht zur Inanspruchnahme einer *independace allowance* berechtigt waren, die unter den Vorgängergesetzen einen Anspruch auf Schmerzensgeld gehabt hätten, vgl. *Palmer*, U. Toronto L.J. 44 (1994), S. 223 [250]. Nachdem im ersten Jahr nach Einführung dieser Regelung mehr als die Hälfte der Antragsteller entweder gar keine Entschädigung oder nur den Minimalsatz von 4 NZ$ pro Woche erhielten und sich erhebliche öffentliche Kritik regte, wurde 1997 durch den *Accident Rehabilitation and Compensation Insurance Amendment Act* eine etwas großzügigere Regelung eingeführt, die u.a. den Höchstsatz auf 60 NZ$ erhöhte, vgl. *Todd*, Washburn L.J. 39 (2000), S. 404 [417].

348) *Delaney*, VUWLR 22 (1992), S. 79 [79 ff.]; *Ison*, VUWLR 23 (1993), S. 25 [25 ff.]; *McGregor Vennell*, VUWLR 13 (1993), S. 13 [13 ff.]; *Miller*, Md.L.Rev. 52 (1993), S. 1070 [1074 f.]: *Palmer*, U. Toronto L.J. 44 (1994), S. 223 [250]; *Todd*, Washburn L.J. 39 (2000), S. 404 [418].

schädigung gewährt wurde, waren nunmehr nur noch in eng begrenzten Ausnahmefällen ersatzfähig[349]. Im Ergebnis führten diese Leistungseinschränkungen zu einer Kostenersparnis von insgesamt 350 – 400 Mio. NZ$[350].

Die Finanzierbarkeit und damit die Erhaltung des gesamten Systems schlechthin war das entscheidende Argument für die einschneidenden Änderungen unter dem ARCIA 1992. Dementsprechend wurden erwartungsgemäß auch im Bereich der Finanzierung des *Accident Compensation Scheme* tiefgreifende Änderungen durchgeführt. Die Finanzierung nach dem *pay-as-you-go*-System wurde zunächst beibehalten, die bestehenden drei Finanzierungsfonds wurden allerdings um vier weitere erweitert. Dem politischen Druck der Arbeitgeber wurde dabei insofern Rechnung getragen, als diese nunmehr nur noch zur Deckung der berufsbedingten Verletzungen herangezogen wurden[351]. Freizeitunfälle der Arbeitnehmer, für die zuvor die Arbeitgeber aufzukommen hatten, wurden nunmehr einem eigenen Fonds zugewiesen, der durch eine Abgabe der Arbeitnehmer finanziert wurde[352]. Zur gerechteren Finanzierung der Straßenverkehrsunfallschäden wurde nunmehr auch die Abgabe auf jeglichen Kraftstoff auf 2 NZc/l erhöht, wobei dieser Betrag ausschließlich der Finanzierung der Verkehrsunfallschäden diente[353], um auch Fahrer, die nicht Halter eines Kfz waren, an der Finanzierung zu beteiligen[354]. Für medizinische Behandlungsunfälle wurde nunmehr ein eigener Fonds eingerichtet, der durch eine Abgabe der entsprechenden Risikoträger, der *registered health professionals*, finanziert wurde[355].

Eine kleine Erweiterung erfuhr das System insoweit, als der Schutzbereich des *Accident Compensation Scheme* nunmehr auch auf sämtliche Unfälle ausgedehnt wurde, die Neuseeländer im Ausland erlitten[356]. Unter den vorhergehenden Gesetzen konnten Neuseeländer, denen im Ausland ein Unfall zustieß, nur

---

349) Vgl. hierzu ausführlich *Miller*, The Australasian Journal of Disaster and Trauma Studies, Vol. 3 (1998), S. 1 [1 ff.].

350) *Palmer*, U. Toronto L.J. 44 (1994), S. 223 [233].

351) Arbeitgeber brachten bis dahin ca. 70% des gesamten Finanzvolumens auf, obgleich die diesen Abgaben zugeordneten Arbeitsunfälle nur 40% der Ausgaben ausmachten, vgl. *Birch*, Accident Compensation – A Fairer Scheme, S. 7.

352) *Earners' Account*, vgl. §§ 113 ff. ARCIA 1992. Zur aktuellen Rechtslage eingehend unten, S. 212 ff.

353) § 109 ARCIA 1992. Nach § 109 Abs. 2 ARCIA 1992 war die Regierung verpflichtet, die Einnahmen vierteljährlich an die *Accident Compensation Corporation* abzuführen.

354) Vgl. dazu *Todd*, Washburn L.J. 39 (2000), S. 404 [417].

355) §§ 122 ff. ARCIA 1992; dazu *Keeler*, U. Toronto L.J., Vol. 44 (1994), S. 275 [323]. Unter *registered health professional* verstand das Gesetz nach der Legaldefinition in § 3 Ärzte, Zahnärzte, Apotheker, Krankenschwestern, Chiropraktiker, Zahntechniker, Physiotherapeuten und medizinisch-technisches Hilfspersonal. Zur aktuellen Rechtslage eingehend unten, S. 131 ff.

356) § 9 ARCIA 1992; vgl. dazu auch *Rennie/Miller*, Brooker's Accident Compensation in New Zealand, sec. 9 Rdnr. 9.05.

dann Ersatz nach dem *Accident Compensation Scheme* verlangen, wenn sie sich aus dienstlichen Gründen im Ausland aufhielten[357]. Hintergrund für die Einführung dieser der ansonsten restriktiven Tendenz der Gesetzesänderung zuwiderlaufenden Neuerung war eine bis ins Jahr 1979 zurückgehende politische Forderung, als das schwerste Flugzeugunglück in der Geschichte Neuseelands auf makabere Weise die Ungerechtigkeit der damaligen Regelung aufzeigte: Am 28.11.1979 verunglückte eine Maschine der – seinerzeit noch staatlichen – Fluggesellschaft *Air New Zealand* in der Antarktis, wobei alle 257 Insassen ihr Leben verloren[358]. An die Hinterbliebenen der 20-köpfigen Besatzung wurden aufgrund des ACA 1972 Entschädigungsleistungen gezahlt, da die Besatzungsmitglieder in Ausübung ihrer dienstlichen Tätigkeit starben. Dies traf für die Passagiere des Flugzeugs nicht zu, so dass deren Hinterbliebene leer ausgingen und Prozesse gegen die Fluggesellschaft anstrengen mussten[359]. Diese Prozesse

---

357) §§ 60 - 63 ACA 1972, § 30 ACA 1982.

358) Die *Air New Zealand Ltd.* führte an diesem Tag den vierten und letzten der von ihr ins Leben gerufenen Aussichts-Rundflüge in die Antarktis durch, eine weltweit einzigartige touristische Attraktion. Die Flüge starteten jeweils von Auckland aus und führten in einem zwölfstündigen Rundflug über die Ausläufer der Antarktis wieder zurück nach Neuseeland. Am 28.11.1979 um 12:49 Uhr Ortszeit prallte die hierfür eingesetzte DC-10-30 der *Air New Zealand* in 500 m Höhe gegen die Flanke des 3800 Meter hohen Mt. Erebus auf Ross Island in der Antarktis. Der Pilot hatte – wie während der anderen Aussichtsflüge auch – die Maschine in Übereinstimmung mit der Funkstation McMurdo auf Ross Island zunächst auf 600m über dem Meeresspiegel heruntergeführt. Nach der von der Besatzung durchgeführten Navigation wähnte sie unter sich nur Packeis auf Meereshöhe, den Gebirgszug auf Ross Island hingegen 50 Kilometer östlich der Flugroute. Zum Unfallzeitpunkt lag eine Wolkendecke in nur 600m Höhe über der Insel, unter der jedoch die Sichtweite 65 Kilometern betrug, was den Piloten zuvor mitgeteilt worden war. Der Pilot entschied sich daher der besseren Aussicht wegen auf nur 450m Höhe zu sinken. Nur kurze Zeit später ertönte – für die Besatzung völlig unerwartet – das Bodenwarnsystem, weitere sechs Sekunden später geschah das in dieser Situation nicht mehr abwendbare Unglück. Dass die Piloten den Berg trotz der ausgezeichneten Sicht unter der Wolkendecke nicht wahrnahmen, wurde später dem sog. „*White-Out*"-Phänomen zugeschrieben. Quellen: *Hickson*, Flight 901 to Erebus, S. 1 ff.; *Macfarlane*, The Erebus Papers, S. 1 ff.; *Vette/MacDonald*, Impact Erebus, S. 1 ff. Zu den Ursachen und rechtlichen Konsequenzen des Unglücks vgl. unten, S. 100, Fn. 360.

359) Vgl. dazu *Deutsch*, RabelsZ 44 (1980), S. 487 [509].

waren zudem überschattet von gegensätzlichen Untersuchungsberichten[360] und dadurch bedingten gegenseitigen Schuldzuweisungen und warfen weder ein gutes Licht auf die neuseeländischen Ermittlungsbehörden noch auf die damit befasste Justiz[361]. Die Tragödie und die nachfolgenden Prozesse beschäftigten den Inselstaat und die Medien für lange Zeit[362]. Vor diesem Hintergrund erklärt sich die einzige erweiternde Gesetzesänderung unter dem ARCIA 1992.

---

360) Der Unfall wurde von zwei offiziellen Kommissionen untersucht. Der Report des Verkehrsministeriums kam zu dem Ergebnis, dass der Besatzung ein Navigationsfehler unterlaufen und der Pilot überdies in Anbetracht der Bewölkung und der unsicheren Navigation viel zu niedrig geflogen sei, zudem kritisierte er das Verhalten des Kopiloten und des ersten Offiziers, die die Entscheidung des Piloten, auf nur 450m Flughöhe zu sinken, nicht ausreichend überprüft hätten. Die Kommission machte damit ausschließlich die Besatzung für die Tragödie verantwortlich. (*Ministry of Transport, Office of Air Accidents Investigation*, Air New Zealand McDonnell-Douglas DC10-30 ZK-NZP, Ross Island, Antarctica, 28 November 1979). Eine parallel eingesetzte *Royal Commission* unter Vorsitz des Richters *Peter Thomas Mahon* brachte indessen völlig neue Tatsachen ans Licht. So war der vorgegebene Navigationskurs von Mitarbeitern der *Air New Zealand* am Abend vor dem Unglücksflug im Bordcomputer des Flugzeugs geändert und um 50 Kilometer nach Osten verschoben worden, so dass er im Gegensatz zu den vorangegangenen Flügen nunmehr direkt über den späteren Unglücksort hinweg führte. Über diese Flugwegänderung waren die Piloten nicht informiert worden. Die ihnen ausgehändigte Navigationskarte zeigte offensichtlich auch nicht die Gebirge auf Ross Island, so dass die Besatzung in gutem Glauben den Sinkflug einleitete, der sie direkt auf die Berge zuführte. Die niedrige Flughöhe von 450m war den Piloten ausdrücklich durch die Funkstation auf McMurdo erlaubt worden. Der Untersuchungsbericht der *Royal Commission* ging mit der *Air New Zealand* hart ins Gericht und sah in der unterlassenen Unterrichtung der Besatzung über die Flugwegänderung die alleinige, entscheidende und tatsächliche Ursache für das Unglück; zudem warf der Bericht den Verantwortlichen der Fluggesellschaft vor, eine „Litanei an Lügen herausposaunt" zu haben, um ihre Fehler zu vertuschen (vgl. *Royal Commission to Inquire into the Crash on Mount Erebus, Antarctica, of a DC10 Aircraft Operated by Air New Zealand Limited, Report of the Royal Commission to Inquire into the Crash on Mount Erebus, Antarctica, of a DC10 Aircraft Operated by Air New Zealand Limited*, S. 1 ff., 159, sowie die Ergänzung in *dies.*, *Submissions and transcripts of hearings, notes of evidence, briefs of evidence, final submissions, and exhibits*; dazu eingehend *Mahon*, Verdict on Erebus, S. 1 ff., sowie *Macfarlane*, The Erebus papers, S. 1 ff.).

361) Vgl. *L'Estrange*, The Erebus enquiry, S. 1 ff.

362) Folge des unverblümt formulierten Berichts der *Royal Commission* war ein weiterer Rechtsstreit, den die *Air New Zealand* gegen den Leiter der Kommission anstrengte und bis zum *Privy Council* hochprozessierte; dieser stellte – im Einklang mit dem neuseeländischen *Court of Appeal* – fest, dass *Mahon* als Leiter der Kommission mit der Verurteilung des Führungspersonals der Luftlinie seine Kompetenzen überschritten habe, vgl. *Re Erebus Royal Commission; Air New Zealand Limited v. Mahon* (No.2), NZLR 1/1981, S. 618 [618 ff.] (C.A.), *Re Erebus Royal Commission; Air New Zealand Limited v. Mahon*, NZLR 1/1983, S. 662 [662 ff.] (P.C.).

Eine weitere Neuerung brachte der ARCIA 1992 insoweit mit sich, als der Anspruchsteller nunmehr jeden einzelnen ihn betreffenden Anspruch gegenüber der ACC geltend machen musste, während zuvor über alle Ansprüche von Amts wegen entschieden wurde. Eine ebenfalls finanztechnisch motivierte organisatorische Neuerung betraf schließlich die Abschaffung der *Appeal Authority*, einer bis dahin eigens zur Überprüfung von Entscheidungen der ACC zuständigen gerichtlichen Instanz[363].

Zusammenfassend ließ sich damit ein klarer Trend erkennen, dass das *Accident Compensation Scheme* ab 1992 sowohl im Hinblick auf seine Tatbestandsvoraussetzungen als auch hinsichtlich seiner Leistungen deutlich restriktiver gestaltet wurde. Der Erlass des ARCIA 1992 und insbesondere die insgesamt starken Einschränkungen führten in der Bevölkerung, der politischen Diskussion und auch in der rechtswissenschaftlichen Literatur zu starker Kritik: Die Arbeitgeber kritisierten die Ineffizienz des staatlichen Systems und forderten eine Privatisierung oder Abschaffung des *Accident Compensation Scheme* insgesamt[364]. In der Rechtswissenschaft wurde das System nunmehr insgesamt in Frage gestellt: Das einstmalige Vorzeigesystem sei zu einer staatlichen Minimalsicherung geschrumpft, das als kostengünstigstes System prognostizierte staatliche Modell schien nunmehr im Gegenteil geradezu selbstzerstörerisch hohe Kosten zu produzieren[365]. Die Abschaffung der Entschädigung für immaterielle Schäden sei eine Entfremdung des Systems von den ihm zugrundeliegenden Leitprinzipien des *Woodhouse-Reports*, nach denen es die mit der Zivilklage verbundenen Problemfelder verbessern sollte[366]. Gerade der mit der Einführung des Systems unter dem Schlagwort des „*social contract*" gerechtfertigte Verzicht der Bevölkerung auf die Erhebung der Zivilklage sei nunmehr in Frage gestellt, als die unter dem *Common Law* entschädigungsfähigen Positionen nunmehr zu keinerlei Entschädigung mehr berechtigten[367]. Die Kritik gipfelte in der Aussage von *Harrison*, der ARCIA 1992 sei nicht nur ein Verrat an fundamentalen Grund-

---

363) § 103 ACA 1982.

364) Vgl. *Maughan*, NZLJ 1999, S. 221 [221].

365) Vgl. *Campbell*, Compensation for Personal Injury in New Zealand, S. 92 ff.; *Delaney*, VUWLR 22 (1992), S. 79 [79 ff.]; *Ison*, VUWLR 23 (1993), S. 25 [25 ff.]; *Harrison*, Matters of Life and Death, S. x, 9, 50; *Keppell*, Auckland ULR 1992, S. 190 [190 ff.]; *Lichtenstein*, Social Justice Resarch 12 (1999), S. 99 [101]; *Mahoney*, AmJCompL 40 (1992), S. 159 [208 f.]; *McGregor Vennell*, VUWLR 13 (1993), S. 13 [13 ff.]; *Miller*, Md.L.Rev. 52 (1993), S. 1070 [1070 ff., 1075]; *Palmer*, U. Toronto L.J. 44 (1994), S. 223 [233, 237]; *Todd*, Washburn L.J. 39 (2000), S. 404 [418 f.]; *Wilson/Duncan*, ZIAS 13 (1999), S. 397 [416].

366) Vgl. *Miller*, Md.L.Rev. 52 (1993), S. 1070 [1075]: „*The elimination of these non-economic losses moves the scheme away from its historical roots as a substitute for the civil tort action*".

367) *McLay*, VUWLR 30 (1999), S. 197 [206]; *Campbell*, Compensation for Personal Injury in New Zealand, S. 253.

werten und eine Grundlage für massive Ungerechtigkeit, sondern gar ein Schandfleck in den Gesetzesbüchern[368].

So verwundert es nicht, dass sich als Reaktion auf die Einschränkungen unter dem ARCIA 1992 in den folgenden Jahren eine nahezu inflationäre Tendenz entwickelte, außerhalb des *Accident Compensation Scheme* durch Zivilklagen Strafschadensersatz vom Schädiger zu erlangen[369].

Bei aller berechtigten Kritik ist jedoch positiv hervorzuheben, dass sich der Gesetzgeber lieber für eine umfassende Strukturreform entschied, anstatt sich auf fortlaufende Beitragserhöhungen zurückzuziehen. Letztlich konnte das System damit nicht nur „gerettet“, sondern in der Folge auch wieder ein wenig in seine alte Form zurückgebracht werden. Die Reform zeigte ihre Wirkung, da sich in den Folgejahren die Beitragsentwicklung schnell stabilisierte, das *Accident Compensation Scheme* lebte weiter.

e) Der *Accident Insurance Act 1998*: Die Privatisierung des Systems

Im Jahr 1998 griff die *National Party* die bereits im Jahr 1991 aus Anlass der Einführung des ARCIA 1992 in der parlamentarischen Diskussion erörterte Privatisierung des *Accident Compensation Scheme*[370] auf und ging mit dem Erlass des *Accident Insurance Act 1998* (AIA 1998)[371] einen ersten Schritt in diese Richtung. Mit Wirkung vom 01. Juli 1999 an waren Arbeitnehmer und Selbständige vom personellen Deckungsbereich des *Accident Compensation Scheme* ausgenommen; das Gesetz öffnete nunmehr den Bereich der Arbeitsunfälle für den privaten Versicherungsmarkt, die ACC gab insoweit ihre Monopolstellung auf, administrierte allerdings nach wie vor das übrige System[372]. Gesetzestechnisch wurde dies durch die Abschaffung des *Employers Account* sowie des *Self-employed Work Account* verwirklicht. Ziel der Teilprivatisierung des Systems

---

368) *Harrison*, Matters of Life and Death, S. x: „... *both a betrayal of fundamental constitutional principles and a recipe for serious injustice*“ sowie S. 9: „... *the 1992 Act is a patently iniquitous piece of legislation, with no comparable peace-time equivalent in this country. It is a blot upon the statute books*“.

369) Dazu *Atkin/Evans/McLay/Petersson*, Torts in New Zealand, S. 144 sowie ausführlich unten, S. 152 ff. Diese Entwicklung wurde insbesondere durch die Abschaffung des Schmerzensgeldes ausgelöst und gab schnell Anlass zu der Diskussion, die Schmerzensgeldzahlungen allein aus diesem Grund wieder einzuführen, vgl. *ACC*, Accident Compensation 1995, S. 24 f. Die Zulässigkeit solcher – eigentlich von der Intention des Gesetzes her ausgeschlossenen – Klagen war schon Jahre zuvor Gegenstand rechtswissenschaftlicher Abhandlungen, vgl. nur *Collins*, NZLJ 1978, S. 158 [158 ff.] u. *McInnes*, NZLJ 1979, S. 8 [8 ff.].

370) Vgl. oben S. 93, Fn. 330.

371) Public Act 1998 No. 114 v. 18.12.1998.

372) Vgl. hierzu eingehend *Stritch*, Social Pol. J. of N. Z. 11 (1998), S. 67 [67 ff.] sowie *Wilson*, VUWLR 34 (2003], S. 387 [387 ff.].

war es, seine Finanzierung für die Bevölkerung preiswerter zu machen und zudem Arbeitgeber zur Schaffung eines höheren Sicherheitsstandards der Arbeitsplätze anzuhalten und somit die Unfallprävention zu fördern.

Arbeitgeber waren nunmehr gezwungen, Versicherungsverträge mit privaten Unfallversicherungen oder aber einer aus Gründen des Wettbewerbs neu gegründeten staatlichen Versicherung abzuschließen[373]. Selbständig Tätige und Heimarbeiter durften wählen, ob sie weiterhin unter dem *Accident Compensation Scheme* versichert sein wollten oder eine Privatversicherung abschlossen[374]. Das Gesetz stellte durch ein umfangreiches Regulatorium sicher, dass diese Bedingungen eingehalten wurden und Arbeitnehmer, die unter den Schutzbereich fielen, auch Entschädigung erhielten. So konnten Arbeitgeber, die zum Stichtag am 01. Juli 1999 noch keinen Vertrag mit einer privaten Versicherung abgeschlossen hatten, mit empfindlichen Bußgeldern belegt werden. Außerdem räumte der *Accident Insurance Act 1998* der ACC die Befugnis ein, dem entsprechenden Arbeitgeber eine Versicherung verbindlich zuzuweisen.

Die Vertragsbedingungen der zwischen den Arbeitgebern und den privaten Unfallversicherungen abzuschließenden Verträge waren in entscheidenden Punkten von der ACC vorgegeben. Verhandlungsspielraum bestand nur hinsichtlich der Höhe der zu zahlenden Beiträge, deren Berechnung den privaten Versicherern überlassen blieb. Die ACC beteiligte sich am Wettbewerb des privaten Versicherungsmarkts, indem sie selbst vier privatrechtlich organisierte Versicherungsgesellschaften gründete[375]. Um die Einhaltung der Versicherungsbedingungen und den ordnungsgemäßen Abschluss der Versicherungsverträge zu überwachen, übernahm die ACC insoweit die Funktion einer Aufsichtsbehörde[376]. Die Finanzierung des Systems wurde nun erstmals seit 1982 wieder in einem *Full-funding*-Schema ausgestaltet[377]. Zusätzlich zu den bestehenden Fonds wurde ein *Non-compliers'* Fund eingerichtet, der Arbeitsunfälle solcher Arbeitnehmer abdecken sollte, deren Arbeitgeber zum Zeitpunkt des Unfalls nicht versichert war.

Im Übrigen wurden die Grundprinzipien des *Accident Compensation Scheme* allerdings nicht angetastet. Die legislative Zielsetzung, durch Einführung eines Wettbewerbs zumindest im Bereich der Arbeitsunfälle die Kosten für die Bevölkerung zu minimieren und die Anzahl der Unfälle zu senken, ging im Ergebnis nicht auf. Der Versuch der Privatisierung des Systems wurde von verschiedenen Seiten kritisiert, und zwar vor allem vor dem Hintergrund fehlender

---

373) „@ Work Insurance Ltd.“, vgl. § 169 AIA 1998.

374) § 176 - 179 AIA 1998.

375) *ACC Healthwise, Prism,* sowie die bis heute bestehende *Catalyst Injury Management Ltd.* und die *Dispute Resolutions Services Ltd.* (DRSL).

376) „*Accident Insurance Regulator*“.

377) Mit Ausnahme des *Non-earners' Account*, der weiterhin auf *pay-as-you-go*-Basis finanziert wurde, vgl. § 290 AIA 1998.

Effizienz und der kostspieligen Notwendigkeit einer staatlichen Überprüfung hinsichtlich der privaten Versicherer[378]. Der angestrebte Wettbewerb zwischen den privaten Versicherern einerseits und der ACC andererseits wurde ebenfalls als Farce abgetan, als sämtliche Versicherer aufgrund der strikten staatlichen Bindung dieselbe Leistung zum praktisch identischen Beitragssatz anboten[379]. Die von privaten Versicherern angebotenen Zusatzversicherungen jenseits des gesetzlichen Deckungsbereichs waren ohnehin unabhängig von deren Einbeziehung unter das Gesamtsystem und wurden vor der Privatisierung in gleicher Weise angeboten wie während derselben und danach[380]. Ein Vorteil aus Sicht der Versicherten war mithin mit der Privatisierung nicht verbunden.

f) Die Rückkehr zum staatlichen System (2000)

Die Parlamentswahlen Ende des Jahres 1999 konnte die *Labour-Party* wieder für sich entscheiden. Nur kurze Zeit nach dem Regierungsantritt machte die neue Regierung, nachdem sie entsprechende Gutachten in Auftrag gegeben hatte[381], die Teilprivatisierung des *Accident Compensation Scheme* wieder rückgängig. Mit Verabschiedung des *Accident Insurance Amendment Act 2000* und des *Accident Insurance (Transitional Provisions) Act 2000* am 25.03.2003 waren mit Wirkung vom 01. Juli 2000 an alle Arbeitsunfälle wieder automatisch unter dem staatlichen System versichert.

Die erneute Verstaatlichung des Entschädigungssystems wurde nicht nur ungewöhnlich schnell, sondern gegenüber den neu ins Geschäft eingestiegenen privaten Versicherungen auch recht schonungslos vorgenommen. So war es den privaten Versicherern mit Wirkung vom 01. April 2000 an, also nur eine Woche nach Verabschiedung der Änderungsgesetze, nicht mehr erlaubt, Verträge mit Arbeitgebern oder Selbständigen abzuschließen[382]. Den in der nur einjährigen Interimsperiode involvierten Privatversicherern wurde lediglich das Schadensmanagement der Entschädigungszahlungen für Unfälle überlassen, die Versicherte zwischen dem 01. Juli 1999 und dem 30. Juni 2000 erlitten hatten. Selbst eine Entschädigung für den Entzug der Vertragsverhältnisse wurde den privaten Versicherern nicht gewährt[383]. Die Pflichten und Rechtsverhältnisse der staatli-

378) Vgl. zum seinerzeitigen Meinungsstand ausführlich *Todd*, Washburn L.J. 39 (2000), S. 404 [474 ff.].

379) *Stritch*, Social Pol. J. of N. Z. 11 (1998), S. 67 [72].

380) *Stritch*, Social Pol. J. of N. Z. 11 (1998), S. 67 [72].

381) *New Zealand Institute of Economic Research*, Re-nationalisation of work-related accident compensation.

382) § 5 Abs. 1, 2 *Accident Insurance (Transitional Provisions) Act 2000.*

383) § 10 *Accident Insurance (Transitional Provisions) Act 2000.*

chen Versicherung „@ Work“ gingen hingegen auf die ACC über[384], die Versicherung selbst wurde aufgelöst[385].

Mit dieser Gesetzesänderung verstärkte sich der Eindruck, dass das *Accident Compensation Scheme* zunehmend zu einem Spielball der politischen Kräfte des Landes geworden war[386]. Die Labour-Regierung beließ es indes nicht bei der Verstaatlichung, sondern überarbeitete das gesamte System in kurzer Zeit umfassend. Einen entsprechenden Gesetzesvorschlag legte die *Labour*-Regierung bereits am 30. November 2000 dem Parlament vor[387], ein knappes Jahr später wurde am 19. November 2001 der darauf basierende *Injury Prevention Rehabilitation and Compensation Act 2001* vom Parlament verabschiedet.

3. Der *Injury Prevention Rehabilitation and Compensation Act 2001*

Der *Injury Prevention Rehabilitation and Compensation Act 2001* (IPRCA 2001)[388] stellt die zum Zeitpunkt dieser Arbeit aktuelle Gesetzesfassung dar. Seine wesentlichen Regelungen sind zum 01. April 2002 in Kraft getreten.

Die wohl wichtigste und auch überraschendste der mit Inkrafttreten dieses Gesetzes einhergehende Änderung war die Wiedereinführung des Schmerzensgeldes für dauerhafte Schäden, während die umstrittene *independence allowance* abgeschafft wurde. Im Übrigen sind die durch den IPRCA 2001 durchgeführten Änderungen des Systems weitgehend organisatorischer Natur. Insbesondere die Bereiche der Unfallprävention und -rehabilitation wurden nunmehr noch detaillierter geregelt und das Amt eines *Information Managers* zur Überwachung und Koordination landesweiter Präventionsmaßnahmen eingeführt.

Unabhängig von diesen und zahlreichen weiteren Änderungen im Detail ist das wesentliche Element des *Accident Compensation Scheme* nach wie vor präsent: Als autarkes staatliches Entschädigungssystem gewährt es Schadensausgleich bei körperlichen Schäden, wenn diese sich – grob zusammengefasst – auf einen Unfall, einen medizinischen Behandlungsfehler oder auf eine berufsbedingte Krankheit zurückführen lassen, wobei es die Anwendbarkeit des privaten Haftungsrechts in diesem Bereich ausschließt.

---

384) § 7 Abs. 5 *Accident Insurance (Transitional Provisions) Act 2000.*

385) § 14 Abs. 1 *Accident Insurance (Transitional Provisions) Act 2000.*

386) Vgl. die diesbezügliche Kommentierung von *Todd*, Washburn L.J. 39 (2000), S. 404 [406]: „*Nowadays it has become far more of a political football*“.

387) *Injury Prevention Rehabilitation and Compensation Introduction Bill (90-1).*

388) Public Act 2001 No. 49 v. 19.09.2001. Der vollständige Gesetzestext einschließlich seiner Anhänge und der zugehörigen Rechtsverordnungen ist abrufbar im Internet unter der URL http://www.legislation.govt.nz (Stand: 10.10.2005).

IV. Die Rolle privater Versicherungen in Neuseeland

Vor Erlass des ACA 1972 stieß das geplante System auf heftige Kritik seitens privater Unfallversicherer, die dessen Einführung mit „Zähnen und Klauen" verhindern wollten[389]. Die Versicherungsindustrie brachte vor, man würde ihr nicht nur einen erheblichen Marktsektor wegnehmen, sondern zudem den Grundstein für eine Verstaatlichung aller Versicherungen legen[390]. Allerdings sah man seitens der Versicherer bald ein, dass angesichts der politischen Einmütigkeit eine öffentliche Konfrontation mit dem Parlament aussichtslos und dem eigenen Ansehen eher abträglich sein würde[391].

Letztendlich mussten die Versicherer das Geschäft mit den Unfallverletzungen aufgeben, ihnen bleibt allerdings nach wie vor ein nicht unerhebliches Geschäft mit den vom *Accident Compensation Scheme* nicht erfassten Sachschäden sowie vor allem die zusätzliche Versicherung der die Höchstgrenze der gesetzlich vorgesehenen Entschädigung überschreitenden Schadensbeträge[392].

C. Der Versicherungsschutz: Der Deckungsbereich des *Accident Compensation Scheme*

Anhand des zum Zeitpunkt dieser Arbeit aktuellen Gesetzes des IPRCA 2001 wird im Folgenden das *Accident Compensation Scheme* im Einzelnen dargestellt. Die materielle Anspruchsgrundlage des Entschädigungssystems ist § 67 IPRCA 2001: Danach hat jede natürliche Person Anspruch auf die unter dem Gesetz gewährten Leistungen, wenn sie eine körperliche Verletzung („*Personal Injury*") erleidet, die dem Deckungsbereich des Gesetzes („*Cover*") unterfällt, und zusätzlich berechtigt ist, die möglichen Leistungen in Anspruch zu nehmen[393].

Die in dieser Norm schlagwortartig mit „*has cover for the Personal Injury*" umschriebene Anspruchsvoraussetzung täuscht über die außerordentlich kom-

---

389) Vgl. *Palmer*, AmJCompL 21 (1973), S. 1 [41].

390) Vgl. *Palmer*, AmJCompL 21 (1973), S. 1 [42]; danach machten Unfallschäden vor Inkrafttreten des ACA 1972 30% des Geschäfts der Privatversicherer aus.

391) *Palmer*, AmJCompL 21 (1973), S. 1 [42].

392) *V. Hippel*, in: Haftungsersetzung durch Versicherungsschutz, S. 40 [70]; *Jitsuka/Glücksmann*, VSSR 4 (1976), S. 349 [370].

393) Vgl. § 67 IPRCA 2001:
"*Who is entitled to entitlements*
A claimant who has suffered a personal injury is entitled to 1 or more entitlements if he or she -
(a) has cover for the personal injury; and
(b) is eligible under this Act for the entitlement or entitlements in respect of the personal injury."

plexe Bestimmung dieses Anwendungsbereichs durch das Gesetz hinweg. Der IPRCA 2001 differenziert im Hinblick auf die Gewährung von Entschädigungsleistungen nicht nur hinsichtlich der Art einer körperlichen Verletzung, sondern auch zwischen deren Ursache und der Person, die sie erlitten hat. Die Darstellung des sachlichen und personellen Deckungsbereichs des *Accident Compensation Scheme* ist Gegenstand des nächsten Abschnitts.

I. Sachlicher Deckungsbereich

Der sachliche Deckungsbereich des IPRCA 2001 ergibt sich insbesondere aus dessen §§ 20 – 22. Der im ursprünglichen ACA 1972 in einer einzigen Generalklausel mit dem Schlagwort „*Personal Injury by Accident*" umrissene Anwendungsbereich des *Accident Compensation Scheme* wurde im Laufe der Jahre immer detaillierter und erschöpfender festgeschrieben und gipfelt im IPRCA 2001 in einer sich über zahlreiche Normen erstreckenden und an Detailtreue kaum zu überbietenden Beschreibung unter Definierung sämtlicher Tatbestandsmerkmale der Voraussetzungen eines Entschädigungsfalls. Der Aufbau des Gesetzes lehnt sich dabei stark an den ARCIA 1992 an[394]. In den §§ 20 – 22 IPRCA 2001 sind die eigentlichen Anspruchsvoraussetzungen des sachlichen Anwendungsbereichs enthalten, die sämtlich in den §§ 6 – 18 sowie den §§ 23 – 35 IPRCA 2001 legaldefiniert werden. § 6 IPRCA 2001 enthält dabei eine alphabetische Auflistung von über 100 im Gesetz verwandter unbestimmter Rechtsbegriffe und definiert diese oder verweist wiederum auf speziellere Legaldefinitionen.

Die wichtigste Norm zur Beschreibung des sachlichen Deckungsbereichs des *Accident Compensation Scheme* ist dabei § 20 IPRCA 2001:

> *Sec. 20 Abs. 1 IPRCA 2001: Cover for personal injury suffered in New Zealand (except mental injury caused by certain criminal acts)-*
> *(1) A person has cover for a personal injury if-*
> *(a) he or she suffers the personal injury in New Zealand on or after 1 April 2002; and*
> *(b) the personal injury is any of the kinds of injuries described in section 26(1)(a) or (b) or (c) or (e); and*
> *(c) the personal injury is described in any of the paragraphs in subsection (2).*

---

394) Bereits unter dem ARCIA 1992 war im Unterschied zu den Vorgängergesetzen eine außergewöhnlich detaillierte Regelung der Anwendungsvoraussetzungen vorgenommen worden, um der zuvor seitens der Gerichte zunehmend extensiveren Auslegung und Anwendung des *Accident Compensation Scheme* entgegenzutreten, vgl. *Birch*, Accident Compensation – A Fairer Scheme, S. 8 u. 31 sowie schon oben, S. 95 f.

Danach ist jede Person innerhalb Neuseelands vom Schutzbereich des *Accident Compensation Scheme* erfasst, wenn sie einen körperlichen Schaden („*Personal Injury*") erleidet, der seiner Art nach einer der in § 26 Abs. 1 IPRCA 2001 genannten Alternativen unterfällt und zugleich seine Ursache in einer der in § 20 Abs. 2 IPRCA 2001 genannten Alternativen findet. Hinsichtlich der anspruchsbegründenden Ursachen unterscheidet § 20 Abs. 2 IPRCA 2001 dabei grob zwischen Unfällen, medizinischen Unglücksfällen und berufsbedingten Krankheiten. Sämtliche dieser Begriffe werden ebenfalls in den §§ 25 – 35 IPRCA 2001 legaldefiniert.

Hauptanwendungsfall des *Accident Compensation Scheme* und auch Motivation der seinerzeitigen Einführung des Systems ist der *unfall*bedingte Personenschaden[395]. Aus dem kurzen Überblick über die Anspruchsgrundlagen des Systems wird bereits deutlich, dass sowohl Krankheiten als auch Sachschäden – von wenigen Ausnahmen abgesehen – nach wie vor nicht unter dem *Accident Compensation Scheme* entschädigt werden.

Weitere spezialgesetzlich ausgestaltete Beschreibungen des Schutzbereichs sind in § 21 IPRCA 2001 (Psychische Körperschäden aufgrund von Sexualvergehen) sowie in § 22 IPRCA 2001 (Körperliche Schädigungen von neuseeländischen Staatsbürgern außerhalb des Staatsgebiets) enthalten.

Allen Normen des Gesetzes zur Bestimmung des Deckungsbereichs ist gemein, dass als grundlegende Voraussetzung ein körperlicher Schaden eines Betroffenen („*Personal Injury*") vorliegen muss.

---

395) Hieraus resultiert auch der in Deutschland von *v. Hippel* geprägte Begriff der „Volksunfallversicherung".

1. Vorliegen eines Personenschadens (*Personal Injury*)

a) Der Begriff des Personenschadens

Der zentrale und anspruchsbegründende Begriff des „*Personal Injury*“ ist in § 26 Abs. 1 IPRCA 2001 abschließend legaldefiniert:

Sec. 26 IPRCA 2001 - “Personal injury” means -
(a) the death of a person; or
(b) physical injuries suffered by a person, including, for example, a strain or a sprain; or
(c) mental injury suffered by a person because of physical injuries suffered by the person; or
(d) mental injury suffered by a person in the circumstances described in section 21; or
(e) damage (other than wear and tear) to dentures or prostheses that replace a part of the human body.

Danach umfasst der Terminus des *Personal Injury* den Tod und jede physische Beeinträchtigung des Körpers (wobei beispielhaft unter dem Blickwinkel von Sportverletzungen Zerrungen und Verstauchungen hervorgehoben sind), einen psychischen Schaden hingegen nur dann, wenn dieser seinerseits auf eine physische Verletzung oder auf ein Sexualdelikt zurückzuführen ist. Auch die Beschädigung von körperlichen Hilfsmitteln und Prothesen wird als *Personal Injury* eingestuft. In § 26 Abs. 2 – 5 IPRCA 2001 sind eine Reihe von Sonderfällen aufgeführt, die nach Ansicht des Gesetzgebers keinen anspruchsbegründenden Personenschaden darstellen, insbesondere Krankheiten (mit Ausnahme berufsbedingter und durch unfallindizierte fehlerhafte medizinische Behandlung verursachte Krankheiten), Gebrechen durch den natürlichen Altersprozess, Schäden an Zähnen durch deren natürlichen Gebrauch sowie Herzinfarkte und Schlaganfälle (wiederum mit Ausnahme berufsbedingter oder durch unfallindizierte fehlerhafte medizinische Behandlung verursachte Fälle).

Den Begriff des *Personal Injury* hat der neuseeländische Gesetzgeber damit zunehmend mehr durch den Ausschluss bestimmter Merkmale als durch eine positive Beschreibung geprägt. Damit sind vermehrt Bereiche entstanden, die nicht mehr unter den Schutzbereich des *Accident Compensation Scheme* fallen. Die sich aus diesen tatbestandsausschließenden Merkmalen heraus entwickelnde Problematik ist die, dass ein Geschädigter in solchen Fällen Schadensersatz und insbesondere Schmerzensgeld nur durch eine Klage direkt gegen den Schädiger vor den ordentlichen Gerichten erlangen kann – ein Umstand, den das haftungsersetzende System gerade ausschließen wollte und der in allen Gesetzen seinen

Ausdruck in einer entsprechenden Präklusionsnorm fand[396]. Die mit Inkrafttreten des ARCIA 1992 erstmals eingeführte Legaldefinition von *Personal Injury*[397] war die Reaktion des Gesetzgebers auf die außerordentlich weite Auslegung dieses Begriffs in der vorherigen Rechtsprechung unter dem Blickwinkel, dass mit der Strukturreform unter dem ARCIA 1992 die Kosten des Systems minimiert werden sollten[398]. Die zwangsläufige Folge war, dass zahlreiche zuvor in der Rechtsprechung anerkannte Fälle körperlicher Schäden nunmehr nicht mehr unter den Deckungsbereich des Gesetzes fielen und somit nicht mehr entschädigt wurden. Das mit Inkrafttreten des ARCIA 1992 eingeführte System der abschließenden Begriffsbestimmungen wurde bis heute beibehalten und weiter ausgestaltet.

b) Psychische Körperschäden

Unter dem ACA 1972 sowie dem ACA 1982 waren aufgrund der offenen Definition des Merkmals „*Personal Injury*" nach Ansicht der Rechtsprechung auch psychische Schädigungen des Körpers, also insbesondere Schock- und Traumaschäden sowie unfallbedingte Neurosen und Psychosen, umfassend vom Deckungsbereich des *Accident Compensation Scheme* erfasst, wenn sie sich nur im weitesten Sinne auf eine Unfalleinwirkung zurückführen lassen konnten[399]. Nicht erforderlich war somit, dass der Geschädigte selbst einen Unfall erlitten haben musste[400]. Damit waren insbesondere beispielsweise auch solche Schäden versichert, die Personen beim Beobachten oder Miterleben von Unfällen Dritter,

---

396) Heute normiert in §§ 317, 318 IPRCA 2001. Vgl. dazu grundsätzlich *Todd*, Washburn L.J. 39 (2000), S. 404 [429 ff.].

397) § 4 Abs. 1 ARCIA 1992.

398) Vgl. dazu oben, S. 95 f.

399) Vgl. *Green v. Matheson*, NZLR 3/1989, S. 564 [564 ff.] (C.A.) zur Rechtslage unter dem ACA 1982, wobei der Begriff „*Personal Injury*" unter Bezugnahme auf die englische Rechtsprechung im Fall *Fenton v. Thorley & Co Ltd.*, AC 1903, S. 443 [448] als „*an unlooked-for mishap or an untoward event which is not expected or designed*" angesehen und damit auch auf psychische Körperschäden angewandt wurde; vgl. auch *Accident Compensation Corporation v. E.*, NZLR 2/1992, S. 426 [426 ff.] (C.A.) und *Cochrane v. Accident Compensation Corporation,* NZAR 1994, S. 6 [6 ff.] (C.A.).

400) Instruktiv der Fall *Accident Compensation Corporation v. F.*, NZLR 1/1991, S. 234 (H.C.) unter Geltung des ACA 1982; dort machte ein Ehemann eine reaktive Depression als Schaden geltend; als Ursache für die Depression führte er als Tatsache an, dass er keine sexuelle Beziehung mit seiner Ehefrau mehr führen konnte, nachdem diese aufgrund eines ärztlichen Behandlungsfehlers verletzt worden war. In diesem Fall lehnte der *High Court* die Verpflichtung der ACC zur Zahlung einer Entschädigung allerdings ab, da nach Ansicht des Gerichts mentale Schäden nicht isoliert entschädigungsfähig sein sollten; diese Rechtsprechung wurde nur kurz darauf vom *Court of Appeal* für ungültig erklärt, vgl. *Accident Compensation Corporation v. E.*, NZLR 2/1992, S. 426 [434] (C.A.)

insbesondere eigener Angehöriger, erlitten[401]. Gerade in diesem Bereich wurde der Terminus des *Personal Injury* seitens der Gerichte derart extensiv ausgelegt, dass einige Entscheidungen die Forderung laut werden ließen, den Ersatz für psychische Körperschädigungen massiv einzuschränken[402].

Im ARCIA 1992 wurde diese insbesondere von Arbeitgeberverbänden vorgebrachte Forderung bezüglich der Einschränkung des Anwendungsbereichs des Systems für psychische Körperschäden aufgegriffen und umgesetzt[403]. Entschädigung gewährte das System fortan nur noch dann, wenn der psychische Schaden unmittelbar Folge einer selbst erlittenen physischen Verletzung oder Folge eines selbst erlittenen Sexualdelikts[404] war und zudem eine erhebliche pathologische Qualität aufwies[405]. Die – unter dem *Common Law* als ersatzfähig angesehenen – Schadenspositionen von psychischen Reaktionen geringerer pathologischer Qualität wie Stresserscheinungen und Aufregung aufgrund von Angst, Leid oder Verlust der Lebensqualität waren nun nicht mehr ersatzfähig[406]. Der AIA 1998 sowie der IPRCA 2001 haben diese Regelungen sinngemäß übernommen[407]. In einer Entscheidung des *Court of Appeal* kurz vor Einführung der

---

401) Vgl. beispielsweise die Entscheidung des *Court of Appeal* in dem Fall *Cochrane v. Accident Compensation Corporation,* NZAR 1994, S. 6 [6 ff.] (C.A.); dort wurde der Schock einer Frau als *Personal Injury* angesehen, die das Sterben ihres Sohnes nach einem Gewaltverbrechen im Krankenhaus mit ansehen musste.

402) Vgl. beispielsweise den Fall *Accident Compensation Corporation v. E.*, NZLR 2/1992, S. 426 [426 ff.] (C.A.); dort wurde der Nervenzusammenbruch einer 49-jährigen Angestellten als Folge eines schwierigen Managerkurses, zu dem sie ihr Arbeitgeber entsandt hatte, als *Personal Injury* angesehen; vgl. dazu *McLay*, VUWLR 30 (1999), S. 197 [203 f.] sowie *Atkin/Evans/McLay/Petersson*, Torts in New Zealand, S. 162 ff. Zu der Problematik vgl. auch oben, S. 95, sowie die Beispiele aus der Rechtsprechung dort in Fn. 336.

403) Hintergrund war die Befürchtung der Arbeitgeberverbände, dass sie aufgrund der zunehmenden Geltendmachung von psychischen Schäden unter dem System massive Beitragserhöhungen erwarteten und nicht länger für solche Schäden aufkommen wollten; ironischerweise machte in der Folgezeit gerade der Ausschluss dieser Schäden eine zusätzliche finanzintensivere private Versicherung der Arbeitgeber notwendig, da – wie noch zu zeigen sein wird – durch den Ausschluss des Ersatzes für psychische Körperschäden unter dem *Accident Compensation Scheme* der Weg zu den ordentlichen Gerichten insoweit wieder offen stand und die gegenüber den Arbeitgebern einklagbaren *exemplary damages* sich in anderen Dimensionen bewegten als die vormals gezahlte Entschädigung unter dem *Accident Compensation Scheme*; vgl. hierzu *Miller*, The Australasian Journal of Disaster and Trauma Studies, Vol. 3 (1998), S. 1 [3 u. Fn. 16].

404) Vgl. zum hierdurch ausgleösten sprunghaften Anstieg der Entschädigungsanträge wegen sexuellem Missbrauchs und der damit verbundenen Folgen unten, S. 260.

405) §§ 4, 8 Abs. 3 ARCIA 1992; vgl. dazu *Carden*, NZLJ 1995, S. 105 [105].

406) *Browne*, in: Legal Updates 1996, S. 5 [6].

407) § 29 Abs. 1 (c) und (d) AIA 1998 sowie § 26 Abs. 1 (c) u. (d) IPRCA 2001; vgl. auch die Legaldefinition von *Mental injury* in § 27 IPRCA 2001: " '*Mental injury' means a clinically significant behavioural, cognitive, or psychological dysfunction*".

restriktiven Regelungen unter dem ARCIA 1992 führte das Gericht noch aus, es würde eine eigenartige Situation darstellen, wenn der gesetzliche Schutz bei ernsthaften psychischen Körperschäden davon abhinge, ob gleichzeitig auch eine, wenn auch noch so geringfügige, körperliche Verletzung vorläge[408]. Diese „eigenartige Situation" ist nunmehr seit 1992 Gesetz und führt zu systemwidrigen Konsequenzen im Hinblick auf die dadurch wieder bewirkte Möglichkeit des Geschädigten, Klage unter dem *Common Law* zu erheben[409].

Das Entschädigungssystem greift nunmehr nur noch dann, wenn ein psychischer Schaden unmittelbar auf eine körperliche Verletzung oder ein Sexualdelikt zurückzuführen und zudem von erheblicher Schwere ist. Selbst psychische Krankheiten als Folge anderer Verbrechen gegen den Geschädigten, beispielsweise aufgrund eines Tötungsversuchs, werden nicht vom *Accident Compensation Scheme* erfasst. In derartigen Fällen ist der Geschädigte – worauf noch näher einzugehen sein wird – darauf angewiesen, gegen den Schädiger direkt auf dem Zivilrechtsweg vorzugehen[410].

c) Krankheiten

Obwohl unter den Terminus des *Personal Injury* begrifflich ohne weiteres auch Krankheiten fallen, stellt § 26 Abs. 2 IPRCA 2001 ausdrücklich klar, dass krankheitsbedingte körperliche Schäden grundsätzlich nicht vom *Accident Compensation Scheme* erfasst werden. Das Gesetz nennt in § 20 Abs. 2 IPRCA 2001[411] lediglich wenige Ausnahmen von dieser Regel: Einmal werden Krankheiten als Folge einer Unfallverletzung erfasst (beispielsweise eine Tetanusinfektion nach einem Unfall), sodann Krankheiten als Folge einer unfallbedingten ärztlichen Behandlung (etwa Wundinfektionen) und schließlich gem. § 20 Abs. 2 (e) IPRCA 2001 Krankheiten, die auf einem Umstand beruhen, der in den Bereich der Arbeitstätigkeit des Geschädigten fällt (Berufskrankheiten).

---

408) *Accident Compensation Corporation v. E.*, NZLR 2/1992, S. 426 [434] (C.A.): *„It would be a strange situation if cover under the Act for a person suffering serious mental consequences caused by an accident were to depend upon whether or not some physical injury however slight also is sustained. Further it would create major difficulties should it be necessary in particular cases to separate physical and mental injuries"*.

409) Auf diese zunächst kaum bemerkte und vermutlich auch ungewollte Rechtsfolge mit Einführung des ARCIA 1992 musste sich insbesondere die Anwaltschaft in Neuseeland kurzfristig einstellen, da ein unterlassener Hinweis an ein Unfallopfer über die Möglichkeiten, bei psychischen Schäden nunmehr unter Umständen Klage erheben zu können, konsequenterweise eine Haftung des Anwalts begründet hätte, vgl. *Miller*, The Australasian Journal of Disaster and Trauma Studies 3 (1998), S. 1 [4 u. Fn. 22].

410) Vgl. dazu eingehend unten, S. 152 ff.

411) Zum Wortlaut von § 20 Abs. 2 siehe unten, S. 116.

Gerade im Hinblick auf schuldhaft oder gar vorsätzlich herbeigeführte Krankheiten wird regelmäßig auch ein Straftatbestand erfüllt sein[412]. Solche Fälle sind gem. § 25 Abs. 1 (b) IPRCA 2001 ausdrücklich als Unfall legaldefiniert; gleichwohl stellt auch eine auf diesem Weg erworbene Krankheit kein *„Personal Injury"* im Sinne des Gesetzes dar und ist damit im Ergebnis nicht entschädigungsfähig. Dieser gesetzliche Widerspruch ist kaum nachvollziehbar. Das *Accident Compensation Scheme* gewährt daher in diesen Fällen keine Entschädigung für die erlittene Krankheit selbst oder dadurch verursachte finanzielle Verluste, obgleich es sie zunächst ausdrücklich als Unfall anerkennt. In solchen Fällen muss der Geschädigte versuchen, auf dem Klageweg direkt gegen den Schädiger vorzugehen. Dass es hierbei zu ungerechtfertigten und kaum nachvollziehbaren Ungleichbehandlungen und Wertungswidersprüchen kommen kann, liegt auf der Hand[413]. In gleichem Maße führt die willkürliche Grenzziehung zwischen (nicht berufsbedingten) Krankheiten und Unfällen zu teilweise schwierigen Abgrenzungsproblemen[414].

Die Nichteinbeziehung von Krankheiten unter das *Accident Compensation Scheme* ist einer der am nachhaltigsten vorgebrachten Kritikpunkte gegen das System[415]. Somit ist man letztlich auch in Neuseeland auf dem halben Weg einer Verwirklichung der Vision einer Gleichbehandlung aller Opfer körperlicher Schäden stehen geblieben[416].

---

412) Beispielsfälle sind etwa die fahrlässige oder vorsätzliche Ansteckung mit dem HIV-Virus oder ein durch ein Restaurant schuldhaft verschmutzt zubereitetes Essen, das bei Kunden zu einer Lebensmittelvergiftung führt.

413) Vgl. das Beispiel bei *Todd*, Washburn L.J. 39 (2000), S 404 [432]: Wird eine Frau aufgrund einer Vergewaltigung mit einer schweren Krankheit infiziert oder schwanger, kann sie hierfür unter dem *Accident Compensation Scheme* keine Entschädigung geltend machen, sie muss den Schädiger zur Erlangung von Schadensersatz oder Zahlung eventueller Unterhaltskosten direkt auf dem Klageweg in Anspruch nehmen und ist auf dessen finanzielle Leistungsfähigkeit angewiesen; erleidet sie aufgrund der Vergewaltigung zusätzlich psychische Folgeschäden, so erhält sie – nur – hierfür eine Entschädigung unter dem *Accident Compensation Scheme*, eine weitergehende Klage gegen den Schädiger wäre allerdings – da das schadenauslösende Ereignis dem *Accident Compensation Scheme* unterfällt – gem. § 317 Abs. 1 IPRCA 2001 ausgeschlossen.

414) *Blair*, Accident Compensation in New Zealand, S. 5 f.; *Todd*, Washburn L.J. 39 (2000), S 404 [495]; vgl. auch die Beispiele aus der Rechtsprechung oben in Fn. 336 (S. 95).

415) Vgl. dazu eingehend unten, S. 252 ff.

416) *Deutsch*, RabelsZ 44 (1980), S. 487 [507]; *Stark*, VersR 1981, S. 1 [1].

d) Herzinfarkte und Schlaganfälle

Nach § 26 Abs. 3 IPRCA 2001 werden sowohl Schäden durch Herzinfarkte als auch durch Schlaganfälle vom Anwendungsbereich des *Accident Compensation Scheme* ausgenommen, es sei denn, ihre Ursache liegt in einer medizinischen Fehlbehandlung oder den beruflichen Arbeitsbedingungen[417]. Selbst als Folge eines Unfalls, also dem ursprünglichen zentralen Anknüpfungspunkt des gesamten neuseeländischen Systems, sind Herzinfarkte oder Schlaganfälle nicht entschädigungsfähig. Gleiches gilt für derartige Körperschäden als Folge eines kriminellen Übergriffs[418]. Da solche Ereignisse grundsätzlich Krankheiten darstellen, ist die Restriktion der Anwendbarkeit des *Accident Compensation Scheme* auf die Ausnahmefälle insofern innerhalb des Systems konsequent.

e) Ungewollte Schwangerschaft

Ein weiteres Sonderproblem stellen im Hinblick auf die Erfüllung der Anspruchsvoraussetzungen Fälle ungewollter Schwangerschaften dar. Denkbar sind hier in erster Linie Fälle aufgrund medizinischer Fehlberatungen, Fehldiagnosen sowie missglückte Sterilisationen oder Schwangerschaftsabbrüche. Auch durch Sexualdelikte verursachte Schwangerschaften lassen sich dieser Fallgruppe zuordnen.

Neuseeländische Gerichte stellten bereits frühzeitig klar, dass auch eine ungewollte Schwangerschaft niemals den Begriff des *Personal Injury* erfüllt und damit per se nicht dem Schutzbereich des *Accident Compensation Scheme* unterfällt; zur Begründung wurde stets angeführt, Schwangerschaft sei zum einen ein natürlicher Vorgang, zum anderen aber auch niemals unmittelbar kausal auf die schädigende Handlung zurückzuführen[419]. An dieser Auffassung hat sich bis heute nichts geändert[420]. Damit stellen Schwangerschaften in keinem denkbaren Fall einen *Personal Injury* dar und sind hinsichtlich ihrer Folgen unter dem *Ac-*

---

417) § 26 Abs. 3 IPRCA 2001: *'Personal injury' does not include a cardio-vascular or cerebro-vascular episode unless it is personal injury of a kind described in section 20 (2)(i) or (j).*

418) Vgl. *Innes v. Wong*, NZLR 3/1996, S. 238 [238 ff.].

419) Vgl. *Accident Compensation Commission v. Auckland Hospital Board*, NZLR 2/1980, S. 748 [748 ff.] (C.A.); *L. v. M.*, NZLR 2/1979, S. 519 [519 ff.]; *DK v. Accident Rehabilitation and Compensation Insurance Corporation*, NZAR 1995, S. 529 [529 ff.].

420) *Todd*, Washburn L.J. 39 (2000), S. 404 [433].

cident Compensation Scheme nicht entschädigungsfähig[421]. Unter dem *Accident Compensation Scheme* können nach derzeitiger Rechtslage nur solche Verletzungsschäden entschädigungsfähig sein, welche die Frau selbst bei der Geburt aufgrund eines schuldhaften ärztlichen Fehlverhaltens erleidet, niemals aber die durch das Kind selbst verursachten Folgekosten.

f) Sonstige Schäden

Körperliche Schäden, die zwar eine *Personal Injury* darstellen, ihre Ursache aber in keiner der durch das *Accident Compensation Scheme* vorausgesetzten Fallgruppen – also Unfall, medizinischer Fehlbehandlung oder berufsbedingter Krankheit – finden, werden nicht vom Entschädigungssystem erfasst. In erster Linie betrifft dies Körperverletzungen aufgrund strafrechtlich relevanter Handlungen, beispielsweise Vergiftungen mit chemischen Substanzen oder Infektionen mit Viren oder Bakterien[422]. Sachschäden werden vom *Accident Compensation Scheme* überhaupt nicht erfasst, mit Ausnahme bestimmter medizinisch-körperlicher Hilfsmittel, deren Beschädigung nach der Fiktion des § 26 Abs. 1 (e) IPRCA 2001 als körperliche Verletzung behandelt wird[423]. Gerade im Hinblick auf Straßenverkehrsunfälle bleibt es damit bei einer Zweispurigkeit des Haftungsrechts, da sich die Abwicklung der Sachschäden nach wie vor nach den traditionellen Regeln des Deliktsrechts des *Common Law* vollzieht. Eine Erstreckung des *Accident Compensation Scheme* auch auf Sachschäden wäre zwar eine rechtspolitisch äußerst interessante Vision, ernsthaft erwogen wurde sie indes noch nie. Prinzipiell gilt jedoch auch hier, dass zahlreiche Kraftfahrzeughalter ohnehin Prämien für ihre private Haftpflichtversicherung zahlen; eine Erweiterung des *Accident Compensation Scheme* auf zumindest solche Sachschäden wäre damit kalkulierbar, da hierbei auf die seit vielen Jahrzehnten bestehenden Erfahrungswerte der privaten Versicherungen zurückgegriffen werden könnte. Freilich dürfte die politische Durchsetzbarkeit eines solchen Vorhabens bereits

---

421) A. A. *Butler*, Medical Misadventure, S. 100 ff., die aufgrund einer erweiternden Auslegung des Begriffs „*Personal Injury*" auch die durch eine ungewollte Schwangerschaft bewirkte Verletzung des Selbstbestimmungsrechts der Frau als „*Injury*" einstuft. Dies dürfte jedoch mit dem Gesamtverständnis des *Accident Compensation Scheme* kaum vereinbar sein, nur bei objektiven und unnatürlichen Schädigungen des Körpers den Schutzbereich des Gesetzes zu eröffnen.
Zu den Möglichkeiten der Frau, unter dem *Common Law* Schadensersatz zu erlangen, siehe unten, S. 163 f.

422) Vgl. dazu *Todd*, Washburn L.J. 39 (2000), S. 404 [431 f.].

423) Wiederum zur Vermeidung einer zu extensiven Auslegung durch die Gerichte stellt auch hier das Gesetz von vornherein klar, dass unter den Begriff der „Prothesen" weder Hörgeräte noch Brillen oder Kontaktlinsen zu subsumieren sind, § 26 Abs. 5 IPRCA 2001, da es sich hierbei wohl um die am häufigsten beschädigten körperlichen Hilfsmittel handelt.

im Ansatz daran scheitern, dass der Markt der privaten Haftpflichtversicherungen für Sachschäden inzwischen eines der Hauptbetätigungsfelder der Versicherungsindustrie in Neuseeland ist, dessen Entzug durch den Staat realistischerweise kaum vorstellbar sein dürfte.

2. Anspruchsbegründende Ursachen des Personenschadens

Liegt ein *Personal Injury* im vorbeschriebenen Sinn vor, so gewährt das *Accident Compensation Scheme* trotz seiner ursprünglich finalen Orientierung nur dann Entschädigung, wenn als weitere Voraussetzung die körperliche Verletzung ihre Ursache in einer der in § 20 Abs. 2 (a) – (j) IPRCA 2001 abschließend genannten Alternativen findet. Dort heißt es:

> *Sec. 20 IPRCA 2001 - Cover for personal injury suffered in New Zealand (except mental injury caused by certain criminal acts) -*
> *(1) ...*
> *(2) Subsection (1) (c) applies to -*
> *(a) personal injury caused by an accident to the person:*
> *(b) personal injury caused by medical misadventure suffered by the person:*
> *(c) personal injury caused by medical misadventure in circumstances described in section 32(6):*
> *(d) personal injury caused by treatment given to the person for personal injury for which the person has cover:*
> *(e) personal injury caused by a work-related gradual process, disease, or infection suffered by the person*
> *(f) personal injury caused by a gradual process, disease, or infection that is personal injury caused by medical misadventure suffered by the person:*
> *(g) personal injury caused by a gradual process, disease, or infection consequential on personal injury suffered by the person for which the person has cover:*
> *(h) personal injury caused by a gradual process, disease, or infection consequential on treatment given to the person for personal injury for which the person has cover:*
> *(i) personal injury that is a cardio-vascular or cerebro-vascular episode that is personal injury caused by medical misadventure suffered by the person:*
> *(j) personal injury that is a cardio-vascular or cerebro-vascular episode that is personal injury suffered by the person to which section 28(3) applies.*

Diese Tatbestandsalternativen lassen sich in drei Fallgruppen zusammenfassen, so dass der Anwendungsbereich des Gesetzes eröffnet ist, wenn sich das ursächliche Ereignis für die körperliche Verletzung unter einen der drei im Folgenden genannten Begriffe subsumieren lässt:

- Unfall (*Accident*)
- Medizinischer Unglücksfall (*Medical Misadventure*)
- Berufsbedingte Krankheit (*Work-related gradual process, disease, or infection*).

a) Unfall (*Accident*)

Zentralbegriff und wichtigster Anwendungsfall des neuseeländischen Entschädigungssystems ist seit jeher der *„Personal Injury by Accident*", also der auf einen Unfall zurückzuführende Personenschaden.

aa) Definition

Die Voraussetzungen eines Unfalls wurden in den ursprünglichen Gesetzen – dem ACA 1972 und dem ACA 1982 – nicht legaldefiniert, was den Gerichten einen weiten Auslegungsspielraum eröffnete, so dass der Anwendungsbereich des Gesetzes zunächst durch eine umfangreiche Judikatur in der Tradition des *Common Law* in der Einzelfallbehandlung herausgearbeitet wurde[424]. In höchstrichterlicher Rechtsprechung definierte der neuseeländische *Court of Appeal* den Terminus des Unfalls in Übereinstimmung mit der übrigen angloamerikanischen Rechtsprechung sehr allgemein als unvorhergesehen, unerwarteten und unbeabsichtigten Unglücksfall, wobei es stets auf die Sicht des Opfers ankam[425]. Aufgrund der recht extensiven Auslegung des Begriffs durch die Gerichte und des damit einhergehenden Kostenanstiegs unter dem System[426] führte der Gesetzgeber im ARCIA 1992 umfangreiche und insbesondere abschließende Legaldefinitionen ein, ein System, dass man bis heute beibehalten hat.

Der Terminus des Unfalls ist heute in § 25 IPRCA 2001 wie folgt abschließend legaldefiniert:

---

424) Vgl. die Nachw. bei *Deutsch*, RabelsZ 44 (1980), S. 487 [492 ff.].

425) Vgl. grundlegend *G. v. Auckland Hospital Board*, NZLR 1/1976, S. 638 [638 ff.] (C.A.), dazu oben, S. 84, Fn. 282; *Green v. Matheson*, NZLR 3/1989, S. 564 [571] (C.A.); *Willis v. Attorney-general*, NZLR 3/1989, S. 574 [574] (C.A.), sowie oben, S. 95, und die dort in Fn. 336 zitierten Entscheidungen.

426) *Rennie/Miller*, Brooker's Accident Compensation in New Zealand, sec. 3 Rdnr. 3.01.04; vgl. auch oben, S. 95 f.

Sec. 25 IPRCA 2001 - Accident -

(1) "Accident"' means any of the following kinds of occurrences:

(a) a specific event, or a series of events, that -

(i) involves the application of a force (including gravity) or resistance external to the human body, or involves the sudden movement of the body to avoid such a force or resistance external to the human body; and

(ii) is not a gradual process:

(b) the inhalation or oral ingestion of any solid, liquid, gas, or foreign object on a specific occasion, which kind of occurrence does not include the inhalation or ingestion of a virus, bacterium, protozoa, or fungi, unless that inhalation or ingestion is the result of the criminal act of a person other than the injured person:

(c) a burn, or exposure to radiation or rays of any kind, on a specific occasion, which kind of occurrence does not include a burn or exposure caused by exposure to the elements:

(d) the absorption of any chemical through the skin within a defined period of time not exceeding 1 month:

(e) any exposure to the elements, or to extremes of temperature or environment, within a defined period of time not exceeding 1 month, that,-

(i) for a continuous period exceeding 1 month, results in any restriction or lack of ability that prevents the person from performing an activity in the manner or within the range considered normal for the person; or

(ii) causes death.

Unter einem Unfall ist danach im Grundsatz jedes konkret bestimmbare Ereignis oder eine Folge solcher Ereignisse zu verstehen, welches durch Anwendung von Kraft oder Widerstand, einschließlich der natürlichen Schwerkraft, äußerlich auf den menschlichen Körper einwirkt[427]. Diese generalklauselartige Definition erfasst die allermeisten der „typischen" Unfälle im Straßenverkehr, beim Sport oder in Ausübung des Berufs. Die Grenzziehung in § 25 Abs. 1 (a) (ii) IPRCA 2001, wonach ein Unfall nicht vorliegt, wenn ein fortschreitender Prozess gegeben ist, wurde wortgleich aus dem AIA 1998 übernommen[428] und dient der Abgrenzung von Unfällen gegenüber den vom *Accident Compensation*

---

427) § 25 Abs. 1 (a) (i) IPRCA 2001.

428) Vgl. § 28 Abs. 2 (a) (ii) AIA 1998.

Scheme nicht erfassten Krankheiten[429]. Die aktuelle Gesetzesfassung stellt in § 25 Abs. 1 (a) (i) IPRCA 2001 klar, dass Unfälle auch auf die natürliche Schwerkraft zurückführbar sein können, im Grunde eine bare Selbstverständlichkeit, was auch zuvor in der Rechtsprechung nicht anders gesehen wurde[430]. Das seit 1992 legaldefinierte Erfordernis einer äußeren Krafteinwirkung bewirkte allerdings eine – legislativ beabsichtigte[431] – Einschränkung des Anwendungsbereichs des *Accident Compensation Scheme*, als zuvor in der Rechtsprechung auch solche Fälle als Unfall eingestuft worden waren, bei denen Geschädigte ohne äußere Krafteinwirkung innere Verletzungen erlitten[432]; die Grenze zu den nicht unter dem *Accident Compensation Scheme* erfassten Krankheiten war damit zunehmend verwischt worden. In den weiteren Absätzen der Norm werden einige Spezialfälle, die diese Definition nicht erfüllen, ausdrücklich als Unfall legaldefiniert.

So wird nach § 25 Abs. 1 (b) IPRCA 2001 die Aufnahme von Fremdstoffen in fester, flüssiger oder gasförmiger Form ebenfalls als Unfall eingestuft. Im Übrigen stellt die Norm allerdings ausdrücklich klar, dass hiervon Bakterien, Viren, Einzeller oder Pilze ausgenommen sind vor dem Hintergrund, dass Krankheiten grundsätzlich nicht durch das *Accident Compensation Scheme* erfasst sind. Eine Ausnahme soll nur dann gelten, wenn die Krankheitserreger dem Geschädigten aufgrund einer strafrechtlich relevanten Handlung beigebracht wurden. Auch in diesem Fall liegt aber keine „*Personal Injury*" im Sinne des Gesetzes vor, so dass im Ergebnis trotz der ausdrücklichen Erwähnung in § 25 Abs. 1 (b) IPRCA 2001 auch eine durch eine Straftat beigebrachte Krankheit nicht zu einer Entschädigung berechtigt[433].

§ 25 Abs. 1 (c) IPRCA 2001 hat ebenfalls klarstellende Funktion. Während zunächst statuiert wird, dass auch Verbrennungen und Verstrahlungen grund-

---

429) Vgl. *Accident Rehabilitation and Compensation Insurance Corporation v. McHardy*, NZAR 1996, S. 289 [289] - Depression als fortschreitender Prozess; *Owen v. Accident Compensation Corporation*, NZAR 1991, S. 122 [122] – Fussverletzung eines Langstreckenläufers als fortschreitender Prozess.

430) Siehe zur früheren Rechtsprechung *Wallbutton v. Accident Compensation Corporation*, NZACR 1983, S. 629 [629].

431) Vgl. hierzu oben, S. 95.

432) *Accident Compensation Corporation v. E.*, NZLR 2/1992, S. 426 [426 ff.] (C.A.) - Nervenzusammenbruch (vgl. die Sachverhaltsdarstellung oben in Fn. 402, S. 111); *Accident Compensation Corporation v. Mitchell*, NZLR 2/1992, S. 436 [436] (C.A.) – der Geschädigte erlitt plötzlich einen vorübergehenden Atemstillstand, der zu Hirnschäden führte, wobei eine Ursache hierfür nicht gefunden werden konnte. Vgl. auch die oben in Fn. 336 (S. 95) zitierten Beispiele aus der Rechtsprechung.

433) Zu dieser Widersprüchlichkeit siehe bereits oben, S. 113.

sätzlich einen Unfall darstellen[434], werden auf „natürlichem" Weg erworbene Verletzungen hiervon wieder ausgenommen. Damit sind beispielsweise die in Neuseeland aufgrund der dort besonders intensiven Ausdünnung der UV-filternden Ozonschicht („Ozonloch") mit stark zunehmender Häufigkeit auftretenden Hautkrebsfälle ebenfalls aus dem Anwendungsbereich des *Accident Compensation Scheme* herausgenommen[435].

§ 25 Abs. 1 (d) IPRCA 2001 erfasst die Einwirkung von chemischen Substanzen auf die Haut, welche dann als Unfall angesehen wird, wenn sie nicht länger als einen Monat andauert. § 25 Abs. 1 (e) IPRCA 2001 stellt auch das Ausgesetztsein gegenüber Naturgewalten einem Unfall gleich, sofern es nicht länger als einen Monat andauerte und hierdurch der Tod oder eine mehr als einmonatige Beeinträchtigung der normalen Leistungsfähigkeit verursacht worden ist.

bb) Arbeitsunfälle

Sofern ein Unfall im Sinne der gesetzlichen Definition vorliegt, ist dessen Ursache für die Einbeziehung in den Schutzbereich unter dem *Accident Compensation Scheme* irrelevant. Seit Arbeitsunfälle durch den *Accident Insurance Amendment Act 2000* und den *Accident Insurance (Transitional Provisions) Act 2000* wieder unter dem staatlichen System versichert sind, werden auch sie im Hinblick auf die Voraussetzungen nicht anders behandelt als sonstige Unfälle auch. Wichtig ist die Unterscheidung zwischen Arbeits-, Verkehrs- und sonstigen Unfällen in erster Linie im Hinblick auf die Finanzierung der entsprechenden Entschädigungsleistungen, da die Entschädigung für ein Unfallopfer immer einem separaten, von den jeweiligen Risikoträgern finanzierten Fonds entnommen wird[436].

Die Unterscheidung nach der Ursache des Unfalls ist auch im Hinblick auf den Lohnfortzahlungsanspruch gegenüber dem Arbeitgeber für die erste Woche ab Eintritt einer Arbeitsunfähigkeit von Bedeutung: Der Arbeitgeber ist zur Fortzahlung in Höhe von 80% des zuvor erhaltenen Lohns nur dann verpflichtet, wenn die Arbeitsunfähigkeit auf einem Arbeitsunfall oder einem Verkehrsunfall

---

434) Im Fall *Hill v. Accident Rehabilitation and Compensation Insurance Corporation*, NZAR 1994, S. 357 [357], subsumierte der damit befasste *District Court* Verbrennungen des Geschädigten durch dessen Kleidung, die Feuer gefangen hatte, allerdings unter § 25 Abs. 1 (a) IPRCA 2001.

435) Vgl. *Todd*, Washburn L.J. 39 (2000), S. 404 [430]. Neuseeland hatte im Jahr 2002 mit einer statistisch bereinigten Anzahl von 33 Neuerkrankungen auf 100.000 Menschen eine mehr als dreimal so hohe Neuerkrankungsrate an malignen Melanomen wie Deutschland (Quelle: *New Zealand Health Information Service*, Health Statistics 2002, Wellington 2002).

436) Vgl. dazu eingehend unten, S. 206 ff.

beruht, der mit Arbeitstätigkeit in Zusammenhang steht; ansonsten steht dem Opfer für die erste Woche ab Eintritt der Arbeitsunfähigkeit kein Entschädigungsanspruch zu[437].

Die Zuordnung eines Unfalls zum Bereich der Arbeitsunfälle bestimmt sich nach § 28 IPRCA 2001. Danach liegt ein Arbeitsunfall vor, wenn der erlittene *Personal Injury* am Arbeitsplatz selbst während der Arbeitszeit oder während regulärer Arbeitspausen eingetreten ist. Wegeunfälle gelten nur dann als Arbeitsunfall, wenn der Transport zur Arbeitsstätte durch den Arbeitgeber durchgeführt oder wenigstens organisiert wird. Sonstige Wegeunfälle sind nur dann als Arbeitsunfälle anzusehen, wenn sie auf dem Weg vom Arbeitsplatz zu einer unfallbedingten medizinischen Behandlung geschehen.

Eine im Hinblick auf die in anderen Bereichen des Gesetzes zu beobachtende Aushöhlung des *No-Fault*-Prinzips positiv zu bewertende Klarstellung im Hinblick auf die Arbeitsbezogenheit eines Unfalls oder einer Krankheit enthält § 28 Abs. 7 IPRCA 2001, wonach es für das Vorliegen dieses Tatbestandsmerkmals weder darauf ankommt, ob der Geschädigte gegen arbeitsrechtliche Normen oder Richtlinien verstoßen hat, noch ob der Arbeitsvertrag wirksam ist oder der Unfall auf einem Fehlverhalten anderer Arbeitnehmer oder höherer Gewalt beruht. Entscheidend ist somit allein, dass der Arbeitsunfall bzw. die Krankheit in Ausübung der Tätigkeit eingetreten ist.

cc) Verkehrsunfälle

Den klassischen Anwendungsbereich eines Unfallversicherungssystems stellen neben den Arbeitsunfällen sicherlich die Straßenverkehrsunfälle dar, deren Definition das Gesetz in § 35 IPRCA 2001 vornimmt. Dabei ist die Norm recht restriktiv ausgestaltet; sie nimmt einen Straßenverkehrsunfall nur dann an, wenn ein entschädigungsfähiger körperlicher Schaden entweder durch ein in Bewegung befindliches Kraftfahrzeug oder in einem stehenden Fahrzeug, in das ein anderes Fahrzeug hineinfährt, verursacht wurde. Schäden beim Beladen, Entladen oder bei der Reparatur, bei Gebrauch als anderen als zu Beförderungszwecken oder beim „off-road"-Betrieb des Fahrzeugs werden nicht als Straßenverkehrsunfall anerkannt[438].

Die im Hinblick auf die Finanzierung und die Art des Schadensausgleichs wichtige Abgrenzung zu Arbeitsunfällen nimmt § 29 IPRCA 2001 vor. Die Norm bestimmt eine Zuordnung von Unfällen, die sowohl die Tatbestandsvoraussetzungen des Arbeitsunfalls nach § 28 IPRCA 2001 als auch die des Straßenverkehrsunfalls nach § 35 IPRCA 2001 erfüllen. Danach ist in einem solchen Fall nur ein Wegeunfall als Arbeitsunfall anzusehen, alle anderen Fälle werden

---

437) Vgl. §§ 98 Abs. 1, 97 IPRCA 2001 sowie eingehend unten, S. 195 f.

438) § 35 Abs. 2 IPRCA 2001.

als Straßenverkehrsunfall eingestuft und entschädigt[439]. Als Besonderheit hat der Geschädigte allerdings auch in letzterem Fall einen Lohnfortzahlungsanspruch gegen den Arbeitgeber für die erste Woche einer unfallbedingten Arbeitsunfähigkeit[440], was ansonsten nur bei Arbeitsunfällen und berufsbedingten Krankheiten der Fall ist[441].

b) Medizinischer Unglücksfall (*Medical Misadventure*)

Die über den Bereich der Unfälle hinausgehende zweite Kategorie, für welche der Anwendungsbereich des *Accident Compensation Scheme* eröffnet ist, lässt sich mit dem Oberbegriff des medizinischen Unglücksfalls bezeichnen. Kaum ein anderer Bereich des Entschädigungssystems ist in der Rechtsprechung und der rechtswissenschaftlichen Literatur seit Einführung des Systems derart kontrovers diskutiert worden, ein Umstand, der angesichts der zumindest von der Größenordnung her eher geringen praktischen Relevanz der Thematik zunächst verwundert[442]. Ursache des Streitstandes ist, dass Opfer von medizinischen Unglücksfällen durch das Entschädigungssystem mit zunehmender Tendenz abweichend von anderen Unfallopfern behandelt werden und sich unzählige, kaum zu rechtfertigende Einschränkungen gefallen lassen müssen.

Das Ergebnis dieser Kontroversen hat sich einer beispiellos komplexen und detaillierten Regelung der Thematik in den §§ 31 – 33 IPRCA 2001 niedergeschlagen. Zum Verständnis dieser aktuellen Rechtslage ist es erforderlich, die Entwicklung der Begriffsdefinitionen zum Bereich der medizinischen Unglücksfälle vorab kurz darzustellen.

aa) Die Rechtslage vor dem 1. Juli 1992

Die Frage, ob ein medizinischer Unglücksfall überhaupt einen Unfall im Sinne des ursprünglichen ACA 1972 darstellen konnte, hatte die ACC bereits unmittelbar nach Inkrafttreten des Gesetzes beschäftigt. Der zugrundeliegende Fall betraf einen Patienten, der nach einer Operation eine Lungenembolie erlitt und dadurch erwerbsunfähig wurde. Die ACC lehnte den Antrag auf Schadensausgleich mit der Begründung ab, das Auftreten der Embolie sei mangels einer ursächlichen Verletzungshandlung kein Unfall, darüber hinaus sei das Auftreten einer Embolie nach einer derartigen Operation nicht als besonders ungewöhnlich einzustufen, so dass ohnehin kein ärztlicher Behandlungsfehler vorlä-

---

439) § 29 Abs. 1, 2 IPRCA 2001.

440) § 29 Abs. 3 IPRCA 2001.

441) Vgl. dazu ausführlich unten, S. 194 ff.

442) Im Geschäftsjahr 2002/2003 wurden lediglich 528 Fälle medizinischer Behandlungsunfälle registriert, dies sind weniger als 0,03% der in diesem Jahr insgesamt bearbeiteten 1.520.513 Entschädigungsfälle. Quelle: *ACC*, Injury Statistics 2004.

ge[443]. Das in der Entscheidungsbegründung enthaltene obiter dictum, wonach ein ärztlicher Behandlungsfehler unter bestimmten Umständen durchaus als Unfall im Sinne des ACA 1972 angesehen werden könnte, veranlasste den Gesetzgeber noch im Jahr 1974, den medizinischen Unglücksfall explizit in das Gesetz mit einzubeziehen und als einen Unterfall des Unfalls einzustufen[444].

Fortan war damit sowohl im ACA 1972 als auch im ACA 1982 der Begriff des *medical misadventure* kraft Gesetzes einem anspruchsbegründenden Unfall gleichgestellt[445], so dass die Fälle durch das *Accident Compensation Scheme* abgedeckt waren. Eine nähere Definition dessen, was unter *medical misadventure* zu verstehen war, nahmen die damaligen Gesetze jedoch nicht vor. Die Ausformung des Begriffs übernahm in den Anfangsjahren des *Accident Compensation Scheme* die Rechtsprechung, und sie tat sich dabei ungewöhnlich schwer.

Der Begriff *medical misadventure* war dem neuseeländischen Recht bis dahin fremd[446]; übernommen wurde der Begriff aus der englischen Rechtsprechung zum Arzthaftungsrecht, wo er zur Abgrenzung der *medical negligence*, also dem deliktischen Tatbestand einer medizinischen Schädigung, gebraucht wurde[447]. Nach der englischen Rechtsprechung umfasste der Begriff *medical misadventure* damit nur die Fälle, in denen dem Arzt oder sonstigen Behandlungspersonal keine Sorgfaltspflichtverletzung nachzuweisen war und ein Anspruch unter dem *Common Law* dementsprechend nicht bestand.

In Neuseeland war man sich einig, dass diese enge Begriffsdefinition unter Ausschluss der durch pflichtwidriges Verhalten verursachten Schäden zu eng war; der Terminus *medical misadventure* wurde daher von Anfang an auch auf die Fälle schuldhafter Verursachung von Körperschäden ausgedehnt[448]. Weitaus schwieriger war die Begriffsfindung im Hinblick auf die Abgrenzung zu Krankheiten, da diese nicht unter den Schutzbereich des *Accident Compensation*

---

443) Vgl. die Darstellung in *ACC*, Annual Report January 1976, S. 19 ff.

444) *Accident Compensation Amendment Act 1974 (No. 2)*; dazu *Jitsuka/Glücksmann*, VSSR 4 (1976), S. 349 [367].

445) § 2 ACA 1972.

446) *Blair*, Accident Compensation in New Zealand, S. 76; vgl. zur Rechtslage vor Inkrafttreten des *Accident Compensation Scheme* im Hinblick auf das Arzthaftungsrecht unter dem Common Law *Butler*, Medical Misadventure, S. 37 ff.

447) Grundlegend *Roe v. Ministry of Health*, [1954] 2 All ER 131 [137] (C.A. England), bestätigt durch *Whitehouse v. Jordan*, [1980] 1 All ER 650 [659] (C.A. England); vgl. dazu *Butler*, Medical Misadventure, S. 83; nach *Palmer*, in: The Welfare State Today, S. 165 [203] wurde der Begriff auch im *Australian National Compensation Bill 1974* verwendet, ein Gesetzesentwurf zur Einführung einer analogen Volksunfallversicherung in Australien, der jedoch niemals umgesetzt wurde.

448) *Re Collier*, NZAR 1/1976, S. 130 [132]; *Butler*, Medical Misadventure, S. 84; *Giesen*, International Medical Malpractice Law, S. 533; *Vennell*, ZVglRWiss 80 (1981), S. 228 [230].

Scheme fielen[449]. Die Abgrenzungsschwierigkeiten resultierten insbesondere aus den Fällen, in denen eine ärztliche Behandlung unterlassen wurde und der Patient an den Folgen einer nicht behandelten Krankheit starb; hier war zunächst die Krankheit kausal für den Tod des Opfers[450]. In den ersten Entscheidungen zu einer unterlassenen Behandlung durch einen Arzt wurde statuiert, dass eine unterlassene ärztliche Behandlung nicht die Voraussetzungen eines *medical misadventure* erfülle[451]. Dies stellte eine Begriffeinschränkung im Hinblick auf die in der englischen Rechtsprechung aufgestellte Definition der *medical negligence* dar, die anerkanntermaßen auch Fälle des Unterlassens erfasste und die – dem Charakter des final orientierten *Accident Compensation Scheme* entsprechend – eigentlich in dem unter dem neuseeländischen Entschädigungssystem verwandten Begriff des *medical misadventure* aufgehen sollte. Folge für die Ärzteschaft war, dass sie sich beim Vorwurf einer unterlassenen Behandlung wieder Schadensersatzklagen aus *medical negligence* vor den Zivilgerichten gegenüber sehen konnte, eine Folge, die man mit der Einführung des haftungsersetzenden finalen Systems des *Accident Compensation Scheme* eigentlich vermeiden wollte[452]. Aus Patientensicht kam es nun zu einer schwer verständlichen Zweispurigkeit des Schadensausgleichs: Schäden aus aktivem Tun waren unter dem *Accident Compensation Scheme* versichert, der Rechtsweg war insofern versperrt. Schäden durch Unterlassen waren dagegen nicht erfasst und mussten auf dem Zivilrechtsweg eingeklagt werden.

Die weitere Entwicklung in der Rechtsprechung war von großer Unsicherheit geprägt, da immer wieder neue Anläufe zur Definition des *medical misadventure* unternommen wurden. 1980 wurde durch den *High Court* erstmals in einem obiter dictum die Möglichkeit angesprochen, auch Fälle ärztlichen Unterlassens unter dem *Accident Compensation Scheme* als *medical misadventure* zu erfassen[453]; in dieser Entscheidung wurden auch Fälle anomaler Krankheitsverläufe und unerwarteter Nebenwirkungen als *medical misadventure* anerkannt. 1984 wurde darauf gestützt erstmals eine unterlassene Behandlung als Anspruchsgrund unter dem *Accident Compensation Scheme* anerkannt, allerdings unter der sehr einschränkenden Voraussetzung, dass hierfür eine außerhalb der als normal zu bewertenden Fehlerquote liegende Fehlerdiagnose ursächlich

---

449) Vgl. dazu oben, S. 112.

450) Vgl. *Re Collier*, NZAR 1/1976, S. 130 [133]; dazu auch *Deutsch*, VersR 1980, S. 201 [204] und *Bodenburg*, ZVersWiss 1981, S. 155 [168 ff.].

451) Vgl. *Butler*, Medical Misadventure, S. 85 f. m. w. Nachw.; *Deutsch*, VersR 1980, S. 201 [204].

452) Nach *Oliphant*, MedLR 4/1996, S. 1 [6] führte dies dazu, dass Ärzte zunächst trotz Inkrafttreten des *Accident Compensation Scheme* Mitglied in der Berufshaftpflichtversicherung blieben oder sich privat zusätzlich versichern mussten; vgl. auch *Deutsch*, RabelsZ 44 (1980), S. 487 [508].

453) *Accident Compensation Commission v. Auckland Hospital Board*, NZLR 2/1980, S. 748 [752] (C.A.).

war[454]. In weiteren Entscheidungen wurde der Anwendungsbereich des *Accident Compensation Scheme* auf diesem Feld weiter ausgedehnt, indem nunmehr auch sich völlig unerwartet verwirklichende Risiken als *medical misadventure* angesehen wurden[455]. 1990 wurde wieder ein neuer Auslegungsversuch unternommen[456]. Folgen der uneinheitlichen Rechtsprechung waren Unsicherheiten in der Behandlung von derartigen Fällen innerhalb der ACC sowie auch bei der Überprüfung der Fälle[457].

Bis zu diesem Zeitpunkt war das *Accident Compensation Scheme* im Bereich medizinischer Unglücksfälle daher keine echte Alternative zum *Tort Law*, dessen Unzulänglichkeiten zu beseitigen nach der Vision des *Woodhouse Reports* seine Aufgabe gewesen wäre. Unsicherheiten in der Abgrenzung der Fälle und der Reichweite der Begriffsbestimmungen, die nunmehr für den Patienten auch ausschlaggebend für die Wahl des Rechtswegs waren, verstärkten dessen Opferposition.

bb) Die Rechtslage seit dem 1. Juli 1992

Mit der umfassenden Strukturreform des Systems unter Inkrafttreten des ARCIA 1992 wurde, wie bereits an verschiedenen Stellen ausgeführt, der Anwendungsbereich des Gesetzes erstmals detailliert und insbesondere abschließend geregelt. Auch die Anspruchsvoraussetzungen für die Fallgruppe der medizinischen Unglücksfälle wurden nunmehr legaldefiniert, und zwar in einer derart restriktiven Weise, die nur verblüffen kann und die in diesem Bereich geführten Kontroversen verständlich macht.

Zunächst musste – was zuvor aufgrund der extensiven Auslegung des Begriffs *Personal Injury* durch die Gerichte keine Rolle gespielt hatte – nunmehr auch der im Rahmen eines medizinischen Unglücksfalls verursachte körperliche Schaden selbst vom Gesetz erfasst sein, was schon im Ansatz eine Einschränkung des Anwendungsbereichs darstellte. Damit traten auch in diesem Bereich die bereits dargestellten Probleme hinsichtlich der Erfassung von psychischen Schäden auf, die nunmehr nur noch dann anerkannt wurden, wenn sie aus einer physischen Verletzung resultierten und zudem von erheblicher pathologischer Qualität waren[458].

---

454) *Re Carroll*, NZAR 4/1984, S. 335 [338 f.].

455) *MacDonald v. Accident Compensation Corporation*, NZAR 5/1985, S. 276 [276 ff.] (H.C.); *Viggars v. Accident Compensation Corporation*, NZAR 6/1986, S. 235 [235 ff.] (H.C.).

456) *Polansky v. Accident Compensation Corporation*, NZAR 9/1990, S. 481 [488]; vgl. dazu *Butler*, Medical Misadventure, S. 89 f.

457) *Butler*, Medical Misadventure, S. 91.

458) Vgl. oben, S. 110.

Die im ARCIA 1992 eingeführten Definitionen hat man mit weiteren Verfeinerungen sowohl im AIA 1998 als auch im IPRCA 2001 beibehalten. Die Anwendungsvoraussetzungen des Entschädigungssystems im Hinblick auf körperlichen Schäden in medizinischem Kontext sind nunmehr in § 20 Abs. 2 (b) – (d) und (f) – (i) IPRCA 2001 aufgeführt, wobei die Norm insgesamt sieben verschiedene Alternativen nennt:

Sec. 20 (2) IPRCA 2001:
(a) ...
(b) *personal injury caused by medical misadventure suffered by person:*
(c) *personal injury caused by medical misadventure in circumstances described in section 32(6):*
(d) *personal injury caused by treatment given to the person for personal injury for which the person has cover:*
(e) ...
(f) *personal injury caused by a gradual process, disease, or infection that is personal injury caused by medical misadventure suffered by the person:*
(g) *personal injury caused by a gradual process, disease, or infection consequential on personal injury suffered by the person for which the person has cover:*
(h) *personal injury caused by a gradual process, disease, or infection consequential on treatment given to the person for personal injury for which the person has cover:*
(i) *personal injury that is a cardio-vascular or cerebro-vascular episode that is personal injury caused by medical misadventure suffered by the person:*

Die genannten Alternativen lassen sich in zwei Gruppen aufteilen, nämlich unmittelbare Schäden durch *medical misadventure* sowie weitere Schäden im Rahmen einer medizinischen Behandlung für einen vorhergehenden und vom Anwendungsbereich des *Accident Compensation Scheme* erfassten entschädigungsfähigen Schaden (*Treatment for Personal Injury*).

aaa) Definition des *Medical Misadventure*

Die erste Fallgruppe des § 20 Abs. 2 (a) IPRCA 2001 betrifft dabei die „klassischen", durch *medical misadventure* verursachten körperlichen Schäden. Allein für die Abgrenzung und Bestimmung dieses Begriffs stellt der IPRCA

2001 eine sich über drei Paragraphen erstreckende Legaldefinition bereit[459]: Wie bereits in der Begriffsbestimmung unter dem ARCIA 1992 eingeführt, liegt auch nach der Definition des IPRCA 2001 ein *medical misadventure* vor, wenn entweder die Voraussetzungen eines *medical error* oder die eines *medical mishap* gegeben sind[460], die ihrerseits abschließend definiert werden. Hinzu kommt die nahezu alle Fälle von *medical misadventure* erfassende Einschränkung, dass Schutz unter dem *Accident Compensation Scheme* nur besteht, wenn die ursächliche medizinische Behandlung durch einen *registered health professional* durchgeführt wurde.

(1) *Medical Error*

Der Begriff des *medical error* als Unterfall eines *medical misadventure* ist wie folgt legaldefiniert in § 33 IPRCA 2001:

> „*'Medical error' means the failure of a registered health professsional to observe a standard of care and skill reasonably to be expected in the circumstances*".

Anspruchsbegründend ist damit nicht der tatbestandliche Erfolg in Form des Eintritts eines körperlichen Schadens, vielmehr wird an eine Sorgfaltspflichtverletzung der behandelnden Person angeknüpft. Die insoweit genannten Merkmale „*standard of care and skill reasonably to be expected in the circumstances*" entsprechen weitgehend den Voraussetzungen des *Negligence*-Tatbestands[461].

Dies wird nochmals untermauert mit der gesetzlichen Feststellung, dass ein *medical error* nicht allein aufgrund der Tatsache vorliegt, dass ein beabsichtigter Behandlungserfolg nicht eintritt oder eine andere Entscheidung der behandelnden Person einen besseren Erfolg gehabt hätte[462]. Übernommen wurden somit Tendenzen aus der insbesondere englischen *Common Law* Rechtsprechung zur *medical negligence*, wonach ein ärztliches Verschulden nicht allein aufgrund einer suboptimalen Behandlung oder infolge Nichteintretens des gewünschten

---

459) §§ 32 – 34 IPRCA 2001.

460) § 32 Abs. 1 IPRCA 2001.

461) Vgl. *Butler*, Medical Misadventure, S. 103 f.; *Giesen*, International Medical Malpractice Law, S. 532 ff. *Bitterich*, RabelsZ 67 (2003), S. 494 [519] meint, der Begriff erfasse nunmehr auch nicht schuldhafte Behandlungsfehler. Zu den Voraussetzungen des *Negligence*-Tatbestands siehe oben, S. 63.

462) § 33 Abs. 4 IPRCA 2001.

Behandlungserfolgs indiziert wird[463]. Zwischen aktivem Tun und Unterlassen unterscheidet das Gesetz hingegen nicht[464]. Ein *medical error* kann somit durch die Behandlung selbst, die Entscheidung über die Behandlung oder die Art der Behandlung, in fehlerhaften Diagnosen oder in auch in einem Organisationsfehler[465] begründet werden.

(2) *Medical Mishap*

Die zweite als *medical misadventure* eingestufte Fallgruppe betrifft Fälle des *medical mishap*, also unerwünschter Komplikationen einer ansonsten ordnungsgemäß durchgeführten medizinischen Behandlung. Dieser Begriff ist wie folgt in § 34 IPRCA 2001 definiert:

> *Sec. 34 IPRCA 2001 – Medical Mishap*
>
> *(1) "Medical mishap" means an adverse consequence of treatment, when-*
>
> *(a) the treatment is given to a person, is given properly, and is given by or at the direction of a registered health professsional; and*
>
> *(b) the adverse consequence is suffered by the person; and*
>
> *(c) the adverse consequence is severe (as defined in subsection (2)); and*
>
> *(d) the likelihood that treatment of the kind that was given would have the adverse consequence is rare (as defined in subsections (3) and (4)).*

Das Erfordernis einer ordnungsgemäß durchgeführten medizinischen Behandlung in der Eingangsformulierung des § 34 Abs. 1 (a) IPRCA 2001 grenzt den *medical mishap* zunächst vom *medical error* ab, da die grundlegende Voraussetzung gerade in einer fehlerhaft durchgeführten Behandlung besteht. Aus der gesetzlichen Formulierung „*treatment properly given*" ist zu schließen, dass nur Fälle einer aktiven Behandlung durch medizinisches Personal erfasst werden[466]. Körperliche Schäden durch Unterlassen sind im medizinischen Bereich

---

463) Vgl. *Bolitho v. City and Hackney Health Authority*, [1998] AC, S. 232 (C.A. England); *Sidaway v. Governors of the Bethlem Royal Hospital*, [1985] AC, S. 871 (C.A. England); *Maynard v. West Midlands Regional Health Authority*, WLR 1/1984, S. 634 [634 ff.] (*House of Lords*); *Whitehouse v. Jordan*, WLR 1/1981, S. 246 [246 ff.] (*House of Lords*).

464) Zuvor sah man das Unterlassen einer ärztlichen Behandlung nicht als *medical error* an; vgl. dazu *Vennell*, ZVglRWiss 80 (1981), S. 228 [235].

465) So ausdrücklich § 33 Abs. 2 IPRCA 2001.

466) *Butler*, Medical Misadventure, S. 105 f.

daher nur dann vom *Accident Compensation Scheme* erfasst, wenn dieses Unterlassen mindestens fahrlässig ist, da dann wiederum ein *medical error* vorliegt; der verschuldensunabhängige Begriff des *medical mishap* erfasst Schädigungen durch Unterlassen dagegen nicht. Opfer eines unverschuldeten Unterlassens im Rahmen medizinischer Behandlungen erhalten somit weder Entschädigungsleistungen unter dem *Accident Compensation Scheme*, noch können sie – da insoweit keine verschuldensunabhängige Anspruchsnorm existiert – eine Klage vor den Zivilgerichten erheben.

Als weitere Voraussetzungen für das Vorliegen eines *medical mishap* bestimmt die Norm, dass die Behandlungskomplikation beim Betroffenen von erheblicher Qualität („*severe*') sein muss und dabei im Allgemeinen sehr selten (‚*rare*') auftritt. Diese einschränkenden Voraussetzungen wurden bereits im ARCIA 1992 aus der in Neuseeland zur Eingrenzung des *medical mishap* ergangenen Rechtsprechung übernommen[467], nunmehr aber weitaus restriktiver, detaillierter und insbesondere wieder abschließend sowie mittels starrer gesetzlicher Grenzwerte festgesetzt[468].

Eine Behandlungskomplikation ist nach dem Gesetz nur dann von erheblicher Qualität und damit entschädigungsfähig, wenn sie entweder zum Tod des Patienten, zum stationären Aufenthalt im Krankenhaus von mehr als 14 Tagen oder zu einer signifikanten Beeinträchtigung der normalen Leistungsfähigkeit führt, die mehr als vier Wochen anhält[469].

„Selten" im Sinne des Gesetzes wiederum ist die Komplikation nur dann, wenn die Wahrscheinlichkeit für ihr Auftreten nicht größer als ein Prozent ist[470]. Durch § 34 Abs. 4 in Verbindung mit § 322 IPRCA 2001 erhält die ACC die Ermächtigung, durch *Regulations* abweichende Wahrscheinlichkeitsquotienten für bestimmte Behandlungskomplikationen festzusetzen. Komplikationen, die allgemein mit einer höheren Wahrscheinlichkeit auftreten, werden nicht vom Schutzbereich des *Accident Compensation Scheme* erfasst, wodurch beispiels-

---

467) Vgl. *Childs v. Hillock*, NZLR 2/1994, S. 65 [71 ff.] (C.A.); *Bridgeman v. Accident Compensation Corporation*, NZAR 1993, S. 199 [209 ff.] (H.C.); *Villari v. Accident Compensation Corporation*, NZAR 1992, S. 81 [81 ff.]; *Child v. Accident Compensation Corporation*, NZAR 1991, S. 397 [397 ff.] (H.C.); *Polansky v. Accident Compensation Corporation*, NZAR 9/1990, S. 481 [488]; *Viggars v. Accident Compensation Corporation*, NZAR 6/1986, S. 235 [235 ff.] (H.C.); *MacDonald v. Accident Compensation Corporation*, NZAR 5/1985, S. 276 [276 ff.] (H.C.); *Accident Compensation Commission v. Auckland Hospital Board*, NZLR 2/1980, S. 748 [752] (C.A.).

468) Die Rechtsprechung stellte zur begrifflichen Unterscheidung zwischen *medical error* und *medical mishap* zuvor mit einem weiten Beurteilungsspielraum jeweils nur darauf ab, ob die Behandlungskomplikation im Bereich der regelmäßig zu erwartenden Wahrscheinlichkeit lag („... *within the normal range of medical or surgical failure attendant upon such treatment*"), vgl. die in der vorigen Fn. zitierte Rechtsprechung.

469) § 34 Abs. 2 IPRCA 2001.

470) § 34 Abs. 3 IPRCA 2001.

weise die Erfassung von Wundinfektionen schon im Ansatz ausgeschlossen wird.

Die Motivation für die Einführung einer solch starren Grenze durch den Gesetzgeber ist leicht nachvollziehbar. Sie ermöglicht eine effektive Bearbeitung entsprechender Fälle, lässt eine finanzielle Kalkulation zu und dient schließlich auch – in umgekehrter Form – als Grenzwert in Versicherungsverträgen, die mit privaten Versicherern über die Abdeckung von nicht unter dem *Accident Compensation Scheme* erfassten Körperschäden abgeschlossen werden können[471]. Andererseits erweist sich diese sehr willkürlich festgesetzte Abgrenzung[472] in mehrfacher Hinsicht und insbesondere unter Gerechtigkeitspostulaten als sehr problematisch. Sie bewirkt zunächst grundsätzlich eine systemwidrige Ausgrenzung der medizinischen Problemfälle im Vergleich zu sonstigen Unfällen. In keinem anderen Bereich des Entschädigungssystems sind statistische Wahrscheinlichkeitsfaktoren Voraussetzung der Entschädigungsleistung. Dies widerspricht nicht nur dem finalen *No-Fault* Prinzip des Systems, es führt vor allem zu einer kaum zu rechtfertigenden Ungleichbehandlung von Opfern medizinischer Unglücksfälle gegenüber anderen Geschädigten[473]. Selbst Opfer von gröbst fahrlässig selbstverschuldeten Unfällen kommen uneingeschränkt in den Genuss der Leistungen unter dem *Accident Compensation Scheme*, ebenso wie Opfer von Sportunfällen bei sämtlichen Sportarten, ohne dass das Gesetz hier besonders risikoträchtige Sportarten ausschließen würde. Nüchtern betrachtet erscheinen daher Opfer selbstverschuldeter Unfälle vom Gesetz als schützenswerter betrachtet zu werden als Opfer unverschuldeter Unglücksfälle bei medizinischen Behandlungen.

Verstärkt wird dieser Eindruck noch durch die weitere gesetzliche Einschränkung im Hinblick auf das Vorliegen eines *medical mishap*, wonach ein Anspruch des Geschädigten ausgeschlossen wird, wenn die eingetretene Komplikation gerade im Hinblick auf den konkreten Zustand des Patienten mit einer höheren als der allgemeinen Wahrscheinlichkeit zu erwarten war und dies dem Patienten – bei nicht voll Geschäftsfähigen dessen Eltern oder sonstigen gesetzlichen Vertretern – vor der Behandlung bekannt war[474]. Der Patient, der über seinen Gesundheitszustand informiert ist, ist damit gegenüber dem nicht informierten Patienten deutlich benachteiligt. Zusätzlich zu statistischen Ausgren-

---

471) Vgl. *Butler*, Medical Misadventure, S. 108.

472) Im ursprünglichen Vorentwurf zum ARCIA 1992 hatte man diese Grenze zunächst bei einer Wahrscheinlichkeit von nur 0,05 % (!) gezogen, im *Accident Compensation and Rehabilitation Insurance Bill* erhöhte man den Wert auf 0,1 %, der im endgültigen Gesetz dann auf 1 % festgesetzt und bis heute in dieser Höhe beibehalten wurde; vgl. *Butler*, Medical Misadventure, S. 108.

473) Vgl. dazu *Butler*, Medical Misadventure, S. 109; *Hughes*, NZLJ 1990, S. 154 [156]; *Mahoney*, Otago L.R. 6 (1985-88), S. 103 [108].

474) § 34 Abs. 5 IPRCA 2001.

zungen wird hier somit zusätzlich eine in der Person des Opfers liegende subjektive Komponente eingeführt, die Entschädigungsfähigkeit – man möchte eher von „Entschädigungswürdigkeit" sprechen – von Opfern medizinischer Unglückfälle zu beurteilen. Für einen Patienten erscheint es damit ratsam, so wenig wie möglich über seinen Zustand informiert zu sein, da er sonst den Ausschluss von Entschädigungsleistungen bei Komplikationen medizinischer Behandlungen riskiert. Umgekehrt bewirkt die ordnungsgemäße Aufklärung eines Arztes über die besonderen Risiken einer Behandlung unter Umständen den Ausschluss des Patienten von Leistungen. Zu dieser Aufklärung ist der Arzt seinerseits verpflichtet, da er ansonsten – gerade bei Nebenwirkungen, deren Eintrittswahrscheinlichkeit über 1% liegt – seinerseits fahrlässig handeln würde. Eine soziale oder ethische Rechtfertigung dieses eigenartigen legislativen Zustands, insbesondere vor dem Hintergrund der massiven Ungleichbehandlung von Patienten gegenüber sonstigen Unfallopfern, wird sich kaum finden lassen[475]. Im Ergebnis werden sich damit Ansprüche auf *medical mishap* wohl kaum noch erfolgreich stützen lassen[476].

Als weitere Einschränkung bestimmt das Gesetz zudem, dass nach Abschluss einer medizinischen Behandlung auftretende Komplikationen oder abnormale Reaktionen als Folge dieser Behandlung überhaupt nur dann relevant sind, wenn sie ihre Ursache in einem *medical error* oder *medical mishap* während der Behandlung fanden[477]. Manifestieren sich derartige Schäden daher erst einige Zeit nach einer medizinischen Behandlung, gerät der Betroffene in eine ungünstige beweisrechtliche Position. Mag schon die Abgrenzung, wann die Behandlung im konkreten Fall beendet ist, Schwierigkeiten bereiten, so kann die rückblickende Bestimmung, worauf eine zeitlich versetzt auftretende Komplikation zurückzuführen ist, gerade im Hinblick auf die dem Patienten auferlegte Beweislast extrem schwierig werden[478].

(3) *Registered health professional*

Eine weitere empfindliche Einschränkung erfährt der Anwendungsbereich des *Accident Compensation Scheme* für Fälle medizinischer Unglücksfälle durch die unter dem ARCIA 1992 eingeführte Regelung[479], wonach nur noch solche körperlichen Schäden dem Regime des *Accident Compensation Scheme* unterstellt werden, die im Rahmen einer Behandlung durch eine abschließend aufgezählte Personengruppe, die *registered health professionals*, verursacht wurden.

---

475) So auch *Butler*, Medical Misadventure, S. 111 ff. Vgl. auch *Deutsch*, VersR 1994, S. 381 [382 f.].

476) So auch *Bitterich*, RabelsZ 67 (2003), S. 494 [520].

477) § 32 Abs. 2 IPRCA 2001.

478) Vgl. dazu *Todd*, Washburn L.J. 39 (2000), S. 404 [437].

479) Vgl. § 3 ARCIA 1992.

Unter *registered health professional* versteht das Gesetz im Wesentlichen Ärzte, Zahnärzte, Apotheker, Optiker, Krankenschwestern, Chiropraktiker, Zahntechniker, Physiotherapeuten und medizinisch-technisches Hilfspersonal, soweit diese Personen jeweils eine staatliche Zulassung besitzen[480].

Eine Einschränkung des Schutzbereichs erfährt das *Accident Compensation Scheme* dadurch insoweit, als unter den früheren Regelungen *medical misadventure* ausdrücklich einem Unfall gleichgestellt war und zudem der anspruchsbegründende Terminus des Unfalls sehr extensiv ausgelegt wurde. Damit konnte – wenn ein medizinischer Kontext des Schadens fraglich erschien – hilfsweise immer noch auf einen Unfall rekurriert werden, so dass im Ergebnis praktisch immer eine Anspruchsberechtigung bestand. Dies regelt das Gesetz nunmehr genau gegenteilig: Sofern das schädigende Ereignis im Rahmen einer Behandlung durch einen *registered health professional* – oder außerhalb Neuseelands durch eine diesem gleichgestellte Person – eingetreten ist, soll dies jetzt ausdrücklich gerade keinen Unfall darstellen[481]. Körperliche Schäden in medizinischem Kontext, die nicht durch einen *registered health professional* verursacht wurden, sind somit nicht vom Schutzbereich des *Accident Compensation Scheme* erfasst. Homöopathen oder Naturheiler sind ebenso wenig *registered health professionals* wie die dem Behandlungspersonal übergeordneten Institutionen der Krankenhäuser oder Pflegeheime. Körperschäden, die sich kausal auf ein Verhalten dieser Personengruppen bzw. Institutionen zurückführen lassen, werden somit nicht unter dem *Accident Compensation Scheme* entschädigt.

Ein weiteres Problemfeld wird hierbei dadurch geschaffen, als auch Hersteller von Medikamenten, medizinischen Geräten und Implantaten in aller Regel keine *registered health professionals* im Sinne des Gesetzes sind. Hierdurch verursachte körperliche Schäden können somit nur dann unter dem *Accident Compensation Scheme* entschädigungsfähig sein, wenn dem mit der Behandlung beauftragten Arzt im Sinne einer Unterbrechung des Kausalverlaufs insoweit ein

---

480) Vgl. § 6 Abs. 1 IPRCA 2001: "*'registered health professional'* –
(a) means a chiropractor, clinical dental technician, dental technician, dentist, medical laboratory technologist, medical radiation technologist, midwife, nurse, occupational therapist, optometrist, pharmacist, physiotherapist, podiatrist, or registered medical practitioner; and
(b) includes any person referred to in paragraph (a) who is temporarily or provisionally registered or certified under the relevant enactment, and is not required to hold an annual practising certificate or annual licence, but only when acting in accordance with any conditions of such temporary or provisional registration or certification; and
(c) includes a member of any occupational group included in the definition of 'registered health professional' by regulations made under section 322".

481) § 25 Abs. 2 (a) IPRCA 2001.

Behandlungsfehler vorzuwerfen ist, beispielsweise durch Nichterkennen der Fehlerhaftigkeit des Produkts[482].

Problematisch ist auch der Fall, wenn ein *registered health professional* keine Zulassung hat, beispielsweise einem Arzt die Approbation entzogen wurde. Nach dem Gesetz genießt der Patient, obgleich in diesem Fall gerade besonders schutzwürdig, keinen Schutz und wäre allenfalls auf eine Klage direkt gegen den Schädiger nach *Common Law* zu verweisen. Da das Gesetz aber die *registered health professional* enumerativ aufzählt und eine analoge Anwendung des *Accident Compensation Scheme* auf ähnlich liegende Fälle bislang von keinem Gericht erwogen wurde, dürfte dies in der Praxis tatsächlich die gewollte Konsequenz für den Patienten sein[483].

Schon damit wird deutlich, dass der Bereich der medizinischen Unglücksfälle stark abweichend von den sonstigen Anspruchsvoraussetzungen des Gesetzes behandelt wird. Der Hintergrund für diese Vorgehensweise des Gesetzgebers ist schwer zu durchschauen, eine dogmatische oder gar sachliche Rechtfertigung dafür ist jedenfalls nicht ersichtlich[484].

(4) Klinische Studien

Eine Sonderregelung hält das Gesetz schließlich für klinische Tests oder Studien bereit, in deren Rahmen Komplikationen oder Behandlungsfehler nur dann als *medical misadventure* angesehen werden, wenn der Betroffene entweder dem Test nicht schriftlich zugestimmt hat, oder der Test nicht durch eine offiziell eingesetzte Ethik-Kommission vor dem Hintergrund genehmigt wurde, dass die Studie zur Gewinnung der mit ihr verfolgten Kenntnisse geeignet und von medizinischem Nutzen ist[485]. Patienten, die an einer nicht geprüften Studie teilnehmen, ist somit der Schutz unter dem *Accident Compensation Scheme* verwehrt, selbst wenn sie der Teilnahme zuvor schriftlich zugestimmt haben. Gerade derartige nicht genehmigte Studien werden jedoch oftmals besondere Risiken für die Teilnehmer bergen. Zudem sind hiervon zumeist Personen betroffen, die an privaten Studien pharmazeutischer Unternehmen, gewöhnlich gegen Bezahlung, teilnehmen. Dass gerade diese finanziell meist benachteiligte Personengruppe vom Deckungsbereich des *Accident Compensation Scheme* ausgeschlossen wurde, ist unter den primär sozial motivierten Postulaten des Systems kaum verständlich. Zwar nehmen diese Personen ein unter Umständen

---

482) *Todd*, Washburn L.J. 39 (2000), S. 404 [441]; vgl. dazu auch unten, S. 165, im Hinblick auf das Verhältnis zum *Common Law*.

483) *Carden*, NZLJ 1995, S. 105 [105]; a.A. *Butler*, Medical Misadventure, S. 116, die (noch zur Rechtslage unter dem ARCIA 1992) eine analoge Anwendung der dem *Accident Compensation Scheme* zugrundeliegenden Normen für sachgerecht hält.

484) *Todd*, Washburn L.J. 39 (2000), S. 404 [435].

485) § 32 Abs. 5 IPRCA 2001.

erhebliches Risiko bewusst in Kauf; dies allein kann hier kaum jedoch ein Argument zur Ausgrenzung dieser Personengruppe sein, da andererseits auch Unfälle im Rahmen bekanntermaßen riskanter Sportarten uneingeschränkt entschädigungsfähig sind[486]. In der Regel ist den Teilnehmern solcher Studien aber nicht einmal bekannt, ob eine den Anfordernissen des IPRCA 2001 genügende Genehmigung der Studie existiert. In diesen Fällen sind die Patienten umso schutzwürdiger, so dass rechtspolitisch eine Einbeziehung dieser Personengruppe dringend wünschenswert wäre[487].

(5) Zusammenfassung

Die vorstehenden Ausführungen machen deutlich, dass die rechtliche Situation eines in Neuseeland von medizinischen Behandlungsfehlern oder -komplikationen betroffenen Patienten nicht gerade als günstig zu bezeichnen ist. Die außerordentlich komplexen Abgrenzungskriterien im Bereich des *medical misadventure* schaffen bereits eine erhebliche Rechtsunsicherheit, wann überhaupt der Deckungsbereich des *Accident Compensation Scheme* eröffnet ist. Menschen mit einer bekannt erhöhten Anfälligkeit für ansonsten seltene Nebenwirkungen einer medizinischen Behandlung werden vom Entschädigungsnetz nicht aufgefangen. Umgekehrt wären die gleichen Schäden bei den gleichen Personen dann unter dem *Accident Compensation Scheme* versichert, wenn dem behandelnden Personal insoweit Fahrlässigkeit vorzuwerfen wäre. Opfer nicht ordnungsgemäß genehmigter medizinischer Teststudien sind ebenso von den Leistungen des *Accident Compensation Scheme* ausgeschlossen wie Geschädigte aufgrund unverschuldeten Unterlassens einer Behandlung oder Opfer medikamentöser Nebenwirkungen, die statistisch häufiger als 1% sind oder nicht die Ausmaße erreichen, die das Gesetz verlangt.

Noch schwerer wiegt die Tatsache, dass der geschädigte Patient bei einem *medical error* des Arztes diesem ein Verschulden nachweisen muss, da die Entschädigungsvoraussetzungen von einem kausalen schuldhaften ärztlichen Fehlverhalten abhängig gemacht werden. Somit gelangt man unter dem *Accident Compensation Scheme* insoweit nicht einmal über die klassische Verschuldenshaftung hinaus[488]. Obgleich nach der neuseeländischen Rechtsprechung grundsätzlich bei Vorliegen der näheren Voraussetzungen trotz Eingreifens des *Accident Compensation Scheme* ein Strafschadensersatz (*exemplary damages*) direkt

---

486) Vgl. *Todd*, Washburn L.J. 39 (2000), S. 404 [439].

487) So auch *Butler*, Medical Misadventure, S. 140, noch zur identischen Rechtslage unter dem ARCIA 1992. Dies gilt umso mehr im Hinblick auf § 10 *Bill of Rights Act 1990* (Public Act 1990 No. 109 v. 28.08.1990), der bestimmt, dass keine Person ohne ihre Zustimmung an medizinischen oder wissenschaftlichen Experimenten teilnehmen darf.

488) So auch *Deutsch*, VersR 1994, S. 381 [382 f.].

gegenüber dem Schädiger geltend gemacht werden kann[489], hat der *Court of Appeal* dies gerade im Hinblick auf medizinische Behandlungsunfälle kürzlich nahezu ausgeschossen; sofern der Arzt den Schaden nicht bewusst – also vorsätzlich – herbeigeführt habe, sei die Geltendmachung von *exemplary damages* selbst bei grob fahrlässigem Handeln des Arztes unzulässig[490].

Nachdem für den Schutz des Betroffenen unter dem *Accident Compensation Scheme* neben der Anknüpfung an ein Verschulden des Schädigers und der Ausgrenzung statistisch häufigerer Komplikationen nunmehr unter Bezugnahme auf die *registered health professionals* sogar entscheidend ist, wer die Behandlung durchführt, ist vom finalen Charakter des Versicherungssystems in diesem Bereich wenig übrig geblieben. Die gravierenden Unterschiede der Behandlung gegenüber sonstigen Unfallopfern mögen historisch daraus resultieren, dass die Wurzeln des *Accident Compensation Scheme* letztlich dem Vorbild der Arbeitsunfallversicherung entspringen und die Besonderheiten des Arzthaftungsrechts hiermit nicht leicht in Einklang zu bringen sind[491].

Aus Sicht betroffener Patienten ist das Verfahren im Zusammenhang mit medizinischen Behandlungsunfällen unter dem *Accident Compensation Scheme* „verwirrend, umständlich und nervenzehrend"[492], die Bevölkerung sieht in dem System ein Schutzschild für Ärzte und eine damit einhergehende Verschlechterung des Behandlungsstandards[493]. Ob die unter dem Entschädigungssystem relativ günstige Position der – von jeder Haftung für Fahrlässigkeit freigestellten – Ärzte tatsächlich negative Auswirkungen auf deren Verhalten und den medizinischen Sorgfaltsstandard insgesamt in Neuseeland hat, wurde bislang noch nicht ausreichend empirisch untersucht[494]. Nach einer neueren Untersuchung scheint sich die Haftungsfreistellung des medizinischen Personals jedenfalls in einer gegenüber herkömmlichen Haftungssystemen weitaus besseren Dokumentation

---

489) Vgl. dazu eingehend unten, S. 155.

490) *Bottrill v. A*, NZLJ 2001, S. 233 [233 ff.] (C.A.).

491) Vgl. *Vennell/Manning*, NZRLR 1992, S. 1 [5 f.]: „*It is difficult to fit the concept of 'medical misadventure' into the framework of what is essentially a workers' compensation scheme*".

492) *Cull*, Review of Processes Concerning Adverse Medical Events, S. 15.

493) Die neuseeländische Tagespresse kommentierte dies unter der Überschrift „*Medical Emergency*", vgl. *The Dominion*, Editorial, 26.06.2001; vgl. auch *Paterson*, Journal of Health Services Research and Policy, Vol. 6 (2001), S. 193 [194]: „*... medical profession that is shielded from damage claims for negligence*".

494) Vgl. *Brennan*, The Milbank Quaterly 76 (1998), S. 709 [709 ff.]; *Fitzjohn/Studdert*, N.Z.Med.J. 114 (2001), S. 43 [44 f.], halten – auch aus ärztlicher Sicht – eine dementsprechende Reform des Systems für unabdingbar. Sehr kritisch – freilich ohne empirische Beweise – auch *Towse/Danzon*, Health Econ. 8 (1999), S. 93 [97 f.].

der Behandlungen niederzuschlagen, was im Umkehrschluss auch eine bessere Behandlung und Betreuung der Patienten gewährleistet[495].

bbb) *Treatment for Personal Injury*

Zweite und getrennt geregelte Fallgruppe der unter dem Oberbegriff der medizinischen Behandlungsfehler zusammengefassten Ereignisse sind Körperschäden, die ihrerseits im Rahmen einer medizinischen Behandlung eines durch das *Accident Compensation Scheme* erfassten Körperschadens auftreten. Voraussetzung für alle unter dieser Gruppe zusammengefassten Schäden ist daher, dass der Betroffene bereits für einen anderen körperlichen Schaden Schutz unter dem *Accident Compensation Scheme* genießt und im Rahmen der gerade dafür notwendigen medizinischen Behandlung einen weiteren körperlichen Schaden davonträgt. Im Gegensatz zu den Fällen des *medical misadventure* ist im Hinblick auf den Schutz insoweit unerheblich, ob die Behandlung ordnungsgemäß oder fehlerhaft durchgeführt wurde. Sinn dieser Regelungen ist es, jeden Zweifel über die entschädigungsrechtliche Abdeckung weiterer Folgeschäden eines unter dem *Accident Compensation Scheme* entschädigungsfähigen Grundschadens zu vermeiden[496].

Im Einzelnen sind unter dieser Fallgruppe vom Gesetz erfasst zunächst weitere körperliche Schäden als Folge einer medizinischen Behandlung aufgrund einer körperlichen Schädigung, die ihrerseits vom Deckungsbereich des *Accident Compensation Scheme* erfasst ist[497].

Weiterhin vom Schutzbereich des *Accident Compensation Scheme* erfasst sind insoweit Schäden aufgrund von Krankheiten, Infektionen oder fortschreitenden Prozessen, die entweder auf einem medizinischen Behandlungsfehler, auf einem unter dem *Accident Compensation Scheme* erfassten Grundschaden oder auf einer medizinischen Behandlung für einen solchen Grundschaden beruhen[498]. Für letzteren Fall ist allerdings im Gegensatz zu den Voraussetzungen eines *medical misadventure* nicht erforderlich, dass die behandelnde Person die Stellung eines *registered health professional* im Sinne des Gesetzes innehat. Erfasst sind unter dieser Alternative daher auch medizinische Behandlungen durch Laien, beispielsweise im Rahmen erster Hilfe nach einem Unfall, die zu weiteren Schäden bei dem Verletzten führen[499].

---

495) *Davis/Lay-Yee/Scott/Briant/Schug*, BMJ 326 [2003], S. 79 [79 f.]; *Fenn*, The Economic Journal 114 (6/2004), S. 272 [283].

496) *Todd*, Washburn L.J. 39 (2000), S. 404 [438].

497) § 34 Abs. 2 (d) IPRCA 2001.

498) § 34 Abs. 2 (f) – (h) IPRCA 2001.

499) Vgl. dazu *Todd*, Washburn L.J. 39 (2000), S. 404 [438].

Als Besonderheit erfasst das Gesetz auch körperliche Schäden des Lebenspartners (*Spouse*[500]), der Kinder und sonstiger Dritter aufgrund einer übertragbaren Krankheit, wenn sich diese unmittelbar bei dem Geschädigten oder auch dessen infiziertem Lebenspartner angesteckt haben, wobei die Krankheit bei dem ursprünglich Geschädigten ihre Ursache in einem *medical misadventure* finden muss[501]. Die Erstreckung des Schutzbereichs auf sonstige Dritte ist neu unter dem IPRCA 2001, da zuvor seit Inkrafttreten des ARCIA 1992 nur familiäre Angehörige erfasst waren, die sich bei dem unmittelbar Geschädigten infiziert hatten[502]. Wird beispielsweise ein Patient durch eine mit HIV- oder Hepatitis-C-Viren verseuchte Blutkonserve aufgrund eines *medical misadventure* infiziert und überträgt diese Infektion auf einen Dritten, so ist dieser – auch wenn er kein Angehöriger des unmittelbar Geschädigten ist – unter dem *Accident Compensation Scheme* zur Inanspruchnahme von Entschädigungsleistungen berechtigt[503].

Als letzte Alternative sind unter dieser Fallgruppe Fälle von Körperschäden aufgrund von Herzinfarkten oder Schlaganfällen erfasst, wenn diese ihrerseits Folge eines medizinischen Unglücksfalls sind[504]. In allen anderen Fällen werden solche körperlichen Ereignisse – sofern sie nicht beruflich bedingt sind – als Krankheiten angesehen und fallen somit durch das Raster der Anwendungsvoraussetzungen des IPRCA 2001.

c) Berufskrankheiten (*Work related disease*)

Während das *Accident Compensation Scheme* – wie aufgezeigt – grundsätzlich keine Krankheiten erfasst, stellt der Bereich der berufsbedingten Krankheiten hierzu die Ausnahme dar. Diese Kategorie ist seit der Einführung des *Acci-*

---

500) Zum Begriff *Spouse* vgl. die Legaldefinition in § 18 Abs. 1 IPRCA 2001; erfasst sind Ehepartner und Partner einer – auch gleichgeschlechtlichen – eheähnlichen Lebensgemeinschaft. Wenn die Partner getrennt leben, gilt der andere nur dann als *Spouse*, wenn er finanziell für den Anspruchsberechtigten aufkommt, vgl. § 18 Abs. 2 u. 3 IPRCA 2001; entsprechende Regelungen gelten auch, wenn der ursprünglich Anspruchsberechtigte verstorben ist, vgl. § 18 Abs. 4 – 6 IPRCA 2001.

501) § 34 Abs. 2 (c) in Verbindung mit § 32 Abs. 6 IPRCA 2001.

502) Unter Geltung der ursprünglichen Gesetze des ACA 1972 und des ACA 1982, also vor Einführung der Legaldefinitionen durch den ARCIA 1992, waren solche Sekundärschäden aufgrund von Infektionen nach Ansicht der Rechtsprechung ebenfalls unter dem damaligen System als „*Personal Injury by Accident*" erfasst, vgl. *Estate of N v. Accident Rehabilitation and Compensation Insurance Corporation*, unveröffentlicht, Wellington Registry AP 127/94 (H.C., 05.02.1996) zum Schutz eines durch sekundäre HIV-Infektion Geschädigten unter dem ACA 1982.

503) Beispiel nach *Todd*, Washburn L.J. 39 (2000), S. 404 [439], noch zur gegenteiligen Rechtslage unter dem AIA 1998.

504) § 34 Abs. 2 (i) IPRCA 2001.

dent Compensation Scheme traditionell fester Bestandteil desselben, was seinen Grund in der vollständigen Übernahme des *Workers' Compensation Act* hat, der vor Einführung des *Accident Compensation Scheme* nach dem Vorbild der deutschen Arbeitsunfallversicherung Schadensausgleich bei Arbeitsunfällen und berufsbedingten Krankheiten gewährte[505].

Auch in dieser Kategorie erfuhren die gesetzlichen Regelungen unter unterschiedlichen Regierungen seit 1972 verschiedene Änderungen, die sich aber im Vergleich zu den Definitionsänderungen der Kategorien Unfall und insbesondere der medizinischen Behandlungsfehler relativ bescheiden ausnehmen. Der Deckungsbereich des *Accident Compensation Scheme* ist in diesem Bereich nach § 20 Abs. 2 (e) und (j) IPRCA 2001 grundsätzlich dann eröffnet, wenn ein körperlicher Schaden vorliegt, der auf einen berufsbedingten fortschreitenden Prozess, eine berufsbedingte Krankheit oder Infektion oder auf einen berufsbedingten Herzinfarkt oder Schlaganfall zurückzuführen ist.

In der auch diesbezüglich im IPRCA 2001 vorgenommenen Legaldefinition in § 30 heißt es:

Sec. 30 IPRCA 2001 - Personal injury caused by work-related gradual process, disease, or infection -

(1) "Personal injury caused by a work-related gradual process, disease, or infection" means personal injury-
- *(a) suffered by a person; and*
- *(b) caused by a gradual process, disease, or infection; and*
- *(c) caused in the circumstances described in subsection (2).*

(2) The circumstances are-
- *(a) the person-*
  - *(i) performs an employment task that has a particular property or characteristic; or*
  - *(ii) is employed in an environment that has a particular property or characteristic; and*
- *(b) the particular property or characteristic-*
  - *(i) causes, or contributes to the cause of, the personal injury; and*
  - *(ii) is not found to any material extent in the non employment activities or environment of the person; and*
  - *(iii) may or may not be present throughout the whole of the person's employment; and*
- *(c) the risk of suffering the personal injury-*

---

505) Zum *Workers' Compensation Act* vgl. oben, S. 71.

(i) is significantly greater for persons who per form the employment task than for persons who do not perform it; or

(ii) is significantly greater for persons who are employed in that type of environment than for persons who are not.

Das *Accident Compensation Scheme* gewährt insoweit Entschädigungsleistungen für das Vorliegen eines körperlichen Schadens, der auf einen berufsbedingten fortschreitenden Prozess oder eine berufsbedingte Krankheit oder Infektion zurückzuführen ist, wobei die in § 30 Abs. 2 (b) und (c) IPRCA 2001 genannten einschränkenden Voraussetzungen kumulativ vorliegen müssen. Insbesondere darf die Krankheit nicht auf Material oder Aktivitäten zurückführbar sein, die auch außerhalb des Arbeitsplatzes vorhanden sind; zudem muss die Tätigkeit des Arbeitnehmers ein spezifisches Risiko für die aufgetretene Krankheit begründen, dem sonstige Personen nicht ausgesetzt sind.

Diese einschränkenden Voraussetzungen in § 30 Abs. 2 (b) und (c) IPRCA 2001 finden nach dessen Abs. 3 und 4 keine Anwendung auf besondere schwere und typische Berufskrankheiten insbesondere der chemischen Industrie, die im 2. Anhang zum IPRCA 2001[506] aufgezählt sind, wie beispielsweise Silikose, Asbestose, chronische Vergiftungen durch Schwermetalle, Benzol und dessen Derivate, chlorierte Kohlenwasserstoffe, aber auch Hautkrebs durch Bitumen, Erdöl und verwandte Stoffe sowie Schäden durch radioaktive Strahlung. In solchen Fällen wird die Kausalität der Berufstätigkeit für das Auftreten der Krankheit gesetzlich fingiert.

Gesetzlich ausgenommen aus dem Schutzbereich des *Accident Compensation Scheme* sind Körperschäden aufgrund von psychischem Stress[507] sowie aufgrund von Taubheit, für die bereits eine Unfallrente unter dem *Workers' Compensation Act*[508] gezahlt wurde[509]. Da Berufskrankheiten ihre Ursache in einer zeitlich weit zurückliegenden Tätigkeit haben können, erstreckt sich der Schutzbereich des *Accident Compensation Scheme* auch auf solche Berufskrankheiten, deren Ursprung sich in einer Berufstätigkeit findet, die der Beschäftigte bereits vor dem 01. April 1974, also vor Einführung des *Accident Compensation Sche-*

506) Schedule 2 §§ 30 (3), 59 IPRCA 2001 – Occupational Diseases.

507) § 30 Abs. 5 IPRCA 2001.

508) Zum *Workers' Compensation Act* siehe oben, S. 71.

509) § 30 Abs. 5 IPRCA 2001; die Vorgängernorm des § 33 Abs. 3 AIA 1998 schloss darüber hinaus speziell noch Krankheiten aus, die durch Klimaanlagen oder Passivrauchen verursacht wurden, was im IPRCA 2001 nicht mehr übernommen wurde, so dass nunmehr auch derart verursachte Krankheiten erfasst sind; unklar bleibt freilich, wie dem Betroffenen in solchen Fällen der Nachweis der Kausalität möglich sein soll.

me, ausgeübt hat, deren Symptome aber erst erheblich später auftreten[510]. Zwei Ausnahmen bestehen in derartigen Fällen: Der Schutzbereich ist nicht eröffnet, wenn der Betroffene die Arbeitstätigkeit seinerzeit außerhalb Neuseelands ausgeübt hat und auch seinen regelmäßigen Aufenthalt nicht in Neuseeland hatte[511] sowie dann, wenn der Betroffene bereits vor dem 01. Juli 1992 verstorben ist[512]. Als maßgeblichen Zeitpunkt für das Auftreten der Krankheit bestimmt das Gesetz die erste Inanspruchnahme von ärztlicher Behandlung durch den Geschädigten oder – falls dies früher eintritt – den Eintritt der Arbeitsunfähigkeit[513]. Sowohl das Gesetz selbst als auch die Rechtsprechung stellen seit jeher entscheidend auf die Tatsache ab, dass die berufsbedingte Krankheit gerade auf die besondere Art der Beschäftigung zurückzuführen ist, also eine Kausalität zwischen der konkret ausgeübten Tätigkeit und der Krankheit besteht. So wurde etwa die Dermatitis eines Arbeiters, dessen Hände ständig mit Öl in Berührung kamen, als Berufskrankheit anerkannt, nicht jedoch dieselbe Krankheit, die sich eine Putzfrau beim Umgang mit Reinigungschemikalien zugezogen hatte[514].

Einige Sonderregelungen enthält das Gesetz im Hinblick auf Herzinfarkte und Schlaganfälle. Diese werden als berufliche bedingte Krankheitsfälle nur dann vom *Accident Compensation Scheme* erfasst, wenn sie aufgrund einer konkreten und arbeitsbezogenen, außergewöhnlichen und untypischen physischen Anstrengung aufgetreten sind[515]. Der Begriff der „Arbeitsbezogenheit“ wiederum ist in § 28 IPRCA 2001 legaldefiniert und deckt nur Fälle von Körperschäden ab, die am Arbeitsplatz selbst während der Arbeitszeit erlitten werden, darüber hinaus während regulärer Arbeitspausen, auf dem Weg vom Arbeitsplatz zu einer unfallbedingten medizinischen Behandlung sowie auf dem Weg zur Arbeit, wenn der Transport durch den Arbeitgeber durchgeführt oder organisiert wird. Nicht erforderlich dagegen ist, dass der Herz- oder Schlaganfall auch seine tieferliegende Ursache in der konkret ausgeübten Tätigkeit hat. Diese Regelung wurde unter dem AIA 1998 eingeführt[516] und bewirkte eine Änderung des durch das *Accident Compensation Scheme* gewährten Schutzbereichs. Zuvor war es erforderlich, dass ein Herzinfarkt oder Schlaganfall gerade auf der beruflich ausgeübten Tätigkeit beruhte, also eine Kausalität zwischen dem Krankheitsfall und der konkret ausgeübten Tätigkeit bestand. Dies führte zu zahlreichen Streitigkeiten mit kaum vorhersehbaren Ergebnissen über die Ursache der Krank-

---

510) § 30 Abs. 6 und 7 IPRCA 2001.
511) § 24 IPRCA 2001.
512) § 329 IPRCA 2001.
513) § 36 Abs. 1 IPRCA 2001.
514) Vgl. die Fallbeispiele in *ACC*, Annual Report 1978, S. 47 sowie in *ACC*, Annual Report 1979, S. 53.
515) § 20 Abs. 2 (j) IPRCA 2001.
516) Vgl. § 32 Abs. 1 AIA 1998.

heitsfälle[517], da Herzinfarkte oder Schlaganfälle, die nicht auf der Berufstätigkeit beruhten, keinen Entschädigungsanspruch auslösten, selbst wenn sie während der Arbeitszeit auftraten.

Wie für beruflich bedingte Unfälle gilt auch für Berufskrankheiten die für den Geschädigten günstige Klausel des § 28 Abs. 7 IPRCA 2001, wonach weder ein Fehlverhalten des Arbeitnehmers noch die Unwirksamkeit des Vertrags oder das Vorliegen höherer Gewalt einen Einfluss auf dessen Entschädigungsansprüche haben.

Nach der neuen Regelung in § 31 IPRCA 2001 schließlich wurde eine dem *ACC Minister* unterstehende Arbeitsgruppe eingerichtet[518], die als Schnittstelle zwischen der Regierung und den mit der Abwicklung von Entschädigungen für Berufskrankheiten tangierten Institutionen, also insbesondere der ACC und den Rechtsmittelgerichten, die Anwendung des Gesetzes überwachen und der Regierung hierüber Bericht erstatten soll[519]. Die Kosten für diese Institution werden den beiden durch die Arbeitgeber und selbständig Tätige finanzierten Fonds, dem *Employers' Account* und dem *Self-Employed Work Account*, unter dem *Accident Compensation Scheme* entnommen[520].

3. Kausalität und Beweislast

Zwischen der körperlichen Verletzung und dem schädigenden Ereignis muss – wie schon in der Gesetzesformulierung zum Ausdruck kommt – ein Ursachenzusammenhang bestehen[521]. Trotz der finalen Orientierung des *Accident Compensation Scheme* kann und soll auf das Erfordernis des Ursachenzusammenhangs nicht verzichtet werden, solange der Deckungsbereich des Systems an die Ursachen für den im Gesetz definierten tatbestandlichen Erfolg

517) Vgl. *Re Saunders*, NZACR 1983, S. 662 [662] – Herzinfarkt eines Sicherheitsangestellten nach einem Spaziergang, nicht vom *Accident Compensation Scheme* gedeckt; *Re Archer*, NZAR 2/1979, S. 25 [25] – Herzinfarkt bei Arbeiten unter einem Lkw, nicht vom *Accident Compensation Scheme* gedeckt; *Re Stirling*, NZACR 1983, S. 600 [600] – Herzinfarkt eines Englischlehrers beim Basketballspiel, vom *Accident Compensation Scheme* erfasst; *Groves v. Accident Compensation Corporation*, NZAR 2/1978, S. 15 [15] – Herzinfarkt eines Handwerkers aufgrund sehr schwieriger und anstrengender Bewegungen vom *Accident Compensation Scheme* gedeckt.

518) *Ministerial Advisory Panel on Work-related Gradual Process, Disease, or Infection*, vgl. § 31 Abs. 1 IPRCA 2001.

519) § 31 Abs. 3 IPRCA 2001.

520) § 31 Abs. 6 IPRCA 2001.

521) Vgl. die Anspruchsvoraussetzungen in § 20 Abs. 2 IPRCA 2001 („... *caused by* ..."); zum Wortlaut siehe oben, S. 116.

angeknüpft wird[522]. Insofern kann man sagen, dass mit dem Übergang von der Individualhaftung zur staatlichen Versicherung das Verschulden durch die Kausalität ersetzt wurde[523]. Die konkret an den Nachweis der Kausalität gestellten Anforderungen ergeben sich dabei aus dem *Common Law*, wobei allerdings einige Einschränkungen gelten, da bei der Bestimmung der Kausalität unter dem *Common Law* auch Merkmale des Verschuldens und der Vorhersehbarkeit eine Rolle spielen, die unter dem *Accident Compensation Scheme* irrelevant sind[524]. Der Anspruchsteller hat die anspruchsbegründenden Tatsachen, und damit auch die Kausalität, zu beweisen[525]. Immerhin sieht man in der Praxis den Kausalitätsbeweis als gegeben an, wenn der Schaden aufgrund „überwiegender Wahrscheinlichkeit" Folge eines unter den Definitionskatalog des *Accident Compensation Scheme* fallenden Ereignisses ist[526], wenn auch in verschiedenen Einzelfällen strengere Anforderungen an den Kausalitätsbeweis gestellt worden sind[527]. Die Problematiken der Unterbrechung des Kausalzusammenhangs, der kumulativen oder überholenden Kausalität spielen unter dem *Accident Compensation Scheme* kaum eine Rolle, wenn sich zumindest eine der in Frage kommenden Ursachen unter den Schutzbereich des *Accident Compensation Scheme* subsumieren lässt[528].

Vor 1992 wurden an den Nachweis der Kausalität seitens der ACC kaum Anforderungen gestellt; allein das Auftreten eines durch das System geschützten körperlichen Schadens war gewöhnlich Indiz genug, den Kausalzusammenhang zu Gunsten des Geschädigten zu unterstellen[529]. Dieser Praxis begegnete man im Zuge der der Kostensenkung dienenden Reform unter dem ARCIA 1992 und führte eine neue Beweislastregel ein, wonach allein das Vorliegen eines körperlichen Schadens kein Indiz für dessen Verursachung durch ein vom *Accident Compensation Scheme* erfasstes Ereignis ist[530]. Diese Regelung hat man bis heu-

---

522) *Blair*, Accident Compensation in New Zealand, S. 40; grundsätzlich unterscheiden sich final orientierte „*No-Fault*"-Entschädigungssysteme von den auf Gefährdungshaftungstatbeständen aufbauenden Versicherungssystemen gerade durch das Entfallen oder zumindest die Erleichterung des Kausalitätsnachweises, vgl. *Cane*, Atiyah's Accidents, Compensation and the Law, S. 399.

523) *Blair*, Accident Compensation in New Zealand, S. 38; *Deutsch*, VersR 1980, S. 201 [204].

524) *Blair*, Accident Compensation in New Zealand, S. 38, 41.

525) Vgl. *Wilsher v. Essex Area Health Authority*, [1988] AC, S. 1074 [1074 ff.].

526) Vgl. zur Rechtsprechung unter dem *Common Law Miller v. Minister of Pensions*, [1947] 2 All ER, S. 372 [374]; vgl. auch *Deutsch*, RabelsZ 44 (1980), S. 487 [496].

527) Vgl. die Nachw. bei *Deutsch*, RabelsZ 44 (1980), S. 487 [496] u. *Giesen*, International Medical Malpractice Law, S. 535 ff.

528) *Blair*, Accident Compensation in New Zealand, S. 45.

529) Vgl. *Butler*, Medical Misadventure, S. 131 f.

530) § 3 (a) ARCIA 1992.

te beibehalten[531]. Die dadurch dem Geschädigten aufgebürdete Beweislast hinsichtlich der Kausalität des schädigenden Ereignisses steht im massiven Widerspruch zu dem hinter dem Entschädigungssystem stehenden Prinzip des „*Comprehensive Entitlement*“ des *Woodhouse-Reports*, nämlich dem Geschädigten durch die Abnahme der Beweislast unter erleichterten Voraussetzungen Entschädigung zukommen zu lassen[532]. Gerade im Bereich der medizinischen Behandlungsunfälle sorgt diese Regelung für eine weitere Verschlechterung der Position des Geschädigten.

In auffälligem Gegensatz dazu steht die bereits erwähnte und nur für berufsbedingte körperliche Schäden geltende Regelung des § 28 Abs. 7 IPRCA, nach der es bei Arbeitsunfällen bzw. Berufskrankheiten – dem finalen Prinzip der ursprünglichen Arbeitsunfallversicherung entsprechend – für das Vorliegen eines Entschädigungsanspruchs gerade nicht auf die konkreten Umstände der Schädigung ankommt[533]. Damit korrespondierend obliegt es in diesem Zusammenhang auch der ACC zu beweisen, dass eine Krankheit nicht berufsbedingt ist oder die Ursache des Personenschadens nicht mit dem Beruf des Verletzten zusammenhängt[534].

4. Unmittelbarkeit des Schadens

Nach ständiger Rechtsprechung der neuseeländischen Gerichte sind nur solche Schäden unter dem *Accident Compensation Scheme* ersatzfähig, die sich als eine unmittelbare Folge der schädigenden Handlung darstellen[535]. Diese Forderung verschärft die strenge Kausalitätsprüfung[536]. Interessant ist in diesem Zusammenhang eine Entscheidung der ACC kurz nach Einführung des *Accident Compensation Scheme*, im Rahmen der Erstattung von Begräbniskosten die besonderen Begräbnisaufwendungen der *Maori* nur als mittelbaren Schaden zu betrachten[537]. Bei der traditionellen Totenfeier der *Maori*, der sog. *Tangihanga*, werden allen eingeladenen Gästen über drei bis vier Tage Getränke und Essen gereicht. Die dadurch entstandenen Kosten von 450 NZ$ hatten die Antragsteller in diesem Fall – erfolglos – als Schaden geltend zu machen versucht.

---

531) § 25 Abs. 3 ARCIA, zum Wortlaut siehe oben, S. 118.
532) Vgl. dazu oben, S. 76 ff. sowie S. 80.
533) Vgl. dazu oben, S. 121.
534) § 60 IPRCA 2001.
535) Vgl. *Deutsch*, VersR 1980, S. 201 [203].
536) *Deutsch*, RabelsZ 44 (1980), S. 487 [497].
537) Vgl. die Falldarstellung in *ACC*, Annual Report January 1976, S. 10.

II. Personeller Deckungsbereich

1. Räumlicher Deckungsbereich

Den Schutz des *Accident Compensation Scheme* genießt nach dem Wortlaut von § 20 Abs. 1 (a) IPRCA 2001 zunächst jede natürliche Person, die sich in Neuseeland aufhält. Die Reichweite des Staatsgebiets von Neuseeland wird in § 16 IPRCA 2001 näher bestimmt. Sie umfasst im Groben die beiden Hauptinseln nebst den zugehörigen kleineren Inseln und Inselgruppen, eine Zone von 300 Nautischen Meilen um diese Inseln herum sowie den Kontinentalschelf; zum Staatsgebiet zugehörig werden auch alle Schiffe und Flugzeuge angesehen, die sich innerhalb dieser Zone bewegen[538]. Da das Gesetz hinsichtlich seines eigenen Anwendungsbereichs somit primär an das Staatsgebiet anknüpft, werden in personeller Hinsicht neben allen Neuseeländern auch sämtliche Ausländer erfasst, die sich in Neuseeland aufhalten. Neuseeländische Staatsbürger sind ihrerseits unter bestimmten Voraussetzungen auch im Ausland vom Schutzbereich des Entschädigungssystems erfasst.

2. Ausländer in Neuseeland

Obwohl Ausländer keinen finanziellen Beitrag zum *Accident Compensation Scheme* leisten, wurde auch diese Personengruppe zwecks einer einheitlichen und geschlossenen Regelung in das System mit einbezogen[539]. Jeder Besucher Neuseelands erhält diesbezüglich beim Durchgang durch den Zoll ein Faltblatt, das ihn über das Vorhandensein und den Schutzbereich des *Accident Compensation Scheme* aufklärt. Damit kann auch jeder Ausländer bei Vorliegen der übrigen Tatbestandsvoraussetzungen einen Antrag auf Entschädigung stellen.

Gerade weil Ausländer allerdings keinen finanziellen Beitrag zu dem Entschädigungssystem leisten, stellt das Gesetz auf Rechtsfolgenseite massive Einschränkungen für sie auf: So gelten Ausländer zunächst nicht als Arbeitnehmer im Sinne des § 6 IPRCA 2001, was zur Folge hat, dass sie keinen Verdienstausfall geltend machen können; ebenso wenig wird eine berufliche Rehabilitati-

---

538) Vgl. § 16 IPRCA 2001; die genaue Bestimmung der Grenzen ist in dem dort in Bezug genommenen *Territorial Sea, Contiguous Zone, and Exclusive Economic Zone Act 1977* (Public Act 1977 No. 28 v. 26.09.1977) sowie dem *Continental Shelf Act 1964* (Public Act 1964 No. 28 v. 03.11.1964) enthalten. Eine Bestimmung des Staatsgebiets in den Eingangsparagraphen eines Gesetzes ist geradezu ein Markenzeichen aller neuseeländischen Gesetze.

539) Vgl. *Deutsch*, RabelsZ 44 (1980), S. 487 [504].

on unterstützt[540]. Die Leistungen des *Accident Compensation Scheme* beschränken sich somit auf den Ersatz der Behandlungskosten einschließlich der sozialen Rehabilitation innerhalb Neuseelands sowie eine Hinterbliebenenentschädigung für den Fall des Todes. Da ein Rücktransport in das Heimatland nicht zur notwendigen Behandlung gehört, werden auch die hierfür fälligen Kosten nicht ersetzt, ebensowenig wie Behandlungskosten im Ausland. Gleichwohl greift auch hier, da es sich um *compensatory damages* handelt, die Haftungsersetzung in § 317 IPRCA 2001, so dass dieser Schaden – obgleich er nicht entschädigt wird – de lege lata nicht einmal gegenüber dem Schädiger geltend gemacht werden kann[541].

Eine weitere Einschränkung stellt § 23 IPRCA 2001 dar, wonach Ausländer überhaupt keinen Schutz unter dem *Accident Compensation Scheme* genießen, soweit sie sich zur Einreise nach bzw. zur Ausreise aus Neuseeland auf einem Schiff oder in einem Flugzeug befinden oder sich während ihres Aufenthalts mehr als 300 nautische Meilen vom Festland entfernen[542].

3. Neuseeländer im Ausland

Neuseeländische Staatsbürger unterstehen seit Inkrafttreten des ARCIA 1992 auch im Ausland nahezu uneingeschränkt dem Schutz des *Accident Compensation Scheme*[543]. Voraussetzung ist lediglich, dass der Betroffene seinen

---

540) ‚*Employee*' i.S. des § 6 IPRCA 2001 ist nur derjenige, der einkommensteuerpflichtige Einkünfte bezieht, die unter § OB 1 § (a) oder § OB 2 (2) des *Income Tax Act 1994* (Public Act 1994 No. 164 v. 20.12.1994) fallen; dies betrifft grundsätzlich nur innerhalb Neuseeland erhaltenes Einkommen; damit kann auch ein Ausländer dann – aber auch nur dann – Verdienstausfall geltend machen, wenn er innerhalb Neuseelands berufstätig war und dort Lohn erhalten hat.
Ausländer, die zum Zeitpunkt eines erlittenen Schadens innerhalb Neuseelands keiner Berufstätigkeit nachgegangen sind, erhalten dementsprechend keine Einkommensentschädigung. Zu den durch diese Kompensationslücken bewirkten Problemen im Verhältnis zum internationalen Deliktsrecht vgl. unten, S. 151 ff.

541) Zu den dadurch bewirkten kollisionsrechtlichen Problemen im Hinblick auf das internationale Deliktsrecht sieht unten, S. 151 ff.

542) In der dem Gesetz eigenen Detailtreue bestimmt § 23 Abs. 3 IPRCA 2001, dass die Einreise mit dem Betreten der Gangway oder sonstiger vergleichbarer Transporteinrichtungen, die Ausreise entsprechend mit dem Verlassen der Gangway bzw. ähnlicher Einrichtungen beginnt. Der Ausschluss gilt im Übrigen auch für Segel- oder Motorjachten, wenn diese zur Anreise benutzt werden; wann immer sich der Betreffende – auch während des Aufenthalts in Neuseeland – an Bord aufhält, genießt er keinen Schutz unter dem *Accident Compensation Scheme*.

543) Vgl. dazu auch oben, S. 98. Zu den Kollisionsproblemen im Hinblick auf das internationale Deliktsrecht vgl. unten, S. 184 ff.

gewöhnlichen Aufenthalt (*ordinarily residency*)[544] in Neuseeland hat und der Schaden, wäre er innerhalb Neuseelands geschehen, vom *Accident Compensation Scheme* erfasst wäre. Bei medizinischen Behandlungsunfällen ist zusätzlich Voraussetzung, dass hierdurch im Ausland verursachte Schäden nur dann vom *Accident Compensation Scheme* erfasst sind, wenn die Behandlung im Ausland durch eine in ihrer Qualifikation den *registered health professionals* gleichgestellte Person durchgeführt wurde[545].

4. Straftäter

Ein erheblicher Kritikpunkt nach der Einführung des *Accident Compensation Scheme* im Jahr 1974, der zeitweise auch großes Aufsehen in den Medien erregte, war die Einbeziehung von Straftätern, die sich bei Begehung ihrer eigenen Tat verletzten, unter den Schutz des *Accident Compensation Scheme*[546]. Lediglich Mörder waren seinerzeit von dieser Regelung generell ausgenommen[547]. Wurde der Täter einer sonstigen vorsätzlichen Tötung oder einer vorsätzlichen Körperverletzung mit Todesfolge überführt, konnte die ACC nach ihrem Ermessen entscheiden und dem geschädigten Täter Schadensausgleich zusprechen, wenn sie von der Schuld des Täters nicht überzeugt war[548]. Diese Regelung ist – ebenso wie die kritischen Stimmen im Übrigen – Folge des *Common Law*-Grundsatzes, dass niemand aus seiner selbst begangenen Straftat einen Nutzen ziehen darf[549]. Die Kritik wurde mit Erlass des ARCIA 1992 durch Schaffung einer Ermessensklausel in dessen § 84 teilweise berücksichtigt: Seitdem *kann* eine Person von den Leistungen des *Accident Compensation Scheme* ausgeschlossen werden, wenn sie sich bei Begehung einer Straftat verletzt hat und für

---

544) Zum Begriff vgl. § 17 IPRCA 2001; er umfasst grundsätzlich alle Personen, die ihren gewöhnlichen Aufenthaltsort innerhalb Neuseelands haben und dabei entweder die neuseeländische Staatsbürgerschaft besitzen, eine dauerhafte Aufenthaltserlaubnis haben oder unmittelbare Angehörige einer der vorgenannten Personen sind und diese regelmäßig begleiten. Ausgeschlossen werden Aufenthalte außerhalb Neuseelands von mehr als sechs Monaten Dauer, wenn diese nicht aus Gründen der Arbeitstätigkeit erfolgen. Schließlich muss sich der Betreffende innerhalb der letzten 12 Monate vor der Ausreise für mindestens 183 Tage in Neuseeland aufgehalten haben.

545) § 21 Abs. 4 IPRCA 2001.

546) Vgl. dazu *ACC*, Accident Compensation 1995, S. 54; *Deutsch*, RabelsZ 44 (1980), S. 487 [505]; *Ison*, Accident Compensation, S. 37.

547) § 138 ACA 1972.

548) Diese Regelung ist kritisiert worden, weil die ACC sich als Verwaltungsbehörde damit über ein abgeschlossenes Strafverfahren hinwegsetzen durfte, vgl. *Jitsuka/Glücksmann*, VSSR 4 (1976), S. 349 [362]; *Szakats*, U.B.C. Law Rev. 8 No. 1 (1973), S. 7 [31].

549) „*Ex turpi causa non oritur actio*“; dies entspricht dem römischen Rechtsgrundsatz des „*Nemo auditur turpitudinem suam allegans*“, wonach sich niemand zu seinen Gunsten auf eigenes unrechtmäßiges Vorverhalten berufen darf. Vgl. auch *Jitsuka/Glücksmann*, VSSR 4 (1976), S. 349 [362].

diese Straftat zu einer Gefängnisstrafe verurteilt worden ist; diese Regelung wurde sinngemäß bis heute beibehalten[550].

Bei allem Verständnis für die Kritik an diesen Regelungen und der sicherlich vorhandenen Berechtigung des *Common Law*-Grundsatzes des *„ex turpi causa non oritur actio"* muss man letztlich das dem *Accident Compensation Scheme* zugrunde liegende finale *„No-Fault"*-Prinzip berücksichtigen, das derartige Unterscheidungen anhand letztlich moralischer Kriterien eigentlich nicht zulassen sollte[551]. Dieser Punkt ist nur einer von vielen, an denen das ursprüngliche Musterbild einer final orientierten Versicherung durch die Einführung von Legaldefinitionen ausgehöhlt wurde, indem nicht der tatbestandliche Erfolg selbst, sondern dessen Ursächlichkeit zum ausschlaggebenden Kriterium für die Erfüllung der Anspruchsvoraussetzungen gemacht wurde. An die entsprechende Entwicklung im medizinischen Bereich sei erinnert[552].

III. Zeitlicher Deckungsbereich

Der IPRCA 2001 erfasst nur solche Schadensfälle, die am oder nach dem 01.04.2002 eingetreten sind[553]. Hinsichtlich früher eingetretener Schäden enthält das Gesetz insbesondere in Teil 10 und Teil 11 zahlreiche Übergangsregelungen, die in der Regel die zum Zeitpunkt des Unfalls geltenden Gesetze (ACA 1972 / ACA 1982 / ARCIA 1992 / AIA 1998) weiterhin für anwendbar erklären.

Als „eingetreten" im Sinne des Gesetzes gilt der Schaden in aller Regel erst dann, wenn sich der Betroffene dessentwegen das erste Mal einer ärztlichen Behandlung unterzieht[554]. Dies ist im Hinblick auf die hieran anknüpfenden gesetzlichen Fristen eine wünschenswert klare Regelung.

Allerdings sieht auch insoweit das Gesetz einige Ausnahmen vor, die insbesondere im Hinblick auf die seit 1992 erstmals wieder eingeführten Schmerzensgeldzahlungen von Bedeutung sind.

Bei psychischen Schäden aufgrund von körperlichen Verletzungen ist allein der Zeitpunkt von deren erster medizinischer Behandlung maßgebend[555]. Bei psychischen Schäden als Folge von Sexualdelikten nach § 21 IPRCA 2001 kommt es zwar für die Anwendbarkeit des Gesetzes ebenfalls auf die erste medizinische Behandlung des psychischen Schadens an[556], ein Schmerzensgeldanspruch wird jedoch ausdrücklich auf diejenigen Fälle beschränkt, bei denen die

---

550) § 120 IPRCA 2001; vgl. dazu näher unten, S. 205.

551) *Woodhouse*, NZLJ 1979, S. 395 [402].

552) Vgl. dazu oben, S. 122 ff.

553) § 20 Abs. 1 (a) IPRCA 2001.

554) §§ 36 – 38 IPRCA 2001.

555) § 36 Abs. 2 IPRCA 2001.

556) § 36 Abs. 1 IPRCA 2001.

schädigende Handlung selbst am bzw. nach dem 01.04.2002 geschehen ist[557]. Auf diese Weise können keine Spätfolgen eines lange zurückliegenden Missbrauchs mit dem Ziel einer – seit Inkrafttreten des ARCIA 1992 ausgeschlossenen – Schmerzensgeldzahlung geltend gemacht werden[558].

Systematisch entsprechende Regelungen bestehen für Berufskrankheiten[559] sowie für medizinische Behandlungsunfälle[560]. Im Anhang 1 des Gesetzes wird nochmals unmissverständlich klargestellt, dass unabhängig von der Anwendbarkeit des IPRCA 2001 für keinen körperlichen Schaden, der vor dem 01.04.2002 eingetreten ist, Schmerzensgeld beansprucht werden kann[561], wobei diese Regelungen Vorrang gegenüber den gesetzlichen Regelungen in §§ 36 – 38 IPRCA 2001 haben[562].

D. Die Haftungsersetzung

I. Einleitung

Der systematischen Einordnung nach stellt das *Accident Compensation Scheme* ein staatliches Versicherungssystem nach dem haftungsersetzenden Modell dar. Innerhalb des Schutzbereichs ist es einem Geschädigten versagt, den Schädiger direkt auf Leistung von Schadensersatz in Anspruch zu nehmen. Dieser Grundsatz fand von Anfang an in allen Gesetzen zur Regelung des *Accident Compensation Scheme* seinen Ausdruck in einer entsprechenden Präklusionsnorm. Dem *Accident Compensation Scheme* liegt nach allgemeiner Auffassung ein „*Social Contract*" zugrunde, in dessen Rahmen die neuseeländische Bevölkerung zugunsten einer umfassenden Entschädigung aller Opfer auf ihr Klagerecht und damit auch auf einen fakultativ höheren Schadensausgleich verzichtet; gleichzeitig wird durch feste Beitragszahlungen eine Entlastung der Risikoträger vor unkalkulierbaren Schadenersatzforderungen erreicht[563]. Da aufgrund des weiten Schutzbereichs des *Accident Compensation Scheme* dadurch das klassi-

---

557) § 36 Abs. 4 IPRCA 2001 i.V. mit Schedule 1 § 55 Abs. 1 IPRCA 2001.

558) Vgl. dazu auch *Bitterich*, RabelsZ 67 (2003), S. 494 [522].

559) § 37 Abs. 1, Abs. 5 IPRCA 2001 i.V. mit Schedule 1 § 55 Abs. 2 IPRCA 2001.

560) § 38 Abs. 1, Abs. 3 IPRCA 2001 i.V. mit Schedule 1 § 55 Abs. 3 IPRCA 2001.

561) Schedule 1 § 54 Abs. 2 IPRCA 2001.

562) Schedule 1 § 55 Abs. 5 IPRCA 2001.

563) *St John*, in: Redesigning the Welfare State, S. 154 [158]; *Todd*, NZLJ 1999, S. 216 [218]; vgl. nunmehr auch § 3 IPRCA 2001: „*The purpose of this Act is to enhance the public good and reinforce the social contract represented by the first accident compensation scheme by providing for a fair and sustainable scheme for managing personal injury that has, as its overriding goals, minimising both the overall incidence of injury in the community, and the impact of injury on the community (including economic, social, and personal costs) ...*".

sche *Tort Law* in weiten Teilen seine Bedeutung verloren hat, andererseits die Leistungen unter dem System aber nicht mit den unter dem *Tort Law* möglichen Schadensersatzleistungen zu vergleichen sind und insbesondere die Abgrenzung zwischen dem Deckungsbereich des *Accident Compensation Scheme* und dem *Common Law* durch das Gesetz nicht trennscharf vorgenommen wird, wirft das Verhältnis des *Accident Compensation Scheme* zum privaten Haftungsrecht zahlreiche Probleme auf.

II. Der Ausschluss des Zivilrechtswegs

Eine der in rechtlicher Hinsicht bemerkenswertesten Novellierungen, welche die Einführung des *Accident Compensation Scheme* mit sich brachte, war der in Umsetzung des haftungsersetzenden Versicherungsmodells konsequente und bis heute beibehaltene vollständige Ausschluss der zivilrechtlichen Schadensersatzklage in den Fällen, in denen der Schutzbereich des *Accident Compensation Scheme* eröffnet war[564]. Die entsprechende Präklusionsnorm findet sich heute in § 317 Abs. 1 IPRCA 2001:

> *Sec. 317 IPRCA 2001 - Proceedings for personal injury -*
> *(1) No person may bring proceedings independently of this Act, whether under any rule of law or any enactment, in any court in New Zealand, for damages arising directly or indirectly out of---*
> *(a) personal injury covered by this Act; or*
> *(b) personal injury covered by the former Acts.*

Zivilklagen gegen den Schädiger sind somit ausgeschlossen, wenn ein Schaden unmittelbare oder auch nur mittelbare Folge einer vom *Accident Compensation Scheme* erfassten körperlichen Verletzung ist. Man entschied sich in Neuseeland insoweit bei der Gestaltung des *Accident Compensation Scheme* gegen ein zweispuriges (haftungsergänzendes) System, welches Klagen neben einer nicht vollständigen Abdeckung durch die staatliche Versicherung zuließ; vielmehr gestaltete man das *Accident Compensation Scheme* als einheitliches und geschlossenes System[565]. Wer Entschädigung unter dem *Accident Compensation Scheme* erhielt, sollte daneben nicht unmittelbar auf dem Klageweg gegen den Schädiger vorgehen können. Selbst bei vorsätzlich zugefügten Schädigungen ist dem Opfer ein direktes Vorgehen gegen den Täter nicht gestattet. Inso-

---

564) § 27 Abs. 1 ACA 1972.

565) *Harris*, Modern L. Rev. 37 (1974), S. 361 [361]; *Jitsuka/Glücksmann*, VSSR 4 (1976), S. 349 [355].

fern wird die konsequente Umsetzung des Reformmodells „Haftungsersetzung durch Versicherungsschutz" deutlich[566].

Ist zweifelhaft, ob ein Unfallschaden durch den IPRCA 2001 abgedeckt wird oder nicht, so räumt § 320 IPRCA 2001 der ACC ein starkes Mitwirkungsrecht ein: Kein Gericht darf sich zu der Sache äußern, bis die ACC Gelegenheit zur Stellungnahme erhielt oder aber selbst Partei in dem Verfahren ist. Die Entscheidungsbefugnis darüber, ob ein Sachverhalt die Anspruchsvoraussetzungen des *Accident Compensation Scheme* erfüllt oder nicht, ist damit aber letztlich dem Gericht vorbehalten. Vor 1992 lag die alleinige Entscheidungsbefugnis über diese Frage bei der ACC, so dass ein Gerichtsverfahren – sofern die beklagte Partei im Prozess die Einrede der Präklusion erhoben hatte – bis zur Entscheidung der ACC ausgesetzt werden musste[567].

III. Das Verhältnis zum *Common Law*

1. Problemstellung

Durch den relativ ausgedehnten Deckungsbereich des *Accident Compensation Scheme* hat das klassische *Common Law* im Bereich des Schadensausgleichs bei körperlichen Schäden seine vorherige praktische Bedeutung weitgehend verloren. Unverändert groß ist die Bedeutung der klassischen deliktsrechtlichen Regelungen unter dem *Common Law* dort, wo es nicht um Körperschäden im weitesten Sinne geht und der Schutzbereich des *Accident Compensation Scheme* daher nicht eröffnet ist. In diesem Bereich behält das *Tort Law* in Neuseeland seine volle Berechtigung und ist nach wie vor die rechtliche Grundlage für die Geltendmachung von Schäden.

Die eigentliche rechtliche Problematik im Verhältnis des *Accident Compensation Scheme* zum *Common Law* liegt buchstäblich zwischen beiden Systemen, nämlich im Grenzbereich der jeweiligen Anwendungsbereiche: Soweit ein Geschädigter eine unter dem *Accident Compensation Scheme* erfasste körperliche Verletzung erleidet, ist eine Geltendmachung des aus dieser Verletzung entstehenden Schadens gegenüber dem Schädiger ausgeschlossen. Erleidet der Geschädigte eine körperliche Verletzung, die jedoch nicht unter die durch das *Ac-*

---

566) Das neuseeländische System ist mit dieser umfassenden Haftungsersetzung im Vergleich zu anderen *No-Fault*-Systemen ungewöhnlich weit gegangen; viele *No-Fault*-Systeme anderer Staaten lassen parallel oder wenigstens beim Auftreten von Schutzlücken eine Klage gegen den Schädiger zu, vgl. dazu schon oben, S. 47 ff. So wichtig daher nach den Prinzipien des *Woodhouse-Reports* die Geschlossenheit des neuseeländischen Systems auch ist, für die Funktionsfähigkeit eines solchen Systems ist der Klageausschluss zumindest nicht essentiell, vgl. *Maughan*, NZLJ 1999, S. 221 [224]. Zu den Nachteilen von zweispurigen haftungsergänzenden Systemen vgl. auch unten, S. 269 f.

567) Vgl. § 27 Abs. 1 ACA 1972.

cident Compensation Scheme formulierten Anspruchsvoraussetzungen fällt, verbleibt ihm dogmatisch als einzig mögliche Form des Schadensausgleichs ein Vorgehen direkt gegen den Schädiger[568].

Trotz der durch seine Finalität charakterisierten Ausgestaltung des *Accident Compensation Scheme* ist die Ursache des körperlichen Schadens damit in bestimmten Fällen maßgeblich für die Art des Schadensausgleichs. Ein weiteres Problemfeld betrifft Fälle körperlicher Verletzungen, die zwar durch das *Accident Compensation Scheme* begrifflich erfasst werden, für die das System aber nur unvollständigen Schadensausgleich gewährt, während unter dem *Common Law* der Grundsatz der vollständigen Entschädigung gilt[569].

So verwundert es nicht, dass mit Inkrafttreten des ARCIA 1992, unter dessen Geltung nicht nur der Deckungsbereich des Systems geschmälert und abschließend festgelegt wurde, sondern zusätzlich noch die zuvor möglichen Schmerzensgeldzahlungen abgeschafft wurden, eine nahezu virulente Entwicklung in der Rechtsfindung begann. Es gab nunmehr vermehrt Fälle körperlicher Verletzungen, die nicht mehr oder zumindest nicht eindeutig vom Deckungsbereich des *Accident Compensation Scheme* erfasst waren, so dass sich in der Praxis nunmehr die Frage stellte, welche Bedeutung die Präklusion der Direktklage gegen den Schädiger im Hinblick auf diese Fälle hatte. Betroffen von dieser Problematik waren in erster Linie Fälle psychischer Körperschäden sowie Fälle, in denen unter dem *Common Law* ein Anspruch auf Strafschadensersatz (*exemplary damages*) bestand. Im Rahmen dieser Fälle haben sich die Gerichte sodann auch um eine klare Grenzziehung zwischen dem Anwendungsbereich des *Accident Compensation Scheme* und dem *Common Law* bemüht.

2. *Compensatory Damages*[570]

a) Allgemeines

Da nach Einführung des *Accident Compensation Scheme* aufgrund der offen formulierten Tatbestände der Deckungsbereich des Systems sehr weit ging, waren Schadensersatzklagen bei sämtlichen körperlichen Verletzungen praktisch ausgeschlossen. Versuche von Geschädigten, bei einer als ungenügend empfundenen staatlichen Entschädigung gleichwohl Klage gegen den Schädiger zu er-

---

568) Allgemein zur Abgrenzung der Anwendungsbereiche des *Accident Compensation Scheme* und dem Tort Law *Todd/Black*, Tort L. Rev. 1993, S. 197 [197 ff.].

569) Vgl. dazu oben, S. 65.

570) Zum Begriff s. oben, S. 65.

heben, wurden von der Rechtsprechung rigoros zurückgewiesen[571]. Die Rechtsprechung stellte hierbei definitiv klar, dass *compensatory damages*, also der unmittelbare Schadensausgleichsanspruch einschließlich eines etwaigen Schmerzensgeldanspruchs, bei Eingreifen des *Accident Compensation Scheme* vollständig präkludiert war, auch wenn die unter dem *Accident Compensation Scheme* gewährte Entschädigung hinter dem tatsächlich entstandenen Schaden zurückblieb und als unbefriedigend empfunden wurde, aber auch dann, wenn das *Accident Compensation Scheme* überhaupt keine Entschädigung gewährte[572]. An dieser stringenten Linie hat sich bezüglich der *compensatory damages* bis heute nichts geändert[573].

b) Psychische Körperschäden

Wie bereits erörtert, sind psychische Körperschädigungen unter dem *Accident Compensation Scheme* seit 1992 nur noch dann entschädigungsfähig, wenn sie Folge einer physischen Verletzung oder Folge eines Sexualdelikts sind[574]. Traumatische Schäden Dritter, die nicht selbst das Opfer eines Unfalls oder Sexualdelikts geworden sind, werden nicht vom *Accident Compensation Scheme* entschädigt. Der Schutz des *Accident Compensation Scheme* hängt damit bei Vorliegen eines psychischen Schadens seit 1992 maßgeblich davon ab, dass der Betroffene zusätzlich eine – wenn auch noch so geringfügige – körperliche Verletzung erlitten hat.

Vor allem diese mit der Einschränkung des Schutzbereichs einhergehende recht willkürlich erscheinende Ungleichbehandlung wurde in Neuseeland heftig kritisiert und hat den Streit entzündet, ob ein aufgrund eines nicht vom *Accident Compensation Scheme* erfassten Tatbestands psychisch geschädigtes Opfer seinen Schaden direkt gegen den Schädiger gerichtlich geltend machen kann, was

---

571) Vgl. etwa *Green v. Matheson*, NZLR 3/1989, S. 564 [564 ff.] (C.A.); dort wurde eine Patientin – zusammen mit anderen Patientinnen – zur Behandlung eines gutartigen Hirntumors ohne ihre Einwilligung einer medizinischen Teststudie zur Untersuchung alternativer Behandlungsmethoden unterzogen, in deren Folge sich ihr Leiden verschlimmerte; der *Court of Appeal* entschied, dass ein *Personal Injury by Accident* vorlag und in der Folge – da der Schutzbereich des *Accident Compensation Scheme* eröffnet war – der Arzt nicht persönlich haftete, obgleich er offensichtlich fahrlässig gehandelt hatte und unter dem *Common Law* eine erhebliche Schmerzensgeldforderung realistisch gewesen wäre, vgl. hierzu *Paul*, BMJ 297 (1988), S. 533 [533 ff.], sowie unter medizinisch-ethischen Gesichtspunkten *dies.*, BMJ 320 (2000), S. 499 [499 ff.].

572) Vgl. *Green v. Matheson*, NZLR 3/1989, S. 564 [564 ff.] (C.A.); vgl. auch die bereits vorausschauende Darstellung aus dem Jahre 1975 von *Willy*, NZULR 6 (1975), S. 250 [261].

573) Zu den dadurch bedingten kollisionsrechtlichen Problemen bei Fällen mit Auslandsbezug siehe unten, S. 170 ff.

574) Vgl. oben, S. 110.

aufgrund des haftungsersetzenden Versicherungssystems ursprünglich eigentlich ausgeschlossen sein sollte[575].

Dass isolierte psychische Körperschäden grundsätzlich zur Geltendmachung von Schadensersatz berechtigten, war in der englischen höchstrichterlichen Rechtsprechung anerkannt[576]. Traten die psychischen Schäden bei Dritten auf, die lediglich indirekt von einem Unglücksfall betroffen waren ohne selbst verletzt zu sein, war zur Anspruchsberechtigung zusätzlich ein besonderes Näheverhältnis sowohl zu dem körperlich Geschädigten als auch – in zeitlicher und örtlicher Hinsicht – zu dem Unglücksfall erforderlich[577].

In der neuseeländischen Rechtsprechung war man sich nach Inkrafttreten des *Accident Compensation Scheme* zunächst einig, dass solche psychischen Schäden Dritter letztlich indirekt auf den eigentlichen Unfall zurückführbar seien, so dass Zivilklagen nach der damaligen Präklusionsnorm des § 14 Abs. 1 ARCIA 1992 (und erst recht nach den Präklusionsnormen der zuvor geltenden Gesetze) ausgeschlossen waren, obwohl für diese Art von Schäden kein Schutz unter dem *Accident Compensation Scheme* existierte und dementsprechend keine Entschädigung gewährt wurde[578]. Opfer derartiger psychischer Schäden konnten damit unter Geltung des ARCIA 1992 zunächst weder unter dem *Accident Compensation Scheme* Entschädigung erlangen noch zivilgerichtlich gegen den Schädiger vorgehen.

Mit dieser Rechtsprechung brach der *Court of Appeal* – noch unter Geltung des ARCIA 1992 – in einer wegweisenden und auch politischen Grundsatzentscheidung in einem als *Queenstown Lakes*-Entscheidung bekannt gewordenen Urteil[579]. In dem zugrunde liegenden Fall war die Frau eines amerikanischen Touristen vor dessen Augen bei einem River-Rafting-Unfall ums Leben gekommen. Eine Entschädigung, insbesondere also Schmerzensgeld für den hierbei erlittenen Schock, konnte der Mann, da nicht selbst körperlich verletzt, nicht unter dem *Accident Compensation Scheme* geltend machen. Mit der Klage direkt gegen den Veranstalter beantragte er daraufhin, diesen für seinen unstreitig erlit-

---

575) *Browne*, in: Legal Updates 1996, S. 5 [6]; *Tobin*, NZLJ 1992, S. 282 [282 ff.]; *dies.*, NZLJ 1995, S. 248 [253]; *Todd*, Washburn L.J. 39 (2000), S. 404 [431]; *ders.*, NZLJ 1999, S. 216 [216 ff.]. Diese Thematik wurde auch bereits vor Inkrafttreten des ARCIA 1992 in der rechtswissenschaftlichen Literatur diskutiert, vgl. *Collins*, NZLJ 1978, S. 158 [158 ff.] u. *McInnes*, NZLJ 1979, S. 8 [8 ff.].

576) Vgl. *Bourhill v. Young*, [1943] AC, S. 92 [92 ff.] (*House of Lords*); *Page v. Smith*, WLR 2/1995, S. 644 [644 ff.] (*House of Lords*).

577) Vgl. *Bourhill v. Young*, [1943] AC, S. 92 [92 ff.] (*House of Lords*); *McLaughlin v. O'Brian*, [1983] 1 AC, S. 410 [410 ff.]; *Alcock v. Chief Constable of South Yorkshire Police*, [1992] 1 AC, S. 310 [310 ff.]; vgl. dazu auch *Tobin*, NZLJ 1995, S. 248 [249 f.].

578) Vgl. *Mcmeekin v. Boyce*, CP 5/97 (H.C., 11.12.1997); *Kingi v. Partridge High Court*, CP 16/93 (H.C., 02.08.1993); *McDonnell v. Wellington Area Health Bd.*, CP 250/9316 (H.C., 05.12.1993).

579) *Queenstown Lakes District Council v. Palmer*, NZLR 1/1999, S. 549 [549 ff.] (C.A.).

tenen Schock zur Zahlung von Schadensersatz nach den Regeln des *Common Law* zu verurteilen. Die Entscheidung erregte vor allem deswegen Aufsehen, weil der ordentliche Rechtsweg für Ansprüche aus *Personal Injury* aufgrund des haftungsersetzenden Charakters des *Accident Compensation Scheme* nach gängiger Rechtsprechung durch dieses selbst ausgeschlossen wurde[580]. Der *Court of Appeal* führte in dieser Entscheidung aus, dass Ansprüche sehr wohl gerichtlich direkt gegen den Schädiger geltend gemacht werden können und die Präklusionsnormen des *Accident Compensation Scheme* dem nicht entgegenstehen, wenn diese Ansprüche gerade durch das *Accident Compensation Scheme* ausgeschlossen werden. Da dies in diesem Fall auf den Kläger Fall zutraf, konnte dieser nach Auffassung des *Court of Appeal* Schadensersatz gegen den Veranstalter geltend machen. Die Entscheidung wurde in der rechtswissenschaftlichen Literatur begrüßt als Signal der Rechtsprechung, bei der Interpretation des Gesetzes nunmehr subjektive Rechte der Geschädigten über die zuvor gelebte Integrität des Systems zu stellen[581]. Nach dieser Entscheidung schien zudem klar, dass sich die Anwendungsbereiche des *Common Law* und des *Accident Compensation Scheme* nicht überschneiden: Der Anwendungsbereich des *Common Law* beginnt randscharf immer dort, wo der Deckungsbereich des *Accident Compensation Scheme* aufhört[582].

Dieser wünschenswert klaren Entscheidung folgte nur kurze Zeit später ein weiteres Urteil des *Court of Appeal* vom 10.12.1998, in dem diese klare Trennung zwischen den Anwendungsbereichen des *Accident Compensation Scheme* und des *Common Law* wieder verwischt wurde[583]. In dem zugrundeliegenden Fall machten acht Patienten eines Krankenhauses gegen dieses Schadensersatz aufgrund psychischer Schäden in Form von *exemplary damages* geltend, die sie aufgrund von Fehldiagnosen im Zeitraum von 1982 – 1993 erlitten hatten. Nach histologischen Untersuchungen im Krankenhaus war den Klägern aufgrund fehlerhafter Auswertung der Befunde mitgeteilt worden, dass sie nicht an Krebs leiden; in Wahrheit hatten sie aber tatsächlich Krebs, der jeweils kurze Zeit später diagnostiziert wurde.

Der *Court of Appeal* führt in der Entscheidung zunächst richtig aus, dass die Kläger einen *Personal Injury* erlitten hatten, nämlich den zu spät entdeckten und nicht behandelten Krebs aufgrund eines fahrlässigen ärztlichen Diagnosefehlers, und – da insoweit dem Deckungsbereich des *Accident Compensation Scheme* unterfallend – kein Schadensersatz gegenüber dem Krankenhaus im Hinblick

---

580) § 14 ARCIA 1992.

581) Vgl. ausführlich *McLay*, VUWLR 30 (1999), S. 197 [197 ff].

582) *Queenstown Lakes District Council v. Palmer*, NZLR 1/1999, S. 549 [556] (C.A.): „*To the extent that the statutory cover is extended, the right to sue at Common Law is removed; to the extent that the cover is withdrawn or contracted, the right to sue at Common Law is revived*".

583) *Brownlie v. Good Health Wanganui Ltd.*, CA 64/97 (C.A., 10.12.1998).

auf die körperlichen Schäden geltend machen konnten. Bezüglich der psychischen Schäden hätten die Kläger aber in konsequenter Anwendung der kurz zuvor ergangenen *Queenstown Lakes*-Entscheidung prinzipiell Schadensersatz geltend machen können, da die seelischen Schäden nicht unmittelbar Folge der ärztlichen Fehldiagnose waren, wie es der zugrundeliegende ARCIA 1992 verlangte. Gleichwohl war es nach Ansicht des Gerichts für die Anwendbarkeit der Präklusionsnorm des § 14 ARCIA 1992 ausreichend, dass der psychische Körperschaden lediglich mittelbare Folge der Fehldiagnose war, so dass die Klage als unzulässig zurückgewiesen wurde. Da gleichwohl nicht vom Deckungsbereich des *Accident Compensation Scheme* erfasst, gab es damit einen Fall, in dem ein Geschädigter überhaupt keine Entschädigung bekam – weder unter dem staatlichen System noch auf dem Zivilrechtsweg.

Von diesem Ausnahmefall abgesehen bleibt es aber grundsätzlich bei der klaren Trennung, dass Klagen gegen den Schädiger unter dem *Common Law* immer dort möglich sind, wo der Deckungsbereich des *Accident Compensation Scheme* nicht greift oder auch in den Fällen, die ausdrücklich vom *Accident Compensation Scheme* aus seinem Anwendungsbereich herausgenommen werden.

3. *Exemplary Damages*[584]

Der ohne Zweifel spannendste und seit jeher hart umkämpfte[585] Grenzbereich zwischen dem *Common Law* und dem Schutzbereich des *Accident Compensation Scheme* spiegelt sich in den *exemplary damages* wieder. Bereits frühzeitig nach Einführung des *Accident Compensation Scheme* stellte sich im Hinblick auf den Ausschluss zivilrechtlicher Klagemöglichkeiten von Schadensersatzansprüchen die Frage, ob sich dieser Ausschluss auch auf *exemplary damages* erstreckt[586]. Hintergrund des Streits ist die tief im *Common Law* verwurzelte Auffassung, dass *exemplary damages* zusätzlich zu dem normalen, auf den Ausgleich der finanziellen Schäden gerichteten Schadensersatz (*compensatory damages*) gewährt werden, also keine Kompensation im engeren Sinne darstellen[587].

---

584) Zum Begriff der ‚*exemplary damages*' vgl. oben, S. 65.

585) Vgl. *McLay*, VUWLR 30 (1999), S. 197 [214]: „*Battle over exemplary damages*".

586) Vgl. zum seinerzeitigen Streitstand *Collins*, NZLJ 1978, S. 158 [158 ff.] sowie *McInnes*, NZLJ 1979, S. 8 [8 ff.], zur aktuellen Rechtslage *Duffy*, VUWLR 34 (2003), S. 367 [367 ff.].

587) Vgl. dazu oben, S. 65.

a) Die Grundsatzentscheidung: *Donselaar v. Donselaar* (1982)

Während erste untergerichtliche Entscheidungen nach Einführung des *Accident Compensation Scheme* auch insoweit keine Zivilklagen zulassen wollten, stellte der *Court of Appeal* in seiner ersten Grundsatzentscheidung *Donselaar v. Donselaar* im Jahr 1982 klar, dass Klagen wegen *exemplary damages* nicht durch das *Accident Compensation Scheme* präkludiert seien[588]. Das Gericht begründete seine Ansicht in dem Urteil damit, das *Accident Compensation Scheme* wolle lediglich Zivilklagen auf Kompensation des eingetretenen Schadens ausschließen, nicht aber Klagen mit dem Ziel einer Bestrafung des Täters; auch seien *exemplary damages* weder die unmittelbare noch die mittelbare Folge eines Körperschadens, wie es die Präklusionsnorm verlangte, sondern vielmehr Folge der Verletzungshandlung des Schädigers[589]. Das Gericht hatte sich weiter mit dem Problem auseinander zu setzen, dass Schadensersatz in Form von Strafschadensersatz (*exemplary damages*) nunmehr getrennt von dem auf Kompensation des finanziellen Schadens ausgerichteten „normalen" Schadensersatzanspruch (*compensatory damages*) betrachtet werden musste, da zumindest die *compensatory damages* durch die Leistungen unter dem *Accident Compensation Scheme* ersetzt wurden. Die isolierte Geltendmachung von *exemplary damages* ohne Berücksichtigung des kompensatorischen Schadensersatzes war dem neuseeländischen Recht zuvor fremd[590]. Der *Court of Appeal* entschied sich gleichwohl dafür, diese isolierte Geltendmachung fortan zuzulassen. Ein Argument des Gerichts bestand darin, dass das *Accident Compensation Scheme* keinerlei Strafzwecke verfolge und schon daher nicht mit Sinn und Zweck der *exemplary damages* konkurrieren konnte[591]. Hauptargument aber war für das Gericht der Umstand, dass der Strafschadensersatz an ein Verhalten des Schädigers und nicht an die Verletzung des Opfers anknüpft, mithin gerade umgekehrt zu dem Ansatz des *Accident Compensation Scheme* bestimmt wird; daher seien *exemplary damages* keine Schäden, die sich als unmittelbare oder mittelbare Folge der Verletzung darstellen, wie es die Präklusionsnorm des § 317 Abs. 1 IPRCA 2001 verlangt[592]. Da der *Court of Appeal* auf dieser Grundlage das Erfordernis neuer rechtlicher Lösungsmöglichkeiten sah und seiner Ansicht nach hierbei nützliche prozessuale Instrumentarien nicht aus überkommenen und traditionell bedingten Gründen außer acht gelassen werden sollten, sprach er sich für die Zulässigkeit der isolierten gerichtlichen Geltendmachung von Ansprü-

---

588) *Donselaar v. Donselaar*, NZLR 1/1982, S. 97 [97 ff.] (C.A.).
589) *Donselaar v. Donselaar*, NZLR 1/1982, S. 97 [104] (C.A.).
590) Vgl. *Taylor v. Beere*, NZLR 1/1982, S. 81 [87 ff.] (C.A.).
591) *Donselaar v. Donselaar*, NZLR 1/1982, S. 97 [104] (C.A.).
592) *Donselaar v. Donselaar*, NZLR 1/1982, S. 97 [109] (C.A.).

chen aus *exemplary damages* aus, selbst wenn der Schutzbereich des *Accident Compensation Scheme* eröffnet war[593].

Damit waren fortan Schadensersatzklagen mit ausschließlich bestrafendem Charakter zulässig[594]. Somit war im Grundsatz auch klargestellt, dass – wenn die entsprechenden Voraussetzungen vorlagen – der Geschädigte auf dem Zivilrechtsweg gegen den Schädiger im Hinblick auf die Zahlung von Strafschadensersatz vorgehen konnte, selbst wenn er unter den Schutzbereich des *Accident Compensation Scheme* fiel und von der ACC Entschädigung erhielt[595]. Diese Rechtsprechung hat der *Court of Appeal* in der Folgezeit mehrfach ausdrücklich bestätigt[596].

b) Die Entscheidung *Daniels v. Thompson* (1998)

In einer späteren Entscheidung aus dem Jahr 1998 zog der *Court of Appeal* allerdings scharfe Grenzen im Hinblick auf die isolierte Geltendmachung von *exemplary damages*. Isolierte Klagen auf die Gewährung von *exemplary damages* sollten nunmehr unzulässig sein, wenn der Täter in einem Strafverfahren gerade für die schädigende Handlung zuvor verurteilt oder auch freigesprochen wurde. Eine Doppelbestrafung sollte damit vermieden werden. Keinem Gericht stehe es zu, einen bereits bestraften Täter nochmals mit Schadensersatzforde-

---

593) *Donselaar v. Donselaar*, NZLR 1/1982, S. 97 [97 ff.] (C.A.).

594) *Exemplary damages* können gleichwohl nur dann gerichtlich geltend gemacht werden, wenn gleichzeitig auch ein Schadensersatzanspruch auf *compensatory damages* besteht bzw. bei Eingreifen des *Accident Compensation Scheme* bestehen würde, vgl. *S v. G*, NZLR 3/1995, S. 681 [686] (C.A.).

595) Vgl. zur grundsätzlich restriktiven Einstellung der neuseeländischen Gerichte zur Gewährung von *exemplary damages* oben, S. 111. Nachdem bei einer isolierten Klage auf Strafschadensersatz die grundsätzlich zuvor einheitlich zu betrachtende Kompensationssumme aufgespalten werden musste in „normalen" Schadensersatz (*compensatory damages*) und Strafschadensersatz (*exemplary damages*), war fortan weitere Zulässigkeitsvoraussetzung einer solchen isolierten Klage, dass die unter dem ACC mögliche Entschädigung nicht zur Kompensation des geltend gemachten Schadens geeignet war, vgl. *Todd*, Washburn L.J. 39 (2000), S. 404 [447 ff.].

596) *Auckland City Council v. Blundell*, NZLR 1/1985, S. 732 [732 ff.] (C.A.); *Green v. Matheson*, NZLR 3/1989, S. 564 [564 ff.] (C.A.); *Willis v. Attorney-General*, NZLR 3/1989, S. 574 [574 ff.] (C.A.); *McKenzie v. Attorney-General*, NZLR 2/1992, S. 14 [14 ff.] (C.A.).

rungen zu überziehen, die ausschließlich bestrafenden Charakter haben[597]. Umgekehrt komme bei einem Freispruch nach einem ordnungsgemäßen gerichtlichen Strafverfahren keine nochmalige Überprüfung des Falles durch ein Zivilgericht in Betracht, um die Entscheidung des Strafgerichts nicht in Zweifel zu ziehen. Folgerichtig sollte ein Zivilverfahren, in dessen Rahmen über Strafschadensersatz zu entscheiden ist, bei Einleitung eines denselben Streitgegenstand betreffenden Strafverfahrens eingestellt werden[598]. Die Entscheidung des *Court of Appeal* wurde in Teilbereichen sogar vom britischen *Privy Council* überprüft, der jedoch die Auffassung vertrat, sich insoweit nicht in die Auslegung von landesspezifischem Recht durch den *Court of Appeal* einmischen zu dürfen und daher keine Stellung zu der Problematik bezog[599]. Damit war die Entscheidung des *Court of Appeal* – obgleich heftig kritisiert[600] – nunmehr bindende Rechtsprechung. Die zivilrechtliche Geltendmachung von *exemplary damages* bei Straftaten ist nunmehr in Neuseeland unzulässig, wenn der Schädiger wegen dieser Tat vor Gericht angeklagt wurde. Die Fälle, in denen damit überhaupt eine Zivilklage bei Eingreifen des *Accident Compensation Scheme* in Betracht kommt, sind damit – wieder – selten geworden.

Diese grundsätzliche restriktive Tendenz hat der *Court of Appeal* auch im Hinblick auf medizinische Behandlungsunfälle bestätigt; selbst bei grob fahrlässiger Schädigung eines Patienten durch einen Arzt sei die Geltendmachung von *exemplary damages* unzulässig, solange der Arzt den Schaden nicht bewusst herbeigeführt habe[601].

---

597) Dem Urteil lagen mehrere zur gemeinsamen Entscheidung verbundenen Fälle zugrunde: *Daniel v. Thompson*, *J. v. Bell*, *W. v. W.* und *H. v. P.*, NZLR 3/1998, S. 22 [22 ff.] (C.A.). Diese Rechtsprechung des *Court of Appeal* stand im Widerspruch zu zuvor ergangenen Entscheidungen der unterinstanzlichen Gerichte, vgl. etwa *Caldwell v. Croft Timber Co. Ltd.*, ERNZ 1997 S. 136 [136 ff.] (H.C.); in dem Fall hatte ein Arbeitnehmer bei einem Arbeitsunfall einen Arm verloren. Der Arbeitgeber wurde angeklagt und zu einer Geldstrafe von 5.000 NZ$ verurteilt. Der Arbeitnehmer klagte daraufhin auf dem Zivilrechtsweg - obgleich der Schaden unter den Schutzbereich des *Accident Compensation Scheme* fiel - *exemplary damages* in Höhe von 500.000 NZ$ ein; der *High Court* stellte ausdrücklich fest, dass die Gewährung von *exemplary damages* nach einer erfolgten Verurteilung des Schädigers nicht das Doppelbestrafungsverbot (welches auch in § 26 *Bill of Rights Act 1990* [Public Act 1990 No. 109 v. 28.08.1990] statuiert ist) verletzte. Lediglich die geltend gemachte Summe wurde seitens des Gerichts auf 30.000 NZ$ reduziert.

598) Vgl. dazu *McLay*, VUWLR 30 (1999), S. 197 [214]; *Todd*, Washburn L.J. 39 (2000), S. 404 [448].

599) *W. v. W. and J. v. Bell*, NZLR 2/1999, S. 1 [1 ff.] (P.C.).

600) Vgl. *Beck*, Tort L.Rev. 6/1998, S. 194 [194 ff.]; *Manning*, NZLR 2/1998, S. 721 [721 ff.]; *Smillie*, Tort L. Rev. 6/1998, S. 113 [113 ff.]; *Todd*, NZULR 18 [1998], S. 145 [169 ff.]; *ders.*, Washburn L.J. 39 (2000), S. 404 [449 f.].

601) *Bottrill v. A*, NZLJ 2001, S. 233 [233 ff.] (C.A.).

c) Die gesetzliche Regelung

Der Gesetzgeber hat ungeachtet der restriktiven Tendenz in der Rechtsprechung im Jahr 1998 die hieran im Schrifttum vorgetragene Kritik aufgegriffen und eine Regelung in den AIA 1998 aufgenommen, wonach die isolierte gerichtliche Geltendmachung von *exemplary damages* auch bei Eingreifen des *Accident Compensation Scheme* und unabhängig von der Einleitung eines Strafverfahrens gegen den Schädiger ausdrücklich zugelassen wird[602]. Diese Regelung hat der IPRCA 2001 wortgleich übernommen[603]. Damit ist zumindest von gesetzlicher Seite kein Hindernis mehr vorhanden, *exemplary damages* trotz Vorliegen eines *Personal Injury* und insbesondere unabhängig von der Gewährung von Ausgleichszahlungen unter dem *Accident Compensation Scheme* gerichtlich geltend zu machen[604]. Eine Entscheidung des *Court of Appeal* zu dieser von seiner Rechtsprechung abweichenden Gesetzeslage liegt allerdings derzeit noch nicht vor.

4. *Nominal Damages*[605]

Im Gegensatz zu den *exemplary damages* sollen *nominal damag*es die Missbilligung einer Tat zum Ausdruck bringen, selbst wenn dem Opfer kein finanzieller Schaden entstanden ist. Sie haben damit nicht die herausgehobene Straffunktion der *exemplary damages*, allerdings ebenfalls keine kompensatorische Funktion, so dass sie prinzipiell auch bei Eingreifen des *Accident Compensation Scheme* isoliert eingeklagt werden können. Bei Vorliegen eines durch das *Accident Compensation Scheme* erfassten körperlichen Schadens hat der *Court of Appeal* insoweit gleichwohl entschieden, dass *nominal damages* mindestens indirekt auf diese körperliche Verletzung zurückzuführen sind und damit von der Präklusion des *Accident Compensation Scheme* erfasst werden[606]. Da andererseits *nominal damages* in ihrer Zielsetzung den *exemplary damages* durchaus ähnlich sind und insbesondere nicht der Kompensation des erlittenen Schadens dienen, spricht nach der *Donselaar*-Entscheidung[607] des *Court of Appeal* in dogmatischer Hinsicht nichts gegen eine isolierte Geltendmachung von *nominal*

---

602) § 396 AIA 1998.

603) § 319 IPRCA 2001; vgl. den Wortlaut von § 319 Abs. 1 IPRCA 2001:
„*Nothing in this Act, and no rule of law, prevents any person from bringing proceedings in any court in New Zealand for exemplary damages for conduct by the defendant that has resulted in*
(a) personal injury covered by this Act; or
(b) personal injury covered by the former Acts“.

604) Vgl. hierzu auch *Duffy*, VUWLR 34 (2003), S. 367 [367 ff.].

605) Vgl. Zum Begriff oben, S. 65.

606) *Re Chase*, NZLR 1/1989, S. 325 [329-340] (C.A.).

607) Zu dieser Entscheidung oben, S. 156 ff.

damages gegen den Schädiger vor den Zivilgerichten, selbst wenn ein körperlicher Schaden vorliegt und damit der Deckungsbereich des *Accident Compensation Scheme* eröffnet ist[608].

5. Vertragliche Schadensersatzansprüche

Ausgenommen von dem gesetzlichen Klageausschluss sind ferner Ansprüche, die auf ein Vertragsverhältnis gestützt werden[609]. Deren gerichtliche Geltendmachung ist mithin auch bei der Gewährung von Kompensationsleistungen unter dem *Accident Compensation Scheme* grundsätzlich möglich. Relevante Fälle sind insoweit insbesondere Verträge über Zusatzleistungen zwischen Geschädigtem und dessen Arbeitgeber oder einer Versicherung, aber auch Schäden aufgrund von vertraglichen Pflichtverletzungen.

Sehr problematisch und gesetzestechnisch missglückt ist in diesem Zusammenhang dabei allerdings die Regelung des § 317 Abs. 3 IPRCA 2001, wonach als Gegenausnahme auch vertragliche Ansprüche dann nicht gerichtlich durchgesetzt werden dürfen, wenn für diese Ansprüche – genauer, deren Tatbestandsvoraussetzungen – gleichzeitig der Deckungsbereich des *Accident Compensation Scheme* eröffnet ist. Da bei wörtlichem Verständnis dieser letztgenannten Regelung die Ausnahme für vertragliche Ansprüche ins Leere laufen würde, hat sich der *Court of Appeal* auf den Standpunkt gestellt, dass diese einschränkende Regelung allein auf Ansprüche wegen Verletzung vertraglicher Nebenpflichten anwendbar ist, nicht jedoch bei unmittelbaren vertraglichen (Hauptleistungs-) Ansprüchen[610]. Vertragliche Zusagen über Zusatzleistungen bei einem Unfall sind daher trotz Eingreifens des *Accident Compensation Scheme* separat einklagbar. Lediglich bei Schäden durch Vertragsverletzungen greift der Klageausschluss wieder durch. Typischerweise sind solche Fälle gerade im medizinischen Bereich der Regelfall, man denke nur an missglückte Schönheitsoperationen oder Schwangerschaftsabbrüche[611]. Dass derartige Schäden aufgrund von vertraglichen Pflichtverletzungen nicht isoliert einklagbar sein dürfen, folgt im Grunde schon aus der Systematik des haftungsersetzenden Versicherungssystems.

Seit 1993 regelt der *Consumer Guarantees Act 1993*[612] die Rechte von Verbrauchern beim Abschluss von Verträgen auf dem Dienstleistungssektor und statuiert auch vertragliche Pflichten, die zur Klage auf Schadensersatz berechti-

---

608) Wie hier auch *Todd*, Washburn L.J. 39 (2000), S. 404 [434].

609) § 317 Abs. 2 (b) und (c), § 318 Abs. 4 (b) und (c) IPRCA 2001.

610) *Brittain v. Telecom,* NZLR 2/2002, S. 201 [201 ff.] (C.A.); *McGrory v. Ansett New Zealand Ltd.*, NZLR 2/1999, S. 328 [332] (C.A.).

611) Vgl. hierzu *Butler*, Medical Misadventure, S. 143 f. und *Collins*, Medical Law in New Zealand, S. 175 f.

612) Public Act No. 1993 No. 91 v. 20.08.1993.

gen können. Überdeckt sich der Anwendungsbereich dieses Gesetzes im Hinblick auf geltend gemachte Schäden allerdings mit demjenigen des *Accident Compensation Scheme*, so hat letzteres Vorrang[613], und eine Klage ist ausgeschlossen. Auch dies entspricht der durch den *Court of Appeal* herausgearbeiteten Systematik, dass allein die Verletzung vertraglicher Pflichten bei gleichzeitig eröffnetem Anwendungsbereich des *Accident Compensation Scheme* nicht dessen Klageausschluss zu überwinden geeignet ist[614].

6. Sachschäden

Im Hinblick auf Sachschäden stellt das Gesetz deklaratorisch klar, dass Ansprüche daraus ohne weiteres auf dem zivilrechtlichen Klageweg durchgesetzt werden können, da sie – wie seit Bestehen des Systems – den Anwendungsbereich des *Accident Compensation Scheme* nicht eröffnen[615]. In diesem Bereich bleibt die Zweispurigkeit des Schadensausgleichssystems erhalten, da ein – beispielsweise durch einen Verkehrsunfall – Geschädigter für seinen körperlichen Schaden Entschädigung unter dem *Accident Compensation Scheme* erhält, für den Sachschaden an seinem Auto aber gegen den Unfallgegner und dessen Haftpflichtversicherung vorgehen und im Zweifel gerichtlich das Verschulden des Unfallgegners beweisen muss, um den Sachschaden ersetzt zu bekommen. Neuseeland hat für den Bereich von Straßenverkehrsunfallschäden – obwohl die speziell aus diesem Anlass durchgeführte Untersuchung des *Committee on Absolute Liability* seinerzeit der Grundstein für die Entwicklung des *Accident Compensation Scheme* war[616] – nach wie vor keine Gefährdungshaftung eingeführt, so dass insoweit im Streitfall die Voraussetzungen des *Negligence*-Tatbestands vorliegen müssen[617].

7. Schäden aus unberechtigter Kündigung eines Arbeitsverhältnisses

Als weitere Ausnahme zu dem grundsätzlichen Klageausschluss unter dem System bestimmt § 317 Abs. 2 (c) IPRCA 2001, dass Klagen wegen ungerechtfertigter Kündigung eines Dienstverhältnisses stets zulässig sind.

---

613) Vgl. zum Vorrang des *Accident Compensation Scheme* vor allen anderen Gesetzen den Wortlaut in § 317 Abs. 1 IPRCA 2001, oben S. 149. Vgl. zum Verhältnis des *Consumer Guarantees Act 1993* zum *Accident Compensation Scheme* auch *Fraser*, NZULR 16 (1994), S. 23 [23 ff.].

614) *Brittain v. Telecom*, NZLR 2/2002, S. 201 [201 ff.] (C.A.).

615) § 317 Abs. 2 (a), § 318 Abs. 4 (a) IPRCA 2001.

616) Vgl. dazu oben, S. 75.

617) Vgl. zu den Voraussetzungen oben, S. 63.

Da jedoch praktisch kaum Fälle denkbar sind, in denen insoweit überhaupt der Schutzbereich des *Accident Compensation Scheme* eröffnet ist, kommt dieser Ausnahmeregelung lediglich deklaratorische Wirkung zu.

8. Sonstige Schäden

a) Grundsätzliches

Klagen vor den Zivilgerichten direkt gegen den Schädiger bleiben nach der Rechtsprechung des *Court of Appeal* in der *Queenstown Lakes*-Entscheidung[618] über die vorgenannten Fallgruppen hinaus immer dann möglich, wenn ein körperlicher Schaden nicht vom Deckungsbereich des *Accident Compensation Scheme* erfasst wird. Dasselbe gilt natürlich auch für solche Ansprüche aus Personenschäden, welche der IPRCA 2001 explizit aus seinem Anwendungsbereich herausnimmt.

Allgemein sind hier zu nennen Ansprüche auf Verdienstausfall von in Neuseeland verletzten Ausländern sowie körperliche Schäden, deren Ursache bereits vor dem 1.4.1974 liegt[619]. Die schuldhafte Ansteckung einer anderen Person mit einer Krankheit ist – selbst bei vorsätzlichem Handeln – mit Ausnahme der genannten Fälle, also als unmittelbare Folge eines Unfalls oder einer medizinischen Behandlung, nicht durch das *Accident Compensation Scheme* erfasst, so dass der Geschädigte hier direkt gegen den Schädiger auf dem Klageweg vorgehen kann. Gleiches gilt auch für Vergiftungen mit chemischen Substanzen, die ebenfalls nicht als *Personal Injury* anerkannt werden[620].

Herzinfarkte oder Schlaganfälle sind als entschädigungsfähige körperliche Schäden unter dem *Accident Compensation Scheme* nur dann anerkannt, wenn sie Folgen eines *medical misadventure* oder der beruflichen Arbeitsbedingungen sind[621]. In allen anderen deliktsrechtlich relevanten Fällen, wenn die genannten Schädigungen beispielsweise als Folge eines Unfalls oder einer Straftat auftreten, steht der Rechtsweg gegen den Schädiger offen[622].

b) Schäden durch medizinische Behandlungsunfälle

Auch in medizinischem Kontext sind Klagen gegen den Schädiger aufgrund von körperlichen Schäden grundsätzlich dann zulässig, wenn diese Körperschä-

---

618) *Queenstown Lakes District Council v. Palmer*, NZLR 1/1999, S. 549 [549 ff.] (C.A.); vgl. näher dazu oben, S. 153 f.

619) *Angelo*, in: Haftung der Dienstleistungsberufe, S. 239 [245]; *Deutsch*, RabelsZ 44 (1980), S. 487 [506].

620) Vgl. *Todd*, Washburn L.J. 39 (2000), S. 404 [431 f.].

621) Vgl. dazu näher oben, S. 114.

622) *Todd*, Washburn L.J. 39 (2000), S. 404 [433].

den nicht vom Deckungsbereich des *Accident Compensation Scheme* erfasst werden. Ebenfalls einklagbar auf dem Zivilrechtsweg sind schuldhaft verursachte Schäden in medizinischem Kontext, die nicht zu körperlichen Verletzungen im Sinne des IPRCA 2001 führen, beispielsweise als Folge sexueller Belästigungen[623].

Auch die Fallgruppe der durch medizinische Fehler (mit-) verursachten ungewollten Schwangerschaften lässt sich hier einordnen. Eine aufgrund einer fehlerhaft durchgeführten Sterilisation oder eines fehlerhaft durchgeführten Schwangerschaftsabbruchs – gleiches gilt aber auch für ein Sexualdelikt als Ursache – verursachte ungewollte Schwangerschaft stellt nach der neuseeländischen Rechtsprechung keine *Personal Injury* dar und ist damit unter dem *Accident Compensation Scheme* hinsichtlich ihrer finanziellen Folgelasten nicht entschädigungsfähig[624]. Da somit der Schutzbereich des *Accident Compensation Scheme* nicht eröffnet ist, kann eine Frau in diesen Fällen nur versuchen, gegen den Arzt oder den Straftäter auf dem Klageweg nach dem *Common Law* vorzugehen mit dem Ziel, Ersatz für die durch die Schwangerschaft verursachten finanziellen Aufwendungen zu erlangen. Der Erfolg einer solchen Klage hängt neben dem Nachweis der Kausalität und des Verschuldens vor allem davon ab, ob man eine ungewollte Schwangerschaft überhaupt als Schaden im deliktsrechtlichen Sinne ansehen kann[625]. Diese Diskussion ist in den *Common-Law*

---

623) Vgl. *L. v. Robinson*, NZLR 3/2000, S. 499 [499 ff.] (H.C.), erfolgreiche Klage auf *exemplary damages* gegen einen Psychiater wegen sexueller Übergriffe.

624) Vgl. dazu näher oben, S. 114.

625) Diese Diskussion entspricht der auch in Deutschland unter dem Schlagwort „Kind als Schaden“ geführten Debatte, vgl. die Grundsatzentscheidung des Bundesverfassungsgerichts in *BVerfGE* 88, S. 203 [203 ff.] und die umfangreiche Judikatur des Bundesgerichtshofs, exemplarisch *BGHZ* 76, S. 249 [256] und NJW 1995, S. 2407 [2407]: Fehlgeschlagene Sterilisation; *BGH*, NJW 1997, S. 2320 [2320]: Fehlerhafte Beratung über die Sicherheit eines empfängnisverhütenden Hormonpräparats; *BGHZ* 124, S. 128 [138] und *BGHZ* 129, S. 178 [184]: Fehlerhafte genetische Beratung vor Zeugung eines genetisch behinderten Kinds – vgl. hierzu auch *BVerfGE* 96, S. 375 [375 ff.]; *BGHZ* 143, S. 389 [389 ff.]: Unterlassen eines Schwangerschaftsabbruchs aufgrund einer Fehldiagnose; *BGH*, NJW 2002, S. 2636 [2636] und *BGH*, NJW 2002, S. 1489 [1489]: Indizierter Schwangerschaftsabbruch.

Staaten noch im Fluss und auch in Neuseeland noch nicht entschieden[626], so dass abzuwarten bleibt, welche Richtung die neuseeländischen Gerichte zur Bewältigung dieser Problematik einschlagen werden.

Körperliche Schäden im Rahmen medizinischer Teststudien, die entgegen § 32 Abs. 5 IPRCA 2001 nicht offiziell genehmigt wurden oder denen der Betroffene nicht schriftlich zugestimmt hat, werden nicht durch das *Accident Compensation Scheme* erfasst. Folglich kann der Betroffene hier direkt gegen den Schädiger Klage erheben.

Schließlich sind Zivilklagen im medizinischen Bereich dort denkbar, wo ein körperlicher Schaden nicht auf dem schuldhaften Verhalten eines *registered health professional* beruht, wie dies das Gesetz verlangt. Denkbare Fälle sind organisatorische oder administrative Fehler von nicht-medizinischem Personal eines Krankenhauses, beispielsweise das fehlerhafte Ausfüllen einer Patientenkarte, deren Daten der behandelnde Arzt im Vertrauen auf die Richtigkeit der Daten seiner Behandlung zugrundelegt und dadurch den Patienten schädigt. In einem solchen Fall liegt aufgrund mangelnden Verschuldens des Arztes kein *medical misadventure* vor, ein anderer Tatbestand des IPRCA 2001 greift ebenfalls nicht, so dass eine Schadensersatzklage vor dem Zivilgericht zulässig wäre[627].

---

626) In den *Common-Law*-Staaten werden diese Fälle, die in ihrer moralischen und rechtspolitischen Brisanz den hierzulande und auch anderswo diskutierten Fällen in nichts nachstehen, von den Gerichten unterschiedlich und zum Teil recht willkürlich entschieden, vgl. *Todd*, Washburn L.J. 39 (2000), S. 404 [433] m. w. Nachw. Eine Grundsatzentscheidung in Neuseeland ist bislang zu dieser Thematik - soweit ersichtlich - noch nicht ergangen. England tendiert nach einer Grundsatzentscheidung des *House of Lords* von 1999 (*McFarlane v. Tayside Health Board*, [1999] 4 All ER, S. 961 [961 ff.]) dazu, Schäden und Leiden bis zum Zeitpunkt der Geburt, nicht jedoch die Kosten für das Aufziehen des Kindes als ersatzfähigen Schaden anzusehen. Der australische *Queensland Court of Appeal* dagegen hat in einer entsprechenden Grundsatzentscheidung aus dem Jahr 1986 (*Thake v. Maurice*, QB 1986, S. 644 [644 ff.]) auch die Kosten für den Aufzug des Kindes bis zu dessen 18. Lebensjahr als ersatzfähigen Schaden anerkannt. *Peter Pain J.*, einer der Richter des *Queensland Court of Appeal* bei dieser Entscheidung, hat die Problematik in dem Urteil in charmanten Worten folgendermaßen auf den Punkt gebracht:
„*A healthy child is so lovely a creature that I can well understand the reaction of one who asks: how could its birth possibly give rise to an action for damages? But every baby has a belly to be filled and a body to be clothed. The law relating to damages is concerned with reparation in money terms and this is what is needed for the maintenance of a baby*" (*Thake v. Maurice*, QB 1986, S. 644 [666 f.]).
Es bleibt abzuwarten, welcher Tendenz Neuseeland sich in der Zukunft anschließen wird. Vgl. allgemein zum Stand der Diskussion in den *Common Law*-Staaten *Peters*, Tul. L. Rev. 67 (1992), S. 397 [397 ff.] und *Reichman*, Sydney L. Rev. 10 (1985), S. 568 [568 ff.].

627) Beispiel nach *Todd*, Washburn L.J. 39 (2000), S. 404 [440].

Mit der gleichen Argumentation sind in bestimmten Fällen auch Klagen gegen pharmazeutische Unternehmen aufgrund von körperlichen Schäden unerwünschter medikamentöser Nebenwirkungen denkbar; da diese Unternehmen keine *registered health professional* im Sinne des § 6 Abs. 1 IPRCA 2001 darstellen, kommt von vornherein kein *medical error* in Betracht. In der Regel sind unerwünschte Nebenwirkungen von Medikamenten aber grundsätzlich als *medical mishap* unter dem *Accident Compensation Scheme* erfasst, wenn sie – wie ausgeführt – im konkreten Fall erheblich und im Allgemeinen selten sind und im Rahmen einer ordnungsgemäßen medikamentösen Behandlung durch einen *registered health professional* auftreten[628]. Unzureichende oder fehlerhafte Warnhinweise des Medikamentenherstellers auf der Produktverpackung können Schäden verursachen, die nicht unter dem *Accident Compensation Scheme* versichert sind, beispielsweise bei Personen mit erhöhter Prädisposition[629]. Auch häufigere Nebenwirkungen oder solche, die nicht den unter dem *Accident Compensation Scheme* geforderten Schweregrad erreichen, können grundsätzlich zu einer Zivilklage berechtigen.

Grenzfälle sind mechanische Fehler medizinischer Geräte oder Hilfsmittel, die zu körperlichen Schäden führen, etwa Herzschrittmacher, künstliche Herzklappen oder Implantate. Sofern der behandelnde Arzt die Fehlerhaftigkeit nicht erkennen konnte, liegt kein *medical misadventure* vor, da allein der Hersteller des Implantats – in der Regel kein *registered health professional* – den Fehler zu vertreten hat; dies wird durch die Regelungen des IPRCA 2001 nicht erfasst. Argumentieren könnte man allein, dass der ärztliche Eingriff zur Implantation der fehlerhaften Geräte mitursächlich für den späteren Schaden war, so dass insgesamt ein *medical mishap* vorliegt. Entscheidungen zu solchen Fällen sind bislang – soweit ersichtlich – noch nicht ergangen. Sollte man solche Fälle als nicht vom *Accident Compensation Scheme* erfasst ansehen, so wäre konsequenterweise eine zivilrechtliche Schadensersatzklage gegen den Hersteller des fehlerhaften Produkts zulässig[630].

Für einen geschädigten Patienten ergibt sich damit gerade in solchen Grenzfällen eine weitere zeitliche Verzögerung des Schadensersatzes, da vor Gewährung einer Entschädigung durch die ACC in der Regel erst geklärt werden muss,

---

628) Vgl. § 34 IPRCA 2001. Erfasst unter dem Regime des *Accident Compensation Scheme* wären beispielsweise die in den Medien zeitweise diskutierten Schlaganfälle als Folge der Einnahme von Kontrazeptiva; vgl. zur entsprechenden Rechtslage unter dem *Common Law* die Entscheidung des *Court of Appeal* für Ontario, Kanada in *Buchan v. Ortho Pharmaceutical (Canada) Ltd.*, DLR (4th) 25 (1986), S. 658 [658 ff.], in deren Rahmen einer Geschädigten aufgrund unzureichender Warnhinweise des Herstellers Schadensersatz zugesprochen wurde.

629) § 34 Abs. 5 IPRCA 2001.

630) Vgl. dazu *Todd*, Washburn L.J. 39 (2000), S. 404 [441].

ob der Schaden durch das *Accident Compensation Scheme* erfasst oder andernfalls eine Zivilklage zulässig ist.

c) Schäden durch berufsbedingte Krankheiten

Fälle, in denen ein Geschädigter bei Auftreten einer beruflich bedingten Krankheit Klage vor dem Zivilgericht gegen seinen Arbeitgeber erheben kann, sind selten, da § 318 IPRCA 2001 insoweit zivilrechtliche Klagen umfassend ausschließt. Denkbar sind Zivilklagen nach den allgemeinen durch den *Court of Appeal* herausgearbeiteten Grundsätzen[631] wieder in den Bereichen, die nicht vom Schutzbereich des *Accident Compensation Scheme* erfasst werden, also beispielsweise arbeitsbedingter psychischer Stress mit pathologischen Folgen[632]. Auch sekundäre Opfer von Berufskrankheiten, also beispielsweise die durch eine ansteckende berufsbedingte Krankheit ihres Mannes infizierte Ehefrau, sind nicht durch das *Accident Compensation Scheme* geschützt und wären insoweit klagebefugt im Hinblick auf ein Vorgehen direkt gegen den Arbeitgeber. Da – wie ausgeführt – Herzinfarkte und Schlaganfälle während der Arbeitstätigkeit nur dann vom *Accident Compensation Scheme* erfasst werden, wenn sie auf einer physischen Anstrengung beruhen, werden dementsprechend diese Krankheitsfälle nicht erfasst, wenn sie auf zwar arbeitsbedingtem, aber lediglich psychischem Stress beruhen[633]. In solchen Fällen wäre ebenfalls eine Zivilklage denkbar.

9. Zusammenfassung

Die vorstehenden Ausführungen machen deutlich, dass letztlich auch in Neuseeland nur eine partielle Ersetzung der Haftung durch Versicherungsschutz stattgefunden hat. Einerseits können die Zivilgerichte bei allen Schäden angerufen werden, die nicht dem Deckungsbereich des *Accident Compensation Scheme* unterfallen. Weitergehend sind in bestimmten Fällen Schäden in Form der *exemplary damages* selbst dann einklagbar, wenn der Deckungsbereich des Systems eröffnet ist und das Opfer Entschädigungsleistungen erhält. Die im Rahmen des Schadensausgleichs bei körperlichen Schäden so oft kritisierte Zweispurigkeit

---

631) *Queenstown Lakes District Council v. Palmer*, NZLR 1/1999, S. 549 [549 ff.] (C.A.); dazu oben, S. 153 ff.

632) Vgl. *Leitch v. Accident Compensation Corporation*, NZAR 1990, S. 26 [26] zur Rechtslage unter dem ACA 1982; vgl. auch *Accident Compensation Corporation v. E.*, NZLR 2/1992, S. 426 [426]; grundsätzlich zur Problematik *Todd*, Washburn L.J. 39 (2000), S. 404 [443 f.].

633) Vgl. dazu den Fall *O'Flaherty v. Accident Rehabilitation and Compensation Insurance Corporation*, NZAR 1994, S. 499 [499].

des Rechts ist zwar auf wenige Problemfelder reduziert, aber beileibe nicht beseitigt worden.

IV. Das Verhältnis des *Accident Compensation Scheme* zu sonstigen Schadensausgleichsnormen

Schließlich gibt es auch Fälle, in denen trotz Vorliegen eines körperlichen Schadens, wenn also der Deckungsbereich des *Accident Compensation Scheme* eröffnet ist, andere, übergeordnete Schadensausgleichsnormen eingreifen, deren gerichtliche Geltendmachung durch das *Accident Compensation Scheme* nicht versperrt ist. Von Relevanz sind hier in erster Linie körperliche Schäden aufgrund von hoheitlichen Pflichtverletzungen sowie Luftverkehrsunfälle, die vom Warschauer Abkommen erfasst werden.

1. Das Verhältnis zum Staatshaftungsrecht

Obgleich Neuseeland keine ausformulierte Verfassung hat[634], sind die wichtigsten Grundrechte der Bürger gegenüber dem Staat unter anderem im *Bill of Rights Act 1990*[635] kodifiziert. Das Gesetz teilt diese Rechte in vier Gruppen ein: Das Recht auf Leben und Sicherheit, demokratische Rechte und Bürgerrechte, Minderheitenrechte sowie Rechte bei Durchsuchung und Freiheitsentziehung. Das Gesetz gilt gegenüber allen staatlichen Akten der Legislative, der Exekutive und der Judikative sowie gegenüber allen Personen, die ein öffentliches Amt wahrnehmen[636] und dementsprechend nicht im Verhältnis der Bürger untereinander.

Das Gesetz selbst stellt weder Rechtsfolgen noch Entschädigungsregelungen für die Verletzung der in ihm gewährten Rechte bereit. Die Rechtsprechung in Neuseeland hat inzwischen anerkannt, dass eine staatliche Verletzung dieser Grundrechte einen finanziellen Entschädigungsanspruch des Betroffenen unmittelbar gegen den Staat auslösen kann[637]. Dieser Staatshaftungsanspruch stellt einen Entschädigungsanspruch und keinen kompensatorischen Schadensersatzanspruch dar, so dass insoweit bei einer Verletzung der durch den *Bill of Rights Act* garantierten Rechte die Präklusionsnorm des § 317 Abs. 1 IPRCA 2001

---

634) Vgl. dazu schon oben, S. 59.

635) *Bill of Rights Act 1990*, Part II (Public Act 1990 No. 109 v. 28.08.1990).

636) § 3 *Bill of Rights Act 1990* (Public Act 1990 No. 109 v. 28.08.1990).

637) *Simpson v. Attorney-General (Baigent's case)*, NZLR 3/1994, S. 667 [667] (C.A.).

nicht greift, da diese nach ihrem Wortlaut nur die Erhebung von Schadensersatzklagen ausschließt („*for damages arising* …“)[638].

2. Internationale Abkommen

Ein weiterer Bereich, für den die Präklusionsvorschrift des § 317 Abs. 1 IPRCA 2001 nicht gilt, sind Unfälle von Transportunternehmen, für deren Schadensabwicklung internationale Abkommen gelten[639]. Dies betrifft insbesondere Luftverkehrsunfälle, für die bis zum 04.11.2003 das Warschauer Abkommen[640] galt, welches Neuseeland in der Fassung des Haager Protokolls[641] von 1955 und des Guadalajara-Zusatzabkommens[642] von 1961 ratifiziert und 1967 in nationales Recht umgesetzt hat[643]. Entsprechendes gilt für zukünftige Luftverkehrsunfälle, deren Abwicklung nunmehr in Ablösung des Warschauer Abkommens in Neuseeland seit dem 04.11.2003 dem Montrealer Übereinkommen[644] unterliegt, welches Neuseeland am 13.07.2001 ratifiziert und am 18.11.2002 in nationales

---

638) So auch *Todd*, Washburn L.J. 39 (2000), S. 404 [446 f.] zur Rechtslage unter dem AIA 1998. Eine nähere Abgrenzung ist offenbar noch nicht Gegenstand gerichtlicher Entscheidungen gewesen. Im Fall *Innes v. Wong*, NZLR 3/1996, S. 238 [251] wurde die Möglichkeit der Geltendmachung eines separaten Staatshaftungsanspruchs neben den Entschädigungsleistungen in einem obiter dictum zumindest für möglich befunden; in dem zugrunde liegenden Fall war ein Mann bei einer hoheitlich angeordneten Einlieferung in eine Psychiatrie an den Folgen eines Herzinfarktes gestorben.

639) § 317 Abs. 5 IPRCA 2001.

640) Convention for the Unification of Certain Rules Relating to International Carriage by Air, Signed at Warsaw on 12 October 1929 – Warsaw Convention 1929; die englische Fassung ist abgedruckt in Schedule 4 des *Civil Aviation Act 1990* (Public Act 1990 No. 98 v. 08.08.1990). Deutsche Fassung: Abkommen zur Vereinheitlichung von Regeln über die Beförderung im internationalen Luftverkehr (Warschauer Abkommen) vom 12. Oktober 1929 (RGBl. 1933 II, S. 1039).

641) *Protocol to amend the Convention for the Unification of certain Rules relating to international Carriage by Air signed at Warsaw on 12 October 1929 done at The Hague on 28 September 1955 (The Hague Protocol 1955).*

642) Deutsche Fassung: 4. Zusatzabkommen zum Warschauer Abkommen zur Vereinheitlichung von Regeln über die von einem anderen als dem vertraglichen Luftfrachtführer ausgeführte Beförderung im internationalen Luftverkehr, abgeschlossen in Guadalajara am 18.9.1961 (BGBl. 1963 II S. 1161).

643) § 7 Abs. 1 Schedule 1 *Carriage by Air Act 1967*, inzwischen abgelöst durch den *Civil Aviation Act 1990* (Public Act 1990 No. 98 v. 08.08.1990).

644) *Convention for the Unification of Certain Rules for International Carriage by Air – The Montreal Convention* – v. 28.05.1999. Der englische Text ist abgedruckt in Schedule 6 *Civil Aviation Act 1990* (Public Act 1990 No. 98 v. 08.08.1990). Deutsche Fassung: Übereinkommen zur Vereinheitlichung bestimmter Vorschriften über die Beförderung im internationalen Luftverkehr (Montrealer Abkommen), abgedruckt in ABl. EG Nr. L 194 S. 38 [39]).

Recht transformiert hat[645]. Bei Körperschäden aufgrund von Luftverkehrsunfällen können Betroffene daher, wenn die in §§ 91a ff. des *Civil Aviation Act 1990* näher formulierten Anspruchsvoraussetzungen vorliegen, trotz eines Anspruchs auf Entschädigungsleistungen unter dem *Accident Compensation Scheme* den Zivilrechtsweg beschreiten, und zwar auch unabhängig von ihrer Nationalität[646].

V. Das Verhältnis des *Accident Compensation Scheme* zum internationalen Deliktsrecht

1. Problemstellung

Ist das Verhältnis des neuseeländischen Entschädigungssystems zu anderen Schadensausgleichsnormen bei Personenschäden von Neuseeländern innerhalb Neuseelands zumindest hinsichtlich der meisten Anwendungsfälle noch relativ eindeutig, wird es bei Fällen deliktischer Schädigungen mit Auslandsbezug um so problematischer. Die in § 317 IPRCA 2001 formulierte Haftungsersetzung kann man durchaus als eine neuseeländische Spezialität bezeichnen, die bei einer Kollision mit Normen des internationalen Deliktsrechts zu erheblichen Regelungskonflikten führen kann.

Zu unterscheiden sind hierbei grundsätzlich zwei Fallkonstellationen:

Erleidet ein Ausländer in Neuseeland einen durch das *Accident Compensation Scheme* erfassten körperlichen Schaden, für den ein Dritter verantwortlich ist, so hat er einen Anspruch auf die insoweit nur eingeschränkt vorgesehenen Leistungen unter dem System[647]. Eine Klage gegen den Schädiger wegen nicht entschädigter Schadenspositionen ist ihm nach neuseeländischem Recht aufgrund der Präklusionsnorm des § 317 IPRCA 2001 verwehrt, obwohl ihm kollidierendes Heimatrecht dies in aller Regel erlauben würde.

Erleidet umgekehrt ein neuseeländischer Staatsbürger im Ausland einen durch das *Accident Compensation Scheme* erfassten und von einem Dritten zu verantwortenden körperlichen Schaden, so erhält er unter dem *Accident Compensation Scheme* hierfür umfassende Entschädigung. Ein seinerseitiges Vorgehen gegen den Schädiger wäre ihm nach neuseeländischem Recht ebenfalls verwehrt, wenngleich das (Haftungs-)Recht des Tatorts dies in aller Regel erlauben wird[648].

---

645) § 91c *Civil Aviation Act 1990* (Public Act 1990 No. 98 v. 08.08.1990).

646) Zur vergleichbaren Rechtslage nach dem Warschauer Abkommen und dem Verhältnis des Abkommens zu anderen Entschädigungssystemen vgl. *McGregor Vennell*, NZLR 2/1998, S. 345 [345 ff.].

647) Vgl. zum Umfang der Leistungen für Ausländer oben, S. 144 ff.

648) Dies gilt freilich nur, sofern in dem Drittstaat im Hinblick auf den entsprechenden Schaden nicht zufällig ebenfalls ein haftungsersetzendes System existiert.

In beiden Fällen kann sodann eine zusätzliche Problematik auftreten, sofern das unter dem *Accident Compensation Scheme* entschädigungsberechtigte Opfer den Schädiger aufgrund ausländischen Deliktsrechts berechtigterweise in Anspruch nimmt. In diesem Fall stellt sich die Frage, inwieweit sich der Entschädigungsanspruch neuseeländischen Rechts gegenüber dem Schadensersatzanspruch des ausländischen Rechts verhält.

Überlagert wird der gesamte Komplex schließlich von der Frage, welches Recht überhaupt auf derartige Kollisionsfälle Anwendung findet, was der Entscheidung des jeweils zuständigen Gerichts obliegt.

Diese Problematiken sind kaum geklärt und sollen im Folgenden näher beleuchtet werden. Da es den Rahmen der Arbeit sprengen würde, sämtliche international denkbaren Kollisionsfälle zu eruieren, wird nachfolgend exemplarisch auf die Rechtslage nach deutschem sowie nach neuseeländischem Recht eingegangen.

2. Schäden von Ausländern in Neuseeland

Sobald oder solange sich ein Ausländer zur Einreise nach bzw. zur Ausreise aus Neuseeland an Bord eines Schiffes oder Flugzeuges aufhält, ist die Rechtslage bei einer deliktischen Schädigung eindeutig: Da der Schutzbereich des *Accident Compensation Scheme* insoweit nicht eröffnet ist, kommt auch dessen haftungsersetzende Wirkung nicht zum Tragen; einer Klage gegen den Verursacher des Schadens steht das neuseeländische Recht somit in diesem Fall nicht im Wege.

Erleidet ein Ausländer dagegen innerhalb Neuseelands einen durch das *Accident Compensation Scheme* erfassten körperlichen Schaden, tritt eine für die geschädigte Person missliche und rechtlich problematische Situation auf: In diesem Fall wird ihr unter dem *Accident Compensation Scheme* lediglich die ärztliche Behandlung innerhalb Neuseelands gewährt; weder für den Rücktransport noch für einen möglichen Verdienstausfall im Heimatland oder eine im Heimatland notwendige ärztliche Behandlung sieht das *Accident Compensation Scheme* eine Entschädigung vor[649].

Diese unvollständige Schadenskompensation von Ausländern wirft die Frage auf, welche Auswirkungen die haftungsersetzende Präklusionsnorm des § 317 Abs. 1 IPRCA 2001 in diesem Fall auf die deliktsrechtlichen Direktansprüche des geschädigten Ausländers gegen den Schädiger hat. Da der Ausländer in diesem Fall dem Schutzbereich des *Accident Compensation Scheme* unterfällt, greift dem Wortlaut nach § 317 Abs. 1 IPRCA 2001, da auch die weitergehenden – aber nicht entschädigungsfähigen – Schäden unmittelbare oder mittelbare Folge der körperlichen Verletzung sind. Da es sich hierbei weiterhin nach neu-

---

649) Vgl. dazu oben, S. 144 ff.

seeländischem Verständnis um *compensatory damages* handelt, könnte ein in Neuseeland geschädigter Ausländer nicht einmal in seinem Heimatland Schadensersatz für Verdienstausfall oder weitere ärztliche Behandlung geltend machen, weder gegenüber dem neuseeländischen Staat noch gegenüber dem Schädiger. Dieses Ergebnis erscheint nicht nur ungerecht, sondern auch befremdlich.

Beispielhaft soll im Folgenden zunächst die Rechtslage für den Fall erörtert werden, dass ein deutscher Staatsbürger innerhalb Neuseelands einen durch das *Accident Compensation Scheme* erfassten Schaden erleidet und in Deutschland weitergehende Ansprüche gegen den Schädiger durchsetzen will.

a) Die Rechtslage nach deutschem internationalen Privatrecht

Da bei einem Unfall oder einer deliktischen Schädigung eines Ausländers die anwendbaren Normen des loci delicti mit denen des Heimatrechts kollidieren, stellt sich zunächst die Frage nach dem im konkreten Fall anwendbaren Recht.

aa) Anwendbares Recht

Wird der Anspruch vor einem Gericht des Heimatlandes geltend gemacht, entscheidet dieses – sofern seine Zuständigkeit eröffnet ist[650] – nach den dort

650) Jeder Staat entscheidet frei darüber, im welchem Rahmen er von seiner Gerichtsgewalt sachlich und persönlich Gebrauch macht und somit auch darüber, ob er eine Zuständigkeit seiner Gerichte bei Sachverhalten mit Auslandsbezug vorsieht (vgl. statt aller *Putzo*, in: *Thomas/Putzo*, ZPO, Vorb. § 1 Rdnr. 4). Das internationale Zivilverfahrensrecht hat in Deutschland – von wenigen Ausnahmen abgesehen – noch keine Kodifikation erfahren. Nach allgemeiner Ansicht ist in Deutschland aus der örtlichen Zuständigkeit zugleich auf die internationale Zuständigkeit zu schließen (vgl. nur *Putzo*, in: *Thomas/Putzo*, ZPO, Vorb. § 1 Rdnr. 6). Ein deutsches Gericht wird bei einem Unfall eines Deutschen in Neuseeland damit in aller Regel nur dann international zuständig sein, wenn der Schädiger ebenfalls seinen Wohnsitz bzw. seinen gewöhnlichen Aufenthalt in Deutschland hat (§§ 12, 13 ff., 16 ZPO). Ist die internationale Zuständigkeit der Gerichte verschiedener Staaten gegeben, so steht dem Kläger nach deutschem Recht ein Wahlrecht zu (§ 35 ZPO), und er kann sich ein Gericht desjenigen Landes aussuchen, dessen Kollisionsrecht die für ihn günstigste Rechtsordnung zur Anwendung beruft („*forum shopping*"), vgl. dazu *Schack*, Internationales Zivilverfahrensrecht, Rdnrn. 220 ff.

geltenden Regelungen des internationalen Privatrechts und bestimmt danach das auf den Fall anzuwendende Recht.

Für die im Folgenden beispielhaft dargestellte Anknüpfung der Rechtsverhältnisse, die sich aus einer deliktischen Schädigung eines deutschen Staatsbürgers innerhalb Neuseelands ergeben, ist zunächst zu trennen zwischen den Ansprüchen unter dem *Accident Compensation Scheme* und den deliktischen Ansprüchen gegen den Schädiger.

aaa) Der Entschädigungsanspruch unter dem *Accident Compensation Scheme*

Im Hinblick auf den Entschädigungsanspruch unter dem *Accident Compensation Scheme* ist eine deliktsrechtliche Anknüpfung nicht denkbar, da gerade kein Haftungsanspruch, sondern nur ein Versicherungsanspruch besteht. Insofern ließe sich allenfalls eine entsprechende Anwendung des Versicherungsvertragsstatuts erwägen[651]. Da zwischen Geschädigtem und dem öffentlich-rechtlichen Versicherungssystem jedoch keinerlei vertragliche oder sonstige sonderrechtliche Beziehungen bestehen, wäre ein solcher Ansatz dogmatisch nicht zu begründen. Vielmehr kann bei einer öffentlich-rechtlichen Ausgestaltung des Versicherungssystems nur das Recht des Staats gelten, in dessen rechtliches System die Versicherung eingebettet ist, und auch nur dort können Ansprüche gegen die Versicherung geltend gemacht werden[652]. Das staatliche Ver-

---

Auf europäischer Ebene wurden durch die Ratifizierung des EuGVÜ (in Deutschland: BGBl. 1994 II S. 518, in Kraft getreten am 01.12.1994, BGBl. 1994 II, S. 3707) und den Erlass der dieses ablösenden EuGVVO (Abl. EG Nr. L 12 v. 16.01.2001, S. 1) wichtige Schritte in Richtung einer Vereinheitlichung des internationalen Zivilverfahrensrechts getan. Über ein weltweites Gerichtsstands- und Vollstreckungsübereinkommen wird seit Jahren in Den Haag verhandelt (*Convention on Jurisdiction and Foreign Judgements in Civil and Commercial Matters*), ohne dass allerdings bislang ein Abschluss der Verhandlungen absehbar ist (vgl. dazu *Schack*, ZEuP 1998, S. 931 [931 ff.] sowie im Internet unter der URL http://www.hcch.net [Stand: 10.10.2005]). Zur Rechtslage in Neuseeland vgl. unten, S. 183, Fn. 694.

651) Das Versicherungsvertragsstatut gilt nur, sofern der Anspruch eines Geschädigten gegen den Versicherer einem privatrechtlichen haftungsersetzenden Versicherungsvertrag entspringt, vgl. Art. 37 Nr. 4 EGBGB; danach sind bei Versicherungsverträgen, die ein Risiko innerhalb des EWR abdecken, Art. 7 ff. EGVVG einschlägig; nach § 12 EGVVG ist auf einen Versicherungsvertrag beispielsweise das Recht des Staates anwendbar, auf dessen Recht die gesetzliche Verpflichtung zu seinem Abschluss basiert; vgl. hierzu *Imbusch*, VersR 1993, S. 1059 [1059 ff.], sowie speziell für Verkehrsunfallschäden *Sieghörtner*, Internationales Straßenverkehrsunfallrecht, S. 110. Für Verträge, die Risiken außerhalb des EWR abdecken, gelten die allgemeinen Kollisionsnormen der Art. 27 ff. EGBGB und damit in der Regel der Grundsatz der Rechtswahl, vgl. dazu *Fricke*, VersR 1994, S. 773 [773 ff.].

652) *Deutsch*, in: Vorschläge und Gutachten, S. 202 [208].

sicherungssystem bestimmt insoweit seinen räumlichen und sonstigen Anwendungsbereich selbst.

Ansprüche gegen die ACC als Träger des Versicherungssystems können daher ausschließlich nach neuseeländischem Recht und nur innerhalb Neuseelands geltend gemacht werden.

bbb) Der Haftungsanspruch gegenüber dem Schädiger

Für den unabhängig von dem Eingreifen der staatlichen Versicherung bestehenden Haftungsanspruch gegenüber dem Schädiger greifen hingegen die Kollisionsnormen des deutschen internationalen Privatrechts ein.

(1) Art. 40 Abs. 1 EGBGB

Mit Einführung der allgemeinen deliktsrechtlichen Anknüpfungsregel in Art. 40 Abs. 1 EGBGB n.F. zum 21.05.1999[653] hat sich der deutsche Gesetzgeber – im Wesentlichen im Einklang mit der zuvor geltenden Rechtsprechung[654] – zum Tatortprinzip als Grundregel für die Anknüpfung von Haftungsansprüchen

---

653) Gesetz zum Internationalen Privatrecht für außervertragliche Schuldverhältnisse und für Sachen v. 21. Mai 1999 (BGBl 1999 I, S. 1026 ff).

654) Die deutsche Rechtsprechung folgte dabei aufgrund der bis zum 1.6.1999 weitgehend fehlenden Regelungen über die Anknüpfung von deliktischen Handlungen im Ausland insbesondere bei internationalen Verkehrsunfällen seit jeher dem Tatortgrundsatz; der *BGH* hat in seiner ersten Entscheidung zu einem internationalen Verkehrsunfall die Tatortregel als ungeschriebene deutsche Kollisionsregel für unerlaubte Handlungen anerkannt (*BGHZ* 23, S. 65 [65 ff.]), in der Folgezeit diente sie für die gesamte Rechtsprechung als Anknüpfungsgrundsatz, vgl. dazu *Sieghörtner*, Internationales Straßenverkehrsunfallrecht, S. 129 ff. mit umfangreichen Rechtsprechungsnachweisen auf S. 131, Fn. 15. Die rechtswissenschaftliche Literatur hat die dabei herausgebildeten Grundsätze und insbesondere den Tatortgrundsatz überwiegend bereits als Gewohnheitsrecht angesehen (vgl. statt vieler *Dörner*, Jura 1990, S. 57 [57]; *Heldrich*, in *Palandt*, BGB, Art. 40 EGBGB Rdnr. 1; *Hohloch*, Das Deliktsstatut, S. 260 Fn. 251; *Schönberger*, Das Tatortprinzip und seine Auflockerung im deutschen internationalen Deliktsrecht, S. 8), wenngleich die Literatur eine nahezu unüberschaubare Anzahl von Meinungen über die richtigen Anknüpfungen bei unerlaubten Handlungen anbot, die sich im Grundsatz jedoch in jüngerer Zeit zumindest dahin einig sind, dass die Grundregel in der tradierten lex loci delicti besteht, wobei der Meinungsstreit sich mehr an der Frage des Stellenwertes dieser Grundregel und an den Auflockerungen hierzu entzündet, vgl. dazu *Sieghörtner*, Internationales Straßenverkehrsunfallrecht, S. 135 ff. mit umfangreichen Nachweisen.

entschieden[655]. Ob die Regelung auch Gefährdungshaftungstatbestände einschließt, ist in der Rechtsprechung noch nicht geklärt[656], ist nach hiesiger Auffassung aber zu bejahen, da es ansonsten zu einer für den Schadensausgleich rechtstechnisch unsinnigen Trennung von Gefährdungs- und Verschuldenshaftung käme[657].

Nach Art. 40 Abs. 1 Satz 1 EGBGB gilt nunmehr das Recht des Handlungsortes, nach Art. 40 Abs. 1 Satz 2 EGBGB kann der Verletzte auch die Anwendung des Rechtes verlangen, in dessen Wirkungsbereich die Rechtsgutverletzung eingetreten ist[658]. Bei Unfällen und sonstigen Punkt- und Platzdelikten wird dies in aller Regel mit dem Recht des Handlungsortes identisch sein, da sich schadensursächliche Handlung und Erfolg in diesen Fällen zumeist im gleichen Land ereignen. Denkbare Ausnahmefälle, die nach Art. 40 Abs. 1 S. 2 EGBGB zu einer Rechtswahl führen, wären in den vorliegend relevanten Konstellationen beispielsweise innerhalb Neuseelands erlittene medizinische Behandlungsunfälle, deren gesundheitsverletzende Auswirkungen erst im Heimatstaat auftreten[659].

(2) Art. 40 Abs. 2, 41 Abs. 1 EGBGB

Haben sowohl der Verletzte als auch der Ersatzpflichtige seinen gewöhnlichen Aufenthalt in Neuseeland oder besteht zwischen ihnen eine besondere

---

655) Vgl. die Begründung in BT-Drs. 14/343, S. 10; *Heldrich*, in: *Palandt*, BGB, Art. 40 EGBGB Rdnr. 1; *Huber*, JA 2000, S. 67 [67 ff.]; *Looschelders*, VersR 1999, S. 1316 [1316 ff.]; *Sieghörtner*, Internationales Straßenverkehrsunfallrecht, S. 142; *Spickhoff*, IPRax 2000, S. 1 [3]; *Staudinger*, DB 1999, S. 1589 [1591]; *Vogelsang*, NZV 1999, S. 497 [500].

656) Zwar sollen nach der Gesetzesbegründung unter „Ansprüchen aus unerlaubter Handlung“ i. S. des Gesetzes auch solche aus Gefährdungshaftung zu verstehen sein, die nähere Grenzziehung sollte jedoch der Rechtsprechung überlassen bleiben, vgl. BT-Drs. 14/343, S. 11.

657) So auch *Heldrich*, in: *Palandt*, BGB, Art. 40 EGBGB Rdnrn. 1, 16; *Huber*, JA 2000, S. 67 [72]; *Hohloch/Jaeger*, JuS 2000, S. 1133 [1134]; *Kreuzer*, RabelsZ 65 (2001), S. 383 [412]; *Sieghörtner*, Internationales Straßenverkehrsunfallrecht, S. 160 f., sowie allgemein kritisch zur Abgrenzung von Verschuldens- und Gefährdungshaftung als „kollisionsrechtlich irrelevanter Besonderheit nationalen Rechts“ *Stoll*, IPRax 1989, S. 89 [90], sowie *ders.*, Haftungsfolgen im bürgerlichen Recht, S. 3.

658) Das Bestimmungsrecht kann gem. § 40 Abs. 1 S. 3 EGBGB nur im ersten Rechtszug bis zum Ende des frühen ersten Termins (§ 275 ZPO) oder dem Ende des schriftlichen Vorverfahrens (§ 276 ZPO) ausgeübt werden. Für den Fall eines schriftlichen Verfahrens ohne mündliche Verhandlung nach § 128 Abs. 2 oder Abs. 3 ZPO wird man die Bestimmungen des § 128 Abs. 2 S. 2 bzw. S. 3 ZPO entsprechend heranziehen können, vgl. *Hohloch/Jaeger*, JuS 2000, S. 1133 [1137] sowie *Spickhoff*, IPrax 2000, S. 1 [5].

659) In diesem Fall wäre auch die internationale Zuständigkeit deutscher Gerichte nach § 32 ZPO gegeben.

rechtliche oder tatsächliche Beziehung, so kann man über Art. 40 Abs. 2, 41 Abs. 1 EGBGB zur Anwendung neuseeländischen Rechts gelangen.

Deutsches Recht wird in den vorgenannten Fällen hingegen nur dann anwendbar sein, wenn alle Beteiligten deutsche Staatsangehörige sind und ihren gewöhnlichen Aufenthalt in Deutschland haben.

ccc) Zusammenfassung

Die – hier stellvertretend dargestellten – Normen des deutschen internationalen Deliktsrechts werden bei einem Unfall eines Deutschen im Staatsgebiet Neuseelands somit in den meisten Fällen auf das neuseeländische Recht verweisen, so dass in aller Regel im Hinblick auf Schadensersatzansprüche das neuseeländische Recht als Recht des Unfallorts zur Anwendung berufen ist[660]. Sofern ein Deutscher innerhalb Neuseelands einen *Personal Injury* durch Dritteinwirkung erleidet und diesen vor einem deutschen Gericht zulässigerweise geltend macht, wird dieses daher regelmäßig neuseeländisches Recht anwenden müssen, und zwar auch und gerade im Hinblick auf die genannten Kompensationslücken. Dem somit maßgeblichen Deliktsstatut unterfallen nämlich nicht nur die Fragen der Haftungsbegründung, sondern auch die nach Art, Umfang, Modalitäten und auch Ausschluss des Schadensersatzes[661].

Deutsches Recht hingegen wird nach Art. 40 Abs. 2, 41 Abs. 1 EGBGB nur dann anwendbar sein, wenn an dem Unfall ausschließlich deutsche Staatsangehörige beteiligt waren oder aber nach Art. 40 Abs. 1 S. 2 EGBGB, sofern der Verletzungserfolg erst in Deutschland eintritt.

bb) Verweisung auf neuseeländisches Recht

Verweisen bei einer durch das *Accident Compensation Scheme* erfassten körperlichen Schädigung eines Ausländers in Neuseeland die maßgeblichen Normen des internationalen Deliktsrechts auf neuseeländisches Recht, so beanspruchen auch sämtliche spezialgesetzlichen Regelungen unter dem IPRCA 2001 Geltung, insbesondere auch die haftungsersetzenden Normen. §§ 317 Abs. 1, 318 Abs. 1 IPRCA 2001 schließen nun aber in Übereinstimmung mit der neuseeländischen Rechtsprechung die Geltendmachung von Ansprüchen gegen den Schädiger wegen sämtlicher *compensatory damages* aus, sofern der Schadensfall unter dem *Accident Compensation Scheme* erfasst ist. Damit ist es einem in Neuseeland verunfallten Ausländer nach neuseeländischem Recht verwehrt, Schadensausgleich wegen Verdienstausfalls, des Rücktransports sowie einer Heilbehandlung im Heimatland zu erlangen.

---

660) Vgl. *Heldrich*, in: *Palandt*, BGB, Art. 40 EGBGB Rdnr. 8, für Verkehrsunfälle.

661) *Kreuzer*, in: MünchKomm, Art. 38 EGBGB Rdnr. 282.

Gelangt man somit über eine Verweisung von Regelungen des internationalen Privatrechts zur Anwendbarkeit des neuseeländischen Rechts, so verweisen diese Normen insoweit auf eine Rechtsordnung, die keinen Schutz gewährt; ein Ergebnis, das wohl von keiner anderen Rechtsordnung hingenommen werden kann. Die sich daraus ergebenden Probleme sind bislang weitgehend ungeklärt und sollen im Folgenden anhand der Rechtslage in Deutschland näher beleuchtet werden.

aaa) Funktionale Qualifikation der Präklusion

Zunächst stellt sich die Frage, welche funktionale Bedeutung der Präklusionsnorm des § 317 IPRCA 2001 in diesem Zusammenhang zukommt. Nach dem Wortlaut der Vorschrift darf ein Rechtsstreit aufgrund eines Schadens, der unmittelbare oder mittelbare Folge eines vom Deckungsbereich des IPRCA 2001 erfassten körperlichen Schadens ist, vor keinem neuseeländischen Gericht anhängig gemacht werden[662]. Legt man nur diesen Wortlaut zugrunde, könnte man in der Norm lediglich eine verfahrensrechtliche Vorschrift sehen; in diesem Fall hätte sie aufgrund des lex-fori-Prinzips vor ausländischen Gerichten keinerlei Bedeutung[663]. Sieht man in ihr hingegen eine materielle Präklusionsvorschrift des Sachrechts, so wäre sie auch von ausländischen Gerichten bei Anwendung des lex causae zu berücksichtigen[664].

Ob eine ausländische Norm dem Prozessrecht oder dem materiellen Recht zuzuordnen ist, bestimmt sich zunächst aus der Sichtweise des jeweiligen Forumstaats heraus, da dieser aufgrund des lex-fori-Prinzips allein darüber entscheiden kann, welche Normen er dem Prozessrecht zuordnet. Nach der in Deutschland vorherrschenden Lehre von der funktionalen Qualifikation ist dabei zusätzlich maßgebend, ob die Norm im vorgefundenen Regelungsgefüge ein dem deutschen Begriff vergleichbares Ordnungsziel verfolgt[665], das heißt, die Norm ist – wie der *BGH* in ständiger Rechtsprechung ausführt – *„nach ihrem Sinn und Zweck zu erfassen, ihre Bedeutung vom Standpunkt des ausländischen Rechts zu würdigen und mit Einrichtungen der deutschen Rechtsordnung zu vergleichen"*[666].

Gemessen an diesen Kriterien zeigt sich die Präklusionsnorm des § 317 IPRCA 2001 – wie auch ihre Vorgängernormen der früheren Gesetze – unproblematisch als Norm mit materiellrechtlichem Gehalt:

---

662) Zum Wortlaut der Norm vgl. oben, S. 149.
663) Vgl. *Schack*, Internationales Zivilverfahrensrecht, Rdnr. 507.
664) *Geimer*, Internationales Zivilprozessrecht, Rdnrn. 339 ff.; *Sonnenberger*, in: MünchKomm, BGB, Einl. IPR Rdnrn. 297 ff.
665) *Sonnenberger*, in: MünchKomm, BGB, Einl. IPR Rdnr. 360.
666) *BGHZ* 29, S. 137 [139]; 47, S. 324 [336].

Zwar hat diese Norm zunächst eine rein prozessuale Funktion, indem sie Rechtsstreitigkeiten über die Entschädigung bei Eröffnung des Anwendungsbereichs des *Accident Compensation Scheme* der alleinigen Beurteilungskompetenz der ACC unterstellt und damit den ansonsten regulären ordentlichen Rechtsweg verdrängt. Darüber hinaus ist die Präklusionsnorm allerdings Ausdruck der gesetzgeberischen Intention, durch den umfassenden Ausschluss des Klageweges ein einheitliches und geschlossenes System zu schaffen, dessen Kosten nach dem Vorbild des *Woodhouse-Reports* gerade durch den Wegfall der Transaktionskosten wirtschaftlich amortisiert werden sollten; hierzu gehören die Kosten der gerichtlichen Durchsetzung von Direktansprüchen ebenso wie die Kosten der Durchsetzung von Regressforderungen. Nur durch die konsequente Vermeidung dieser Kosten durch die Geschlossenheit des Systems, das weder die Durchsetzung der Direktansprüche des Geschädigten noch von Regressforderungen des Systemträgers zulässt, kann dieses Postulat erfüllt werden[667]. Der Klageausschluss muss daher an den Eingriffsvoraussetzungen des Entschädigungssystems anknüpfen und jede Inanspruchnahme des Schädigers unterbinden. Gerade die Sicherung dieser notwendigen Geschlossenheit des *Accident Compensation Scheme* gewährleistet die Präklusionsnorm des § 317 IPRCA 2001, welche den Rückgriff auf die allgemeinen Haftungsregelungen des *Tort Law* unterbindet und somit als Bestandteil des materiellen Rechts anzusehen ist[668].

In die Begrifflichkeiten des deutschen Rechts eingeordnet stellt die Norm des § 317 IPRCA 2001 daher eine spezialgesetzliche und das Haftungsrecht verdrängende Regelung dar, die einem materiellen Haftungsausschluss entspricht[669]. Untermauert wird diese Ansicht auch dadurch, dass in der neuseeländischen und internationalen angloamerikanischen Literatur über das neuseeländische System dieses – einschließlich des Klageausschlusses – grundsätzlich als spezielles Deliktsrecht im Rahmen des übrigen *Tort Law* behandelt wird.

Als Ergebnis lässt sich somit an dieser Stelle festhalten, dass die Präklusionsnormen der §§ 317 f. IPRCA 2001 als Bestandteil des lex causae von der Verweisung des Deliktsstatuts erfasst werden und somit in den hier untersuchten Konstellationen auch von deutschen Gerichten anzuwenden sind.

Aus Sicht des deutschen Rechts bewirkt dieses Ergebnis, dass ein deliktischer Anspruch gegen den Schädiger nicht zur Verfügung steht. Als Konsequenz folgt hieraus, dass eine Durchsetzung des Haftungsanspruchs gegen den Schädiger in Deutschland auch im Hinblick auf die nicht durch das *Accident Compensation Scheme* entschädigten Positionen verwehrt und somit eine Kompensation des Geschädigten wegen maßgeblicher Schadenspositionen ausgeschlossen ist. Diese Situation käme aus hiesiger Sicht einer Rechtsverweigerung

---

667) *V. Hippel*, in: Haftungsersetzung durch Versicherungsschutz, S. 40 [60 ff.].
668) So auch *Großerichter*, IPRax 1998, S. 220 [222].
669) Ebenso *Großerichter*, IPRax 1998, S. 220 [222].

gleich[670]. Die Rechtsprechung hatte einen derartigen Fall – soweit ersichtlich – bislang noch nicht zu entscheiden. In der Literatur sind zur Lösung dieses unbefriedigenden Ergebnisses dagegen verschiedene Wege angeboten worden.

bbb) Lösung über eine Ersatzanknüpfung wegen Normmangels

Zunächst schlug *Deutsch* vor, eine Anpassung auf kollisionsrechtlicher Ebene wegen Normmangels im Wege der Ersatzanknüpfung vorzunehmen[671]. Danach soll ersatzweise an das Recht der sonstigen engsten Verbindung oder auch des Unfallorts angeknüpft werden, sofern die Anwendung der einschlägigen Rechtsordnung zu Normmängeln, insbesondere aufgrund einer Haftungsersetzung, führt; leitet eine solche Ersatzanknüpfung wieder zu einer Rechtsordnung mit haftungsersetzendem Versicherungsschutz über, welcher dem Verletzten im konkreten Fall nicht zugute kommt, so soll wiederum ersatzweise das Recht seines gewöhnlichen Aufenthalts zur Anwendung kommen[672].

Dieser Ansatz ist dogmatisch jedoch nicht leicht zu begründen, da die vorliegende Problematik keinen typischen Anpassungsfall darstellt[673]; es treffen keine verschiedenen, aneinander anzupassenden Rechtsordnungen zusammen, vielmehr stimmen Versicherungs- und Deliktsstatut hier überein[674]. Zudem ist die haftungsersetzende Norm des neuseeländischen Rechts gerade als Bestandteil des Deliktsstatuts zu qualifizieren, so dass die Regelungen des gesamten neuseeländischen Regelungsgefüges bei der Suche nach einer Korrekturmöglichkeit zu beachten sind[675]: In Neuseeland hätte einerseits der Geschädigte Anspruch auf kostenlose Versorgung, andererseits muss der Schädiger nicht damit rechnen, bei der körperlichen Schädigung eines Ausländers Ersatzansprüchen ausgesetzt zu sein, weswegen er hierauf versicherungsrechtlich nicht vorbereitet ist und nach der dortigen Rechtslage auch nicht zu sein braucht. Der Ansatz von *Deutsch* stellt damit keine angemessene Lösung der Problematik bereit.

ccc) Lösung über eine Analogie

Andererseits können Anpassungsfälle auch dadurch entstehen, dass die maßgebliche Rechtsordnung keine „passenden" Regelungen für Fälle mit Aus-

---

670) So *Großerichter*, IPRax 1998, S. 220 [221, Fn. 19].

671) *Deutsch*, in: Vorschläge und Gutachten, S. 202 [209, 225]; *ders.*, in: Grundfragen des Privatrechts, S. 19 [30 f.].

672) *Deutsch*, in: Vorschläge und Gutachten, S. 202 [209, 225]; *ders.*, in: Grundfragen des Privatrechts, S. 19 [30 f.].

673) So auch *Sieghörtner*, Internationales Straßenverkehrsunfallrecht, S. 122.

674) Vgl. zu den Voraussetzungen *Kropholler*, Internationales Privatrecht, S. 229.

675) *Großerichter*, IPRax 1998, S. 220 [222]; aus angloamerikanischer Sicht *Shapira*, Ottawa L. Rev. 12 (1980), S. 413 [434].

landsbezug enthält, was hier – zumindest im weitesten Sinne – zutrifft[676]. Auf dieser Grundlage hat *Sieghörtner* den Ansatz von *Deutsch* aufgegriffen und vorgeschlagen, die Kompensationslücken durch Modifikationen auf der Ebene des Sachrechts – wohl im Wege der Analogie – zu schließen[677].

Soweit *Sieghörtner* zur Begründung seiner Ansicht vorträgt, das *Accident Compensation Scheme* sei – insbesondere mit Blick auf die Sachschäden – insgesamt ein lückenhaftes System und daher Modifikationen im Wege der Rechtsfortbildung zugänglich, geht er dabei allerdings von einer falschen Voraussetzung aus. Der Ausschluss von Sachschäden unter dem System ist ein Problem auf Tatbestandsseite und lässt den Schutzbereich des *Accident Compensation Scheme* völlig unberührt, weswegen hier auch Schadensersatzklagen uneingeschränkt zulässig sind; ein defizitärer Schadensausgleich hingegen ist eine Problematik auf der Rechtsfolgenseite, kommt also überhaupt nur dann zum Tragen, wenn die Tatbestandsvoraussetzungen vorliegen, konkret also ein *Personal Injury* aufgrund einer der abschließend genannten Ursachen gegeben ist. In diesem Fall hat der Betroffene „*cover by this act*", wie § 317 IPRCA 2001 es voraussetzt, und die Geltendmachung von *compensatory damages* – und genau darum geht es in den hier problematisierten Fällen – ist ihm nach einhelliger Rechtsprechung in Neuseeland durch die Präklusionsnormen unter dem *Accident Compensation Scheme* verwehrt[678].

Die Situation entspricht dem Ausschluss der Schmerzensgeldansprüche durch den ARCIA 1992: Nach der Rechtsprechung konnte ein lediglich als unzureichend empfundener Schadensausgleich niemals die gesetzliche Präklusion überwinden[679]. Es erscheint kaum denkbar, dass die neuseeländische Rechtsprechung hiervon in Bezug auf Ausländer im Wege der Rechtsfortbildung Ausnahmen zulassen würde, so dass eine entsprechende Anpassung durch deutsche Gerichte nicht mit der neuseeländischen Rechtsordnung vereinbar wäre. Außerdem hätte auch dieser Lösungsansatz die systemwidrige Konsequenz, dass sich ein Schädiger innerhalb Neuseelands bei der körperlichen Schädigung eines Ausländers umfassenden Schadensersatzansprüchen ausgesetzt sähe, worauf er nach der dortigen Rechtslage nicht vorbereitet ist und auch nicht zu sein braucht. Auch der Vorschlag *Sieghörtners* ist daher rechtlich kaum zu begründen und widerspräche der geschlossenen Ausgestaltung des neuseeländischen Systems.

---

676) Vgl. *Firsching*, Internationales Privatrecht, S. 59.

677) Vgl. *Sieghörtner*, Internationales Straßenverkehrsunfallrecht, S. 124 f.

678) So auch *Großerichter*, IPRax 1998, S. 220 [220 f.].

679) Vgl. *Green v. Matheson*, NZLR 3/1989, S. 564 [564 ff.] (C.A.), dazu oben, S. 152, Fn. 571.

ddd) Lösung im Rahmen des ordre public

Schließlich hat *Großerichter* vorgeschlagen, das kompensatorische Defizit über den ordre public nur für diejenigen Posten zu beseitigen, bei denen es zu Ausgleichsaufällen für den Geschädigten kommt[680]. Insgesamt gesehen kann ein Verstoß gegen wesentliche Grundsätze des deutschen Rechts allerdings nicht allein damit begründet werden, dass die Leistungen unter dem neuseeländischen Entschädigungssystem hinter dem allgemeinen Deliktsrecht zurückbleiben; eine solche Gestaltung ist im Interesse der umfassenden Versorgung auch dem deutschen Recht nicht fremd[681]. Ein ersatzloser Ausschluss der Geltendmachung des Verdienstausfalls als der Grundversorgung eines Geschädigten stellt allerdings einen Zustand dar, den die deutsche Rechtsordnung zumindest nicht in vollem Umfang hinnehmen kann, so dass wesentliche Grundsätze des deutschen Rechts hierdurch verletzt werden[682].

Hinsichtlich der ebenfalls nicht entschädigungsfähigen Rücktransportkosten und der Kosten für die Heilbehandlung im Ausland ist die Situation differenzierter zu beurteilen. Nur wenn die Behandlung gerade aus medizinischen oder sonstigen dringenden Gründen im Ausland durchgeführt werden musste, liegt ebenfalls ein von der deutschen Rechtsordnung nicht hinnehmbares Kompensationsdefizit vor.

Andernfalls ist durch den Haftungsausschluss nur die Dispositionsfreiheit des Geschädigten hinsichtlich der Wahl des Behandlungsorts eingeschränkt, so dass lediglich eine Leistungseinschränkung vorliegt[683]. Nur in ersterem Fall ist daher ebenfalls eine Korrektur über den ordre public angemessen.

Die Methodik dieses Lösungsansatzes liegt darin, die haftungsersetzende Norm des § 317 IPRCA 2001 schlichtweg nicht anzuwenden, soweit es um den Ersatz des Verdienstausfalls und einer medizinisch indizierten Heilbehandlung einschließlich des Rücktransports in das Heimatland geht. In diesem Fall ist das allgemeine neuseeländische Deliktsrecht zur Anwendung berufen. Dieser Ansatz ermöglicht es somit, eine systemgerechte und den verschiedenen Interessen angemessene Lösung der Problematik im Einzelfall zu entwickeln.

---

680) *Großerichter*, IPRax 1998, S. 220 [222]; *von Hoffmann*, in: *Staudinger*, BGB, Art. 38 EGBGB Rdnrn. 61, 285.

681) Vgl. nur den Ausschluss des Schmerzensgeldes bei Arbeitsunfällen nach §§ 104 f. SGB VII.

682) *Großerichter*, IPRax 1998, S. 220 [222]; *v. Hoffmann*, in: *Staudinger*, BGB, Art. 38 EGBGB Rdnr. 285; prinzipiell auch *Deutsch*, in: Vorschläge und Gutachten, S. 202 [209]; für den angloamerikanischen Rechtskreis *Shapira*, Ottawa L. Rev. 12 (1980), S. 413 [418]; *Vennell*, in: Law of Torts, S. 26 [65].

683) *Großerichter*, IPRax 1998, S. 220 [222].

cc) Verweisung auf deutsches Recht

Zu betrachten ist weiterhin die Konstellation, dass die im konkreten Fall anwendbaren Normen des internationalen Deliktsrechts bestimmen, dass nicht das Deliktsstatut, sondern das jeweilige Heimatrecht des Ausländers zur Anwendung kommen soll. Diese Fälle sind in Deutschland prinzipiell auf die Konstellation beschränkt, dass sowohl der Schädiger als auch der Geschädigte deutsche Staatsangehörige sind und/oder ihren gemeinsamen gewöhnlichen Aufenthalt in Deutschland haben[684]. In diesem Fall ist nach deutschem Recht ein gewöhnlicher deliktischer Anspruch gegeben, obgleich auch dieser Sachverhalt durch das neuseeländische Entschädigungssystem geprägt wird, da der Geschädigte in diesem Fall Anspruch auf Ausgleichsleistungen gegen die ACC hat; zudem wäre der Schädiger in Neuseeland von jeglicher Haftung freigestellt, so dass die Parteierwartungen entsprechend durch das neuseeländische Rechtssystem geprägt sind[685]. Fraglich ist daher in einem solchen Fall, inwieweit die Regelungen des öffentlich-rechtlichen neuseeländischen Entschädigungssystems neben dem vom Deliktsstatut berufenen Recht zu berücksichtigen sind. Solche Fälle sind allgemein recht häufig, da der von einem öffentlich-rechtlichen Versicherungssystem selbst definierte Anwendungsbereich nicht notwendig mit der Verweisung des Deliktsstatuts übereinstimmt[686].

Die deutsche Rechtsprechung ist bereits mit mehreren Fällen konfrontiert worden, in denen bei anwendbarem deutschen Haftungsrecht die öffentlich-rechtlichen Versicherungsregelungen einer anderen Rechtsordnung zu berücksichtigen waren, wobei zur kollisionsrechtlichen Anknüpfung der Drittleistung allerdings – soweit ersichtlich – in keinem Fall Stellung genommen wurde[687]. Die Literatur geht insoweit mehrheitlich davon aus, dass die Regelungen des öffentlichen Versicherungssystems in derartigen Fällen stets durch eine gesonderte Anknüpfung nach dem Recht zu beurteilen seien, das für dessen Leistungspflicht maßgeblich ist. So wird bei Arbeitsunfällen mit Auslandssachverhalten, die nach deutschem Recht dem Haftungsausschluss der §§ 104 f. SGB VII unterliegen, eine gesonderte Anknüpfung an das Recht des dadurch geschaf-

---

684) H.M., vgl. statt aller *Heldrich*, in *Palandt*, BGB, Art. 38 EGBGB Rdnrn. 6 ff.

685) Wie bereits mehrfach erörtert, ist aufgrund der Existenz des *Accident Compensation Scheme* eine Vorsorge im Hinblick auf Personenschäden durch Haftpflichtversicherungen in Neuseeland nicht üblich. So wird beispielsweise bei Mietwagenverträgen zwar regelmäßig eine – in Neuseeland fakultative – Haftpflichtversicherung für Sachschäden angeboten, nicht jedoch eine solche für Personenschäden.

686) Vgl. für Arbeitsunfälle *Eichenhofer*, Internationales Sozialrecht und IPR, S. 101 ff.; *Mummenhoff*, IPRax 1988, S. 215 [215 ff.].

687) *BGH*, VersR 1989, S. 54 [54 ff.]; VersR 1986, S. 1231 [1231 ff.]; *OLG Schleswig*, IPRax 1988, S. 230 [230 ff.]; *OLG München*, NJW 1985, S. 564 [564]; *OLG Hamm*, VersR 1972, S. 308 [308 ff.]; *OLG Stuttgart*, VersR 1970, S. 526 [526 ff.]; weitere Nachweise bei *von Marschall*, in: Vorschläge und Gutachten, S. 190 [198 f.].

fenen Sonderverhältnisses vertreten[688]. Die Verdrängung des Deliktsstatuts in diesen Fällen wird damit begründet, dass das Deliktsrecht materiell weitgehend wie bei einer vertraglichen Sonderbindung durch das Unfallversicherungsrecht verdrängt wird[689]. Ein weiterer Ansatz, der im Ergebnis auf das Gleiche hinausläuft, will Leistungen eines öffentlichen Versicherungsträgers durch eine Anknüpfung im Rahmen des Drittleistungsstatuts analog Art. 33 Abs. 3 EGBGB neben dem Deliktsstatut berücksichtigen[690]. Die Wertungsparallele zur gesetzlich normierten Legalzession liegt darin, dass Sinn und Zweck der Leistung wie des angeordneten Übergangs nur dem der Regelung zugrunde liegenden Recht entnommen werden können. Teilweise wird die Anknüpfung weiter ausgedehnt auf alle Fälle, in denen Deliktsrecht und Drittleistung zusammentreffen mit der Begründung, dass bei einem System, welches durch eine Entlastung des Schädigers das Verhältnis zwischen Deliktsrecht und Versicherungsschutz umfassend gestalte, die Beurteilung der Regelung sinnvollerweise nur diesem zugrunde liegenden System entnommen werden könne[691].

Die Anknüpfung an eine der Arbeitsunfallversicherung ähnliche Sonderbindung kommt in den hier interessierenden Konstellationen indes nicht in Betracht, da durch einen nur vorübergehenden Aufenthalt von Ausländern in Neuseeland keine vertragsähnliche Sonderbindung konstituiert wird. Eine Berücksichtigung der Leistungen unter dem *Accident Compensation Scheme* im Rahmen des Drittleistungsstatus in analoger Anwendung des Art. 33 Abs. 3 EGBGB ist daher dogmatisch die überzeugendste Lösung[692]. Die umfassende Gestaltung des Verhältnisses zwischen Deliktsrecht und Versicherungsschutz durch die Normen des neuseeländischen *Accident Compensation Scheme* ist somit in das anzuwendende Recht analog Art. 33 Abs. 3 EGBGB einzubeziehen, da nur nach dem Gesamtgefüge der Regelung über die durch sie bewirkte Schadensverlagerung entschieden werden kann.

688) *Eichenhofer*, Internationales Sozialrecht und IPR, S. 101 f.; *Mummenhoff*, IPRax 1988, S. 215 [215]; *Kreuzer*, in: MünchKomm, BGB, § 38 EGBGB Rdnr. 192.

689) *Eichenhofer*, Internationales Sozialrecht und IPR, S. 101 f.; restriktiver *Mummenhoff*, IPRax 1988, S. 215 [215].

690) *Kreuzer*, in: MünchKomm, BGB, Art. 38 EGBGB Rdnr. 293; *von Hoffmann*, in: *Staudinger*, BGB, Art. 38 EGBGB Rdnr. 196; *Kegel*, Internationales Privatrecht, § 18 VII 2; *Wandt*, ZVglRWiss 86 (1987), S. 272 [301].

691) *Großerichter*, IPRax 1998, S. 220 [224]; *von Marschall*, in: Vorschläge und Gutachten, S. 190 [190 ff., 197 ff.]; *Kreuzer*, in: MünchKomm, BGB, Art. 38 EGBGB Rdnr. 293.

692) So auch *Großerichter*, IPRax 1998, S. 220 [224]; vgl. zur Rechtslage im angloamerikanischen Rechtskreis *Shapira*, Ottawa L. Rev. 12 (1980), S. 413 [423 ff., 433 ff.], der die Verweisung des Deliktstatuts bei der Konkurrenz mit einem haftungsersetzenden Versicherungssystem an der durch die Parteierwartungen geschaffenen Verbindung zum Tatortrecht ausrichten will, im Fall Neuseelands mit der nachfolgenden Korrektur durch den ordre public.

Im Ergebnis stellt die vom Statut der Drittleistung vorgesehene Entlastung des Schädigers und der nach dem Deliktsstatut gegebene Anspruch einen Normwiderspruch dar, der sodann durch Angleichung zu korrigieren ist[693]. Auf diese Weise lassen sich Wertungen und Auswirkungen des haftungsersetzenden neuseeländischen Systems auch im deutschen Recht dergestalt berücksichtigen, dass sich dogmatisch korrekte und dem durch das neuseeländische Recht geprägten Sachverhalt angemessene Ergebnisse erzielen lassen.

b) Die Rechtslage nach neuseeländischem internationalen Privatrecht

Zu betrachten ist weiter der Fall, dass ein in Neuseeland verunfallter Ausländer seinen deliktischen Haftungsanspruch vor einem neuseeländischen Gericht einklagt. Im Hinblick auf das dann anzuwendende Recht entscheidet ein neuseeländisches Gericht – sofern es sich für zuständig erklärt[694] – nach den dort einschlägigen Regelungen zum internationalen Privatrecht.

In Neuseeland existieren derzeit insoweit noch keine gesetzlichen Normierungen. Die Rechtsprechung greift auf die unter dem *Common Law* entwickelten Regeln zum internationalen Deliktsrecht der englischen Rechtsprechung zurück. Diese wiederum trennt seit jeher strikt zwischen Delikten innerhalb Englands und unerlaubten Handlungen, die im Ausland begangen werden. Während sich im Hinblick auf die letztgenannte Fallgruppe eine inzwischen ausdifferenzierte Rechtsprechung zur „*rule of double actionability*" entwickelt hat[695], war die Haltung der Rechtsprechung bei den innerhalb Englands verwirklichten Delikten eindeutig: Auf die in England begangenen unerlaubten Handlungen ist stets englisches Recht anzuwenden[696]. Während England im Jahr 1995 eine gesetzliche Regelung zum internationalen Deliktsrecht einführte, wonach nunmehr grund-

---

693) *Großerichter*, IPRax 1998, S. 220 [224]; *Kegel*, Internationales Privatrecht, § 18 VII 2; *Kreuzer*, in: MünchKomm, BGB, Art. 38 EGBGB Rdnr. 293.

694) Die neuseeländische Rechtsprechung wendet ebenso wie andere *Common Law*-Staaten den insbesondere in der amerikanischen Rechtsprechung praktizierten Rechtsgrundsatz des „*forum non conveniens*" an, wonach – zusammenfassend ausgedrückt – sich ein Gericht eines Falles mit Auslandsbezug zuständigkeitshalber nur dann annimmt, wenn der Fall einen signifikanten Bezug zu dem jeweiligen Heimatland des entscheidenden Gerichts aufweist. Damit steht dem Gericht ein Entscheidungsermessen darüber zu, ob es sich in der Sache für zuständig erklärt; vgl. dazu *Firsching/von Hoffmann*, Internationales Privatrecht, § 3 Rdnr. 68, sowie *Schack*, Einführung in das US-amerikanische Zivilprozeßrecht, S. 33 m. w. Nachw.

695) Vgl. dazu unter dem thematischen Komplex „Schäden von Neuseeländern im Ausland" unten, S. 186 ff.

696) *Szalatnay-Stacho v. Fink*, K.B. 1 [1947], S. 1 ff. (*Court of Appeal*, England); *Collier*, Conflict of Laws, S. 220.

sätzlich immer das Deliktsstatut gilt[697], beherrscht die strikte Regel des *Common Law* nach wie vor in entsprechender Anwendung die neuseeländische Rechtsprechung.

Auf die hier relevanten Fallkonstellationen übertragen bedeutet dies, dass bei einem auf deliktisches Verhalten zurückzuführenden Unfall eines Ausländers innerhalb Neuseelands ein hiermit befasstes neuseeländisches Gericht stets neuseeländisches Recht anwenden wird. Damit sind in diesem Fall auch stets die Präklusionsnormen der §§ 317 f. IPRCA 2001 anzuwenden, so dass weitergehende Ansprüche von Ausländern – mit Ausnahme der von der neuseeländischen Rechtsprechung entwickelten engen Ausnahmeregelungen – ausgeschlossen sind. Klagt ein Ausländer somit ein deliktisches und durch das *Accident Compensation Scheme* erfasstes Verhalten in Neuseeland ein, ist er im Hinblick auf das Eingreifen der haftungsersetzenden Normen den Neuseeländern gleichgestellt: Eine Klage gegen den Schädiger ist ihm in aller Regel verwehrt, einen über den durch das *Accident Compensation Scheme* gewährten Ausgleich wird er in Neuseeland nicht erhalten.

3. Schäden von Neuseeländern im Ausland

Die zweite Fallkonstellation, in der es zu einer Kollision von Rechtsordnungen kommen kann, ist bei deliktischen Schädigungen von neuseeländischen Staatsbürgern im Ausland gegeben. Nach § 21 IPRCA 2001 genießt jeder neuseeländische Staatsbürger auch dann uneingeschränkten Schutz unter dem *Accident Compensation Scheme* und hat einen Anspruch auf umfassende Entschädigungsleistungen[698], während ihm aber nach neuseeländischem Recht ein direktes Vorgehen gegen den Schädiger auch in diesen Fällen untersagt ist. Das Recht des Tatortstaats wird hingegen dem Geschädigten regelmäßig einen Direktanspruch gegen den Schädiger einräumen, der über die unter dem *Accident Compensation Scheme* gewährten Leistungen hinausgehen wird.

Auch hier ist wieder zu unterscheiden, wo ein Anspruch des Geschädigten gegen den Schädiger geltend gemacht wird, und welche Rechtsordnung sodann zur Anwendung berufen ist.

a) Geltendmachung des Schadens im Ausland

Nimmt ein im außerneuseeländischen Ausland geschädigter neuseeländischer Staatsbürger vor einem dortigen Gericht den Schädiger in Anspruch, so hat dieses im Hinblick auf das anzuwendende Recht wieder die dort geltenden

---

697) §§ 11 f. *Private International Law (Miscellaneous Provisions) Act 1995* (U.K.); vgl. dazu eingehend *Seidel*, Anknüpfung der unerlaubten Handlung, S. 58 ff., sowie *von Hoffmann*, in: *Staudinger*, BGB, Art. 38 EGBGB Rdnrn. 48 ff.

698) Vgl. hierzu oben, S. 145.

Regeln des internationalen Privatrechts zu beachten. Aufgrund des in den allermeisten Staaten der Welt vorherrschenden Deliktsstatuts wird dabei regelmäßig das Recht des Unfallorts zum Tragen kommen[699]. In diesem Fall wird ein neuseeländischer Geschädigter – sofern er nicht wieder auf ein haftungsersetzendes System trifft – in der Regel direkt gegen den Schädiger nach dem Recht des Tatorts vorgehen können. Präklusionswirkung kann das *Accident Compensation Scheme* insofern nicht entfalten, da es als exklusiver Bestandteil des neuseeländischen Rechts nicht zur Anwendung kommt[700]. Davon zu trennen ist die Frage, ob sich der Geschädigte den unter dem *Accident Compensation Scheme* bestehenden Entschädigungsanspruch auf den von einem ausländischen Gericht zuerkannten Schadensersatzanspruch anrechnen lassen muss, was in aller Regel – mit unterschiedlichen dogmatischen Begründungen – der Fall sein wird[701].

b) Geltendmachung des Schadens in Neuseeland

Für einen im außerneuseeländischen Ausland geschädigten neuseeländischen Staatsbürger kann es näherliegend sein, den Schädiger in seinem Heimatland in Anspruch zu nehmen und seinen Schaden vor einem neuseeländischen Gericht geltend zu machen. Sofern sich das neuseeländische Gericht für zuständig erklärt[702], hat es die Frage des dann anzuwendenden Rechts auf Grundlage der in Neuseeland geltenden Regelungen zum internationalen Privatrecht zu beantworten.

aa) Das neuseeländische internationale Privatrecht

Wie bereits oben[703] ausgeführt, existieren in Neuseeland derzeit noch keine gesetzlichen Normierungen zum internationalen Privatrecht. Die Rechtsprechung greift auf die unter dem *Common Law* entwickelten Regeln der englischen Rechtsprechung zum internationalen Deliktsrecht bei Fällen mit Auslandsbezug zurück.

---

699) „*The proper law of the tort*", vgl. grundlegend Chaplin v. Boys, [1971] AC 356 (C.A. England); vgl. auch *Todd*, Washburn L.J. 39 (2000), S. 404 [445].

700) *Todd*, Washburn L.J. 39 (2000), S. 404 [445]. Vgl. auch die Meldung in der Tagszeitung *The New Zealand Herald* v. 22.12.2004: In einer Sammelklage machten kürzlich mehrere in Neuseeland Beschäftigte einer australischen Firma Schadensersatzansprüche in Höhe von 1,6 Mrd. NZ$ gegen die Firma an deren Hauptsitz in New South Wales geltend, da sie aufgrund des Umgangs mit Asbest in der Firma unheilbare Lungenerkrankungen erlitten hatten. In Neuseeland wäre ihnen eine solche Klage untersagt, da die Krankheit als anerkannte Berufskrankheit dem *Accident Compensation Scheme* unterfällt.

701) Vgl. dazu oben zur Rechtlage in Deutschland S. 181 f.

702) Vgl. zur Zuständigkeitsregelung in Neuseeland oben, S. 183, Fn. 694.

703) Vgl. oben, S. 183.

Diese beruhen auf der Grundsatzentscheidung des englischen *Court of Exchequer Chamber* in *Phillips v. Eyre*[704] aus dem Jahr 1870. Das Gericht stellte dort die später als *„double actionability test"* bezeichnete Grundregel auf, dass ein deliktisches Verhalten außerhalb Englands nur dann durch ein englisches Gericht nach englischem Recht zu beurteilen sei, wenn das zugrundeliegende Verhalten sowohl nach dem Landesrecht des Tatorts als auch – wäre es in England geschehen – nach englischem Recht zur Klage berechtigen würde[705]. Erlaubte das Recht des lex loci delicti somit keine Schadensersatzklage, konnte dies nicht durch die Anwendung englischen Rechts umgangen werden. Umgekehrt konnte in England kein Schadensersatzanspruch anhängig gemacht werden, der nur nach ausländischem Recht zu beurteilen gewesen wäre. Die Bestimmung des Deliktsstatuts erforderte somit eine kumulierte Anwendung des lex fori und des lex loci delicti, wenngleich im Endeffekt als materielles Recht allein das lex fori zur Anwendung kam[706], eine im Vergleich zur sonstigen inter-

---

704) *Phillips v. Eyre*, L.R. 6 Q.B. [1870], S. 1 [1 ff.]; in dem zugrundeliegenden Fall machte *Phillips* gegen den Gouverneur von Jamaica, *Eyre*, Schadensersatzansprüche aufgrund von dortigen Misshandlungen und widerrechtlicher Freiheitsberaubung geltend; die Klage wurde abgewiesen, da ein in Jamaica geltendes Gesetz die dortigen Vorfälle rechtfertigte. Vgl. dazu ausführlich *Hohloch*, Das Deliktsstatut, S. 66 ff. und *Winterfeld*, Das englische Deliktsstatut in seiner geschichtlichen Entwicklung, S. 38 ff.

705) *Phillips v. Eyre*, L.R. 6 Q.B. [1870], S. 1 [28 f.]: *„As a general rule, in order to found a suit in England for a wrong alleged to have been committed abroad, two conditions must be fulfilled. First, the wrong must be of such a character that it would have been actionable if committed in England (...) Secondly, the act must not have been justifiable by the law of the place where it was done"*.

706) Die englische Rechtsprechung wurde zunächst in allen Staaten des *Common Law*-Rechtskreises übernommen, vgl. *Schulz*, RIW 1996, S. 468 [468 ff.]. Zur aktuellen Entwicklung in diesen Ländern vgl. die Übersicht bei *von Hoffmann*, in: *Staudinger*, BGB, Art. 38 EGBGB Rdnrn. 47 ff.

nationalen Entwicklung zu diesem Zeitpunkt gerade gegensätzliche Rechtslage[707].

Das *House of Lords* bestätigte die *Phillips v. Eyre*-Entscheidung in *Boys v. Chaplin* über 100 Jahre später, lockerte die dort statuierte Regel zugunsten des lex fori aber erstmals auf und ließ fortan auch dann unabhängig von den Voraussetzungen der *„rule of double actionability"* die Anwendung englischen Rechts zu, wenn dieses als lex fori zu dem deliktischen Verhalten oder auch den involvierten Parteien eine besondere Nähe aufwies[708].

Diese Ausnahmeregelung führte erstmals eine gewisse Flexibilität für die Rechtsprechung ein[709] und wurde in dieser Form ausdrücklich auch in Neuseeland übernommen[710]. Mit seiner Entscheidung in *Red Sea Insurance v. Bouygues*

---

707) In den meisten Ländern außerhalb des *Common Law* galt schon seit dem Mittelalter das lex loci delicti als Deliktsstatut, bei dem es sich um eine der ältesten Lehren des internationalen Privatrechts überhaupt handelt (vgl. *von Bar*, Internationales Privatrecht Bd. 2, Rdnrn. 652 u. 655; *Kegel/Schurig*, Internationales Privatrecht, S. 624; *Hohloch*, Das Deliktsstatut, S. 1; *Kropholler*, ZfRV 1975, S. 256 [256]). Im 19. Jahrhundert vertraten als prominenteste Vertreter einer gegenläufigen Strömung *v. Savigny*, System des heutigen Römischen Rechts VIII, S. 32 ff., 246, 248, 275, 278 ff. und *v. Wächter*, AcP 24 (1841), S. 230 f., 288 ff.; 25 (1842), S. 361 f. 389 ff., die Unterwerfung der Deliktsobligationen unter den lex fori-Grundsatz mit der Begründung der engen Verwandtschaft zur extraterritorialen Reichweite des Strafrechts (dazu eingehend *Rohe*, Zu den Geltungsgründen des Deliktsstatuts, S. 159; *Schönberger*, Das Tatortprinzip und seine Auflockerung im deutschen internationalen Deliktsrecht, S. 108; *Hohloch*, Das Deliktsstatut, S. 42). Die Auffassung hat sich jedoch in Kontinentaleuropa nicht durchsetzen können (vgl. statt vieler *Trutmann*, Das internationale Privatrecht der Deliktsobligationen, S. 79 m. w. Nachw.; *Wilde*, Der Verkehrsunfall im internationalen Privatrecht, S. 38 m. w. Nachw., sowie *Binder*, RabelsZ 20 [1955], S. 401 [459]). Auch in den USA wurde zur deliktsrechtlichen Anknüpfung bis in die 1960-er Jahre strikt auf das Recht des Tatorts abgestellt. Mit der Abhandlung von *Morris* (Harv. Law Rev. 64 [1950/51], S. 881 [881 ff.]) über die Relativierung des starren Tatortprinzips durch Einführung interessengerechter Einzelfallbetrachtungen – die Suche nach dem *„proper law of the tort"* – begann die Entwicklung der neueren Tendenzen zum internationalen Deliktsrecht in den USA; vgl. zur Entwicklung dort *Hohloch*, Das Deliktsstatut, S. 126 ff., sowie *Mühl*, VersR 1973, S. 1088 [1088 ff.]. Zum aktuellen Stand der Diskussion in den USA vgl. *Kegel/Schurig*, Internationales Privatrecht, S. 163.
Vgl. auch allgemein zur internationalen Rechtslage eingehend *von Hoffmann*, in: *Staudinger*, BGB, Art. 38 EGBGB Rdnrn. 27 ff.

708) *Boys v. Chaplin*, AC 1971, S. 356 [356 ff.] (*House of Lords*); die Parteien waren britische Soldaten, die auf Malta in einen durch den Beklagten verursachten Verkehrsunfall verwickelt wurden; der Kläger machte in England Ansprüche auf Schmerzensgeld nach englischem Recht geltend, während das maltesische Recht einen Schmerzensgeldanspruch ausschloss. Das Gericht gab der Klage statt, indem es aufgrund seiner genannten neu eingeführten Ausnahmeregelung englisches Recht anwandte.

709) Vgl. *Reed*, A.J.I.C.L. 18 (2001), S. 867 [911].

710) Vgl. *Richards v. McLean*, NZLR 1/1973, S. 521 [521 ff.] (C.A.).

S.A. leitete das *House of Lords* im Jahr 1995 schließlich die Wende im englischen internationalen Deliktsrecht ein; nunmehr sollte auch ausschließlich das Tatortrecht zur Anwendung kommen können, wenn es den Fall prägte und das englische Recht gleichzeitig keinen Schadensersatzanspruch vorsah, also das ausländische Recht das „*proper law of the tort*" sei[711]. Dies gewährte den englischen Gerichten und der sonstigen *Common Law*-Rechtsprechung, die sich an der englischen Judikatur orientierte, eine gewisse Flexibilität, aber auch einen Rechtsunsicherheit bewirkenden Auslegungsspielraum, ob sie das lex fori oder das lex loci delicti anwenden[712].

Auch diese modifizierte englische Rechtsprechung wurde in Neuseeland übernommen[713]. Im Gegensatz zu Neuseeland führte England allerdings im Jahr 1995 eine gesetzliche Regelung ein, wonach nunmehr – gerade entgegengesetzt zur Rechtsprechung – grundsätzlich immer das Deliktsstatut gilt, wenn nicht im Einzelfall ein anderes Rechtssystem das „*proper law of the tort*" darstellt[714].

bb) Anwendbares Recht

Die neuseeländischen Gerichte orientieren sich somit grundsätzlich an der früheren englischen Rechtsprechung, so dass ein dort eingeklagtes deliktisches Verhalten im Ausland grundsätzlich nach neuseeländischem Recht beurteilt wird, wenn es den „*double actionability test*" erfüllt und nicht im Einzelfall die Sachnähe des Falls zum Recht des Tatorts dessen Anwendung als „*proper law of the tort*" rechtfertigt. Unter Anwendung neuseeländischen internationalen Privatrechts ist somit eine weitaus geringere Rechtssicherheit im Hinblick auf das anwendbare Recht gewährleistet. Deliktische Schädigungen der hier relevanten Fallgruppen werden gleichwohl in aller Regel den „*double actionability test*" erfüllen, da sie in allen Staaten der Welt einklagbar sein dürften und auch in

---

711) *Red Sea Insurance v. Bouygues S.A.*, A.C. 1995, S. 190 [190 ff.] (P.C.); der Fall betraf die Frage, ob eine Versicherungsgesellschaft in Hong Kong im Zusammenhang mit dem Bau der Universität in Riyadh einen Direktanspruch durchsetzen konnte, der nach dem *lex loci delicti* Saudi Arabiens gegeben war, nicht jedoch nach dem Recht von Hong Kong; vgl. zu der Entscheidung *Rogerson*, ICLQ 44 (1995), S. 44 [44 ff.] sowie *Dickinson*, LMCLQ 1994, S. 463 [463 ff.], sowie in der deutschen Literatur *Schulz*, RIW 1996, S. 468 [468 ff.]. Interessant ist, dass die englischen wie auch die neuseeländischen Gerichte den von *Morris* (Harv. Law Rev. 64 [1950/51], S. 881 [881 ff.]) im Hinblick auf die jüngere Entwicklung des internationalen Privatrechts in den USA geprägten Terminus des „*proper law of the tort*" einhellig übernommen haben, gleichwohl aber stets nur auf die englischen Präjudizen Bezug nehmen.

712) Vgl. *Reed*, A.J.I.C.L. 18 (2001), S. 867 [917 ff.].

713) *Starlink Navigation Ltd. v. The Ship "Seven Pioneer"*, AD 9181/98 (H.C., 12.02.2001).

714) §§ 11 f. *Private International Law (Miscellaneous Provisions) Act 1995* (U.K.); vgl. dazu eingehend *Seidel*, Anknüpfung der unerlaubten Handlung, S. 58 ff., sowie *von Hoffmann*, in: *Staudinger*, BGB, Art. 38 EGBGB Rdnrn. 48 ff.

Neuseeland – rein formell – einklagbar sind. Aufgrund des zusätzlich bei neuseeländischen Staatsbürgern gegebenen Entschädigungsanspruchs unter dem *Accident Compensation Scheme* wird zudem eine enge Verknüpfung mit dem neuseeländischen Recht bewirkt, welche durch die Nationalität des Geschädigten verstärkt wird. Bei einem unter dem *Accident Compensation Scheme* versicherten Schaden eines neuseeländischen Staatsbürgers wird ein neuseeländisches Gericht daher in aller Regel auch neuseeländisches Recht anwenden[715]. Die Folge ist, dass die Präklusionsnormen des *Accident Compensation Scheme* zur Anwendung kommen und eine Klage innerhalb Neuseelands dadurch nicht zum Erfolg führen kann.

VI. Zusammenfassung

Die schlagartige Abschaffung der zivilrechtlichen Schadensersatzklage bei Vorliegen eines *Personal Injury* und die damit einhergehende Ersetzung der möglichen Leistungen durch eine betragsmäßig geringere staatliche Entschädigung im Jahr 1974 hat dazu geführt, dass vermehrt Möglichkeiten gesucht wurden, Ungerechtigkeiten unter dem staatlichen System durch Rechtsfortbildung auszugleichen. Insbesondere die Abschaffung des Schmerzensgeldes unter gleichzeitiger Einschränkung sonstiger Leistungen unter dem ARCIA 1992 hat eine tendenzielle Entwicklung ausgelöst, die als unzureichend empfundenen Leistungen des *Accident Compensation Scheme* durch Zivilklagen zu erweitern[716]. Die Gerichte haben sich diesen Versuchen gegenüber im Grundsatz zunehmend aufgeschlossen gezeigt. Die ursprüngliche Tendenz, bei Vorliegen eines körperlichen Schadens überhaupt keine Zivilklagen zuzulassen, wurde zunehmend aufgeweicht und ist inzwischen insbesondere in den Fällen von *exemplary damages* und dem Schadensersatz für psychische Körperschäden höchstrichterlich anerkannt. Die Anwendungsbereiche des staatlichen Entschädigungssystems auf der einen und des *Common Law* auf der anderen Seite hängen im Grenzbereich von Zufälligkeiten, Unwägbarkeiten und letztlich auch von der Auslegung bestimmter Tatbestandsvoraussetzungen ab. Diese Wiedereinführung des Haftungsrechts als Ergänzung des *Accident Compensation Scheme* bei besonders ungerecht empfundenen Fällen war die Antwort der Rechtsprechung auf

---

715) *Todd*, Washburn L.J. 39 (2000), S. 404 [445]; vgl. auch das dort angeführte Beispiel von *Todd*, wonach nach dessen Ansicht neuseeländisches Recht anwendbar wäre, sofern ein Produkt eines neuseeländischen Herstellers bei einem Neuseeländer im Ausland einen Schaden verursacht; in diesem Fall sei es reiner Zufall, dass der Schaden gerade im Ausland aufgetreten ist, so dass ein engerer Bezug zum neuseeländischen Rechtssystem gegeben sei; die Folge ist, dass eine Klage gegen den Schädiger ausgeschlossen wäre.

716) *Carden*, Law Talk 1996, S. 9 [9]; *Corkill*, NZLJ 1996, S. 318 [319 f.]; *Duffy*, VUWLR 34 (2003], S. 367 [367 ff.]; *Fisher*, NZLJ 1997, S. 31 [33]; *Todd*, Washburn L.J. 39 (2000), S. 404 [456].

die legislative Benachteiligung insbesondere von Verbrechensopfern[717]. Im Hinblick auf die *exemplary damages* wurde die richterliche Rechtsfortbildung sogar ab 1998 in die Gesetze übernommen. Damit kommt dem Haftungsrecht nunmehr entgegen der ursprünglichen Intention des Gesetzgebers bei Einführung des *Accident Compensation Scheme* doch wieder eine hohe Relevanz zu[718]. Das haftungsersetzende Versicherungssystem ist nur im Kern ein solches; sein Randbereich wurde zum Spielfeld richterlicher Rechtsfortbildung.

E. Der Schadensausgleich

Wenn der im letzten Abschnitt dargestellte Deckungsbereich des *Accident Compensation Scheme* eröffnet ist, ein Betroffener also einen in den Legaldefinitionen des IPRCA 2001 definierten körperlichen Schaden aufgrund eines Unfalls, eines medizinischen Unglücksfalls oder einer berufsbedingten Krankheit erlitten hat, so ist die grundlegende Anspruchsvoraussetzung des Systems „*has cover for the personal injury*“ in § 67 IPRCA 2001 erfüllt. Als Rechtsfolge sieht das Gesetz sodann vor, dass der Anspruchsberechtigte abschließend unter dem Gesetz aufgezählte Leistungen erhält, die durch den IPRCA 2001 in vier Sachgruppen eingeteilt werden[719]:

- Medizinische Behandlung und Rehabilitation (*Treatment and Rehabilitation*)
- Verdienstausfall (*Weekly Compensation*)
- Schmerzensgeld (*Lump Sum Payments*)
- Leistungen für den Todesfall (*Entitlements arising from Fatal Injuries*)

Diese Leistungen sollen im folgenden Abschnitt näher dargestellt werden.

---

717) *Duffy*, VUWLR 34 (2003], S. 367 [367 ff.]; *Todd*, Washburn L.J. 39 (2000), S. 404 [455].

718) Wenngleich nach Ansicht des *High Court* die Weiterentwicklung des Haftungsrechts seit Einführung des *Accident Compensation Scheme* in Neuseeland nahezu zum Stillstand gekommen ist, vgl. *Bryan v. Philips New Zealand Ltd.*, NZLR 1/1995, 632 [640].(H.C.): „*The law in New Zealand on damages for personal injury has rather stood still since the accident compensation scheme came into force*“.

719) Vgl. § 69 Abs. 1 IPRCA 2001 sowie Schedule 1 Part 1 IPRCA 2001.

I. Medizinische Behandlung und Rehabilitation

Bereits im *Woodhouse Report* hatte man die vollständige Rehabilitation eines Unfallopfers zu einem Grundprinzip des staatlichen Unfallversicherungssystems erklärt[720]. Wie zudem auch der Titel des Gesetzes vermuten lässt, nehmen Rehabilitationsmaßnahmen auch im Rahmen der Leistungen des *Accident Compensation Scheme* eine zentrale Stellung ein.

Das Gesetz unterscheidet im Hinblick auf die gewährten Leistungen zwischen sozialer Rehabilitation (*social rehabilitation*) und beruflicher Rehabilitation (*vocational rehabilitation*).

Maßnahmen zur sozialen Rehabilitation umfassen Leistungen, die dem Betroffenen im Rahmen des praktisch Möglichen die Führung eines unabhängigen Lebens ermöglichen[721]. Anerkannt sind hier beispielsweise die Übernahme der Kosten für medizinische Hilfsmittel, Betreuung und Pflege, Haushaltshilfen, Therapiemaßnahmen und notwendige Umbaumaßnahmen in der Wohnung des Betroffenen, aber auch notwendige Fahrt- und Transportkosten.

Maßnahmen zur beruflichen Rehabilitation sind auf die Erhaltung oder Beschaffung eines Arbeitsplatzes sowie die Wiedererlangung der beruflichen Unabhängigkeit gerichtet[722]. Ziel der Maßnahmen ist die schnellstmögliche Rückkehr des Verletzten an seinen oder einen adäquaten Arbeitsplatz[723]. Leistungen zur beruflichen Rehabilitation sind auf die Dauer von drei Jahren begrenzt[724]. Der Eintritt der ACC für Leistungen zur beruflichen Rehabilitation ist allerdings akzessorisch an die Anspruchsvoraussetzungen zur Zahlung von Verdienstausfall geknüpft[725]. Dies hat zur Folge, dass Nichterwerbstätige von solchen Maßnahmen gänzlich ausgeschlossen sind und keinen Anspruch auf berufliche Rehabilitation haben. Da hiervon insbesondere auch Personen betroffen sein können, die Angehörige zu Hause pflegen oder sonst unentgeltlich Hausarbeit verrichten, wurde auch diese Regelung – ebenfalls eine Folge der Strukturreform von 1992 – als frauendiskriminierend kritisiert[726].

Die ACC muss innerhalb von 13 Wochen, nachdem der Schadensfall von ihr anerkannt wurde, über die Notwendigkeit eines individuellen Rehabilitati-

---

720) Dazu oben, S. 80.

721) § 79 IPRCA 2001.

722) § 80 IPRCA 2001.

723) So schon zur ähnlichen Rechtslage unter dem ARCIA 1992 *ACC*, Annual Report 1995, S. 13 u. 16 f.

724) § 87 Abs. 2 IPRCA 2001; der Leistungszeitraum muss jedoch nicht zusammenhängend sein.

725) § 85 IPRCA 2001; zum Verdienstausfall (*weekly compensation*) siehe ausführlich unten, S. 194 ff. Eine Ausnahme besteht nur bei Personen, die sich im unbezahlten Erziehungsurlaub befinden.

726) Vgl. dazu *ACC*, Accident Compensation 1995, S. 11.

onsplans entscheiden[727]. Bis zur Aufstellung eines solchen Plans können jedoch bereits Rehabilitationsmaßnahmen durchgeführt werden[728]. Der Antragsteller wird sodann einem hiefür ausgebildeten Mitarbeiter der ACC („*Case Manager*“) zugewiesen, der nicht nur die Aufstellung des Rehabilitationsplans übernimmt, sondern auch für die weitere Zukunft der Rehabilitationsmaßnahmen als Bindeglied zwischen dem Betroffenen und der ACC fungiert[729]. Wird ein Rehabilitationsplan aufgestellt, muss der Antragsteller diesem zustimmen; verweigert er die Zustimmung, so ist der Plan gleichwohl zunächst in der Form wirksam, in der er von der ACC beschlossen wurde[730]. Inhaltlich muss der Rehabilitationsplan detailliert die Art der Behandlung und die Übernahme der Kosten regeln[731]; der ACC obliegt die Pflicht, den Plan in regelmäßigen Zeitabständen zu überprüfen und gegebenenfalls veränderten Umständen anzupassen[732].

Im Hinblick auf ärztliche Behandlungskosten tritt das Gesetz in Konkurrenz zu der gesetzlichen Krankenversicherung. Diese gewährt in Neuseeland lediglich eine Grundversorgung für die Behandlung in öffentlichen Krankenhäusern und in medizinischen Notfällen und wird aus Steuermitteln finanziert[733]. Der Konflikt ist in Neuseeland dergestalt gelöst, dass die gesetzliche Krankenversicherung im Fall von akut behandlungsbedürftigen Verletzungen die Behandlungskosten in öffentlichen Krankenhäusern (*public health acute services*)[734]

---

727) §§ 75, 76 Abs. 1 IPRCA 2001; maßgeblich für die Entscheidung ist, ob die Rehabilitation voraussichtlich länger als 13 Wochen dauern wird, § 75 (a) IPRCA 2001.

728) § 76 Abs. 4 IPRCA 2001.

729) Dieses System wurde unter dem ARCIA 1992 ab dem 7.3.1994 als ‚*Case Management*' eingeführt (§ 21 ARCIA 1992). Bereits hier wurde jeder Geschädigte einem speziell ausgebildeten Mitarbeiter, seinem ‚*Case Manager*', zugewiesen, der für diesen ein individuelles Rehabilitationsprogramm zusammenstellte; die ACC übernahm sodann die von diesem Mitarbeiter für notwendig angesehenen Kosten. Vgl. dazu ausführlich *ACC*, Annual Report 1995, S. 12 ff. Dieses System hat sich prinzipiell nicht verändert.

730) § 8 Abs. 2 Schedule 1 IPRCA 2001; unter Geltung der früheren Gesetze war die ACC in diesem Fall zur Verweigerung der Zahlungen berechtigt (vgl. § 116 Abs. 3 [c] AIA 1998), was nunmehr aufgegeben wurde. Zu den Rechtsmitteln, die dem Betroffenen im Fall einer verweigerten Zustimmung zur Verfügung stehen, vgl. unten, S. 230 ff.

731) § 77 IPRCA 2001.

732) § 78 IPRCA 2001.

733) Rechtliche Grundlage für die gesetzliche Krankenversicherung in Neuseeland ist der *Social Security Act 1964* (Public Act 1964 No. 136 v. 04.12.1964). Da die gesetzliche Krankenversicherung nur eine Minimalsicherung für Notfallbehandlungen gewährt, ist der Abschluss von privaten Krankenversicherungen in Neuseeland üblich.

734) Vgl. die Definition in § 4 *Injury Prevention, Rehabilitation, and Compensation (Public Health Acute Services) Regulations 2002* (SR 2002/71):
Sec. 4 - Definition of public health acute services -
(1) For the purposes of the Act, public health acute services, in relation to treatment of a claimant for a personal injury for which he or she has cover, means any of the following personal health services:

übernimmt, auch wenn der Deckungsbereich des *Accident Compensation Scheme* eröffnet ist. Im Gegenzug leistet die ACC aufgrund eines Abkommens mit dem Gesundheitsministerium jährliche Zahlungen an dieses zur Abdeckung derjenigen Kosten, die eigentlich von der ACC zu tragen wären[735].

Der Umfang der durch das *Accident Compensation Scheme* gewährten Leistungen ist sowohl im Hinblick auf die soziale als auch auf die berufliche Rehabilitation an eine strenge Kosten-Nutzen-Relation gebunden[736]. Die Art und die Höhe der erstattungsfähigen Behandlungskosten sind umfassend in einer Rechtsverordnung geregelt[737]; Behandlungskosten, die dort nicht aufgeführt sind, werden von der ACC im konkreten Fall im Einvernehmen mit der behandelnden Person in einer für angemessen erachteten Höhe erstattet[738].

(a) services provided as part of an acute admission:
(b) services provided as part of an emergency department presentation, and any subsequent services provided by the emergency department within 7 days after that presentation:
(c) outpatient services that are provided by a registered medical practitioner and associated with services described in paragraph (a) if those outpatient services are provided within 6 weeks after the day of discharge:
(d) outpatient services that are provided by a registered medical practitioner and associated with services described in paragraph (b) if those outpatient services are provided within 6 weeks after the day of treatment:
(e) services that are provided by a registered medical practitioner less than 7 days after the date on which the claimant is referred for those services by another registered medical practitioner, other than---
(i) services associated with services described in paragraph (a) or paragraph (b); and
(ii) referrals to a radiologist by a registered medical practitioner who is providing treatment for which a payment or contribution is to be made under section 73 of the Act or under clause 1 of Schedule 1 of the Act:
(f) sevices that are ancillary to any of the services described in paragraphs (a) to (e), including non-emergency travel and accommodation for the claimant and an escort or support person for the claimant, but excluding emergency transport:
(g) srvices that relate to the provision of treatment described in paragraphs (a) to (f), including, for example, the provision of consumables, diagnostic imaging, and equipment.

(2) To avoid doubt, subclause (1) applies only to services that are purchased through the Minister of Health and provided by a publicly funded provider.

735) Vgl. Auch § 8 *Injury Prevention, Rehabilitation, and Compensation (Liability to Pay or Contribute to Cost of Treatment) Regulations 2003* (SR 2003/388).

736) §§ 81 Abs. 4 (a), 84 Abs. 4 (f) IPRCA 2001.

737) § 324 IPRCA 2001, Schedule 1 Part 1 § 1 Abs. 1 (b) IPRCA 2001, *Injury Prevention, Rehabilitation, and Compensation (Liability to Pay or Contribute to Cost of Treatment) Regulations 2003* (SR 2003/388).

738) Schedule 1 Part 1 § 1 Abs. 1 (c) IPRCA 2001.

Die ACC muss der konkreten Behandlung im Einzelfall grundsätzlich zunächst zustimmen und ihre Kostenübernahme erklären[739]. Obwohl der Patient gegenüber den behandelnden Ärzten im Verhältnis zur ACC vorleistungspflichtig ist, verlangen Ärzte für ihre Behandlung in der Praxis gewöhnlich nur den nicht erstattungsfähigen Teil der Behandlungskosten, sofern die Behandlung nach Einschätzung des Arztes unter den Deckungsbereich des *Accident Compensation Scheme* fällt. Sobald der Antrag von der ACC akzeptiert ist, erstattet diese den Restbetrag unmittelbar an den behandelnden Arzt. Fordert der behandelnde Arzt vom Patienten zunächst die Übernahme der gesamten Behandlungskosten, so hat der Patient einen Erstattungsanspruch gegenüber der ACC, falls diese seinen Erstattungsantrag akzeptiert. Bei längerfristig planbaren ärztlichen oder zahnärztlichen Behandlungen muss hingegen vor Beginn der Behandlung zunächst die Kostenzusage der ACC abgewartet werden, bevor mit der Behandlung begonnen werden darf.

II. Verdienstausfall (*Weekly Compensation*)

1. Voraussetzungen

Als zweite Hauptleistung unter dem *Accident Compensation Scheme* erhalten Arbeitnehmer, Beamte[740] und selbständig Tätige, die aufgrund eines vom Gesetz erfassten *Personal Injury* für eine mehr oder weniger lange Zeit unfähig sind, ihrer Tätigkeit nachzukommen, ihren Verdienstausfall bis zu einer gewissen Höchstsumme ersetzt[741].

Grundlegende Voraussetzung für das Entstehen dieses Anspruchs ist allgemein, dass der Geschädigte durch eine gesetzlich erfasste körperliche Schädigung arbeitsunfähig geworden ist. Die derzeitige Gesetzesfassung sieht dies dann als gegeben an, wenn die ACC die Arbeitsunfähigkeit im Hinblick auf den konkreten Arbeitsplatz oder auf eine Arbeit, für die der Betroffene aufgrund seiner Erfahrung, Fähigkeiten und Ausbildung ebenfalls als geeignet angesehen werden kann, nach ihrem Ermessen unter Zuhilfenahme sachverständiger Hilfe feststellt[742].

---

739) Schedule 1 Part 1 § 4 Abs. 1 IPRCA 2001.

740) Beamte werden unter dem *Accident Compensation Scheme* als Arbeitnehmer behandelt; dazu zahlt der Staat entsprechende Abgaben in den Fonds der ACC zur Finanzierung der Arbeitnehmerunfälle; vgl. dazu *Jitsuka/Glücksmann*, VSSR 4 (1976), S. 349 [357].

741) §§ 100 ff. IPRCA 2001.

742) § 102, § 103 Abs. 2 u. § 105 Abs. 2 IPRCA 2001. Zu den Rechtsmitteln gegen diese Entscheidung siehe ausführlich unten, S. 230 ff. In den Vorgängergesetzen war im Hinblick auf die Feststellung der Arbeitsunfähigkeit seit 1992 eine spezielle Prüfung („*work capacity assessment procedure*“) vorgesehen, die an strenge Voraussetzungen geknüpft war; vgl. hierzu kritisch *Todd*, Washburn L.J. 39 (2000), S. 404 [456 ff.].

Das Gesetz trennt dabei strikt zwischen der erste Woche ab Eintritt der Arbeitsunfähigkeit sowie der Zeit danach.

2. Verdienstausfall für die erste Woche (*First Week Compensation*)

Der in der ersten Woche ab Eintritt der Arbeitsunfähigkeit erlittene Verdienstausfall wird unter dem *Accident Compensation Scheme* nicht entschädigt. Dieser Zustand besteht seit Einführung des Entschädigungssystems und dient der Kostenminimierung, da die meisten körperlichen Schäden nur zu einer kurzzeitigen Arbeitsunfähigkeit führen und deren Entschädigung die Kosten des Systems in die Höhe treiben würde[743]. Im Gegenzug ist bei Arbeitnehmern und Beamten allerdings der Arbeitgeber zur Lohnfortzahlung für diese erste Woche verpflichtet, wenn die Arbeitsunfähigkeit auf einem Arbeitsunfall, einer berufsbedingten Krankheit oder einem Verkehrsunfall im Rahmen der Arbeitstätigkeit beruht[744]. Voraussetzung für diesen Anspruch ist außerdem, dass der Geschädigte bis zum Eintritt der Arbeitsunfähigkeit Arbeitnehmer im Sinne des Gesetzes war.

Die Höhe der in der ersten Woche zu gewährenden Lohnfortzahlung beträgt allerdings nur 80% des zuvor erhaltenen Bruttoeinkommens[745], wobei auch dieser reduzierte Lohn als reguläres Einkommen behandelt wird und damit voll zu versteuern ist[746]. Im Hinblick auf die der Lohnfortzahlung zugrunde zu legenden Höhe des vorherigen Einkommens stellt § 97 Abs. 3 IPRCA 2001 die gesetzliche Vermutung auf, dass hierfür die Differenz zwischen dem Einkommen des Geschädigten in der Woche vor und dem Einkommen in der ersten Woche nach Eintritt der Arbeitsunfähigkeit ausschlaggebend ist.

Bei einem festen Gehalt entspricht dies dem regulären Lohn, bei wechselnder Höhe des Einkommens kann der Arbeitnehmer – wenn er beispielsweise die Woche vor Eintritt der Arbeitsunfähigkeit keinen oder nur geringen Lohnanspruch erworben hat – die gesetzliche Vermutung widerlegen[747].

Vor Gewährung der Lohnfortzahlung ist der Arbeitgeber schließlich berechtigt, sich von dem Geschädigten eine ärztliche Bescheinigung über das Vorliegen der Arbeitsunfähigkeit vorzeigen zu lassen[748].

Beruht die Arbeitsunfähigkeit nicht auf einem Arbeitsunfall bzw. einer Berufskrankheit, so erhält der Geschädigte für die erste Woche nach Eintritt der

---

743) Vgl. auch oben, S. 88, sowie den Bericht des *Cabinet/Caucus Committee, The New Zealand Accident Compensation Scheme: A Review* (1980).

744) §§ 98 Abs. 1, 97 IPRCA 2001.

745) § 98 Abs. 2 IPRCA 2001.

746) § 99 IPRCA 2001.

747) § 97 Abs. 4 IPRCA 2001.

748) § 98 Abs. 2 IPRCA 2001.

Arbeitsunfähigkeit keine Lohnfortzahlung und damit keine Entschädigung für den Verdienstausfall.

3. Weiterer Verdienstausfall

Ab der zweiten Woche nach Eintritt der Arbeitsunfähigkeit greift das *Accident Compensation Scheme* und übernimmt die wöchentlich erfolgende Entschädigung des Verdienstausfalls (*weekly compensation*)[749]. Die Höhe der Entschädigung beträgt ebenfalls 80% des zuvor von dem Geschädigten erhaltenen Bruttoeinkommens[750]. Dabei ist die von der ACC auszuzahlende Verdientsausfallentschädigung allerdings in jedem Fall begrenzt auf einen Höchstbetrag von derzeit 1.341,31 NZ$ pro Woche[751], was einem Monatseinkommen von etwa 5.812 NZ$ entspricht[752]. Darüber hinaus besteht nur die Möglichkeit des Abschlusses einer privaten Zusatzversicherung, wovon in der Praxis auch Gebrauch gemacht wird[753]. Der ACC ist die Befugnis eingeräumt, den anfänglich errechneten Betrag für die Verdienstausfallentschädigung in regelmäßigen Abständen zu überprüfen und gegebenenfalls gestiegenen Durchschnittslöhnen anzupassen[754]. Bezieht ein Berechtigter neben der *weekly compensation* noch weitere Einkünfte, wird die Entschädigung entsprechend gekürzt[755]. Im Übrigen kommt es aber in diesem Zusammenhang auf die Vermögensverhältnisse des Entschädigungsberechtigten nicht weiter an. Zahlt die ACC die Entschädigungen um mehr als einen Monat verspätet an den Berechtigten aus, so muss die ACC rückwirkend Entschädigung leisten und hat die überfälligen Beträge zu verzinsen[756].

Die Bestimmung der Höhe des der Berechnung zugrunde zu legenden Einkommens regelt das Gesetz sehr differenziert in Abhängigkeit davon, ob der Geschädigte sich in einem dauerhaften Angestelltenverhältnis befindet oder nicht,

---

749) § 100 IPRCA 2001.

750) Schedule 1 Part 2 § 32 Abs. 3 IPRCA 2001.

751) Schedule 1 Part 2 § 46 Abs. 1 IPRCA 2001; unter dem AIA 1998 lag der Höchstbetrag noch bei 1.277,18 NZ$. Wie bereits die Titulierung der Lohnfortzahlung als „*weekly compensation*“ zeigt, werden die Beträge immer pro Woche berechnet und auch wöchentlich ausgezahlt.

752) Dies entspricht etwa 3.200 €.

753) Vgl. zur entsprechenden Situation unter dem ACA 1972 *Jitsuka/Glücksmann*, VSSR 4 (1976), S. 349 [359].

754) Schedule 1 Part 2 § 46 Abs. 2, § 115 IPRCA 2001.

755) Schedule 1 Part 2 §§ 50 f. IPRCA 2001.

756) § 114 IPRCA 2001; der Zinssatz entspricht dem in § 87 *Judicature Act 1908* (Public Act 1908 No. 89 v. 04.08.1908) geregelten gesetzlichen, auch für Schadensersatzklagen geltenden Zinssatz und beträgt derzeit 7,5 % pro Jahr.

ob er selbständig tätig war, oder aus einer sonstigen Tätigkeit Einkünfte bezogen hat[757].

a) Angestellte

Die Berechnung der wöchentlichen Entschädigung wurde gegenüber den Vorgängergesetzen im IPRCA 2001 mit dem Ziel einer gerechteren Berücksichtigung des individuellen Einkommensniveaus neu geregelt. Bei angestellten Arbeitnehmern wird für die ersten vier Wochen des Verdienstausfalls grundsätzlich der Durchschnittslohn der letzten vier Wochen vor Eintritt der Arbeitsunfähigkeit herangezogen[758]. Für die weitere Zeit ist der auf eine Woche bezogene Jahresdurchschnittsverdienst der letzten 52 Wochen maßgeblich[759]. Die auszuzahlende Entschädigung muss in regelmäßigen Abständen durch die ACC überprüft und gegebenenfalls einem veränderten allgemeinen Preisniveau angepasst werden[760].

Hat eine Person vor Eintritt der Arbeitsunfähigkeit Einkünfte verschiedener Art gehabt, so werden diese zunächst separat berechnet und dann addiert[761]. Auch in diesem Fall wird jedoch maximal die gesetzlich vorgesehene Höchstsumme von 1.341,31 NZ$ pro Woche als Entschädigung gewährt.

b) Selbständige

Bei selbständig Tätigen ist die Berechnung der Entschädigung sehr viel komplizierter ausgestaltet. Grundsätzlich wird das einkommensteuerpflichtige Einkommen des letzten Jahres herangezogen, so wie es im Einkommenssteuerbescheid ausgewiesen ist. Ähnliches gilt für Personen mit sonstigem Einkommen[762]. Können die Einkünfte der letzten beiden Personengruppen nicht frühzeitig exakt bestimmt werden, so werden sie auf Basis früherer Einkünfte geschätzt[763]. Die gesetzlich vorgesehene Höchstsumme der Entschädigung findet auch hier Anwendung.

---

757) § 100 IPRCA 2001, Schedule 1 Part 2 §§ 33 – 40 IPRCA 2001.

758) Schedule 1 Part 2 §§ 34 Abs. 1, 36 Abs. 1 IPRCA 2001.

759) Schedule 1 Part 2 §§ 34 Abs. 2 – 3, 36 Abs. 2 – 5 IPRCA 2001. Nicht berücksichtigt werden hierbei Zeiträume, in denen der Betroffene bereits zuvor einen Anspruch gegen die ACC auf wöchentliche Entschädigungszahlungen hatte, Schedule 1 Part 2 § 34 Abs. 3 IPRCA 2001.

760) Schedule 1 Part 2 § 32 Abs. 5, § 115 IPRCA 2001.

761) Schedule 1 Part 2 § 41 IPRCA 2001.

762) Schedule 1 Part 2 §§ 39 f. IPRCA 2001.

763) Schedule 1 Part 2 § 45 IPRCA 2001.

c) Geringverdiener und Erwerbslose

Für Geringverdiener bestimmt das Gesetz ein fiktives Mindesteinkommen, um einen sozialen Mindeststandard zu garantieren; die sich daraus errechnende *weekly compensation* beträgt derzeit 288 NZ$ pro Woche für Personen unter 18 Jahren sowie 360 NZ$ pro Woche für Personen über 18 Jahre[764].

Erwerbslose erhalten grundsätzlich keine Entschädigung durch die ACC ausgezahlt. Das Gesetz sieht hier nur wenige Ausnahmen vor. So werden Erwerbslose, die bis 14 Tage vor Eintritt der Arbeitsunfähigkeit noch in einem Beschäftigungsverhältnis standen und den Antritt eines neuen Arbeitsverhältnisses innerhalb der nächsten drei Monate – in engen Ausnahmefällen für Saisonarbeiter innerhalb von zwölf Monaten – in Aussicht hatten und dieses gerade wegen des Eintritts der Arbeitsunfähigkeit nicht haben antreten können, als Arbeitnehmer behandelt und sind dementsprechend anspruchsberechtigt[765]. Bei Arbeitnehmern, die sich in einem längeren (unbezahlten) Erziehungsurlaub befinden, wird auf den Durchschnittsverdienst vor Beginn der Abwesenheit abgestellt; die Entschädigungszahlungen werden allerdings in diesem Fall erst zu dem Zeitpunkt fällig, zu dem der Betroffene wieder seine Beschäftigung aufgenommen hätte, wenn er nicht arbeitsunfähig wäre[766].

Wer mit Ausnahme der vorgenannten Fälle keine Beschäftigung hat, ist nicht mehr unter dem *Accident Compensation Scheme* versichert. Für diese Fälle bietet das Gesetz eine separate Versicherung an, die sogenannte „*ACC Time-Out*". Diese Versicherung kann für eine Dauer von mindestens drei und maximal 24 Monaten abgeschlossen werden[767].

---

764) Vgl. § 3 *Injury Prevention, Rehabilitation, and Compensation (Minimum Weekly Earnings) Regulations 2004* (SR 2004/188). Der Minimalsatz wurde im Jahr 2004 nicht unerheblich angehoben: Nach der zuvor geltenden Rechtsverordnung waren die Entschädigungssätze auf 217,60 NZ$ pro Woche für Personen unter 18 Jahren sowie 272 NZ$ für Personen über 18 Jahren festgelegt. Schedule 1 Part 2 § 42 IPRCA 2001 bestimmt hierzu weiterhin, dass dieser Minimalsatz generell entweder 125% der Invaliditätsrente unter dem *Social Security Act 1964* (Public Act 1964 No. 136 v. 04.12.1964) oder dem gesetzlich zulässigen Mindestlohn nach dem *Minimum Wage Act 1983* (Public Act 1983 No. 115 v. 16.12.1983) entsprechen muss, je nachdem, welcher Wert niedriger ist. Außerdem kann der Minimalsatz von der ACC durch Richtlinien festgesetzt werden, wobei aber die vorgenannten Werte nicht unterschritten werden dürfen. Von dieser Befugnis wurde in Form der eingangs genannten Regelung Gebrauch gemacht. Vgl. zur identischen Rechtslage unter dem AIA 1998 *Todd*, Washburn L.J. 39 (2000), S. 404 [457 f.].

765) Schedule 1 Part 2 § 43 IPRCA 2001.

766) Schedule 1 Part 2 § 44 IPRCA 2001.

767) Nähere Informationen hierzu sind auf der Homepage der ACC zu finden unter http://www.acc.co.nz/productslevies/self-employed/what-do-i-have-to-do/acc-timeout/index.html (Stand: 10.10.2005).

d) Minderjährige

Das Gesetz gewährt weiterhin Entschädigung für den Verlust potentieller Verdienstmöglichkeiten, sofern der Geschädigte bei Eintritt der Arbeitsunfähigkeit entweder über 18 Jahre alt ist und sich seit seinem 18. Lebensjahr ununterbrochen in einer beruflichen Ausbildung befand, oder aber bei Eintritt der Arbeitsunfähigkeit unter 18 Jahren alt war und zum Zeitpunkt der Antragstellung das 18. Lebensjahr vollendet hat. Hinzukommen muss, dass die Arbeitsunfähigkeit für mindestens sechs Monate andauert und der Betroffene kein eigenes Einkommen hat, das über dem gesetzlichen Minimalsatz für Geringverdiener liegt. Nur wenn diese Voraussetzungen kumulativ vorliegen, kommt der Minimalsatz für Geringverdiener zur Anwendung[768], der allerdings erst nach Ablauf der Sechsmonatsfrist ausgezahlt wird[769].

e) Erlöschen des Anspruchs

Wurde für den Betroffenen ein Rehabilitationsplan aufgestellt und sind die im Plan vorgesehenen Maßnahmen abgeschlossen, so hat die ACC eine Untersuchung zur Arbeitsfähigkeit des Betroffenen einzuleiten[770]. Stellt die ACC dabei fest, dass die Rehabilitation abgeschlossen und die Arbeitsfähigkeit des Betroffenen im Hinblick auf die im Rehabilitationsplan genannten Tätigkeiten theoretisch wieder hergestellt ist, so endet die wöchentliche Ausgleichszahlung kraft Gesetzes drei Monate nach dieser Entscheidung[771]. Ob der Betroffene tatsächlich wieder eine berufliche Tätigkeit in diesem Bereich in Aussicht oder überhaupt Chancen auf dem Arbeitsmarkt hat, spielt hierbei keine Rolle.

Im Übrigen erlischt der Anspruch auf weitere Entschädigung in jedem Fall dann mit sofortiger Wirkung, sobald die ACC die Voraussetzungen der anspruchsbegründenden Arbeitsunfähigkeit nicht mehr als gegeben ansieht. Auch dies gilt unabhängig davon, ob der Betroffene zu diesem Zeitpunkt tatsächlich wieder eine berufliche Tätigkeit in Aussicht hat[772]. Ist der Geschädigte zu diesem Zeitpunkt noch nicht wieder berufstätig, muss er Arbeitslosenunterstützung unter dem *Social Security Act 1964* beantragen. Sinn der Regelung ist es, dass aufgrund der allgemeinen Marktlage Arbeitslose nicht aus Mitteln unter dem

---

768) Vgl. zur Höhe oben, S. 198 (Fn. 764).

769) Schedule 1 Part 2 § 47 IPRCA 2001.

770) § 110 IPRCA 2001. Diese Untersuchung kann sie im Übrigen auch sonst jederzeit nach ihrem Ermessen durchführen, § 107 IPRCA 2001.

771) §§ 111 f. IPRCA 2001. Zu den Rechtsmitteln des Betroffenen gegen diese Entscheidung siehe unten, S. 230 ff.

772) § 104 Ziff. (a), § 106 Ziff. (a) IPRCA 2001. Zu den Rechtsmitteln gegen diese Entscheidung der ACC vgl. unten, S. 230 ff.

Accident Compensation Scheme entschädigt werden sollen, da die finanzierenden Risikoträger hierzu in keiner Beziehung stehen[773].

Schließlich erlischt der Entschädigungsanspruch gegen die ACC grundsätzlich spätestens mit Eintritt in das Rentenalter[774]. Mit diesem Stichtag wird der Entschädigungsanspruch durch den Anspruch auf Leistungen aus der allgemeinen Rentenversicherung verdrängt. Ausnahmen bestehen, soweit die Arbeitsunfähigkeit bis zu zwei Jahre vor Erreichen des gesetzlichen Rentenalters eintritt; liegt dieses Datum zwischen 12 und 24 Monaten vor Eintritt in das Rentenalter, erhält der Geschädigte zwei Jahre lang Leistungen unter dem *Accident Compensation Scheme*. Liegt der Eintritt der Arbeitsunfähigkeit weniger als 12 Monate vor Erreichen des Rentenalters, erhält der Geschädigte 12 Monate lang Entschädigungszahlungen durch die ACC; in beiden Fällen muss allerdings ein Antrag auf Fortzahlung der Entschädigungsleistungen unter dem *Accident Compensation Scheme* gestellt werden, und zwar vor Erreichen des Rentenalters, da ansonsten der Rentenanspruch kraft Gesetzes vorrangig ist[775].

III. Schmerzensgeld (*Lump Sum Payments*)

1. Voraussetzungen

Eine der sicherlich aufsehenerregendsten Änderungen, die der IPRCA 2001 mit sich brachte, war die Wiedereinführung von Schmerzensgeldzahlungen[776] für permanente Körperschädigungen.

Der ursprüngliche ACA 1972 sah von Anfang an Pauschalentschädigungszahlungen (*Lump Sum*) für die Minderung oder den dauernden Verlust der körperlichen Funktionsfähigkeit sowie für den Verlust von Möglichkeiten und Annehmlichkeiten des Lebens und den Ausgleich von tatsächlichen Leiden in Höhe von bis zu 17.000 NZ$ vor. Dies blieb nicht ohne Kritik. Bereits frühzeitig bestritt man die Möglichkeit, Leiden durch Geld vergelten zu können und forderte, die Zahlung von Schmerzensgeld auf besonders schwere Fälle zu beschränken[777]. Dennoch wurden die tatsächlichen Zahlungen von Schmerzensgeldbeträgen immer großzügiger und führten in den achtziger Jahren zu derart hohen Ausgaben, dass in Anbetracht der seinerzeitigen Finanzkrise im Jahr 1988 die *Law Commission* die völlige Abschaffung der Schmerzensgeldzahlungen vorschlug[778]. Der zur Umsetzung der umfassenden Strukturreform von 1992 er-

---

773) *Ison*, VUWLR 23 (1993), S. 1 [5].

774) Das Rentenalter liegt derzeit bei 65 Jahren, § 7 Abs. 1 *New Zealand Superannuation Act 2001* (Public Act 2001 No. 84 v. 11.10.2001).

775) Schedule 1 Part 2 § 52 IPRCA 2001.

776) Zum hier verwandten Begriff des Schmerzensgeldes vgl. oben S. 86 (Fn. 288).

777) Vgl. hierzu *Palmer*, NZLJ 1976, S. 368 [372].

778) Vgl. dazu ausführlich oben, S. 87, 91 f.

lassene ARCIA 1992 sah fortan keine Pauschalzahlungen mehr vor, sondern führte vielmehr eine strikt begrenzte und an enge Voraussetzungen gebundene wöchentliche Ausgleichszahlung für dauernde Behinderungen ein, die *independance allowance*, deren restriktive Handhabung durch die ACC stets Ziel heftiger Kritik war[779]. Relativ überraschend griff der Gesetzgeber diese Kritik mit Verabschiedung des IPRCA 2001 auf führte die einmaligen Entschädigungszahlungen für dauernde Beeinträchtigungen wieder ein, womit die Abschaffung der *independance allowance* mit Wirkung vom 01.04.2002 an einherging.

Da der IPRCA 2001 keinerlei Rückwirkung kennt, ist grundlegende Voraussetzung für die Anspruchsberechtigung auf eine Schmerzensgeldzahlung unter dem *Accident Compensation Scheme* zunächst, dass die körperliche Schädigung am oder nach dem 01.04.2002 eingetreten ist[780].

Eigentliche Voraussetzung ist sodann, dass der Betroffene aufgrund einer vom Gesetz erfassten körperlichen Schädigung einen Behinderungsgrad von mindestens 10% davonträgt und die Schädigung für mindestens 28 Tage überlebt[781]. Zur Feststellung des Behinderungsgrads wird im Auftrag der ACC ein medizinisches Gutachten[782] über den Betroffenen erstellt, was innerhalb von zwei Jahren nach dem Eintritt der Schädigung, frühestens aber nach Stabilisierung des Gesundheitszustandes des Betroffenen geschehen muss[783]. Dieses Gutachten muss auch zweifelsfrei ergeben, dass die anspruchsbegründende Behinderung ausschließlich durch eine vom *Accident Compensation Scheme* erfasste körperliche Schädigung verursacht wurde[784]. Der Schmerzensgeldanspruch ist von dem Moment an vererblich, ab dem dieses medizinische Gutachten über den Behinderungsgrad angefertigt wurde[785].

Nicht übernommen wurden allerdings die in den anfänglichen Gesetzen von 1972 und 1982 vorhandenen „echten" Schmerzensgeldansprüche für erlittenes

---

779) Vgl. zur *independence allowance* oben, S. 96.

780) § 69 Abs. 1 (d) IPRCA 2001, Schedule 1 Part 3 § 54 Abs. 2 IPRCA 2001. Für früher eingetretene Schädigungen gelten Übergangsregelungen (vgl. Schedule 1 Part 3 § 55 IPRCA 2001), die im Regelfall die zu diesem Zeitpunkt geltenden Gesetze für anwendbar erklären, so dass insoweit nach wie vor *independance allowance*-Zahlungen geleistet werden.

781) Schedule 1 Part 3 § 54 Abs. 1 IPRCA 2001.

782) Die Feststellung des Behinderungsgrads erfolgt nach § 4 Abs. 2 der hierzu erlassenen Rechtsverordnung, der *Injury Prevention, Rehabilitation, and Compensation (Lump Sum and Independence Allowance) Regulations 2002* vom 01.04.2002 (SR 2002/22), auf Grundlage der „American Medical Association Guides to the Evaluation of Permanent Impairment" einerseits sowie des von der ACC herausgegebenen Handbuchs „AMA4" andererseits; widersprechen sich diese Untersuchungsrichtlinien, so ist das Handbuch der ACC maßgebend.

783) Schedule 1 Part 3 §§ 54, 57, 59 IPRCA 2001.

784) Schedule 1 Part 3 § 54 Abs. 1 (c) IPRCA 2001.

785) Schedule 1 Part 3 § 62 IPRCA 2001.

Leid und den Verlust an Lebensfreude. Gemäß der auch an zahlreichen anderen Stellen des Gesetzes zu beobachtenden Tendenz, Anspruchsvoraussetzungen an objektivierbare Kriterien zu knüpfen, kommt es für die Anspruchsberechtigung auf eine „*lump sum*" daher nunmehr ausschließlich auf den auf einer Prozentskala ausgedrückten Grad einer Körperbehinderung an.

2. Höhe der Entschädigung

Hinsichtlich der Höhe der möglichen Schmerzensgeldzahlungen bestimmt das Gesetz einen Rahmen von 2.500 – 100.000 NZ$, wobei die auszuzahlende Höhe an den Grad der festgestellten Behinderung geknüpft ist. Der Anspruch auf die Minimalsumme von 2.500 NZ$ entsteht bei einer Körperbehinderung von 10%, ab einer Körperbehinderung von mehr als 80% entsteht ein Anspruch auf die Höchstsumme von 100.000 NZ$[786]. Die genaue Zuordnung der möglichen Entschädigungssummen entsprechend dem Grad der Behinderung ist in einer Rechtsverordnung geregelt[787].

Wie bereits ausgeführt, sind die Kriterien für die Zuordnung einer Verletzung zu einem anspruchsbegründendem Behinderungsgrad von mindestens 10% sehr streng[788]. Die folgende tabellarische Übersicht verdeutlicht anhand einiger typischer Fälle die aufgrund des IPRCA 2001 vorgenommenen Einstufungen und Schmerzensgeldzahlungen[789]:

786) Schedule 1 Part 3 § 56 Abs. 3, 4 IPRCA 2001 sowie der Anhang zu den *Injury Prevention, Rehabilitation, and Compensation (Lump Sum and Independence Allowance) Regulations 2002* (SR 2002/22). Die Höchstgrenze ist absolut; erleidet der Betroffene im Nachhinein weitere Verletzungen oder verschlechtert sich sein Gesundheitszustand, so werden bereits gezahlte Schmerzensgeldbeträge auf eine später fällige Zahlung angerechnet, wobei die Summe im Ergebnis 100.000 NZ$ nicht überschreiten darf, vgl. Schedule 1 Part 3 § 60 Abs. 2 IPRCA 2001.

787) *Injury Prevention, Rehabilitation, and Compensation (Lump Sum and Independence Allowance) Regulations 2002* (SR 2002/22), auf Grundlage der §§ 326, 333, 378 IPRCA 2001 erlassen. Die exakte Zuordnung einer Entschädigungssumme zu jedem Prozentgrad der Behinderung ist im Anhang zu § 5 dieser Verordnung tabellarisch aufgeführt.

788) Vgl. oben, S. 97 (Fn. 347).

789) Diese tabellarische Übersicht über die Praxis der ACC erschien in der Tageszeitung *The New Zealand Herald* vom 04.02.2002 unter der Überschrift „*Tough rules for bigger ACC payouts*".

Art der Verletzung	Behinderungs-grad	Schmerzensgeld-anspruch
Durchschnittliche Rückenverletzung	0 – 5 %	-
Verlust des kleinen Fingers oder Ringfingers	5 %	-
Rückenverletzung mit Muskelschwund	10 %	2.500 NZ$
Sexueller Missbrauch	0 – 20 %	0 – 6.459 NZ$
Verlust des Zeige- oder Mittelfingers	11 %	2.837 NZ$
Verlust des Daumens	22 %	7.427 NZ$
Verlust eines Auges	24 %	8.465 NZ$
Verlust eines Unterschenkels	32 %	13.409 NZ$
Verlust eines Beins	40 %	19.920 NZ$
Verlust eines Unterarms	57 %	41.424 NZ$
Verlust eines Arms	60 %	46.704 NZ$
Tw. Querschnittslähmung (Paraplegie)	80 %	100.000 NZ$
Völlige Erblindung	85 %	100.000 NZ$
Völlige Querschnittslähmung (Tetraplegie)	90 %	100.000 NZ$

IV. Ausgleich im Todesfall (*Death Benefits*)

Stirbt der Betroffene an den Folgen einer durch das *Accident Compensation Scheme* erfassten körperlichen Schädigung, so sieht das Gesetz auch hierfür Leistungen an die Hinterbliebenen vor, die deren finanzielle Belastung durch einen Todesfall vermindern sollen.

Zunächst haben die Hinterbliebenen einen Anspruch auf Erstattung der tatsächlichen Beerdigungskosten bis zu einer Höhe von maximal 4.500 NZ$[790].

---

790) Schedule 1 Part 4 § 64 IPRCA 2001. Der ARCIA 1992 führte in dessen § 55 insoweit erstmals eine Pauschalierung der erstattungsfähigen Kosten in Höhe von seinerzeit 1.900 NZ$ ein. Zuvor existierte keine Begrenzung, was zu der als teilweise diskriminierend empfundenen Entscheidung der ACC geführt hatte, die Kosten für die traditionelle Totenfeier der Maori, das *Tangihanga*, nicht als erstattungsfähig anzusehen, vgl. *ACC*, Report January 1976, S. 10 sowie oben, S. 143. Bei dieser Totenfeier werden allen eingeladenen Gästen über drei bis vier Tage Getränke und Essen gereicht.

Weiter erhält der überlebende Ehepartner eine einmalige Zahlung in Höhe von 4.702,79 NZ$, minderjährige Kinder des Verstorbenen und sonstige Unterhaltsberechtigte haben einen Anspruch auf eine einmalige Zahlung in Höhe von 2.351,40 NZ$[791]. Schließlich besteht ein Anspruch des überlebenden Ehepartners auf eine wöchentlich zu zahlende Rente, deren Höhe in der Regel 60 % der – fiktiven – Einkommensentschädigung (*weekly compensation*) beträgt, die der Verstorbene im Überlebensfall unter dem *Accident Compensation Scheme* erhalten hätte[792].

V. Anspruchsausschließende Faktoren

In §§ 117 – 122 IPRCA 2001 sind Umstände genannt, in denen trotz Vorliegen der Anspruchsvoraussetzungen der Betroffene gleichwohl keinen Anspruch auf Leistungen unter dem *Accident Compensation Scheme* hat.

1. Entfallen der Anspruchsvoraussetzungen

Zunächst kann die ACC generell die Leistungen unterbrechen oder gänzlich einstellen, wenn der Berechtigte aus deren Sicht nicht mehr leistungsberechtigt ist und sie ihm ihre Entscheidung mit angemessener Fristsetzung ankündigt[793]. Ferner kann die ACC die Leistungen aussetzen, wenn der Berechtigte gegen die gesetzlichen Vorschriften des IPRCA 2001 verstößt, sich nicht einer notwendigen medizinischen Behandlung unterzieht oder seinem individuellen Rehabilitationsplan nicht zustimmt[794].

2. Selbstschädigung

Eine weitere Fallgruppe betrifft den Schadensausgleich für körperliche Verletzungen, die der Betroffene sich willentlich selbst zugefügt hat; entsprechendes gilt für die Ansprüche Hinterbliebener im Fall eines Suizids[795]. In einem solchen Fall besteht ebenfalls grundsätzlich kein Anspruch auf Leistungen unter

---

791) Schedule 1 Part 4 § 65 IPRCA 2001. Mehrere unterhaltsberechtigte (ehemalige) Ehepartner müssen diesen Betrag gleichwertig untereinander teilen.

792) Schedule 1 Part 4 § 66 IPRCA 2001; da die *weekly compensation* ihrerseits stets 80 % des zuvor erhaltenen Einkommens beträgt, wird die Höhe der Rente ca. 48 % des vom Verstorbenen zuvor erlangten Einkommens betragen. Der Rentenanspruch erlischt – wie die vorgenannte Norm ausführt – nicht dadurch, dass der Berechtigte wieder heiratet oder eine eheähnliche Beziehung führt. Der Anspruch erlischt allerdings dann, wenn der Berechtigte keine Unterhaltspflichten für minderjährige Kinder mehr hat, in jedem Fall aber nach fünf Jahren.

793) § 117 Abs. 1, 2 IPRCA 2001.

794) § 117 Abs. 3 IPRCA 2001.

795) § 119 IPRCA 2001.

dem *Accident Compensation Scheme*. Von dieser seit Bestehen des *Accident Compensation Scheme* existierenden Reglung wurde bereits in der früheren Praxis dann eine Ausnahme gemacht, wenn ein Suizid oder ein Suizidversuch aufgrund einer psychischen Krankheit durchgeführt wurde, die ihrerseits auf einen Unfall zurückführbar war[796]. Diese Praxis ist nunmehr in § 119 Abs. 2 IPRCA 2001 ausdrücklich gesetzlich anerkannt; ein Anspruchsberechtigter, der sich aufgrund einer unter dem *Accident Compensation Scheme* erfassten psychischen Krankheit selbst Verletzungen zufügt, ist daher zur Erlangung von Entschädigungsleistungen berechtigt. Solche Fälle werden aufgrund des im Hinblick auf psychische Körperschäden sehr eingeschränkten Deckungsbereichs[797] freilich sehr selten sein.

3. Straftäter

Die letzte Fallgruppe betrifft Straftäter, die sich bei Begehung der Tat selbst verletzen. Hierbei wird die grundsätzliche Frage aufgeworfen, inwieweit das *No-Fault*-Prinzip des *Accident Compensation Scheme* durch moralische Kriterien eingeengt werden darf[798].

Der IPRCA 2001 hat sich für eine differenzierte Lösung entschieden. Die ACC *kann* die Leistungen an einen Berechtigten, der sich bei Begehung der Tat selbst verletzt hat und aufgrund dieser Tat zu einer Freiheitsstrafe verurteilt wurde, kürzen oder verweigern, wenn aufgrund der Umstände der Tat eine Leistung an den Berechtigten mit der Rechtsordnung völlig unvereinbar wäre[799]. Diese letztere Regelung ist allerdings an die Besonderheit geknüpft, dass die ACC die Entscheidung darüber, ob ein Straftäter einer Entschädigung unter dem *Accident Compensation Scheme* „würdig" ist, nicht selbst treffen darf. Vielmehr muss sie diese Frage dem *District Court* zur richterlichen Entscheidung vorlegen, der anhand eines in § 122 Abs. 3 IPRCA 2001 vorgegebenen Richtlinienka-

---

796) *Tunc*, International Encyclopedia of Comparative Law, Vol. 11, Ch. 14, supp. I-8.

797) Siehe dazu oben, S. 110.

798) Vgl. hierzu schon oben, S. 146.

799) Vgl. § 122 Abs. 2 (b) IPRCA 2001: „... *it would be repugnant to justice for the claimant to receive it or them*". Aus dieser restriktiven Formulierung wird geschlossen, dass ein solcher Anspruchsausschluss nur sehr selten zum Tragen kommen wird, vgl. *Todd*, Washburn L.J. 39 (2000), S. 404 [462], unter Hinweis auf eine diesbezügliche Entscheidung des *Court of Appeal* unter Geltung des ACA 1982 (*Accident Compensation Corporation v. Curtis*, NZLR 2/1994, S. 519 [519 ff.]) (C.A.); dort hatte eine Frau in alkoholisiertem Zustand einen Verkehrsunfall verursacht, der drei Menschen das Leben kostete und bei dem sie selbst schwer verletzt wurde. Sie wurde hierfür zu einer Freiheitsstrafe von einem Jahr verurteilt. Der *Court of Appeal* entschied, dass die Frau gleichwohl zur Inanspruchnahme von Leistungen unter dem *Accident Compensation Scheme* berechtigt war, da sie nicht vorbestraft war, sich einer Therapie unterzog und im Übrigen keinen Verdienstausfall geltend machen konnte.

talogs je nach Schwere der Schuld, Erheblichkeit der Tat und der durch sie verursachten Schäden, aber auch der finanziellen Situation des Täters, abschließend über die Anspruchsberechtigung des Straftäters entscheidet. Gleiches gilt zwingend, wenn ein Berechtigter aus der Haft entlassen wird[800]. Bis zu dieser gerichtlichen Entscheidung muss die ACC ihm allerdings – wenn der Berechtigte nicht inhaftiert ist – die Leistungen gewähren[801].

Leistungen unter dem *Accident Compensation Scheme* an einen Anspruchsberechtigten sind ferner auch dann ausgeschlossen, wenn dieser die Anspruchsvoraussetzungen im Zusammenhang mit einem Mord an einer anderen Person erlangt hat und für diesen Mord verurteilt wurde[802]. Solange der Betroffene nicht verurteilt, aber bereits ein Strafverfahren anhängig ist, sind die Leistungen der ACC bis zur endgültigen und rechtskräftigen Verurteilung ausgesetzt[803]. Bereits gewährte Leistungen sind von dem Betroffenen zurückzuerstatten, wenn er erst nach Erhalt der Leistungen wegen Mordes strafrechtlich verfolgt und verurteilt wird[804].

Schließlich haben Berechtigte keinen Anspruch auf Leistungen unter dem *Accident Compensation Scheme*, solange sie – aus welchen Gründen auch immer – inhaftiert sind[805].

F. Die Finanzierung des Systems

I. Grundlagen der Finanzierung

Zum Zweck der Schadensregulierung und der gerechten Verteilung der Finanzierungslasten bestehen unter dem *Accident Compensation Scheme* heute insgesamt sieben Fonds. Jeder Fonds ist einer bestimmten Schadensgruppe zugeordnet und wird durch Beitragszahlungen der entsprechenden Risikoträger finanziert. Entschädigungsleistungen für Betroffene der jeweiligen Risikogruppe werden ausschließlich diesem jeweiligen Fonds entnommen. Jeder Fonds deckt somit die ihm zugewiesene Schadensgruppe vollständig und autark ab, ein Finanzausgleich zwischen den Fonds findet nicht statt.

Erklärtes Ziel vor Einführung des *Accident Compensation Scheme* war es, zur Finanzierung der Fonds Beiträge zu verwenden, die von den jeweiligen Risikoträgern prinzipiell bereits vor 1972 bezahlt wurden[806]. Vornehmlich betraf

---

800) § 122 Abs. 2 (a) IPRCA 2001.
801) § 122 Abs. 4 IPRCA 2001.
802) § 120 IPRCA 2001.
803) § 120 Abs. 2, 3 IPRCA 2001.
804) § 120 Abs. 4 IPRCA 2001.
805) § 121 IPRCA 2001.
806) *Fleming*, in: Kolloquium Neuere Entwicklungen, S. 429 [433 u. 452].

dies die Prämien, die einerseits Arbeitgeber unter dem *Workers' Compensation Act* in die Arbeitsunfallversicherung, andererseits Autofahrer für private Haftpflichtversicherungen zu zahlen hatten. Zusätzlich zu den neu geschaffenen Fonds für spezielle Schadensgruppen fungieren diese von den Risikoträgern finanzierten Fonds nun jeweils als Deckungsfonds für die Unfallschäden der ihnen jeweils zugeordneten Risikoträger.

Die Finanzierung des *Accident Compensation Scheme* war zunächst nach dem *Full-Funding*-Prinzip ausgestaltet. Von 1982 bis 1998 wechselte man die Art der Finanzierung in ein *Pay-as-you-go*-Schema, d.h. statt im vorhinein festgelegter, großzügig bemessener Pauschalbeträge zur Schaffung von Reserven sollten die Einnahmen in einem Bereich jeweils nur die tatsächlichen Ausgaben in ebendiesem Bereich decken. Diese Finanzierungspraxis war im Nachhinein gesehen mitursächlich für die massive Finanzkrise des gesamten Systems Ende der 1980er Jahre[807].

Mit Inkrafttreten des AIA 1998 wurde – in Angleichung an die Finanzierungspraxis der unter diesem Gesetz mit einbezogenen privaten Versicherer – wieder das *Full-Funding*-Prinzip eingeführt und bis heute beibehalten[808]. Letztlich ermöglicht das *Full-funding*-System nicht nur eine exaktere Kostenplanung, sondern führt auch langfristig zu einem niedrigeren Beitragssatz[809].

II. Die Finanzierungsfonds

Im ursprünglichen ACA 1972 war die Finanzierung des Unfallversorgungssystems durch die Schaffung von lediglich drei voneinander unabhängigen Deckungsfonds vorgesehen[810]. Hierdurch wurde eine gerechte Verteilung der entstehenden Kosten bezweckt. Jeder dieser Fonds war einem bestimmten Gefahrenbereich zugeordnet und wurde ausschließlich von Personen finanziert, deren Tätigkeitsfeld in diesem Gefahrenbereich anzusiedeln war. Der *Earners' Compensation Fund* deckte die Unfälle von Arbeitnehmern ab und wurde von privaten wie auch öffentlichen Arbeitgebern sowie durch die selbständig Tätigen finanziert. Der *Motor Vehicle Compensation Fund* war zur Deckung von Straßenverkehrsunfällen vorgesehen und wurde durch die Fahrzeughalter finanziert.

---

807) Vgl. zur – gescheiterten – Entwicklung dieser Finanzierungspraxis oben, S. 88 ff. Das insbesondere für Kfz-Halter und Arbeitnehmer günstigere *Pay-as-you-go*-System wurde insbesondere von Arbeitgebern kritisiert, als diese sich im Rahmen ihrer wirtschaftlichen Kalkulation auf eine konstante und vorhersehbare Prämie einstellen wollten, vgl. *ACC*, Accident Compensation 1995, S. 32.

808) Diese unmittelbare Umstellung des Finanzierungssystems wurde heftig kritisiert, als durch den Wechsel unüberschaubare Kostenrisiken befürchtet wurden, vgl. *Mills*, Social Pol. J. of N. Z. 11 (1998), S. 83 [88 f.].

809) *Todd*, Washburn L.J. 39 (2000), S. 404 [477 f.].

810) Vgl. dazu oben, S. 86.

Der *Supplementary Fund* schließlich sicherte jeden ab, dessen Körperschaden nicht durch einen der beiden vorgenannten Fonds abgedeckt wurde, also in erster Linie Pensionäre, Studenten, Hausfrauen, Touristen und Kinder.

Dieses Finanzierungssystem wurde zwar im Grundsatz beibehalten, die Strukturierung der einzelnen Fonds wurde jedoch fortlaufend geändert. So existieren heute insgesamt die im Folgenden näher beschriebenen sieben Fonds.

1. Der *Employers' Account*

a) Allgemeines

Dieser von allen Arbeitgebern Neuseelands finanzierte Fonds dient dem Schadensausgleich bei berufsbedingten Verletzungen – also Arbeitsunfällen und Berufskrankheiten – von Arbeitnehmern. Die entsprechenden gesetzlichen Grundlagen finden sich in §§ 167 ff. IPRCA 2001. Der Fonds deckt alle arbeitsbedingten Verletzungsfälle ab, die nach dem 01. April 2001 eingetreten sind. Verletzungsfälle, die in der Privatisierungsphase des *Accident Compensation Scheme* zwischen dem 01. Juli 1999 und dem 01. April 2000 eingetreten sind, wurden und werden noch von den seinerzeit beteiligten Arbeitgebern abgewickelt[811]. Altfälle werden über den *Residual Claims Account* finanziert und abgewickelt. Vor 1992 diente der von Arbeitgebern und seinerzeit auch selbständig Tätigen finanzierte *Employers' Account* zur Deckung sämtlicher Unfallschäden von Arbeitnehmern, also auch deren Sport- und Freizeitunfallschäden, was seitens der Arbeitgeber zu erheblicher Kritik am System führte und mit Erlass des ARCIA 1992 berücksichtigt wurde[812].

b) Das Beitragsaufkommen des *Employers' Account*

Sämtliche Arbeitgeber sind nach § 168 IPRCA 2001 verpflichtet, einen jährlich im Voraus zu entrichtenden Beitrag in den *Employers' Account* einzuzahlen. Für die Höhe des Beitrags ist Risikoträchtigkeit der jeweiligen betrieblichen Tätigkeit maßgebend. Zu diesem Zweck werden alle Arbeitgeber von der

---

811) Vgl. dazu oben, S. 102 ff. Der *Employers' Account* existierte in diesem Zeitraum unter dem AIA 1998 naturgemäß nicht, da die gesamte Abwicklung für den Bereich der Arbeitsunfälle und Berufskrankheiten privaten Versicherern übertragen war.

812) *Fleming*, in: Kolloquium Neuere Entwicklungen, S. 429 [433 f.]; *Hussels*, ZIAS 1994, S. 45 [59]; *Ison*, Accident Compensation, S. 181; *Lichtenstein*, Social Justice Resarch 12 (1999), S. 99 [104]; *Todd/Hughes*, S. 30. Vgl. dazu schon oben, S. 90.

ACC in Risikoklassen eingeteilt[813]. Diese Einordnung erfolgt zunächst nach objektiven Kriterien anhand der in einer Rechtsverordnung enthaltenen tabellarischen Zuordnung eines Tätigkeitsbereichs zu einer Beitragsklasse[814]. Der Arbeitgeber hat jedoch zusätzlich selbst Einfluss auf die jeweilige Beitragshöhe, da die ACC jederzeit die konkreten Sicherheitsstandards in dem jeweiligen Betrieb prüfen kann[815]. Beantragt der Arbeitgeber dies selbst, indem er sich um die Teilnahme an der „*ACC Workplace Safety Management Practices Initiative*" – einer standardisierten Sicherheitsüberprüfung – bewirbt, so kann er die Festsetzung eines bis zu 20 % geringeren Beitragssatzes als eigentlich vorgesehen erreichen[816]. Sind umgekehrt die Sicherheitsstandards schlecht oder liegt die Schadensquote des jeweiligen Arbeitgebers erheblich über dem Durchschnitt, so kann die ACC ein Überprüfungsverfahren einleiten und – wenn sich die Sicherheitsstandards tatsächlich als unzureichend erweisen oder auch der Arbeitgeber die Mitwirkung an der Überprüfung verweigert – den Arbeitgeber zu einer um 50 % höheren Beitragszahlung als der gesetzlich vorgesehenen verpflichten[817].

Die Beitragshöhe knüpft somit an Sicherheitsstandards („*risk rating*") an, nicht mehr – wie in sämtlichen Gesetzen zuvor – an die Unfallstatistik des Un-

---

813) § 170 Abs. 1 IPRCA 2001. Werden – was in größeren Betrieben die Regel darstellen dürfte – von einem Arbeitgeber mehrere Tätigkeitsfelder mit verschiedenen Risikoklassen abgedeckt, so ist gleichwohl grundsätzlich allein die höchste Risikoklasse maßgebend, § 170 Abs. 2 IPRCA 2001. In bestimmten Fällen kann auf Antrag des Arbeitgebers der Beitrag allerdings gesplittet werden, wozu § 170 Abs. 3 IPRCA 2001 detaillierte Regelungen enthält.

814) *Injury Prevention, Rehabilitation, and Compensation (Employer Levy) Regulations 2004* (SR 2004/23). Die Zuordnung der Beitragsklassen ist in einem umfangreichen Anhang zu dieser Verordnung enthalten. Die Beiträge bewegen sich zwischen 0,09 NZ$ (Architekten, Buchhalter, Fotografen, Marktforschung, Rechtsanwälte, Softwarespezialisten) und 8.01 NZ$ (Jockeys, Pferdezüchter), jeweils bezogen auf 100 NZ$ des an alle Beschäftigten gezahlten Jahresbruttoeinkommens. Die durchschnittliche Beitragsrate beträgt seit drei Jahren konstant 0,90 NZ$ je 100 NZ$ Arbeitnehmereinkommen (vgl. *ACC*, Annual Report 2003, S. 5). Ein Pferdezüchter mit fünf Angestellten, die jeweils ein Jahreseinkommen von 30.000 NZ$ beziehen, müsste beispielsweise einen jährlichen Beitrag von 12.015 NZ$ zahlen. Für ein identisch strukturiertes Marktforschungsunternehmen betrüge der Beitrag nur 135 NZ$. Das Einkommen wird dabei gem. § 7 der Verordnung bis zu einer maximalen Höhe von 92.189 NZ$ pro Arbeitnehmer berücksichtigt. Ist die ausgeübte Tätigkeit nicht in der Verordnung enthalten, so kann die ACC die Einstufung gem. § 239 IPRCA 2001 selbst nach ihrem Ermessen verbindlich vornehmen.

815) Die näheren Voraussetzungen des Verfahrens sind in § 179 IPRCA 2001 sowie in §§ 12 ff. *Injury Prevention, Rehabilitation, and Compensation (Employer Levy) Regulations 2004* (SR 2004/23) geregelt.

816) § 9 *Injury Prevention, Rehabilitation, and Compensation (Employer Levy) Regulations 2004* (SR 2004/23).

817) §§ 178, 180 IPRCA 2001, §§ 17 ff. Injury Prevention, Rehabilitation, and Compensation (Employer Levy) Regulations 2004 (SR 2004/23).

ternehmens („*experience rating*"). Dies ist ganz im Sinne des Leitziels der Unfallprävention und beugt den mit dem *experience rating* verbundenen Gefahren vor, dass nämlich Arbeitgeber Unfälle zur Vermeidung einer Höherstufung nicht als Arbeitsunfälle anerkennen[818].

c) Beteiligung der Arbeitgeber am Schadensmanagement

Als Ausnahme zu der ansonsten strikt staatlich verwalteten Schadensregulierung ist es bestimmten Arbeitgebern erlaubt, das Schadensmanagement teilweise selbst zu übernehmen. Unter dem Oberbegriff des „*Accredited Employers' Program*" kann einem Arbeitgeber im Rahmen einer Vereinbarung zwischen ihm und der ACC die Schadensabwicklung hinsichtlich der in seinem Betrieb auftretenden Schadensfälle befristet übertragen werden, wobei er im Gegenzug nur einen stark ermäßigten Beitrag zu zahlen braucht[819]. Der Arbeitgeber hat hierbei sämtliche mit der Schadensabwicklung verbundenen Kosten zu tragen und ist für die Entschädigung eines verletzten Arbeitnehmers voll verantwortlich[820]. Formal tritt der Arbeitgeber in diesen Fällen an die Stelle der ACC: Ein geschädigter Arbeitnehmer hat gegenüber einem *accredited employer* dieselben Rechte, die er sonst gegenüber der ACC hätte[821]. Die Übernahme eines Arbeitgebers in ein solches Programm ist allerdings an strenge Voraussetzungen geknüpft und setzt über die Teilnahme am bereits erwähnten *ACC Workplace Safety Management Practices Initiative* unter anderem voraus, dass er über hinreichende Erfahrungen im Bereich der betrieblichen Gesundheitsvorsorge und Unfallprävention verfügt und genügend personal- und kapitalstark ist, um das zu erwartende Schadensaufkommen ohne Probleme zu bewältigen[822]. Dies trifft in der Regel nur auf etablierte große Unternehmen zu. Die für diese Programme

---

818) Heftige Kritik an der – seitens des Gesetzgebers und der ACC lange favorisierten *experience rate* (vgl. *ACC*, Annual Report 1995, S. 44) – übte seinerzeit schon *Ison*, Accident Compensation, S. 130 ff. Vgl. dazu auch *Bitterich*, RabelsZ 67 (2003), S. 494 [534 f.].

819) §§ 181 ff. IPRCA 2001. Dieses System wurde im Jahr 1996 unter dem *Accident Rehabilitation and Compensation Insurance Amendment Act* eingeführt.

820) § 187 IPRCA 2001. Die Pflichten können allerdings auch nur teilweise übertragen werden, § 187 Abs. 2 IPRCA 2001. Kommt ein *accredited employer* seinen Pflichten nicht nach, so tritt die ACC an dessen Stelle und übernimmt wieder das Schadensmanagement; die Kosten kann sie in diesem Fall dem Arbeitgeber geltend machen, § 187 Abs. 3 IPRCA 2001.

821) Ein *accredited employer* wird an zahlreichen Stellen des Gesetzes der ACC gleichgestellt. Beispielsweise gilt auch der *Code of ACC Claimants' Rights* gegenüber dem Arbeitgeber, §§ 39 (a), 40, 45 IPRCA 2001.

822) § 185 Abs. 1 IPRCA 2001. Die ACC kann die zwischen ihr und dem Arbeitgeber getroffene Vereinbarung jederzeit widerrufen, wenn die Voraussetzungen nach ihrer Auffassung nicht mehr gegeben sind, § 185 Abs. 2 IPRCA 2001.

zugelassenen Arbeitgeber stehen ferner unter strenger Überwachung der ACC und müssen dieser fortlaufend Bericht erstatten[823].

Als Modelle für das eigenverantwortliche Schadensmanagement durch Arbeitgeber sieht das System zwei Alternativen vor, nämlich den *„Partnership Discount Plan“* sowie den *„Full Self-Cover Plan“*. Bei ersterem verpflichtet sich der Arbeitgeber, die Schadensabwicklung für maximal zwei Jahre zu übernehmen und erhält hierfür eine Beitragsreduzierung um ca. 37% für ein Jahr oder 43% für zwei Jahre. Beim *Full Self-Cover Plan* übernimmt der Arbeitgeber die Schadensabwicklung für fünf Jahre und kann im Gegenzug eine Beitragsreduzierung von bis zu 90% erreichen[824].

Nach Auslaufen des Vertrags mit der ACC muss der *accredited employer* noch fällige Entschädigungszahlungen weiter entrichten und bleibt an die Pflichten des Vertrags gebunden[825]. Eine private (Rück-)Versicherung des Arbeitgebers gegenüber Schäden seiner Arbeitnehmer ist gem. § 184 Abs. 2, 3 IPRCA 2001 nur mit Zustimmung der ACC im Rahmen der zugrunde liegenden Vereinbarung zulässig. Gleiches gilt für die Einbeziehung sonstiger Dritter zur Schadensabwicklung. Die Entwicklung einer Privatisierung des Arbeitsunfallmarkts, wie sie unter dem AIA 1998 Realität war, ist damit nur sehr eingeschränkt möglich.

d) Der *Employers' Account* in Zahlen

Das Gesamtbeitragsaufkommen des *Employers' Account* im Geschäftsjahr 2003 betrug 424.038.000 NZ$[826]. Davon wurden innerhalb dieses Jahres etwa 224,5 Mio. NZ$ an Geschädigte ausbezahlt. Über 243 Mio. NZ$ wurden für neu entstandene Ansprüche zurückgestellt, womit der Fonds im Jahr 2003 bereits ausgeschöpft war und keine zusätzlichen Rückstellungen gebildet werden konnten. Vielmehr mussten knapp 7 Mio. NZ$ aus den vorhandenen Rückstellungen zur Deckung des Fonds entnommen werden.

Von den insgesamt an Geschädigte ausbezahlten Leistungen in Höhe von 224,5 Mio. NZ$ entfiel der größte Teil, nämlich knapp 88 Mio. NZ$, auf die Entschädigung des Einkommensausfalls (*weekly compensation*). Zusammen mit

---

823) §§ 188 f. IPRCA 2001.

824) Die Regelungen („*Framework*“) sind – was in § 183 IPRCA 2001 so vorgesehen ist – im Einzelnen veröffentlicht in der neuseeländischen Parlamentszeitung New Zealand Gazette 41 (2000), S. 891 ff. und haben gem. § 183 Abs. 4 IPRCA 2001 die Wirkung einer Rechtsverordnung.

825) § 187 Abs. 4 IPRCA 2001.

826) Quelle hierfür und für die folgenden Daten: *ACC*, Annual Report 2003, S. 123 f. Im Geschäftsjahr zuvor betrugen die Gesamteinnahmen in diesem Fonds ca. 376 Mio. NZ$

Schmerzensgeldzahlungen und Leistungen für Todesfälle wurden insgesamt 91,3 Mio. NZ$ an Entschädigungsleistungen ausbezahlt[827].

Weitere 86,2 Mio. NZ$ entfielen auf Rehabilitationsmaßnahmen[828]. Die übrigen Kosten setzten sich zusammen aus Verwaltungskosten, Präventionsmaßnahmen und Kosten der Beitragseinziehung[829].

Auf den *Employers' Account* entfielen im Geschäftsjahr 2002/2003 insgesamt 210.199 erstmals eingereichte Entschädigungsanträge, dies entspricht knapp 14 % der insgesamt in diesem Zeitraum neu gestellten 1.520.513 Anträge[830]. Den Anträgen lagen 28.014 neu registrierte Fälle von Arbeitsunfällen bzw. Berufskrankheiten zugrunde. Der unfallträchtigste und gleichzeitig kostenintensivste Bereich dabei war mit 4.813 neu registrierten Fällen der Tätigkeitsbereich der industriellen Urproduktion, wofür die ACC in diesem Geschäftsjahr allein 17 Mio. NZ$ Entschädigungsleistungen auszahlte. Insgesamt verliefen 77 Unfälle im Deckungsbereich des *Employers' Account* im Geschäftsjahr 2002/2003 tödlich, wobei hier der landwirtschaftliche Bereich mit 13 Todesfällen am Stärksten vertreten war. Schließlich waren in dem Zeitraum noch 6.302 Altfälle anhängig, für welche die ACC noch fortlaufende Entschädigungsleistungen erbrachte.

2. Der *Earners' Account*

a) Allgemeines

In den *Earners' Account* zahlen alle Arbeitnehmer Neuseelands Beiträge, wobei dieser Fonds deren Freizeitunfälle im weitesten Sinn abdeckt. Das Gesetz formuliert die Tatbestandsvoraussetzungen negativ, indem es Arbeitsunfälle und Berufskrankheiten, Verkehrsunfälle sowie medizinische Behandlungsunfälle aus dem Anwendungsbereich des *Earners' Account* herausnimmt[831].

Dieser Fonds existiert seit dem 1. Juli 1992 und wurde durch den ARCIA 1992 eingeführt. Zuvor wurden auch sämtliche Freizeitunfälle der abhängig Beschäftigten vom *Employers' Account* erfasst und damit seitens der Arbeitgeber finanziert, deren politische Forderung zur Abschaffung dieser Regelung durch

---

827) Neben den Leistungen zur Entschädigung des Einkommensausfalls entfielen 617.000 NZ$ auf die Fortzahlung der *independance allowance*, 77.000 NZ$ auf Schmerzensgelder und 2.721.000 NZ$ auf Leistungen für Todesfälle.

828) Davon entfiel der größte Teil, nämlich insgesamt 65.785.000 NZ$, auf den Ersatz medizinischer Behandlungskosten. Ca. 5 Mio. NZ$ wurden für die berufliche Rehabilitation der verletzten Arbeitnehmer, ca. 13 Mio. NZ$ für deren soziale Rehabilitation gezahlt.

829) Mit ca. 34 Mio. NZ$ machten die Verwaltungskosten dabei rund 15 % der Gesamtausgaben aus.

830) Quelle hierfür und für die folgenden Daten: *ACC*, Injury Statistics 2004.

831) § 218 IPRCA 2001.

Schaffung des *Earners' Account* im Jahr 1992 berücksichtigt wurde[832]. Seit 1992 wird der *Earners' Account* nunmehr ausschließlich durch die Arbeitnehmer finanziert, die hierfür eine einkommensabhängige Abgabe zahlen.

b) Das Beitragsaufkommen des *Earners' Account*

Sämtliche Arbeitnehmer sind nach § 219 IPRCA 2001 verpflichtet, einen jährlich im Voraus zu entrichtenden Beitrag in den *Earners' Account* einzuzahlen. In der Praxis wird der Beitrag des Arbeitnehmers durch den Arbeitgeber vom Bruttolohn einbehalten und direkt an die ACC abgeführt[833]. Die Höhe des Beitrags ist allein von der Höhe des Einkommens abhängig und im Einzelnen in einer Rechtsverordnung geregelt[834]. Die Beitragshöhe betrug für das Jahr 2003 1,0667 NZ$ pro 100 NZ$ Jahreseinkommen, mithin etwa 1 % des Bruttoeinkommens. Der Beitrag wird sich ab Mitte 2004 voraussichtlich auf ca. 1,20 NZ$ pro 100 NZ$ Jahreseinkommen erhöhen. Ab einem Alter von 40 Jahren gewährt die Rechtsverordnung zudem eine kontinuierliche Beitragsermäßigung, die für 40-jährige 3 %, für über 60-jährige 53 % beträgt[835]. Die Beitragshöchstgrenze ist ab einem Jahreseinkommen von 92.189 NZ$ erreicht[836].

c) Sonderregelungen für beurlaubte Arbeitnehmer

Grundsätzlich ist der Versicherungsschutz und damit auch die Beitragspflicht unter dem *Earners' Account* gekoppelt an die Arbeitnehmereigenschaft. Daher erlischt die Beitragspflicht und auch der Versicherungsschutz unter dem *Earners' Account*, sobald ein Arbeitnehmer arbeitslos wird oder sich im Erziehungsurlaub[837] befindet[838]. Da in diesem Fall aber auch die möglichen Entschädigungsleistungen bei einem Versicherungsfall erheblich reduziert sind – eine Entschädigung für Einkommensausfall (*weekly compensation*) wird nur bei ar-

---

832) *Fleming*, in: Kolloquium Neuere Entwicklungen, S. 429 [433 f.]; *Hussels*, ZIAS 1994, S. 45 [59]; *Ison*, Accident Compensation, S. 181; *Lichtenstein*, Social Justice Resarch 12 (1999), S. 99 [104]; *Todd/Hughes*, S. 30. Vgl. dazu auch oben, S. 90.

833) § 221 IPRCA 2001 („*PAYE*").

834) *Injury Prevention, Rehabilitation, and Compensation (Earners' Levy and Earners' Account Residual Levy) Regulations 2003* (SR 2003/386).

835) „*Age related discount*", vgl. Schedule *Injury Prevention, Rehabilitation, and Compensation (Earners' Levy and Earners' Account Residual Levy) Regulations 2003* (SR 2003/386).

836) § 5 *Injury Prevention, Rehabilitation, and Compensation (Earners' Levy and Earners' Account Residual Levy) Regulations 2003* (SR 2003/386).

837) Die Regelungen über den Erziehungsurlaub finden sich im *Parental Leave and Employment Protection Act 1987* (Public Act 1987 No. 129 v. 10.07.1987).

838) Unfälle von Nichterwerbstätigen werden aus dem *Non-Earners' Account* finanziert, der seine Kapitaldeckung aus allgemeinen Steuermitteln erhält (dazu unten, S. 217 ff.).

beitsbezogenen Verletzungen von Arbeitnehmern gewährt[839] – besteht für Nichterwerbstätige die Möglichkeit einer Versicherung unter dem *Earners' Account*, um ebenfalls einen Anspruch auf *weekly compensation* zu erwerben[840]. Dieses Modell ist allerdings beschränkt auf solche Personen, die bereits mindestens 12 Monate ununterbrochen in einem Beschäftigungsverhältnis standen und entweder arbeitslos werden oder sich im Erziehungsurlaub befinden. Der zusätzliche Versicherungsschutz muss innerhalb eines Monats nach Beendigung des Arbeitsverhältnisses beantragt werden; die Vereinbarung hinsichtlich des zusätzlichen Versicherungsschutzes muss für mindestens drei Monate abgeschlossen werden, darf aber einen Zeitraum von zwei Jahren nicht überschreiten, wobei der Schutz bei fortwährender Arbeitslosigkeit erneut beantragt werden kann[841]. Der zusätzliche Versicherungsschutz kann durch Kündigung vorzeitig beendet werden, sobald der Versicherte wieder ein Beschäftigungsverhältnis antritt[842]. Die Höhe der Beiträge für den zusätzlichen Versicherungsschutz wird in Abhängigkeit von Alter, Dauer des Versicherungsschutzes, Höhe des versicherten Einkommensausfalls und der Risikoträchtigkeit der Freizeitaktivitäten des Versicherten individuell berechnet[843].

d) Der *Earners' Account* in Zahlen

Das Gesamtbeitragsaufkommen des *Earners' Account* im Geschäftsjahr 2002/2003 betrug 692.064.000 NZ$[844]. Davon wurden innerhalb dieses Jahreszeitraums etwa 501 Mio. NZ$ an Geschädigte ausbezahlt. Fast 317 Mio. NZ$ mussten für die in dem Geschäftsjahr neu entstandenen bzw. zu erwartenden Ansprüche zurückgestellt werden. Das sich rechnerisch ergebende Defizit wurde allerdings durch einen hohen Kapitalertrag der angelegten Reserven ausgeglichen, so dass ein Überschuss von fast 53 Mio. NZ$ entstand, der in die Rückstellungen aufgenommen werden konnte.

Von den insgesamt für das Schadensmanagement unter diesem Fond angefallenen Kosten in Höhe von 501,1 Mio. NZ$ entfiel der größte Teil, nämlich über 400 Mio. NZ$, auf Rehabilitationsmaßnahmen, innerhalb derer die Kosten für medizinische Behandlung mit insgesamt ca. 318 Mio. NZ$ die Hauptausgabe bildeten[845].

---

839) Vgl. dazu oben, S. 194 ff.

840) § 223 IPRCA 2001 („*ACC TimeOut*“).

841) § 223 Abs. 3 (b), Abs. 5 IPRCA 2001.

842) § 226 IPRCA 2001.

843) § 225 IPRCA 2001.

844) Quelle hierfür und für die folgenden Daten: *ACC*, Annual Report 2003, S. 119 f. Im Geschäftsjahr zuvor betrugen die Gesamteinnahmen in diesem Fonds ca. 566 Mio. NZ$

845) Daneben entfielen 485.000 NZ$ auf die berufliche Rehabilitation und 79,4 Mio. NZ$ auf die soziale Rehabilitation.

Für Entschädigungsmaßnahmen wurden aus diesem Fonds insgesamt 29,5 Mio. NZ$ gezahlt[846]. Die übrigen Kosten entfielen anteilig auf Verwaltungskosten, Präventionsmaßnahmen und Kosten der Beitragseinziehung[847].

Auf den *Earners' Account* entfielen im Geschäftsjahr 2002/2003 insgesamt 497.065 erstmals eingereichte Entschädigungsanträge, dies entspricht etwa einem Drittel der insgesamt in diesem Jahr neu gestellten 1.520.513 Entschädigungsanträge[848]. Den Anträgen lagen 40.938 neu registrierte Verletzungsfälle zugrunde. Die meisten Unfälle geschahen dabei im Haushalt (14.062) und beim Sport (11.077), wobei im Sportbereich auch die meisten tödlichen Unfälle (43) zu verzeichnen waren. Insgesamt kam es im Geschäftsjahr 2002/2003 im Deckungsbereich des *Earners' Account* zu 194 tödlichen Unfällen.

Zudem waren während des Geschäftsjahres noch 11.642 Altfälle anhängig, für welche die ACC noch fortlaufende Entschädigungsleistungen erbrachte.

3. Der *Self-Employed Work Account*

a) Allgemeines

Der erst 1999 durch den AIA 1999 eingeführte *Self-Employed Work Account* deckt die berufsbedingten Unfallschäden von Selbständigen und Heimarbeitern ab (§ 201 IPRCA 2001). Er wird durch die einkommensbezogenen Prämien der entsprechenden Berufsgruppen finanziert.

b) Das Beitragsaufkommen des *Self-Employed Work Account*

Selbständige haben die Wahl zwischen zwei verschiedenen Beitragsformen mit unterschiedlich weitem Versicherungsschutz: Der „normale" gesetzlich vorgeschriebene Versicherungsschutz („*ACC CoverPlus*") gewährt bis zu 80% des vor Eintritt der Erwerbsunfähigkeit erhaltenen Durchschnittseinkommens. Auf Antrag kann jeder Selbständige eine Vereinbarung mit der ACC über einen erweiterten Versicherungsschutz treffen („*ACC CoverPlus Extra*"), bei der die

---

846) Die Entschädigungszahlungen setzten sich zusammen aus Leistungen zur Entschädigung des Einkommensausfalls im Rahmen des *ACC TimeOut* in Höhe von 11,4 Mio. NZ$, der Fortzahlung der *independance allowance* für Altfälle in Höhe von 15 Mio. NZ$, Schmerzensgeldzahlungen in Höhe von 429.000 NZ$ und Leistungen für Todesfälle in Höhe von 2,6 Mio. NZ$.

847) Mit ca. 24,4 Mio. NZ$ machten die Verwaltungskosten dabei nur rund 4 % der Gesamtausgaben aus.

848) Quelle hierfür und für die folgenden Daten: *ACC*, Injury Statistics 2004.

Höhe der im Fall einer Erwerbsunfähigkeit auszuzahlenden Rente vorher vereinbart wird[849].

Der Beitrag für den Fonds setzt sich immer aus einem einkommensbezogenen und einem nicht-einkommensbezogenen Teil zusammen und ist zudem an die Risikoträchtigkeit der ausgeübten Tätigkeit angeknüpft. Die Höhe des Beitrags ist im Einzelnen ebenfalls in einer Rechtsverordnung geregelt[850].

Der maximal zu zahlende Beitrag ist ab einem Jahreseinkommen von 92.189 NZ$ erreicht[851]. Der durchschnittliche Jahresbeitrag im Geschäftsjahr 2002/2003 betrug 1,73 NZ$ je 100 NZ$ Jahreseinkommen.

Auch für Selbständige wird ab einem Alter von 40 Jahren eine Beitragsreduzierung gewährt[852]. Daneben müssen Selbständige zusätzlich auch einen Beitrag in den *Residual Claims Account* zur Finanzierung von Altschäden sowie in den *Earners' Account* zur Absicherung ihrer eigenen Freizeitunfälle entrichten, da der *Self-Employed Work Account* nur die arbeitsbezogenen Unfälle abdeckt.

c) Der *Self-Employed Work Account* in Zahlen

Das Gesamtbeitragsaufkommen des *Self-Employed Work Account* im Geschäftsjahr 2002/2003 betrug 122.491.000 NZ$[853]. Davon wurden innerhalb dieses Jahres etwa 75 Mio. NZ$ an Geschädigte ausbezahlt. Etwas 51 Mio. NZ$ wurden für die in dem Geschäftsjahr neu entstandenen bzw. zu erwartenden Ansprüche zurückgestellt.

Von den für das Schadensmanagement unter diesem Fond insgesamt angefallenen Kosten in Höhe von 122,5 Mio. NZ$ entfielen 27,4 Mio. NZ$ auf Rehabilitationsmaßnahmen[854] und 29,5 Mio. NZ$ auf Entschädigungszahlun-

---

849) §§ 208 f. IPRCA 2001. Der hierfür zusätzlich zu zahlende Beitrag ist die „*compensation levy*", geregelt in § 7 *Injury Prevention, Rehabilitation, and Compensation (Self-Employed Work Account Levies) Regulations 2005* (SR 2005/65). Auch in diesem Fall ist die höchstmögliche Entschädigung jedoch begrenzt auf die allgemeine gesetzlich vorgesehene Höchstsumme von $1.341,31 NZ$ pro Woche (§ 209 Abs. 2 (b) IPRCA 2001 i. V. mit Schedule 1 Part 2 § 46 Abs. 1 IPRCA 2001).

850) §§ 5 ff. *Injury Prevention, Rehabilitation, and Compensation (Self-Employed Work Account Levies) Regulations 2005* (SR 2005/65).

851) § 9 *Injury Prevention, Rehabilitation, and Compensation (Self-Employed Work Account Levies) Regulations 2005* (SR 2005/65).

852) Schedule 3 *Injury Prevention, Rehabilitation, and Compensation (Self-Employed Work Account Levies) Regulations 2004* (SR 2005/65). Vgl. zur Höhe der Beitragsreduzierung oben, S. 213.

853) Quelle hierfür und für die folgenden Daten: *ACC*, Annual Report 2003, S. 121 f. Im Geschäftsjahr zuvor betrugen die Gesamteinnahmen in diesem Fonds ca. 90 Mio. NZ$.

854) Diese Kosten teilten sich auf in Kosten für berufliche Rehabilitationsmaßnahmen (1 Mio. NZ$), soziale Rehabilitationsmaßnahmen (4 Mio. NZ$) sowie medizinische Behandlungskosten (22 Mio. NZ$).

gen.[855]. Die übrigen Kosten in Höhe von ca. 18 Mio. NZ$ entfielen anteilig auf Verwaltungskosten, Präventionsmaßnahmen und Aufwendungen für die Beitragseinziehung[856].

Auf den *Self-Employed Work Account* entfielen im Geschäftsjahr 2002/2003 insgesamt 48.307 registrierte Fälle; dies entspricht etwa 3 % aller insgesamt registrierten 1.520.513 Entschädigungsanträge[857].

Den Anträgen lagen 4.926 neu registrierte Verletzungsfälle zugrunde. Zudem waren in dem Jahr noch 1.672 Altfälle seit 1999 anhängig, für welche die ACC noch fortlaufende Entschädigungsleistungen erbrachte. Unfallträchtigster Bereich war auch bei den selbständig Tätigen die Landwirtschaft mit allein 1.841 neu registrierten Unfällen. 14 aller im Geschäftsjahr 2002/2003 unter dem *Self-Employed Work Account* erfassten Unfälle verliefen dabei tödlich.

4. Der *Non-Earners' Account*

a) Allgemeines

Der *Non-Earners' Account* ist zur Schadensdeckung von Unfällen aller erwerbslosen Personen vorgesehen, sofern weder ein Straßenverkehrsunfall noch ein medizinischer Behandlungsfehler – in letzteren Fällen sind die entsprechenden Spezialfonds zur Anwendung berufen – vorliegt[858]. Dies betrifft vor allem Hausfrauen, Rentner, Arbeitslose, ehrenamtlich Tätige, Kinder und Auszubildende. Der Fonds beruht auf dem unter der *Labour*-Regierung 1973 nachträglich in den ACA 1972 zur Vermeidung von Ungerechtigkeiten eingefügten *Supplementary Compensation Fund*[859], der das neuseeländische Modell einst zu einem umfassenden staatlichen Vorsorgesystem für alle auf Unfall beruhenden Personenschäden werden ließ.

b) Das Beitragsaufkommen des *Non-Earners' Account*

Zur Finanzierung des *Non-Earners' Account* wird kein eigener Beitrag erhoben, vielmehr wird der Fonds aus allgemeinen Steuermitteln finanziert, wobei die Höhe des einzusetzenden Kapitals jährlich durch Parlamentsbeschluss fest-

---

855) Der weitaus größte Anteil dieser Zahlungen, nämlich 28 Mio. NZ$, wurde für Einkommensausfall erbracht, die übrigen Zahlungen entfielen auf die Fortzahlung der *independance allowance* für Altfälle in Höhe von 185.000 NZ$, Schmerzensgeldzahlungen in Höhe von 8.000 NZ$ und Leistungen für Todesfälle in Höhe von 1,3 Mio. NZ$.

856) Mit ca. 10,5 Mio. NZ$ machten die Verwaltungskosten dabei rund 14 % der Gesamtausgaben unter diesem Fonds aus.

857) Quelle: *ACC*, Injury Statistics 2004.

858) § 227 Abs. 1 IPRCA 2001.

859) *Accident Compensation Amendment Act 1973 (No.2)*. Vgl. dazu auch oben, S. 83.

gelegt wird und nach der gesetzlichen Vorgabe die zu erwartenden Kosten vollständig decken muss[860]. So wurden im Geschäftsjahr 2002/2003 Finanzmittel in Höhe von 658,5 Mio. NZ$ zur Deckung des *Non-Earners' Account* bereitgestellt[861].

c) Der *Non-Earners' Account* in Zahlen

Innerhalb des Geschäftsjahres 2002/2003 wurden knapp 460 Mio. NZ$ an Geschädigte ausbezahlt, weitere 344,7 Mio. NZ$ mussten für die in dem Geschäftsjahr neu entstandenen bzw. zu erwartenden Ansprüche zurückgestellt werden[862]. Da der *Non-Earners' Account* bereits in den Vorjahren nur unzureichend mit Finanzmitteln ausgestattet worden war, ergab sich im Geschäftsjahr 2002/2003 ein Defizit von über 1,2 Mrd. NZ$.

Von den für das Schadensmanagement unter diesem Fond insgesamt angefallenen Kosten in Höhe von knapp 460 Mio. NZ$ entfiel der größte Teil, nämlich 400,3 Mio. NZ$, auf Rehabilitationsmaßnahmen[863], und 29,5 Mio. NZ$ auf Entschädigungszahlungen[864]. Die übrigen Kosten in Höhe von ca. 30 Mio. NZ$ entfielen anteilig auf Verwaltungskosten und Präventionsmaßnahmen[865].

Der *Non-Earners Account* ist, zumindest bezüglich der Zahl der zu bearbeitenden Anträge, der bedeutendste aller Fonds. Im Geschäftsjahr 2002/2003 wurden allein in diesem Bereich 725.494 Entschädigungsanträge anerkannt, das ist fast die Hälfte aller von der ACC akzeptierten 1.520.513 Entschädigungsanträge[866]. Der hohen Anzahl von Entschädigungsanträgen lagen allerdings vergleichsweise geringe Unfallzahlen zu Grunde, nämlich 21.754 in dem Geschäftsjahr geschehene Fälle sowie 4.700 Altfälle, für welche die ACC weiterhin Entschädigungsleistungen erbringen musste. 176 der neu registrierten Unfälle verliefen dabei tödlich.

---

860) § 227 Abs. 2 IPRCA 2001.

861) *ACC*, Annual Report 2003, S. 117.

862) Quelle hierfür und die folgenden Daten: *ACC*, Annual Report 2003, S. 117 f.

863) Diese Kosten teilten sich auf in Kosten für soziale Rehabilitationsmaßnahmen (79,4 Mio. NZ$) sowie medizinische Behandlungskosten (ca. 320 Mio. NZ$).

864) Die Entschädigungszahlungen lassen sich aufteilen in Einkommensausfall (11,4 Mio. NZ$), Fortzahlung der *independance allowance* für Altfälle (15 Mio. NZ$), Schmerzensgeldzahlungen (429.000 NZ$) sowie Leistungen für Todesfälle (ca. 2,6 Mio. NZ$).

865) Mit ca. 24,4 Mio. NZ$ machten die Verwaltungskosten dabei rund 5,3 % der Gesamtausgaben unter diesem Fonds aus. 5,8 Mio. NZ$ wurden für allgemeine Unfallpräventionsmaßnahmen verwendet.

866) Quelle: *ACC*, Injury Statistics 2004.

5. Der *Motor Vehicle Account*

a) Allgemeines

Der *Motor Vehicle Account* dient dem Ausgleich für alle Schäden, die Personen im Zusammenhang mit einem Verkehrsunfall in Neuseeland erleiden[867]. Nur wenn der Verletzte berufstätig ist und den Unfall während seiner Arbeitszeit erleidet, wird der Schadensausgleich aus dem *Employers' Account* gewährt[868]. Getreu dem Prinzip, dass der Deckungsfonds eines Gefahrenbereiches immer nur durch die Wagnisträger dieses Gefahrenbereiches finanziert werden soll, wird der *Motor Vehicle Account* zum einen von allen Haltern eines Kraftfahrzeuges finanziert, die hierfür einen jährlichen Beitrag entrichten; andererseits werden durch eine Besteuerung des Kraftstoffs alle tatsächlichen Nutzer eines Kraftfahrzeugs herangezogen.

b) Das Beitragsaufkommen des *Motor Vehicle Account*

Der *Motor Vehicle Account* wird aus zwei Quellen finanziert: Zum einen zahlen alle Halter eines Kraftfahrzeugs einen jährlichen Beitrag in den Fonds, dessen Höhe von der Art des Fahrzeugs abhängt und in einer Rechtsverordnung geregelt ist; die Höhe beträgt zwischen 49,39 NZ$ für Mopeds und Traktoren sowie 271,52 NZ$ für Motorräder als der risikoträchtigsten Fahrzeuggruppe; der reguläre Beitrag für Pkw beträgt dabei 141,10 NZ$[869]. Der Beitrag ist für jeweils ein Jahr zu entrichten und wird zur Zahlung fällig mit der Neuzulassung bzw. der Verlängerung der Zulassung eines Fahrzeugs[870].

Weiterhin wird in Neuseeland auf den Kraftstoff ein Beitrag von 5,08 NZc pro Liter aufgeschlagen[871], so dass sämtliche motorisierten Verkehrsteilnehmer

---

867) §§ 213 ff. IPRCA 2001.

868) Vgl. zur Abgrenzung zwischen Arbeitsunfällen und Straßenverkehrsunfällen § 29 IPRCA 2001 sowie oben, S. 121.

869) Schedule *Injury Prevention, Rehabilitation, and Compensation (Motor Vehicle Levy and Motor Vehicle Account Residual Levy) Regulations (No. 2) 2003* (SR 2003/387). Fahrzeuge der Feuerwehren und Notarztwagen sind von der Beitragspflicht ausgenommen.

870) § 6 *Injury Prevention, Rehabilitation, and Compensation (Motor Vehicle Levy and Motor Vehicle Account Residual Levy) Regulations (No. 2) 2003* (SR 2003/387). Die Zulassung eines Fahrzeugs für den Straßenverkehr hat in Neuseeland jeweils für ein Jahr Gültigkeit (§ 5 *Transport [Vehicle and Driver Registration and Licensing] Act 1986* [Public Act 1986 No. 6 v. 30.04.1986]). Nach § 13 Abs. 2 des Gesetzes darf die Zulassung für ein Fahrzeug nur erteilt werden, wenn der Beitrag für den *Motor Vehicle Account* entrichtet wurde.

871) § 214 Abs. 4 (b) IPRCA 2001.

– auch wenn sie nicht Halter eines Fahrzeugs sind – ihren Beitrag zu dem Aufkommen des Fonds leisten.

In den früheren Gesetzen war für den *Motor Vehicle Account* zusätzlich ein Bonus-Malus-System vorgesehen, um Fahrer mit außergewöhnlich schlechter Unfallstatistik mit einer Prämienerhöhung zu bestrafen bzw. unfallfreie Fahrer durch geringere Prämien belohnen zu können[872]; von dieser Regelung wurde jedoch zu keiner Zeit Gebrauch gemacht[873]. Im aktuellen Gesetz ist eine solche Regelung auch nicht mehr vorgesehen.

c) Der *Motor Vehicle Account* in Zahlen

Das Gesamtbeitragsaufkommen des *Motor Vehicle Account* im Geschäftsjahr 2002/2003 betrug 414.827.000 NZ$, wovon knapp 62 Mio. NZ$ auf die Kraftstoffbesteuerung entfielen[874]. Innerhalb des Geschäftsjahres wurden etwa 334 Mio. NZ$ an Geschädigte ausbezahlt. Weitere 500 Mio. NZ$ mussten für die in dem Geschäftsjahr neu entstandenen bzw. zu erwartenden Ansprüche zurückgestellt werden. Da der Fonds bereits zuvor defizitär war, ergab sich durch diese hohen Rückstellungen ein Defizit von insgesamt 1.8 Mrd. NZ$, weswegen eine Erhöhung der Beiträge in diesem Bereich für die Zukunft unausweichlich sein wird.

Von den unter diesem Fonds insgesamt für das Schadensmanagement unter diesem Fond angefallenen Kosten in Höhe von 334 Mio. NZ$ entfielen 132,6 Mio. NZ$ auf Rehabilitationsmaßnahmen[875] und 160,2 Mio. NZ$ auf Entschädigungszahlungen.[876]. Die übrigen Kosten in Höhe von ca. 41 Mio. NZ$ entfielen anteilig auf Verwaltungskosten, Präventionsmaßnahmen und den Aufwand für die Beitragseinziehung[877].

---

872) Vgl. § 111 ARCIA 1992.

873) *Todd*, Washburn L.J. 39 (2000), S. 404 [417]; *v. Hippel*, in: Haftungsersetzung durch Versicherungsschutz, S. 40 [67].

874) Quelle hierfür und für die folgenden Daten: *ACC*, Annual Report 2003, S. 115 f. Im Geschäftsjahr zuvor betrugen die Gesamteinnahmen in diesem Fonds ca. 368 Mio. NZ$.

875) Diese Kosten teilten sich auf in Kosten für berufliche Rehabilitationsmaßnahmen (3,2 Mio. NZ$), soziale Rehabilitationsmaßnahmen (63 Mio. NZ$) sowie medizinische Behandlungskosten (66,4 Mio. NZ$).

876) Der weitaus größte Anteil dieser Zahlungen, nämlich 100,7 Mio. NZ$, wurde für Einkommensausfall erbracht, die übrigen Zahlungen entfielen auf die Fortzahlung der *independance allowance* für Altfälle in Höhe von ca. 6 Mio. NZ$, Schmerzensgeldzahlungen in Höhe von 408.000 NZ$ und Leistungen für Todesfälle in Höhe von ca. 53 Mio. NZ$.

877) Mit ca. 25,6 Mio. NZ$ machten die Verwaltungskosten dabei rund 7,7 % der Gesamtausgaben unter diesem Fonds aus. 5,7 Mio. NZ$ wurden für Präventionsmaßnahmen verwendet.

Auf den *Motor Vehicle Account* entfielen im Geschäftsjahr 2002/2003 insgesamt 36.706 neu registrierte Fälle; diese machten nur 2,4 % aller insgesamt registrierten 1.520.513 Entschädigungsanträge aus[878]. Den Anträgen lagen 4.486 neu registrierte Verletzungsfälle zugrunde, von denen 392 mit tödlichem Ausgang endeten[879]. Zudem waren in dem Jahr noch 8.141 Altfälle anhängig, für welche die ACC noch fortwährende Entschädigungsleistungen erbrachte.

6. Der *Medical Misadventure Account*

Der *Medical Misadventure Account* ist zur Kostendeckung von Schäden vorgesehen, die aus medizinischen Fehlbehandlungen oder ärztlichen Kunstfehlern entstanden sind[880]. Er wird in Abhängigkeit von den verletzten Personengruppen anteilig aus dem *Earners'* und dem *Non-Earners' Account* finanziert[881]. Dies widerspricht den im Übrigen strikt geltenden Schema der Finanzierungsregelungen, wonach nicht die potentiellen Geschädigten, sondern vielmehr die potentiellen Schädiger das Beitragsaufkommen zu leisten haben. Obgleich auch in diesem Sinne seit 1992 eine finanzielle Beteiligung der Ärzte als Risikoträger von Gesetzes wegen vorgesehen ist[882], wurde hiervon bislang zu keinem Zeitpunkt Gebrauch gemacht.

Das Gesamtbeitragsaufkommen des *Medical Misadventure Account* im Geschäftsjahr 2002/2003 betrug 106,7 Mio. NZ$[883]. Innerhalb dieses Geschäftsjahres wurden etwa 31,3 Mio. NZ$ an Geschädigte ausbezahlt. Der Fonds verfügt über relativ hohe Reservemittel in Höhe von derzeit knapp 198 Mio. NZ$.

Gegen die rechtspolitische Brisanz der mit der rechtlichen Behandlung von medizinischen Behandlungsfehlern einhergehenden Problematiken[884] macht sich die praktische Bedeutung des Fonds vergleichsweise bescheiden aus. So entfielen auf den *Medical Misadventure Account* im Geschäftsjahr 2002/2003 insgesamt 528 registrierte Fälle, von denen 497 auf *medical mishap* und 85 auf *medical error* zurückgeführt wurden. Insgesamt gesehen sind dies lediglich 0,03 % der registrierten 1.520.513 Entschädigungsanträge[885], wenngleich diese sich jeweils recht kostenintensiv niederschlugen.

---

878) Quelle: *ACC*, Injury Statistics 2004.

879) Dies ist die niedrigste Anzahl der Verkehrsunfallopfer in der Geschichte des *Accident Compensation Scheme*. Gleichwohl ist unter keinem anderen der Fonds eine derart hohe Quote von Todesfällen zu verzeichnen.

880) §§ 228 ff. IPRCA 2001.

881) § 228 Abs. 2 (b) IPRCA 2001. Im Geschäftsjahr 2002/2003 entfielen 55% auf den *Earners' Account* und 45 % auf den *Non-Earners' Account*, vgl. *ACC*, Annual Report 2003, S. 125.

882) Vgl. § 228 Abs. 2 (a) IPRCA 2001.

883) Quelle hierfür und für die folgenden Daten: *ACC*, Annual Report 2003, S. 125 f.

884) Vgl. dazu oben, S. 122 ff.

885) Quelle: *ACC*, Injury Statistics 2004.

7. Der *Residual Claims Account*

Der *Residual Claims Account* schließlich dient ausschließlich der Finanzierung von Unfallfolgen der Vergangenheit, und zwar im Einzelnen von Arbeitsunfällen, die vor dem 01. Juli 1999 geschehen sind sowie von Freizeitunfällen, die den Betroffenen bereits vor dem 01. Juli 1992 zugestoßen sind[886]. Die Notwendigkeit dieses Fonds mit seinen nur für die Vergangenheit geltenden Regelungen ergibt sich daraus, dass die Finanzmittel für Freizeitunfälle von Arbeitnehmern vor 1992 sowie für Arbeitsunfälle vor 1999 seinerzeit aus dem ebenfalls von Arbeitgebern und Selbständigen finanzierten *Earners' Account* aufgebracht wurden, bevor deren Finanzierung anderweitig geregelt wurde[887].

Beitragspflichtig sind alle Arbeitgeber und selbständig Tätigen, die insoweit eine risiko- und einkommensabhängige Abgabe zu zahlen haben, deren Höhe im Einzelnen per Rechtsverordnung[888] geregelt ist und im Durchschnitt 0,31 NZ$ je 100NZ$ des Jahreseinkommens beträgt.

Das Gesamtbeitragsaufkommen des *Residual Claims Account* betrug im Geschäftsjahr 2002/2003 203,6 Mio. NZ$[889]. Die Summe der Auszahlungen aus diesem Fonds an Geschädigte betrug dagegen 350,6 Mio. NZ$. Der Fonds ist derzeit außerordentlich defizitär und weist ein Minus von ca. 1,44 Mrd. NZ$ auf. Der Grund hierfür dürfte in den stark unterschätzten Zahlungsverpflichtungen für die von dem Fonds erfassten Schadensfälle der Vergangenheit liegen, die ausschließlich aus langjährigen Entschädigungsverpflichtungen für schwere Verletzungen bestehen. Dementsprechend entfiel der größte Teil der im Geschäftsjahr 2002/2003 ausbezahlten Beträge, nämlich fast 208 Mio. NZ$, auf die Entschädigung des Verdienstausfalls für Berufsunfähige. Zudem ist der Verwaltungsaufwand für die Abwicklung der Altschadensfälle recht hoch, was sich in Verwaltungskosten in einer Höhe von allein 34 Mio. NZ$, mithin 10% der Gesamtausgaben unter diesem Fonds, niedergeschlagen hat.

Da der Fonds ausschließlich Altfälle erfasst, geht die Zahl der zu bearbeitenden Anträge und damit auch die Höhe der zu leistenden Entschädigungen freilich allmählich zurück. Gleichwohl ist die Anzahl der unter diesem Fonds

---

886) § 192 IPRCA 2001. Detailliertere Regelungen sind in der entsprechenden Rechtsverordnung enthalten: *Injury Prevention, Rehabilitation, and Compensation (Residual Claims Levy) Regulations 2004* (SR 2004/24).

887) Vgl. dazu oben, S. 98 f. Der vorübergehend unter dem ARCIA 1992 eingerichtete *Subsequent Work Injury Account*, der dem Schadensausgleich bestimmter Berufskrankheiten diente, wurde 1999 wieder aufgelöst und vom *Residual Claims Account* aufgenommen. Der Schadensausgleich mit Hilfe dieses Fonds, der seinerzeit aus dem *Employers' Account* finanziert wurde, erwies sich bald als problematisch und ineffizient (vgl. *ACC*, Annual Report 1995, S. 38).

888) Schedule *Injury Prevention, Rehabilitation, and Compensation (Residual Claims Levy) Regulations 2004* (SR 2004/24).

889) Quelle hierfür und für die folgenden Daten: *ACC*, Annual Report 2003, S. 113 f.

abgewickelten Fälle noch beträchtlich. So lagen den im Geschäftsjahr 2002/2003 geleisteten Entschädigungszahlungen insgesamt 17.462 Entschädigungsanträge zu Grunde[890].

III. Das Gesamtaufkommen

Im Geschäftsjahr 2002/2003 wurden insgesamt 1.520.513 eingereichte Entschädigungsanträge von der ACC akzeptiert. Dies stellt die bisher höchste Anzahl von Anträgen in der Geschichte des *Accident Compensation Scheme* dar[891].

Damit korrespondierend erreichten auch die benötigten Finanzmittel in diesem Jahreszyklus ihren historischen Rekord. Zu den Gesamtausgaben unter dem System in Höhe von insgesamt 1,98 Mrd. NZ$ kamen noch die für in diesem Geschäftsjahr entstandenen zukünftigen Ansprüche notwendigen Rückstellungen zur Reservebildung in Höhe von 1,65 Mrd. NZ$, so dass die insgesamt benötigten Finanzmittel sich somit auf 3,63 Mrd. NZ$ summierten.

Demgegenüber betrugen die im Geschäftsjahr 2002/2003 unter dem System durch Beiträge und Steuern erlangten Einnahmen lediglich 2,57 Mrd. NZ$, so dass sich insgesamt – auch unter Anrechung bestehender geringer Reserven aus dem letzten Geschäftsjahr – ein Defizit von 615,5 Mio. NZ$ ergab. Die Größenordnung dieser Zahlen hatte man bei Einführung des Systems nicht ansatzweise vor Augen, als die jährlich benötigten Finanzmittel im Jahr 1971 noch auf 50,1 Mio. NZ$ geschätzt wurden[892].

Von den Ausgaben wurden 950,9 Mio. NZ$ für Rehabilitationsmaßnahmen benötigt, weitere 752,7 Mio. NZ$ für Entschädigungszahlungen. Mit allein 612,1 Mio. NZ$ stellte der Einkommensausfall dabei die gewichtigste Zahlungsposition dar, wohingegen sich die unter dem IPRCA 2001 wieder eingeführten Schmerzensgeldzahlungen mit nur 1,1 Mio. NZ$ vergleichsweise gering ausmachen. Für Unfallpräventionsmaßnahmen wurden weitere 23,6 Mio. NZ$ aufgewendet.

---

890) Quelle: *ACC*, Injury Statistics 2004.

891) Seit 1994 lag die durchschnittliche Quote bei leicht ansteigender Tendenz bei 1.45 Mio. Anträgen pro Jahr. Lediglich im Geschäftsjahr 1999/2000 waren es „nur" 1.191.926 Anträge, eine Folge der Herausnahme der Arbeitsunfälle aus dem System in diesem Zeitraum. Quelle: *ACC*, Injury Statistics 2003. Demgegenüber wurden im ersten Jahr nach Inkrafttreten des Systems im Geschäftsjahr 1974/1975 lediglich 105.018 Anträge gestellt, vgl. *Jitsuka/Glücksmann*, VSSR 4 (1976), S. 349 [365].

892) *Palmer*, AmJCompL 21 (1973), S. 1 [26]. Bereits im Jahr 1976 beliefen sich die benötigten Finanzmittel auf 110,5 Mio. NZ$ und stiegen dann in den Folgejahren stetig an, vgl. *Palmer*, Compensation for Incapacity, S. 344. Im Jahr 1995 betrugen sie beispielsweise bereits 1,3 Mrd. NZ$. Grund für die fortlaufende Erhöhung der benötigten Finanzmittel ist in erster Linie die steigende Anzahl der langfristig geschädigten Opfer, die über viele Jahre und teilweise lebenslang Einkommensausfallentschädigung *(weekly compensation)* erhalten, vgl. *ACC*, Accident Compensation 1995, S. 8.

Mit 199,5 Mio. NZ$ betrugen die entstandenen Verwaltungskosten unter dem System insgesamt ziemlich genau 10% der Gesamtausgaben. Eine Rückversicherung des *Accident Compensation Scheme* seinerseits ist im Übrigen nicht vorgesehen, da – so die Eigeneinschätzung der ACC – die hierfür notwendigen Kosten in keinem Verhältnis zur Höhe des zu versichernden Risikos stünden[893].

G. Organisation und Durchführung des *Accident Compensation Scheme* in der Praxis

I. Die *Accident Compensation Corporation* (ACC)

Der staatliche Träger des Systems ist die ACC, der die Bearbeitung nahezu sämtlicher mit der Verwaltung des *Accident Compensation Scheme* verbundenen Aufgaben von der Entscheidung über Entschädigungsanträge über die Finanzierung bis hin zur Entschädigung, also das komplette Schadensmanagement, anvertraut ist.

a) Die Entstehung der ACC

Die Verwaltung des neuseeländischen Systems wurde von Anfang an einer staatlichen Institution anvertraut, ein Umstand, der nicht unumstritten war. Grundlegend für diese Entscheidung waren die Ausführungen im *Woodhouse Report*, wonach man die geplante Versicherung aufgrund ihrer sozialen Prinzipien nicht in private, rein wirtschaftlich orientierte Hände geben wollte[894]. Nachdem zusätzlich Kostenschätzungen zu dem Ergebnis geführt hatten, dass die Betriebskosten einer Privatversicherung etwa das Doppelte einer öffentlichen Versicherung betragen würden, fiel die Entscheidung zu Gunsten einer insgesamt öffentlich-rechtlichen Versicherung mit einem öffentlich-rechtlichen Träger[895]. Zur Verwaltung der Versicherung erschuf man eine neue staatliche Institution, die *Accident Compensation Commission*. Im Rahmen einer Umstrukturierung wurde sie 1980 zur *Accident Compensation Corporation*, mit Inkrafttreten des ARCIA 1992 erfuhr sie – angepasst an den Titel des Gesetzes – eine nochmalige Namensänderung in *Accident Rehabilitation & Compensation Insu-*

---

893) *ACC*, Annual Report 2004, S. 123; die Einführung einer Rückversicherung für das *Accident Compensation Scheme* soll danach erst erörtert werden, sobald eine solche zu akzeptablen Kosten möglich ist.

894) Vgl. *Woodhouse Report*, para 307.

895) Vgl. *v. Hippel*, in: Haftungsersetzung durch Versicherungsschutz, S. 40 [52].

rance Corporation[896]. Seit 1998 trägt sie wieder den Namen *Accident Compensation Corporation.*

b) Der Aufbau der ACC

Die ACC hat ihren Hauptsitz in Wellington, der Hauptstadt Neuseelands; sie verfügt darüber hinaus über 40 Zweigstellen, die sich in allen größeren Städten Neuseelands befinden[897]. Die ACC beschäftigt derzeit etwa 2.200 Mitarbeiter.

Die ACC wurde seit ihrem Bestehen mehrfach vollständig umstrukturiert. Seit 1982 steht sie unter der Leitung und Aufsicht eines eigens hierfür eingerichteten Ministeriums, das dem *Minister for ACC* untersteht[898], intern ist die Leitung einem achtköpfigen Verwaltungsrat übertragen. Innerhalb der Behörde sind Spezialabteilungen gebildet zur Behandlung von Anträgen, die besonderer Sachkunde oder Ausbildung bedürfen, so etwa die ‚*Medical Misadventure Unit*' zur Bearbeitung von Fällen medizinischer Behandlungsfehler und die ‚*Sensitive Claims Unit*' für die Bearbeitung von Entschädigungsanträgen, denen Sexualdelikte zugrunde liegen[899].

c) Die Aufgaben der ACC

Die Aufgaben der ACC sind im 6. Teil des IPRCA 2001 geregelt und in § 165 IPRCA 2001 enumerativ aufgeführt. Danach obliegt der ACC die Entscheidung über die Anerkennung und die Entschädigung von Personenschäden nach dem Gesetz, die Verwaltung der Finanzierungsfonds, die Erhebung der Beiträge sowie die Organisation des Rechtsbehelfsverfahrens. Im Hinblick auf die Finanzierung des Systems obliegt dem Parlament die generelle Festsetzung der Prämienhöhe durch Rechtsverordnung, der ACC dagegen die Festsetzung im Einzelfall sowie die Einziehung der Prämien[900].

---

896) § 155 ARCIA 1992.

897) Die ACC ist mit einer sehr umfangreichen und informativen Website im Internet vertreten unter der URL http://www.acc.co.nz (Stand: 10.10.2005).

898) Das Amt wird derzeit (2005) von *Hon. Ruth Dyson* bekleidet.

899) Vgl. hierzu *Fox*, in: Cole's Medical Practice in New Zealand, S. 27 f.

900) Dazu *ACC*, Accident Compensation 1995, S. 29.

II. Das Entschädigungsverfahren in der Praxis

1. Einleitung des Verfahrens

Die Geltendmachung eines Anspruchs gegen die ACC setzt immer einen Antrag des Geschädigten voraus, den jede natürliche Person stellen kann[901]. Der Antrag kann auch – was in der Praxis die Regel darstellt[902] – durch den behandelnden Arzt oder die behandelnde medizinische Institution im Auftrag des Betroffenen gestellt werden[903]. Der Antrag ist auf einem entsprechenden Formularvordruck der ACC zu stellen und muss bei der ACC oder einer ihrer Zweigstellen eingereicht werden[904]. Die Stellung des Antrags ist an eine Frist von 12 Monaten ab Eintritt des körperlichen Schadens gebunden[905]. Werden nachträglich einzelne Leistungen beantragt, so muss der Antrag insoweit innerhalb von 12 Monaten, nachdem die Leistung objektiv erforderlich wurde, eingereicht werden. Verspätete Anträge darf die ACC jedoch gleichwohl nur ablehnen, wenn eine Prüfung des Antrags gerade aufgrund der verspäteten Antragstellung unmöglich wäre[906]. Auf Grundlage dieses Antrags entscheidet die ACC über Art und Umfang der Entschädigung.

Die Anzahl der eingereichten Anträge ist im Laufe des Bestehens des neuseeländischen Systems kontinuierlich angestiegen. Wurden im ersten Geschäftsjahr nach der Einführung des Systems (1974/1975) lediglich 105.018 Anträge gestellt[907], so betrug deren Anzahl im Geschäftsjahr 2002/2003 immerhin 1.520.513[908].

---

901) § 48 IPRCA 2001.

902) Die Bedeutung der Honorarerstattung für Ärzte durch die ACC ist beachtlich; so weisen bis zu 20% aller Behandlungsfälle eines Allgemeinen Arztes einen Bezug zum *Accident Compensation Scheme* auf und werden über einen Antrag bei der ACC direkt abgerechnet, vgl. *Fox*, in: Cole's Medical Practice in New Zealand, S. 25.

903) § 49 IPRCA 2001. Berechtigt zur Antragstellung ist der erstversorgende Notarzt sowie jeder zugelassene Arzt, der die Behandlung übernimmt.

904) §§ 51, 52 IPRCA 2001. Neuerdings kann der Antrag auch elektronisch übermittelt werden.

905) § 53 Abs. 3 IPRCA 2001. Den jeweils maßgeblichen Zeitpunkt für den Fristbeginn legen die §§ 36 – 38 IPRCA 2001 je nach Art der Verletzung fest. Für die Wahrung der Frist ist der Eingang bei der ACC bzw. einer ihrer Zweigstellen maßgebend, § 51 IPRCA 2001.

906) § 53 Abs. 2 IPRCA 2001.

907) Quelle: *Jitsuka/Glücksmann*, VSSR 4 (1976), S. 349 [365].

908) Quelle: *ACC*, Annual Report 2003, S. 4 u. *ACC*, Injury Statistics 2004.

2. Entscheidungsmöglichkeiten der ACC

Ist der Antrag anhängig, so ist die ACC zur Abgabe einer Entscheidung verpflichtet, wobei sie einer allgemeinen Pflicht zur Verfahrensbeschleunigung unterliegt[909]. Hinsichtlich der Behandlung der Anträge trennt das Gesetz zwischen einfachen und schwierigen Fällen (*complicated claims*).

Als „*complicated claims*" werden kraft Gesetzes alle Anträge auf Ausgleich wegen psychischer Schäden, wegen berufsbedingter Krankheiten, wegen medizinischer Behandlungsunfälle sowie sonstige Anträge, die nicht innerhalb der 12-Monatsfrist gestellt wurden, angesehen[910]. Alle übrigen Anträge werden vom Gesetz als einfache Fälle eingestuft.

Die vorgenannte Unterscheidung hat Auswirkungen auf die Bearbeitungsfrist durch die ACC:

Bei „einfachen" Fällen – darunter fallen alle Anträge außer die vom Gesetz als „*complicated claims*" eingestuften Fälle –, muss die ACC den Antragsteller entweder binnen 21 Tagen bescheiden oder ihm innerhalb dieser Frist eine neue Entscheidungsfrist – die ihrerseits maximal 4 Monate dauern darf – wegen näherer Ermittlung des Sachverhalts ankündigen[911]. In der Praxis ergeht die Entscheidung der ACC in den meisten der einfach liegenden Fälle allerdings innerhalb von nur zwei Tagen[912]. Trifft die ACC gleichwohl innerhalb der 3-Wochenfrist keine Entscheidung, so wird die Stattgabe des Antrags nach 21 Tagen gesetzlich fingiert[913].

Bei Anträgen, die den „*complicated claims*" zugeordnet werden, wird der ACC hingegen zur Entscheidungsfindung eine Frist von zwei Monaten eingeräumt; diese Frist darf sie einseitig weitere zweimal um jeweils zwei Monate verlängern, im Anschluss daran nur mit dem Einverständnis des Antragstellers auf bis zu neun Monate[914]. Trifft die ACC innerhalb der vorgenannten Fristen keine Entscheidung, so wird auch hier entsprechend § 58 IPRCA 2001 die Stattgabe des Antrags gesetzlich fingiert[915].

---

909) §§ 50, 54 IPRCA 2001.

910) § 57 IPRCA 2001.

911) § 56 IPRCA 2001.

912) *Fox*, in: Cole's Medical Practice in New Zealand, S. 28.

913) § 58 IPRCA 2001.

914) § 57 Abs. 2 – 4 IPRCA 2001.

915) Stuft die ACC einen zunächst als *complicated claim* behandelten Antrag im Nachhinein als einfachen Antrag ein, so reduziert sich auch wieder die Frist zur Entscheidung auf die Dreiwochenfrist des § 56 IPRCA 2001 ab dieser „Herabstufung".

Weitere spezielle Verfahrensregelungen vor Erlass der Entscheidung betreffen Berufskrankheiten[916], berufsbedingte Hörschäden[917] sowie medizinische Behandlungsunfälle[918].

Ihre Entscheidung über die Stattgabe oder Ablehnung des Antrags muss die ACC dem Antragsteller in schriftlicher Form bekannt geben; sie muss mit einer Begründung sowie einer Rechtsbehelfsbelehrung versehen sein[919].

Bereits ergangene Entscheidungen kann die ACC jederzeit zu Gunsten oder auch zu Lasten des Betroffenen abändern, wenn sich die Entscheidung aus tatsächlichen oder rechtlichen Gründen als fehlerhaft erweist[920]. Dabei gilt jede Erweiterung oder Abänderung einer bestehenden Entscheidung als eigenständige neue Entscheidung mit der Folge, dass insoweit sämtliche Fristenregelungen hierfür ebenso gelten wie auch Rechtsmittel vollständig gegen diese neue Entscheidung erhoben werden können[921]. Der Vertrauensschutz des Betroffenen gegenüber einer bestehenden Entscheidung der ACC wird dabei insoweit gewahrt, als bereits gewährte Leistungen nur in eng begrenzten Fällen wieder zurückgefordert werden dürfen. Grundsätzlich ist eine Rückforderung nur zulässig, wenn der Antragsteller vorsätzlich zu der fehlerhaften Entscheidung beigetragen hat. Im Übrigen dürfen gewährte Leistungen nicht zurückgefordert werden, wenn der Betroffene diese in gutem Glauben empfangen und im Vertrauen darauf Dispositionen getroffen hat, und deshalb eine Rückforderung unbillig wäre[922]. War die Entscheidung aus medizinischen Gründen – beispielsweise aufgrund fehlerhafter Begutachtung – unrichtig, so genügt allein die Gutgläubigkeit des Leistungsempfängers zur Begründung des Vertrauensschutzes[923].

3. Der *Code of ACC Claimants' Rights*

Eine der interessanten Neuerungen, die der IPRCA 2001 mit sich brachte, war die Schaffung einer gesetzlichen Grundlage[924] für den *Code of ACC Claimants' Rights (ACC Code)*, einer katalogmäßigen Aufstellung von wehrfähigen Rechten der Antragsteller und damit korrespondierender Verhaltenspflichten der

---

916) § 60 IPRCA 2001 statuiert zu Gunsten des Antragstellers eine Beweislastumkehr dahin, dass die ACC im Zweifel die Nichtursächlichkeit der Berufstätigkeit für die Erkrankung beweisen muss; vgl. dazu schon oben, S. 143.

917) § 61 IPRCA 2001 macht in diesem Zusammenhang die Durchführung von zwei verschiedenen Hörtests zur Voraussetzung.

918) Nach § 62 IPRCA 2001 muss die ACC hierbei unabhängigen sachverständigen Rat einholen.

919) §§ 63, 64 IPRCA 2001.

920) § 65 Abs. 1 IPRCA 2001.

921) § 65 Abs. 4 IPRCA 2001.

922) § 251 Abs. 2 IPRCA 2001.

923) § 251 Abs. 1 IPRCA 2001.

924) §§ 39 ff. IPRCA 2001.

ACC, die diese im Rahmen des Entscheidungsprozesses über Entschädigungsanträge zu beachten hat. Mit Wirkung vom 01.02.2003 wurde der *ACC Code* durch das ACC-Ministerium erlassen, wobei dem *ACC Code* der Rang einer Rechtsverordnung zukommt[925]. Sinn und Zweck des *ACC Code* ist nach dessen Leitsätzen die Festschreibung, wie die ACC mit den vernünftigen Erwartungen eines Antragstellers an bestmöglichen Service und Fairness im Rahmen des Entscheidungs- und Entschädigungsprozesses umgehen soll[926]. Darüber hinaus hebt der *ACC Code* unter der Überschrift „*Spirit of Code*" in fast pathetischer Formulierung hervor, von welch entscheidender Bedeutung eine positive Zusammenarbeit zwischen dem Antragsteller und der ACC im Entschädigungsprozess ist[927].

Die im *ACC Code* eingeräumten Rechte gelten unabhängig von und zusätzlich zu den gesetzlichen Rechten der Antragsteller bzw. Entschädigungsberechtigten, selbstverständlich bleiben aber auch die Pflichten der Entschädigungsberechtigten unter dem IPRCA 2001 hiervon unberührt[928]. Zusätzliche Rechte im Hinblick auf Anspruchsvoraussetzungen oder die Höhe der Entschädigung gewährt der *ACC Code* daher nicht. Der *ACC Code* gilt hinsichtlich seiner Pflichten auch für Arbeitgeber, die noch Entschädigungsleistungen im Rahmen des AIA 1998 gewähren sowie für alle Personen, die im Auftrag der ACC gegenüber dem Antragsteller auftreten[929].

Im Einzelnen statuiert der *ACC Code* folgende Rechte der Antragsteller[930]:

(1) Das Recht auf würdige und respektvolle Behandlung[931].
(2) Das Recht auf faire Behandlung und Berücksichtigung der Sicht des Antragstellers[932].
(3) Das Recht auf Berücksichtigung von Kultur, Wertvorstellungen und Glauben[933].

---

925) *Injury Prevention, Rehabilitation, and Compensation (Code of ACC Claimants' Rights) Notice 2002* (SR 2002/390). Der Text befindet sich im Anhang zu dieser Verordnung (im Folgenden: Schedule Code of ACC Claimants' Rights).

926) Vgl. § 40 Abs. 1 IPRCA 2001 u. Schedule *Code of ACC Claimants' Rights*, Part 1 Ziff. 1.2: „*The Act states that the purpose of this Code is to meet the reasonable expectations of claimants (including the highest practicable standard of service and fairness) about how ACC should deal with them*".

927) Schedule *Code of ACC Claimants' Rights*, Part 1.3: „*Spirit of Code*".

928) Vgl. § 40 Abs. 2 IPRCA 2001 u. Schedule Code of ACC Claimants' Rights, Part 1.2.

929) § 39 IPRCA, Schedule *Code of ACC Claimants' Rights*, Part 1.5.

930) Schedule *Code of ACC Claimants' Rights*, Part 2.

931) Die ACC verpflichtet sich insoweit bei der Behandlung der Entschädigungsanträge insbesondere, die besondere emotionale, physische, soziale oder finanzielle Situation eines geschädigten Opfers zu berücksichtigen.

932) Neben der allgemeinen Verpflichtung der ACC zu einer fairen Behandlung des Antragstellers folgt hieraus insbesondere die Pflicht, alle Argumente und Einwendungen des Antragstellers zu beachten und darauf einzugehen.

(4) Das Recht auf Hinzuziehung einer Hilfsperson.
(5) Das Recht auf eine effektive Kommunikation[934].
(6) Das Recht auf umfassende Information[935].
(7) Das Recht auf Wahrung der Privatsphäre und Beachtung des Datenschutzes.
(8) Das Recht auf jederzeitige Einreichung einer Beschwerde.

Verletzungen des *ACC Code* berechtigen den Antragsteller zur Erhebung einer formlosen Beschwerde („*complaint*") bei der eigens hierfür zuständigen Beschwerdestelle der ACC, dem *ACC Complaints Service*[936].

Diese Beschwerde bei Verletzung von den im *ACC Code* garantierten Rechten kann ihrerseits – wie jede Entscheidung der ACC – mit dem nachstehend beschriebenen Rechtsbehelf des Widerspruchs („*Review*") angefochten werden[937]. Als Besonderheit ist allerdings in diesem besonderen Fall der weitere Rechtsweg zu den Gerichten ausgeschlossen[938], so dass eine gerichtliche Prüfung des *ACC Code* nicht vorgesehen ist. Es bleibt daher abzuwarten, ob der Rechtekatalog des *ACC Code* nicht letztlich ein zahnloser Papiertiger bleibt.

4. Rechtsmittel

Gegen jede Entscheidung der ACC sind verschiedene Rechtsbehelfe und Rechtsmittel möglich, die zum Teil auch von den ordentlichen Gerichten entschieden werden. Im Einzelnen hat das Gesetz dabei die folgenden Rechtsmittel gegen eine ablehnende oder seitens der Beteiligten als unzureichend empfundene Entscheidung der ACC vorgesehen:

---

933) Die damit einhergehende Verpflichtung der ACC zur Berücksichtigung kultureller und weltanschaulicher Gepflogenheiten dient insbesondere der Berücksichtigung der Interessen der Maori, die in der Erläuterung dieses Rechts im *ACC Code* auch explizit genannt werden.

934) Dies umfasst nicht nur einen Anspruch auf vollständige und richtige Auskünfte, sondern auch das Recht auf einen Dolmetscher.

935) Hierdurch ist dem Antragsteller ein umfassendes Informationsrecht im Hinblick auf die Voraussetzungen eines Leistungsantrags, seiner Rechte, Ansprüche und Möglichkeiten, diese durchzusetzen, seiner Verpflichtungen sowie möglicher Rechtsmittel eingeräumt. Zudem ist hiermit die Verpflichtung der ACC verbunden, den Antragsteller nicht nur unaufgefordert über den aktuellen Sachstand sowie dessen Möglichkeiten im Hinblick auf den Verfahrensablauf zu informieren, sondern auch sofort über geplante Änderungen der von ihm beanspruchten Entschädigungsleistungen in Kenntnis zu setzen.

936) Schedule *Code of ACC Claimants' Rights*, Part 3. Dieser Rechtsbehelf ist nur zulässig, wenn Verstöße gegen den ACC Code nach dessen Inkrafttreten, also nach dem 01.02.2003 geltend gemacht werden, vgl. Schedule Code of ACC Claimants' Rights, Part 1 Ziff. 1.1.

937) Dies wird nochmals klargestellt in Schedule *Code of ACC Claimants' Rights*, Part 6.

938) § 149 Abs. 3 IPRCA 2001, *Schedule Code of ACC Claimants' Rights*, Part 7.

a) Behördliches Überprüfungsverfahren (*Review*)

Sowohl gegen jede Entscheidung oder Festsetzung der ACC als auch im Hinblick auf Verfahrensverzögerungen kann jeder Antragsteller, in engeren Grenzen auch betroffene Arbeitgeber sowie behandelnde Ärzte, eine außergerichtliche Überprüfung der Rechtmäßigkeit dieser Entscheidung oder der Verfahrensverzögerung durch Erhebung eines Widerspruchs („*Review*“) verlangen[939]. Dieser Rechtsbehelf ist schriftlich und mit einer Begründung versehen binnen einer Frist von drei Monaten ab Bekanntgabe der angefochtenen Entscheidung bei der hierfür zuständigen Rechtsmittelabteilung der ACC („*ACC Review Unit*“) einzulegen[940]. Die Einlegung des Rechtsbehelfs hat jedoch – ebenso wie alle weiteren Rechtsmittel – keine aufschiebende Wirkung[941].

Die ACC darf die Widersprüche indes nicht selbst prüfen, sondern muss hierfür unabhängige Prüfer einsetzen, die nicht bei der ACC beschäftigt sein dürfen[942]. Nach Eingang des Widerspruchs hat die ACC dem Widerspruchsführer eine Eingangsbestätigung mit dem Datum des Eingangs und einer Belehrung

---

939) Entscheidungen in diesem Sinn umfassen gem. § 134 IPRCA 2001 alle Entscheidungen der ACC im Zusammenhang mit dem Entschädigungsantrag, Entscheidungen unter dem *Code of ACC Claimants' Rights* sowie sämtliche Entscheidungen im Zusammenhang mit der Beitragsfestsetzung durch die ACC (§ 134 Abs. 5 i. V. mit §§ 209 Abs. 1 u. § 236 IPRCA 2001). Verfahrensverzögerungen berechtigen dann zum *Review*, wenn diese aus Sicht des Antragstellers willkürlich erscheint (§ 134 Abs. 1 [b] IPRCA 2001). Arbeitgeber können zur Entscheidung stellen, ob ein Personenschaden eines Arbeitnehmers im Rahmen des sie betreffenden Arbeitsverhältnisses berufsbedingt war oder nicht; sie können jedoch nicht unmittelbar die Entschädigungsleistungen angreifen (§ 134 Abs. 2, 3 IPRCA 2001). Ärzte und sonstige medizinische Behandlungskräfte können die Frage zur Entscheidung stellen, ob ein Personenschaden auf einem sie betreffenden Behandlungsfehler beruhte oder nicht (§ 134 Abs. 4 IPRCA 2001). Wird die Verletzung eines im *Code of ACC Claimants' Rights* garantierten Rechts geltend gemacht, so ist dem *Review* zunächst das hierfür vorgesehene interne Beschwerdeverfahren vorzuschalten, wobei der *Review* hier allerdings auch der letztmögliche Rechtsbehelf ist (dazu oben, S. 230).

940) § 135 Abs. 2 IPRCA 2001; verspätete Widersprüche muss die ACC nur annehmen, wenn der Widerspruchsführer aufgrund von Krankheits- bzw. Verletzungsfolgen oder anderer gewichtiger Gründe an deren fristgemäßer Einreichung gehindert war (§ 135 Abs. 3 IPRCA 2001).

941) § 133 Abs. 1 IPRCA 2001.

942) § 137 IPRCA 2001. Hierzu wurde im Jahr 1999 eine private, der ACC angegliederte Institution mit eigenem Aufsichtsrat eingerichtet, die *Dispute Resolution Services Ltd.*, welche die Prüfer im Einzelfall auswählt und beauftragt, wobei deren Hauptaufgabe die Bearbeitung der Rechtsbehelfe darstellt. Auch diese Suborganisation ist mit einer informativen Website im Internet vertreten unter der URL http://www.drsl.co.nz (Stand: 10.10.2005). Ein von der ACC unabhängiges Prüfungsorgan für die verwaltungsinterne Entscheidungsüberprüfung wurde erstmals mit dem *Hearing Officer* unter dem ARCIA 1992 eingeführt.

im Hinblick auf die mit dem Rechtsbehelf zusammenhängenden Wirkungen und Fristen zu erteilen[943].

Den Prüfern ist bei der Bearbeitung der Widersprüche durch das Gesetz ein weiter Handlungsspielraum eröffnet. Die Durchführung des Verfahrens sowie die Führung eventuell notwendiger weiterer Ermittlungen liegen in seinem Ermessen, mit Ausnahme der zwingend vorgeschriebenen Anhörung des Antragstellers[944]. Ebenfalls gebunden ist der Prüfer an die gesetzliche Frist zur Entscheidung, wonach diese innerhalb von 28 Tagen nach der Anhörung oder dem einvernehmlichen Verzicht auf die Anhörung ergehen muss[945]. Wird kein Anhörungstermin festgesetzt, so fingiert das Gesetz eine stattgebende Entscheidung nach drei Monaten, gerechnet ab dem Eingang des Widerspruchs[946].

Als Richtlinien für die Entscheidung bestimmt § 145 IPRCA 2001, dass der Prüfer den Sachverhalt ohne Rücksicht auf die angegriffene Entscheidung der ACC und das dieser zugrunde liegende Verfahren neu betrachten und seine Entscheidung allein an den Regelungen des IPRCA 2001 messen soll.

Im Hinblick auf die endgültige Entscheidung über den Widerspruch räumt das Gesetz dem Prüfer drei Alternativen ein: Der Prüfer kann den Widerspruch zurückweisen, er kann die angefochtene Entscheidung der ACC modifizieren, oder er kann diese Entscheidung aufheben; bei einer Verfahrensverzögerung der ACC kann er diese zur Abgabe einer Entscheidung verpflichten oder diese Entscheidung für die ACC selbst treffen[947]. Die Verfahrenskosten trägt immer die ACC, die Kosten und Auslagen des Widerspruchsführers muss die ACC dann tragen, wenn der Prüfer dies für angemessen erachtet oder sobald dem Widerspruch auch nur teilweise stattgegeben wurde[948]. Die Entscheidung des Prüfers muss wiederum schriftlich und mit einer Begründung sowie einer Rechtsbe-

---

943) § 136 IPRCA 2001. Die Unabhängigkeit der Prüfer von einer Einflussnahme der ACC wird durch §§ 138 f. IPRCA 2001 gesichert.

944) § 140 IPRCA 2001. Auf die im Einzelnen in § 141 IPRCA 2001 geregelte Anhörung kann verzichtet werden, wenn entweder alle Beteiligten auf sie verzichten oder der Antragsteller seinen Rechtsbehelf zurücknimmt.

945) § 144 Abs. 1 IPRCA 2001.

946) § 146 IPRCA 2001.

947) § 145 Abs. 3 IPRCA 2001. Hebt der Prüfer die Entscheidung der ACC auf, so kann er nach Abs. 4 entweder selbst eine neue Entscheidung treffen oder die ACC zur Abgabe einer Entscheidung unter Beachtung seiner Auffassung verpflichten.

948) § 148 IPRCA 2001. Sämtliche Kosten muss die ACC dem Widerspruchsführer innerhalb von 28 Tagen erstatten, § 148 Abs. 5 IPRCA 2001. Die Höhe der Kosten ist in einer Rechtsverordnung geregelt (*Injury Prevention, Rehabilitation, and Compensation [Review Costs and Appeals] Regulations 2002* [SR 2002/81]).

helfsbelehrung versehen getroffen werden und ist dem Widerspruchsführer unverzüglich bekannt zu geben[949]. Sie ist bindend für alle Beteiligten[950].

Im Geschäftsjahr 2002/2003 wurden 4.118 Widersprüche eingereicht, von denen 877 eine andere Entscheidung der ACC herbeiführten; daraus ergibt sich eine Erfolgsquote des Rechtsbehelfs von 21%[951].

b) Gerichtliches Überprüfungsverfahren (*Appeal*)

Gegen jede Widerspruchsentscheidung der ACC ist der ordentliche Rechtsweg eröffnet. Indem die letztmögliche Entscheidung in der Sache jeweils den ordentlichen Gerichten obliegt, wird die Rechtmäßigkeit und Rechtsstaatlichkeit des Verfahrens gesichert[952]. Ausgeschlossen ist eine Anrufung der Gerichte nur dann, wenn der Antragsteller eine Verletzung des *ACC Code* geltend macht[953].

aa) Klage zum *District Court*

Gegen die Widerspruchsentscheidung der ACC kann innerhalb von 28 Tagen nach Bekanntgabe der Entscheidung der *District Court*[954] angerufen werden, und zwar sowohl vom Widerspruchsführer als auch von der ACC[955]. Der *District Court* ist in seiner Beweiserhebung weitgehend frei und kann im Rahmen der Verhandlung fachkundige Beisitzer hinzuziehen[956]. Das Gericht kann die Klage zurückweisen, die Widerspruchsentscheidung abändern oder gänzlich aufheben; in letzterem Fall kann es wiederum selbst eine Entscheidung treffen, die ACC zur Abgabe einer Entscheidung im Sinne der gerichtlichen Auffassung

---

949) § 144 Abs. 2 – 4 IPRCA 2001. Interessant ist die Regelung in § 144 Abs. 5 IPRCA 2001, wonach jedermann ein uneingeschränktes Recht auf Übersendung einer anonymisierten Kopie der Entscheidung hat.

950) § 147 IPRCA 2001.

951) *ACC*, Annual Report 2003, S. 66.

952) *Jitsuka/Glücksmann*, VSSR 4 (1976), S. 349 [363].

953) In diesem Fall stellt die *Review*-Entscheidung der ACC die „letztinstanzliche" Entscheidung ohne gerichtliche Überprüfungsmöglichkeit dar, § 149 Abs. 3 IPRCA 2001 i. V. mit Schedule *Code of ACC Claimants' Rights*, Part 7; vgl. dazu schon oben, S. 230.

954) Zum Aufbau des Gerichtssystems in Neuseeland vgl. oben, S. 60.

955) § 149 IPRCA 2001. Dabei kann auch isoliert die Kostenregelung angefochten werden. Die Klagebefugnis steht – entsprechend der Regelung des § 134 IPRCA 2001 im Widerspruchsverfahren (vgl. dazu oben, S. 231 [Fn. 939]) – auch dem Arbeitgeber eines Betroffenen im Hinblick auf die Frage der Arbeitsbezogenheit einer Schädigung sowie dem Arzt, dem ein Fehlverhalten zugeschrieben wurde, zu.

956) §§ 156 ff. IPRCA 2001.

verpflichten oder die Durchführung eines erneuten Widerspruchsverfahrens unter Beachtung der Auffassung des Gerichts anordnen[957].

Im Geschäftsjahr 2002/2003 wurden 492 Klagen beim *District Court* erhoben, von denen 103 zu Gunsten des Entschädigungsberechtigten erfolgreich waren; dies entspricht einer – überraschenderweise mit derjenigen des behördlichen Überprüfungsverfahrens übereinstimmenden – Erfolgsquote von 21 %[958].

bb) Revision zum *High Court*

Als weiteres Rechtsmittel ist die auf die rechtliche Überprüfung des Falls beschränkte Revision statthaft. Diese kann jeder Verfahrensbeteiligte im Anschluss an die Entscheidung des *District Court* beim *High Court* einlegen, wenn der *District Court* diese zulässt oder der *High Court* bei verweigerter Zustimmung auf entsprechenden Antrag hin die Revision annimmt[959].

cc) Revision zum *Court of Appeal*

Als letztes ordentliches Rechtsmittel steht den Verfahrensbeteiligten schließlich die Revision zum *Court of Appeal* zur Seite[960]. Diese ist ebenfalls zulassungspflichtig und auf die rechtliche Überprüfung des Falls beschränkt.

dd) Überprüfung durch den *Privy Council*

In bestimmten Fällen von allgemeiner Bedeutung kann nach Zulassung durch den *Court of Appeal* schließlich der *Privy Council* in London angerufen werden, der nach wie vor als oberstes Gericht aller Commonwealth-Staaten fungiert[961]. Derartige Fälle sind allerdings nur vereinzelt bekannt[962].

957) § 161 IPRCA 2001.
958) *ACC*, Annual Report 2003, S. 66.
959) § 162 IPRCA 2001.
960) § 163 IPRCA 2001.
961) Vgl. dazu oben, S. 61 (Fn. 183).
962) Vgl. *ACC*, Annual Report 1995, S. 34; *ACC*, Accident Compensation 1995, S. 32.

4. Teil:

Würdigung des neuseeländischen Systems

A. Einleitung

Neuseeland war das weltweit erste Land, in dem man sich trotz immenser verwaltungstechnischer Schwierigkeiten und nur schwer vorhersehbarer praktischer Konsequenzen für die Ersetzung der Deliktshaftung auf dem Gebiet der unfallbedingten Personenschäden durch eine versicherungsrechtliche Lösung entschied. Die ersten Reaktionen auf die als internationale Pionierleistung gefeierte Reform waren fast durchweg positiv[963]. Trotz einiger kleinerer Anfangsprobleme, die bei Einführung eines neuartigen und derart komplexen Systems wohl unvermeidbar waren, traten nach Inkrafttreten des ACA 1972 keine nennenswerten größeren „Desaster" auf[964]. Gleichwohl kristallisierten sich im Laufe der Zeit verschiedene Kritikpunkte heraus, die zum Teil inzwischen vom Gesetzgeber erkannt und berücksichtigt worden sind[965].

Die maßgeblichen Kritikpunkte betreffen allerdings Grundsatzfragen und lassen sich unter der Fragestellung zusammenfassen, ob das neuseeländische Schadensausgleichssystem dem traditionellen Haftungsrecht überlegen oder wenigstens ebenbürtig ist.

Die wichtigste Funktion des deliktischen Haftungsrechts besteht unstreitig in dessen Schadensausgleichsfunktion. Daneben soll dem Deliktsrecht aber auch eine Steuerungsfunktion im Sinne einer Präventions- oder Abschreckungswirkung zukommen. Das *Accident Compensation Scheme* hat das Haftungsrecht für den Bereich der unfallbedingten Körperschäden in Neuseeland vollständig abgelöst. Diese Abschaffung des Haftungsrechts kann das *Accident Compensation Scheme* nur dann rechtfertigen, wenn es dessen Funktionen in gleichwertiger

---

963) *Blair*, Accident Compensation in New Zealand, S. 56; *Deutsch*, VersR 1980, S. 201 [205]; *Fleming*, in: Haftungsersetzung durch Versicherungsschutz, S. 11 [14 f.]; *Giesen*, International Medical Malpractice Law, S. 540 f.; *v. Hippel*, ZRP 1976, S. 252 [252]; *ders.*, Grundfragen der sozialen Sicherheit, S. 58; *ders.*, in: Haftungsersetzung durch Versicherungsschutz, S. 40 [55 ff.]; *Jitsuka/Glücksmann*, VSSR 4 (1976), S. 349 [370]; *O'Keefe/Farrands*, Introduction to New Zealand Law, S. 250; *Palmer*, AmJCompL 21 (1973), S. 1 [44]; *ders.*, AmJCompL 25 (1977), S. 1 [4]; *ders.*, Compensation for Incapacity, S. 394 ff.; *ders.*, NZLJ 1976, S. 368 [368]; *Todd*, S. 79; *Tunc*, International Encyclopedia of Comparative Law, Vol. 11, supp. I-16; *Woodhouse*, NZLJ 1979, S. 395 [402].

964) *Ison*, Accident Compensation, S. 190.

965) So die Einbeziehung jeglicher Straftäter unter den Schutz des *Accident Compensation Scheme* (vgl. dazu oben, S. 146) und die finanzielle Belastung der Arbeitgeber und Selbständigen durch die Freizeitunfälle der Arbeitnehmer (vgl. dazu oben, S. 90 u. 98).

Weise übernimmt und damit den Wegfall des Haftungsrechts ausgleicht. Im *Woodhouse-Report*, dessen Prinzipien die Grundlage des *Accident Compensation Scheme* bilden und denen sich das System gleichzeitig verpflichtet hat, wurden seinerzeit ausführlich die Nachteile des Schadensausgleichs unter Geltung des Haftungsrechts untersucht und den durch die zu schaffende öffentlich-rechtliche Versicherung zu vermittelnden Vorteilen gegenübergestellt[966]. Die auf dieser Grundlage im *Woodhouse-Report* statuierten Leitprinzipien des *Accident Compensation Scheme* bildeten demnach den Maßstab, an dem sich ein öffentlich-rechtliches Versicherungssystem zu orientieren hat, sollte es eine echte Alternative zum Haftungsrecht darstellen. Mit Blick auf die Funktionen des Haftungsrechts konzentrieren sich daher die Hauptkritikpunkte am neuseeländischen System auf die Bereiche des Umfangs des Schadensausgleichs, der Unfallprävention, des mehr oder weniger willkürlich gewählten Deckungsbereichs sowie der Finanzierung eines solchen Systems. Aber auch die unter einem Versicherungssytem erleichterte potentielle betrügerische Erlangung von Leistungen ist Gegenstand heftiger Kritik.

Diese Punkte sollen im Folgenden näher untersucht werden.

B. Die Kritik am *Accident Compensation Scheme*

I. Unfallprävention

Angesichts der Häufigkeit von Unfällen in der heutigen Zeit und deren sozialer und wirtschaftlicher Folgen kommt der Unfallprävention in jedem modernen Staat eine ganz maßgebliche Rolle zu. Bei einem in sich geschlossenem Schadensausgleichssystem wie dem neuseeländischen *Accident Compensation Scheme* steht daher zu erwarten, dass der Prävention von Körperschäden ein besonderer Stellenwert innerhalb des Systems zukommt. Die dortige Abschaffung des Haftungsrechts für den Bereich der unfallbedingten Körperschäden und der Verzicht auf jegliche Rückgriffsmöglichkeit seitens des Versicherungsträgers wirft die Frage auf, ob das Fehlen schadensrechtlicher Sanktionen im Hinblick auf eine unfallpräventive Steuerungswirkung durch das *Accident Compensation Scheme* ausreichend kompensiert wird.

1. Problemstellung: Haftungsersetzung und Unfallprävention

Einer der maßgeblichen Kritikpunkte am *Accident Compensation Scheme* liegt darin begründet, dass durch den Wegfall des Haftungsrechts im Bereich der unfallbedingten Körperschäden ein Schädiger keine schadensrechtlichen Sankti-

---

966) Vgl. zum *Woodhouse-Report* oben, S. 76 ff.

onen mehr zu befürchten hat[967]; verstärkt wird diese Situation unter dem neuseeländischen System dadurch, dass auch seitens der ACC keine gesetzliche Möglichkeit vorgesehen ist, den Schädiger in Regress zu nehmen. Das dadurch bedingte völlige Entfallen jeglicher schadensrechtlicher Sanktionsmöglichkeiten wirft die Frage auf, ob sich dies auf das Verhalten der Bürger auswirkt, und wie der Wegfall des Haftungsrechts unter schadenspräventiven Gesichtspunkten zu bewerten ist.

Bevor die Frage geklärt werden kann, ob und gegebenenfalls wie sich das Fehlen schadensrechtlicher Sanktionsmöglichkeiten in Neuseeland auf das Sorgfaltsverhalten der Normadressaten und damit letztlich auf die Unfallhäufigkeit auswirkt, sollen zunächst die unter dem *Accident Compensation Scheme* durchgeführten Maßnahmen zur Unfallprävention dargestellt und im Anschluss daran erörtert werden, inwieweit dem traditionellen Haftungsrecht überhaupt eine solche Präventivwirkung zukommt und wie sich dessen Wegfall in Neuseeland tatsächlich auswirkt.

2. Unfallprävention unter dem *Accident Compensation Scheme*

In einem geschlossenen Schadensausgleichssystem wie dem neuseeländischen *Accident Compensation Scheme* nimmt naturgemäß die Unfallprävention einen besonderen Stellenwert ein[968]. Steigende Unfallzahlen würden sich nicht nur unmittelbar auf die Höhe der Prämien auswirken, sondern schnell die Funktionsfähigkeit des gesamten Systems infrage stellen. Nicht zuletzt drückt sich der Stellenwert der Unfallprävention unter dem *Accident Compensation Scheme* schon im Titel des zugrundeliegenden Gesetzes aus.

a) Maßnahmen zur Unfallprävention

Die ACC betreibt eine erhebliche Öffentlichkeitsarbeit in den Medien, an der auch zahlreiche prominente Neuseeländer teilnehmen. Zudem vertreibt sie an die Bevölkerung sowie an Risikogruppen unzählige Broschüren, in denen auf die Gefährlichkeit bestimmter Verhaltensweisen und – darauf aufbauend – mögliche Schutzmaßnahmen hingewiesen wird. Daneben verteilt die ACC Erste-Hilfe-Pakete an Arbeitsbetriebe und arbeitet an der Entwicklung neuer Geräte – beispielsweise Spielzeugen für Kinder – mit[969]; nicht zuletzt wird durch Plakate

---

967) *Duncan*, NZJIR 20 (3/1995), S. 237 [237 f.]; *Gaskins*, VUWLR 31 (2000), S. 215 [216 f.]; *Keeler*, U. Toronto L.J., Vol. 44 (1994), S. 275 [299]; *Miller*, Md.L.Rev. 52 (1993), S. 1070 [1086]; *Vennell*, 15 Hawaii L. Rev., S. 568 [571]; *Zweigert/Kötz*, Einführung in die Rechtsvergleichung, S. 688 f. Vgl. dazu auch *Palmer*, U. Toronto L.J., Vol. 44 (1994), S. 223 [230] sowie *Kötz/Wagner*, Deliktsrecht, Rdnr. 621.

968) Vgl. *ACC*, Annual Report 1995, S. 29.

969) *ACC*, Annual Report 1995, S. 29 f.

und in Neuseeland allgegenwärtige Fernsehspots auf die Vermeidbarkeit von Unfällen in sämtlichen Lebensbereichen hingewiesen. Auch auf ihrer – im Übrigen außerordentlich informativen – Homepage stellt die ACC unzählige Informationsbroschüren zu der Thematik der Unfallprävention in den verschiedensten Bereichen bereit[970]. Weiterhin arbeitet die ACC eng mit dem Parlament beim Erlass von Gesetzen zusammen. Eine eigens hierfür gegründete Kommission, das *New Zealand Injury Prevention Strategy Secretariat*, soll die Zusammenarbeit zwischen dem Parlament, der ACC, den Ministerien und allen beteiligten außerparlamentarischen Institutionen bei der Erarbeitung unfallpräventiver Maßnahmen koordinieren[971]. Schließlich ist die Berücksichtigung des individuellen Sicherheitsstandards bei Gewerbebetrieben bei der Beitragsbemessung (*risk rate*)[972] zu nennen, eine Tatsache, die ebenfalls als positiver Ansatz zur Arbeitsunfallprävention zu bewerten ist. Im Bereich der medizinischen Behandlungsunfälle wurde eine entsprechende risikobezogene Abgabe erwogen, aber bislang nicht umgesetzt[973]. Dieses Defizit, wonach Ärzte derzeit von jeglicher Haftung freigestellt sind, wird aber offensichtlich – wie auch in Schweden unter der dortigen Patientenversicherung[974] – durch ein gut funktionierendes Aufsichts- und Dokumentationssystem, aber auch durch gezielte Sanktionsmaßnahmen, wieder ausgeglichen[975].

Schließlich wurde der Bereich des Arbeitssicherheitsrechts[976], des Produktsicherheitsrechts, aber auch der medizinische Bereich durch neue gesetzliche Grundlagen geregelt[977], die umfassende und strafbewehrte Sicherheitsbestimmungen sowie Sorgfaltspflichten festlegen[978].

---

970) Im Internet vertreten unter der URL http://www.acc.co.nz/injury-prevention (Stand: 10.10.2005).

971) Im Internet vertreten unter der URL http://www.nzips.govt.nz (Stand: 10.10.2005).

972) Vgl. dazu oben, S. 209.

973) *Fenn*, The Economic Journal 114 (6/2004), S. 272 [283]; sehr kritisch *Paterson*, Journal of Health Services Research and Policy, Vol. 6 (2001), S. 193 [194], nach dessen Ansicht die Ärzteschaft vor Haftungsklagen regelrecht abgeschirmt wird.

974) *Fenn*, The Economic Journal 114 (6/2004), S. 272 [283]; *Vennell*, Professional Negligence 1989, S. 141 [141]; vgl. zur schwedischen Patientenversicherung oben, S. 49.

975) *Vennell*, Professional Negligence 1989, S. 141 [141 ff.] sowie schon oben, S. 135.

976) Gerade in diesem Bereich wies Neuseeland allerdings noch im Jahr 1996 im internationalen Vergleich eine ungünstige Unfallrate von 2,53 Verletzten pro 100 Beschäftigten auf, während die Rate in Australien 1,6, in Großbritannien nur 0,59 betrug, was einer unzureichenden Präventionsarbeit zugeschrieben wurde, vgl. *New Zealand Institute of Economic Research*, Re-nationalisation of work-related accident compensation, S. 14.

977) *Health and Safety in Employment Act 1992* (Public Act 1992 No. 96 v. 27.10.1992) und *Consumer Guarantees Act 1993* (Public Act 1993 No. 91 v. 20.08.1993).

978) Vgl. dazu *Atkin/Evans/McLay/Petersson*, Torts in New Zealand, S. 144.

b) Erhebung unfallbezogener Daten

Neu eingeführt hat der IPRCA 2001 die Verpflichtung der ACC zur Erhebung und Sammlung sämtlicher verletzungsbezogener Daten unter dem System, um die Erstellung einer Datenbank zur Dokumentation der Art, Häufigkeit, Schwere und Folgen von anspruchsbegründenden Verletzungen zu ermöglichen, was zu Zwecken der Prävention und Kostenkontrolle durchgeführt werden soll[979]. Zu diesem Zweck ist ein Datenaustausch mit dem Gesundheitsministerium vorgeschrieben[980]. Die Aufsicht über die Datenerhebung ist dem eigens hierfür geschaffenen Amt des „*Information Manager*" zugeordnet, der für die Koordination der Datenerhebung, deren Auswertung und deren Bereitstellung für die Forschung und Entwicklung politischer Strategien verantwortlich ist[981].

Eine solche Statistik war in der Vergangenheit nur von den einzelnen Ministerien in ihrem Zuständigkeitsbereich und vor allem für den Bereich der Arbeitsunfälle geführt worden; für den Bereich der ACC ergab sie sich nur mittelbar aus der jeweils umfassend geführten Finanzierungsstatistik[982]. Seit dem Jahr 2002 wird nun diese Unfall- und Gesundheitsstatistik geführt und auch teilweise publiziert[983]. Das Fehlen einer derartigen Datensammlung war früher heftig kritisiert worden, versprach man sich doch gerade davon ganz erhebliche Fortschritte in der Unfallprävention und dem Schadensmanagement[984]. Es bleibt daher zu hoffen, dass durch die nunmehr erfolgte Umsetzung der Datenerhebung eine weitere Verbesserung der Effizienz des Systems, aber auch Fortschritte in der Unfallprävention erreicht werden können.

c) Der Regressverzicht

Eine Rückgriffsmöglichkeit der ACC gegen einen Schädiger hat das Gesetz zu keinem Zeitpunkt vorgesehen; die Einrichtung des hierzu notwendigen Instrumentariums wäre mit hohen Kosten verbunden gewesen und hätte die Geschlossenheit des Systems gefährdet. Der neuseeländische Gesetzgeber hat damit selbst in den Fällen schwersten Verschuldens, also auch bei vorsätzlich zugefügten Verletzungen, auf schadensrechtliche Sanktionen verzichtet. Diese Regelung kann unter schadenspräventiven Gesichtspunkten durchaus in Zweifel

---

979) Vgl. § 279 IPRCA 2001.

980) §§ 281, 282, 286 IPRCA 2001.

981) §§ 287 – 293 IPRCA 2001.

982) Dass man die im Rahmen einer zentral verwalteten umfassenden Unfallversicherung mögliche Datenerfassung nicht schon früher ausreichend betrieben hatte, kritisierte schon *Palmer*, U. Toronto L.J. 44 (1994), S. 223 [256].

983) Die aktuellen *Injury Statistics* sind abrufbar im Internet unter der URL http://www.acc.co.nz/about-acc (Stand: 10.10.2005).

984) *Campbell*, Compensation for Personal Injury in New Zealand, S. 256 f.

gezogen werden. In Neuseeland hat man die strafrechtlichen Sanktionen und die bei grob fahrlässigem Verhalten typischerweise bestehende Selbstgefährdung in Verbindung mit gezielten Präventionsmaßnahmen für ausreichend gehalten, einem leichtfertigen Verhalten der Bevölkerung vorzubeugen[985]. Im Gegenzug ermöglicht die konsequente Umsetzung des versicherungsrechtlichen Modells in Neuseeland jedoch eine Untersuchung der oftmals in der Literatur vorgebrachten These, wonach den deliktsrechtlichen Normen neben ihrer Ausgleichsfunktion auch eine schadenspräventive Sanktionswirkung zukommen soll.

3. Auswirkungen der Haftungsersetzung auf die Unfallhäufigkeit

Das neuseeländische System bietet die interessante Möglichkeit, die Auswirkungen einer völligen Abschaffung des Haftungsrechts in der Praxis zu untersuchen. Bevor der Frage nachgegangen wird, ob das Entfallen der individuellen Verantwortlichkeit in Neuseeland negative Auswirkungen auf das Sorgfaltsverhalten der Bürger und damit letztlich auf die Häufigkeit oder Schwere von Unfällen hat, muss zunächst geklärt werden, ob dem traditionellen Haftungsrecht überhaupt eine solche Präventionswirkung zugesprochen werden kann.

a) Zur Präventionswirkung des Haftungsrechts

Nach einer weitverbreiteten Ansicht soll eine der maßgeblichen Funktionen des Haftungsrechts in einer Präventions- oder auch Abschreckungswirkung gegenüber potentiellen Schädigern liegen[986]. Die Möglichkeit, einem Anspruch des Geschädigten auf Ersatz der ihm beigebrachten Schäden ausgesetzt zu sein, soll zum pflichtgemäßen Verhalten potentieller Schädiger beitragen und damit ein wirksamer Garant für die Einhaltung der Sorgfaltspflichten sein[987]. Ob dabei dem Haftungsrecht tatsächlich eine Steuerungsfunktion in dem Sinne zukommt, dass es einen Beitrag zur Verbesserung der gesamtgesellschaftlichen Wohlfahrt leisten kann, ist indes fraglich und wird international kontrovers diskutiert.

Insbesondere im angloamerikanischen Rechtskreis ist die präventive Zielsetzung des Haftungsrechts weitgehend anerkannt und wird insbesondere durch die dortige Zuerkennung von *punitive* bzw. *exemplary damages*[988] auch gezielt exerziert. So ist anerkannt, dass die Funktion der *punitive damages* neben der Rechtsdurchsetzung (*law enforcement*) und einer Kompensationsfunktion im

---

985) *Collins*, Medical Law in New Zealand, S. 187; *v. Hippel*, in: Haftungsersetzung durch Versicherungsschutz, S. 40 [66].

986) Vgl. nur *Kötz/Wagner*, Deliktsrecht, Rdnrn. 119 ff.; aus dem angloamerikanischen Rechtskreis *Cane*, Atiyah's Accidents, Compensation and the Law, S. 361 ff.

987) *Kötz/Schäfer*, AcP 189 (1989), S. 501 [501 ff.]; *Stark*, VersR 1981, S. 1 [3 f.]; *Fleming*, The Law of Torts, S. 3.

988) Vgl. hierzu oben, S. 65.

Einzelfall in erster Linie in ihrer Abschreckungswirkung (*deterrence*) besteht[989]. Die deutsche Rechtsprechung tut sich hiermit weitaus schwerer[990]. Da ein ausdrücklicher Strafschadensersatz hierzulande nicht anerkannt ist, kommt eine über die materielle Schadenskompensation hinausgehende Entschädigung des Opfers und somit eine gezielte Umsetzung der Präventivwirkung nur in zwei Fällen in Betracht: Bei einer Verletzung des allgemeinen Persönlichkeitsrechts sowie bei der Bemessung des Schmerzensgelds[991]. In einigen Entscheidungen wurde in diesem Zusammenhang auch die Präventivfunktion des Haftungsrechts klar aufgezeigt: In einer Entscheidung des *OLG Karlsruhe* erhöhte dieses das Schmerzensgeld für den Kläger, der aufgrund eines Verkehrsunfalls schwerste Verletzungen erlitten hatte, weil der beklagte Versicherer die Zahlungen von Schadensersatz und Schmerzensgeld hinauszögerte, obgleich die Einstandspflicht objektiv feststand[992]. In der Begründung der Entscheidung stellte das Gericht maßgeblich darauf ab, dass es der Rechtsprechung obliege, Versicherungsunternehmen vor derartigem unlauteren Deckungsgebaren abzuschrecken[993]. Bei einer Verletzung des Allgemeinen Persönlichkeitsrechts hat das *BVerfG* die Präventionsfunktion einer Geldentschädigung im *Soraya*-Beschluss ausdrücklich gebilligt[994], der *BGH* hat den Gedanken der Prävention ebenfalls explizit in seine Rechtsprechung übernommen[995].

Auch wenn man insoweit statuieren kann, dass die Präventionsfunktion des Haftungsrechts als solche anerkannt ist, so beantwortet dies noch lange nicht die Frage, ob dem Haftungsrecht auch tatsächlich eine solche Funktion zukommt.

Eine solche Präventivwirkung setzt als grundlegende Prämisse voraus, dass ein Mensch sein Verhalten tatsächlich an ökonomischen Vor- und Nachteilen ausrichtet. Konkret würde dies bedeuten, dass jedermann gefahrträchtige Tätigkeiten gerade deswegen mit besonderer Sorgfalt ausführt oder sogar unterlässt,

---

989) *Owen*, Michigan L. Rev. 74 (1976), S. 1257 [1258]; *ders.*, Alabama L. Rev. Vol. 40 (1989), S. 705 [705]; *Rosengarten*, Punitive Damages und ihre Anerkennung und Vollstreckung in der Bundesrepublik Deutschland, S. 43; *ders.*, NJW 1995, 1935 [1937].

990) Die Anerkennung von *punitive damages* im deutschen Recht bei der Vollstreckung ausländischer Titel hat der *BGH* im Jahr 1992 wegen Verletzung des *ordre public* ausdrücklich abgelehnt (*BGHZ* 118, S. 312 [312 ff.]); diese Sichtweise wurde allerdings in anderem Zusammenhang durch das Bundesverfassungsgericht etwas relativiert (*BVerfGE* 91, S. 335 [335 ff.]).

991) Vgl. *Rosengarten*, NJW 1996, S. 1935 [1935 f.].

992) *OLG Karlsruhe*, NJW 1973, S. 851 [851 ff.].

993) *OLG Karlsruhe*, NJW 1973, S. 851 [853].

994) *BVerfG*, NJW 1973, S. 1221 [1221 ff.]; vgl. dazu *Rosengarten*, NJW 1996, S. 1935 [1935].

995) *BGH*, NJW 1995, S. 861 [865] – *Caroline von Monaco*: „*Von der Höhe der Geldentschädigung muss deshalb ein echter Hemmungseffekt auch für solche Vermarktung der Persönlichkeit ausgehen*“.

weil er andernfalls ökonomische Sanktionen zu befürchten hätte[996]. Umgekehrt muss das Haftungsrecht einen Anreiz zur Wahl des für alle Beteiligten optimalen Verhütungsaufwands setzen.

Diesen Anreiz setzt das Haftungsrecht in der Tat dadurch, dass es diejenigen von einer Haftung und damit von schadensrechtlichen Sanktionen freistellt, die einen bestimmten Aufwand zur Vermeidung von Schäden betreiben[997]. Wer bestimmte Sicherungsvorkehrungen trifft, dem wird die „im Verkehr erforderliche Sorgfalt" bescheinigt, und er wird aus der Haftpflicht entlassen. Bei Gefährdungshaftungstatbeständen kann durch Sicherungsmaßnahmen zwar keine Haftungsfreistellung, gleichwohl aber eine Minimierung des Risikos erreicht werden. Das Haftungsrecht berücksichtigt dabei ferner, dass auch derjenige, dem eine Unfallgefahr droht, Selbstschutzmaßnahmen treffen kann, deren Unterlassen ein Mitverschulden am Schadenseintritt oder sogar eine Freistellung des Schädigers von seiner Haftung begründen kann[998]. Objektv setzt das Haftungsrecht daher die ökonomisch richtigen Anreize zur Unfallverhütung, und zwar sowohl auf Seiten potentieller Schädiger als auch der potentiellen Opfer.

Ob hierdurch dem Haftungsrecht aber auch eine verhaltenssteuernde Wirkung zugesprochen werden kann, mit anderen Worten, die Anreize zur Unfallverhütung auch zu einer entsprechenden Ausrichtung des Verhaltens der Beteiligten führen, ist fraglich.

Zunächst ist sicherlich entscheidend, in welcher Situation der Handelnde über die Wahrnehmung der Anreize zur Unfallverhütung zu entscheiden hat. Zu trennen ist hierbei zwischen zwei grundlegend verschiedenen Fallkonstellationen: Kann der Handelnde seine Entscheidung langfristig planend überdenken und Kosten sowie Nutzen abwägen, oder muss er eine Entscheidung unter Bedingungen treffen, die eine solche Abwägung unmöglich machen?

Hat der Handelnde die Möglichkeit, sein Verhalten zu planen und die Folgen seiner Entscheidung zu überdenken, so kann er seine Entscheidung nach zweckrationalen Gesichtspunkten treffen, in deren Rahmen die für Sicherungsmaßnahmen erforderlichen Kosten dem Risiko eines Schadenseintritts gegenübergestellt werden können. So wird eine Fluglinie den Aufwand und damit die Kosten für Inspektions- und Wartungskosten kalkulieren, zu ihrem Ertrag in Bezug setzen und sodann prüfen, ob das durch verstärkte Wartungsarbeiten gewonnene Mehr an Sicherheit die dafür notwendigen Zusatzkosten aufwiegt. Entsprechendes gilt für alle Betreiber gefährlicher Anlagen ebenso wie für Bauunternehmer und Veranstalter von Großereignissen, um nur einige Beispiele zu nennen. Für den Bereich des planbaren, kalkulierbaren Handelns wird man da-

---

996) *Kötz/Wagner*, Deliktsrecht, Rdnr. 130.
997) *Kötz/Wagner*, Deliktsrecht, Rdnrn. 121 ff.
998) *Kötz/Wagner*, Deliktsrecht, Rdnr. 126

her dem Haftungsrecht eine Steuerungsfunktion im Sinne einer unfallpräventiven Wirkung zusprechen können[999].

Anderes gilt für diejenigen Situationen, in denen der Handelnde überhaupt keine Möglichkeit zu einer Abwägung oder sonstigen rationalen Planung seines Handelns hat. In erster Linie betrifft dies solche Situationen, in denen jemand kurzfristig oder reflexartig über sein weiteres Verhalten entscheiden muss. Zwar kann ein Autofahrer sich rational entscheiden, was für ein Auto mit welcher Sicherheitsausstattung er wählt und ob er sich an die Verkehrsregeln hält, in einer unfallträchtigen Situation wird jedoch kein Autofahrer über die haftungsrechtlichen Folgen seiner Entscheidung wie etwa den Verlust seines Schadensfreiheitsrabatts nachdenken[1000].

Kann man dem Haftungsrecht somit zumindest in einem Teilbereich grundsätzlich eine Präventionsfunktion zubilligen, so sind gleichwohl auch hier beachtliche Einschränkungen zu bedenken: Der Schutz durch Haftpflichtversicherungen ist heute in allen Lebensbereichen weit verbreitet, so dass sich kaum jemand dem Risiko einer vollen Haftung für den von ihm verursachten Schaden gegenübersieht. Die persönliche Inanspruchnahme des Schädigers ist heute, wie bereits eingangs ausgeführt[1001], die seltene Ausnahme. Im Bereich von Verkehrsunfällen ist die größte „Gefahr", die einem Schädiger bei einem leicht fahrlässig verursachten Unfall droht, der Verlust seines Schadensfreiheitsrabatts. Die gesamte Schadenskompensation einschließlich eines eventuell zuerkannten Schmerzensgeldes wird ebenso wie das Schadensmanagement regelmäßig vom Versicherer übernommen. Ob im Hinblick auf diese Situation das Haftungsrecht für den Bereich der Fahrlässigkeit überhaupt noch eine nennenswerte Präventivwirkung entfalten kann, erscheint sehr zweifelhaft[1002]. Immerhin kann allerdings hierbei noch argumentiert werden, dass der Schädiger im Eigeninteresse zu umsichtigerem Verhalten angehalten wird, wenn ihm eine Prämienerhöhung oder – im Falle grob fahrlässigen Handelns – der Verlust des Versicherungsschutzes bzw. eine Regressforderung seitens des Versicherers droht. Mit den schadensrechtlichen Sanktionen bei unmittelbarer Haftung ist dies indes kaum noch zu vergleichen. Schließlich ist zu bedenken, dass das Haftungsrecht immer erst dort eingreifen kann, wo es tatsächlich zu Schäden kommt. Hat ein Handelnder lediglich eine Unfallgefahr ohne Schadenseintritt geschaffen, so ist ein solches Verhalten gleichfalls unerwünscht, haftungsrechtlich aber ohne Be-

---

999) Ebenso *v. Hippel*, in: Haftungsersetzung durch Versicherungsschutz, S. 40 [66]; *Honsell*, ZSR 1997, S. 297 [297]; *Kötz/Wagner*, Deliktsrecht, Rdnr. 131; *Weyers*, Unfallschäden, S. 466 ff.

1000) *Kötz/Wagner*, Deliktsrecht, Rdnr. 132.

1001) Vgl. oben, S. 38.

1002) So auch *Collins*, Medicine Law, S. 61; *Cane*, Atiyah's Accidents, Compensation and the Law, S. 361 ff.; *Dewees/Trebilcock*, Osgoode Hall L.J. 30 (1992), S. 56 [79 ff.]; *Kötz/Wagner*, Deliktsrecht, Rdnr. 130.

lang[1003]. Auch kann das Haftungsrecht dort keine präventiven Ansätze setzen, wo der Geschädigte die Durchsetzung seines Anspruchs scheut, seinen Schaden anderweitig, meist von einem Vorsorgeträger, erstattet bekommt, oder der Schädiger schlichtweg nicht zahlungsfähig ist[1004].

In beschränktem Maße kann man dem Haftungsrecht daher eine verhaltenssteuernde Funktion zuerkennen, wenngleich diese in der Realität recht gering sein dürfte und nicht überschätzt werden sollte[1005]. Maßgebliche präventive Funktionen werden vielmehr von strafrechtlichen und verwaltungsrechtlichen Normen wahrgenommen, die bereits im Vorfeld eines Schadenseintritts eingreifen und dem Adressaten unmittelbar ein bestimmtes Verhalten vorschreiben[1006].

Entfallen allerdings auch die letzten dem Schädiger drohenden geringfügigen finanziellen Nachteile, indem die grundsätzlich bestehende Haftung von einem Versicherungssystem abgelöst wird, welches für den Schadensersatz aufkommt, ohne dass der Schädiger hierbei irgendwelche finanziellen Nachteile in Form einer Prämienerhöhung, einer Eigenbeteiligung oder eines Regresses zu befürchten hat, so wirft dies in der Tat die Frage auf, ob hierdurch nicht das Verhalten der Bürger negativ beeinflusst wird. In diesen Fällen sieht sich der Schädiger nämlich überhaupt keinen zivilrechtlichen Konsequenzen ausgesetzt. Gerade dies ist in Neuseeland der Fall: Selbst in Fällen vorsätzlicher körperlicher Schädigung wird dort auf einen Regress seitens der ACC verzichtet. So verwundert es nicht, dass gerade auch dem neuseeländischen System als Modell einer vollständigen Haftungsersetzung unterstellt wurde, dass durch die Externalisierung der Kosten jegliche Präventivwirkung entfallen und das danach ausgerichtete Verhalten der Bürger sich in einer signifikanten Erhöhung der Personenschäden niederschlagen würde[1007]. Dies gilt es näher zu beleuchten.

b) Empirische Untersuchungen

Der Einfluss von haftungsersetzenden Versicherungssystemen auf das Verhalten des von ihnen entlasteten Personenkreises ist Gegenstand einiger empirischer Untersuchungen gewesen. Gerade das neuseeländische System bietet die interessante Möglichkeit, die Auswirkungen einer völligen Abschaffung des

---

1003) *Kötz/Wagner*, Deliktsrecht, Rdnr. 134.

1004) *Kötz/Wagner*, Deliktsrecht, Rdnr. 134.

1005) Vgl. kritisch zur häufig überschätzten Präventivwirkung des Haftpflichtrechts die grundlegenden Ausführungen von *Weyers*, Unfallschäden, S. 452 ff., zum angloamerikanischen *Tort Law* ebenso *Cane*, Atiyah's Accidents, Compensation and the Law, S. 384 ff.; *Dewees/Trebilcock*, Osgoode Hall L.J. 30 (1992), S. 56 [137]; *Keeler*, in: U. Toronto L.J., Vol. 44 (1994), S. 275 [318 ff.].

1006) *Kötz/Wagner*, Deliktsrecht, Rdnr. 135.

1007) So insbesondere *Miller*, Md.L.Rev. 52 (1993), S. 1070 [1086] sowie *Vennell*, 15 Hawaii L. Rev., S. 568 [571]. Vgl. auch *Keeler*, U. Toronto L.J., Vol. 44 (1994), S. 275 [299].

Haftungsrechts in der Praxis zu untersuchen. Insofern überrascht es, dass gerade dort insoweit nur zwei Studien durchgeführt wurden, die auch noch zu kontroversen Ergebnissen gelangten.

aa) Empirische Untersuchungen in Neuseeland

Nach einer von *Brown* im Jahr 1985 durchgeführten Untersuchung ist die Anzahl der Personenschäden durch Straßenverkehrsunfälle seit der Einführung des *Accident Compensation Scheme* im Jahr 1974 zurückgegangen; sie wurde in der Folge bis 1981 mit jedem Jahr geringer[1008]. *Brown* führt dies jedoch selbst in erster Linie auf parallel eingeführte verschärfte Sicherheitsbestimmungen und den verstärkten Einsatz von Verkehrskontrollen zurück, die er in der Methodik seiner Untersuchung jedoch nicht berücksichtigt hat[1009]. Unklar ist dementsprechend geblieben, ob die Unfallzahlen noch stärker zurückgegangen wären, wenn das zuvor geltende Haftungsrecht beibehalten worden wäre. Da gerade der Einfluss von strafbewehrten Sicherheitsbestimmungen auf das Fahrverhalten der Verkehrsteilnehmer groß ist und dies *Brown* im Rahmen seiner auch sonst eher oberflächlich geratenen Untersuchung leider unberücksichtigt gelassen hat, können aus seiner Studie keine wissenschaftlich fundierten oder belastbaren Ergebnisse abgeleitet werden.

Klar führt im Gegensatz zu *Brown* aus, dass die Zahl der Unfälle mit Einführung des *Accident Compensation Scheme* gestiegen sei[1010]. *McEwin* untersuchte die Anzahl von tödlichen Straßenverkehrsunfällen sowohl unter dem neuseeländischen System als auch unter den *No-Fault*-Systemen in den australischen Staaten Victoria, Tasmanien und Northern Territory in den Jahren von 1970 - 1981[1011]; er kam zu dem Ergebnis, dass die Einführung des *Accident Compensation Scheme* unter Abschaffung des Haftungsrechts in Neuseeland einen Anstieg der tödlichen Straßenverkehrsunfälle um 16% bewirkt hat, wohingegen in den australischen Staaten, die eine Klagemöglichkeit des Geschä-

---

1008) *Brown*, Cal. L. Rev. 73 (1985), S. 976 [976 ff.].

1009) *Brown*, Cal. L. Rev. 73 (1985), S. 976 [976 ff.]. *Brown* nennt hier selbst die im Jahr 1972 eingeführte Anschnallpflicht, die im Jahr 1973 durchgesetzten verschärften Geschwindigkeitsbeschränkungen, neue Vorfahrtsregelungen im Jahr 1977 und die Reduzierung der Promille-Grenze im Jahr 1978.

1010) *Klar*, in: *Steel/Rodgers-Magnet*, Issues in Tort Law, S. 37 f.

1011) Im Bundesstaat Northern Territory wurde für den Bereich der Straßenverkehrsunfälle im Jahr 1979 ein dem neuseeländischen System ähnliches haftungsersetzendes staatliches Versicherungssystem eingeführt; in Victoria und Tasmanien ist hingegen das Versicherungssystem nicht haftungsersetzend, eine direkte Inanspruchnahme des Schädigers ist dort mithin parallel möglich, wenn auch unter einschränkenden Voraussetzungen.

digten beibehalten haben, keine signifikante Änderung der Unfallzahlen stattgefunden hat[1012].

Um trotz der geringen verfügbaren statistischen Daten aus Neuseeland zumindest eine Bewertung zuzulassen, inwieweit haftungsersetzende Versicherungssysteme generell einen Einfluss auf das Sorgfaltsverhalten des von ihnen entlasteten Personenkreises haben, sollen im Folgenden weitere verfügbare Studien aus Ländern untersucht werden, in denen haftungsersetzende oder haftungsergänzende Versicherungssysteme existieren. Solche Untersuchungen wurden in Kanada sowie in den USA durchgeführt.

bb) Empirische Untersuchungen in Kanada

In Quebec, wo im Jahr 1978 eine vollständige Ersetzung der Haftung für Straßenverkehrsunfälle durch ein staatliches Entschädigungssystem vorgenommen wurde[1013], wurde durch zwei voneinander unabhängige empirische Untersuchungen ein signifikanter Anstieg der Unfallereignisse festgestellt.

Gaudry wies in seiner Studie einen Anstieg der Unfälle mit Todesfolge um 6,8 %, von Unfällen mit körperlichen Verletzungen um 26,3 % sowie von Unfällen mit Sachschäden um 11 % nach; unter Einbeziehung weiterer bereinigender statistischer Variablen kam er zu einem Anstieg der unfallbedingten Todesfälle um 9,12 %, der unfallbedingten körperlichen Schäden um 24,04 % sowie der Sachschäden um 9,81%, und zwar im Jahr nach der Einführung des haftungsersetzenden Systems[1014].

Devlin kam in ihrer Studie zu ähnlichen Ergebnissen; sie wies einen Anstieg der Unfälle mit Todesfolge um 9,62 %, derjenigen mit körperlichen Verletzungsfolgen um 27 % sowie der Unfälle mit Sachschäden um 5,33 % nach[1015].

Beide Autoren führten den erheblichen Anstieg der Unfälle zu einem großen Teil darauf zurück, dass das System von Quebec zum einen auch solche Fälle erfasste, die unter dem *Tort Law* nicht ersatzfähig waren und damit zuvor statistisch nicht erfassbar waren. Ein weiterer Faktor soll darin liegen, dass das System durch Pauschalprämien finanziert wurde und somit keine risikobedingte Prämienanpassung bei Fahrern mit schlechter Unfallstatistik zuließ[1016]. Nach

---

1012) *McEwin*, IRLE 9 (1989), S. 13 [13 ff.].

1013) *Quebec Automobile Insurance Act* (1978). Die Verwaltung des Systems ist einer eigens hierfür eingerichteten Behörde, der *Société d'assurance automobile du Québec* (SAAQ), übertragen.

1014) *Gaudry*, in: Contributions to Insurance Economics, S. 471 [471 ff.].

1015) *Devlin*, in: Contributions to Insurance Economics, S. 499 [499 ff.]; *O'Connell/Tenser*, San Diego L. Rev. 24 (1987), S. 917 [928].

1016) *Devlin*, in: Contributions to Insurance Economics, S. 499 [499 ff.]; *Gaudry*, in: Contributions to Insurance Economics, S. 471 [471 ff.]; *O'Connell/Tenser*, San Diego L. Rev. 24 (1987), S. 917 [928].

den Schätzungen der Autoren machte allein dies jeweils mindestens die Hälfte der Unfallzunahme aus[1017].

cc) Empirische Untersuchungen in den USA

In den USA wurden ebenfalls mehrere empirische Untersuchungen durchgeführt; dort haben bislang 16 Gliedstaaten *No-Fault*-Systeme für Straßenverkehrsunfälle eingeführt, wobei allerdings in keinem Fall eine vollständige Haftungsersetzung durchgeführt wurde, so dass die dortigen Systeme als mehr oder minder stark haftungsergänzend umschrieben werden können[1018].

In einer der ersten Studien aus dem Jahr 1978 untersuchte *Knoeber* den Anstieg der Unfallzahlen im kanadischen Staat Manitoba und dem US-amerikanischen Staat Massachusetts[1019], die beide im Jahr 1971 ein haftungsergänzendes staatliches Verkehrsunfallversicherungssystem einführten, das in leichten Fällen die Haftung ersetzte, bei Unfällen mit schweren Folgen aber die Inanspruchnahme des Schädigers zuließen. Während in Massachusetts sogar eine Abnahme der Unfälle im Jahr nach der Einführung des Versicherungssystems beobachtet wurde, kam es in Manitoba zu einer signifikanten Erhöhung der Unfallzahlen um 53 % sowie der registrierten Verkehrsverstöße um 11 %. *Knoeber* führte dies darauf zurück, dass in Massachusetts die Höhe der Prämien risikoabhängig waren, während in Manitoba jeder Autofahrer die gleiche Rate bezahlte; außerdem schien in Manitoba die Tatsache eine entscheidende Rolle zu spielen, dass unter einem System, in dem ein Schädiger nicht einmal eine Prämienerhöhung zu befürchten hat, jedweder Unfall gemeldet wird[1020].

Die bekannteste Studie in den USA wurde von *Landes* im Jahr 1982 durchgeführt; sie untersuchte die Anzahl tödlicher Straßenverkehrsunfälle in sämtlichen Gliedstaaten der USA im Zeitraum von 1967 – 1976 und kam zu dem Ergebnis, dass Staaten mit *No-Fault*-Systemen statistisch höhere Quoten von tödlichen Unfällen aufwiesen als Staaten mit dem klassischen haftungsrechtlichen Schadensausgleichssystem[1021]. *Landes* wies zudem nach, dass das Verhältnis des Anstiegs der tödlichen Unfälle von dem Ausmaß der Haftungsersetzung durch das Versicherungssystem abhing[1022]; in Staaten mit einem weitgehend uneingeschränkt beibehaltenen Haftungsrecht war die Unfallrate um 2 – 5 % höher als in Staaten ohne *No-Fault*-Versicherungssystem, in Staaten mit nur noch einge-

---

1017) *Devlin*, in: Contributions to Insurance Economics, S. 499 [499 ff.]; *Gaudry*, in: Contributions to Insurance Economics, S. 471 [471 ff.].

1018) Vgl. dazu schon oben, S. 49, Fn. 124.

1019) *Knoeber*, The Journal of Legal Studies, S. 263 [263 ff.].

1020) *Knoeber*, The Journal of Legal Studies, S. 263 [275 ff.].

1021) *Landes*, JLE 25 (1982), S. 49 [49 ff.].

1022) *Landes*, JLE 25 (1982), S. 49 [62].

schränkten haftungsrechtlichen Regelungen war sie sogar um 10 – 15 % höher[1023].

In der Folgezeit wurden in den USA weitere Studien durchgeführt, die zum Teil das Ergebnis der *Landes*-Studie bestätigten[1024], ihr zum Teil aber auch widersprachen und die zugrundeliegende Methodik kritisierten[1025]; letztere Studien aus den Jahren 1985 und 1986 fanden keinen Zusammenhang zwischen dem Bestehen eines *No-Fault*-Schadensausgleichssystems und der Anzahl von Unfällen.

1992 untersuchten *Cummins* und *Weiss* den Einfluss von *No-Fault*-Versicherungssystemen auf Straßenverkehrsunfälle mit ausschließlich Sachschäden, die – wie auch in Neuseeland – unter den haftungsergänzenden Systemen in den USA nicht ersetzt werden[1026]; Ziel der Untersuchung war die Klärung der Frage, ob sich gleichwohl ein indirekter Einfluss der *No-Fault*-Systeme auf die Anzahl der Unfälle (nur) mit Sachschäden nachweisen ließ. In der Tat wies die Studie eine um 4 % höhere Unfallrate als in Staaten ohne haftungsergänzende Versicherungssysteme nach, was allgemein auf ein nachlässigeres Verhalten von Autofahrern schließen ließ.

1999 untersuchte *Devlin*, welche Auswirkungen das Bestehen von *No-Fault*-Versicherungssystemen in den USA auf die Schwere der Verletzungen von Verkehrsunfallopfern hatte; sie kam dabei zu dem Ergebnis, dass die Anzahl der Unfälle mit geringen körperlichen Verletzungen abnahm, die Zahl der Unfälle mit schweren oder tödlichen Verletzungen dagegen signifikant erhöht war[1027].

Die jüngste und sehr umfassende Studie aus den USA aus dem Jahr 2001 durch *Cummins*, *Phillips* und *Weiss*, in deren Rahmen die Anzahl tödlicher Straßenverkehrsunfälle in sämtlichen Gliedstaaten der USA zwischen 1968 und 1994 ausgewertet wurde, kam wiederum zu dem Ergebnis, dass zwischen dem Bestehen eines *No-Fault*-Entschädigungssystems und der Anzahl der tödlichen Unfälle ein signifikanter Zusammenhang nachzuweisen ist; sie bestätigte damit weitgehend die Ergebnisse der *Landes*-Studie[1028]. In dieser neueren Untersuchung wurden auch die der *Landes*-Studie widersprechenden Studien untersucht und die unterschiedlichen Ergebnisse mit einer unzureichenden Methodik dieser abweichenden Studien erklärt, da einige entscheidende Variablen nicht berücksichtigt wurden[1029]; die Studie von *Cummins* u.a. wies allerdings auch nach, dass

---

1023) *Landes*, JLE 25 (1982), S. 49 [50].

1024) *Devlin*, IRLE 10 (1990), S. 193 [193 ff.]; *Medoff/Magaddino*, Eval. Rev. 6 (1982), S. 373 [373 ff.].

1025) *O'Connell/Levmore*, Missouri L. Rev. 48 (1983), S. 649 [649 ff.]; *Kochanowski/Young*, JRI 52 (6/1985), S. 269 [269 ff.]; *Zador/Lund*, JRI 53 (6/1986), S. 226 [226 ff.].

1026) *Cummins/Weiss*, in: Contributions to Insurance Economics, S. 445 [445 ff.].

1027) *Devlin*, in: Automobile Insurance, S. 267 [267 ff.].

1028) *Cummins/Phillips/Weiss*, JLE 44 (10/2001), S. 427 [427 ff., 454 f.].

1029) *Cummins/Phillips/Weiss*, JLE 44 (10/2001), S. 427 [454].

der dort bewiesene grundsätzliche negative Effekt eines *No-Fault*-Versicherungssystems auf das Sorgfaltsverhalten der Straßenverkehrsteilnehmer durch Einführung von Sicherheitsbestimmungen und risikoabhängigen Beitragszahlungen kompensiert werden kann[1030].

c) Zusammenfassung

Die Stichhaltigkeit empirischer Untersuchungen zum Zusammenhang von Unfallhäufigkeit und Schadensausgleichssystem ist stets unter dem Vorbehalt einer statistisch ordnungsgemäßen Methodik zu sehen, in deren Rahmen zahllose Faktoren, Variablen und Unbekannte berücksichtigt werden müssen. So sind beispielsweise die unbereinigten Unfallzahlen mit körperlichen Verletzungen insbesondere in Staaten des angloamerikanischen Rechtskreises unter Geltung des klassischen Haftungsrechts bereits deswegen höher, weil dort schon geringe Verletzungen einen Schmerzensgeldanspruch rechtfertigen, der unter einem staatlichen *No-Fault*-System regelmäßig nicht entschädigungsfähig ist und daher auch nicht statistisch erfasst wird. Trotz zahlreicher Widersprüche im Detail scheinen die zahlreichen Untersuchungen aus den USA jedoch im Grundsatz zu bestätigen, dass zwischen dem Sorgfaltsverhalten von Autofahrern und der Art des Schadensausgleichssystems ein Zusammenhang dergestalt zu bestehen scheint, dass sich das Entfallen jeglicher Haftung negativ auf die Einhaltung von Sorgfaltspflichten auswirkt. Die jüngste und sehr eingehende Studie von *Cummins* u.a. wies allerdings nach, dass ein möglicher negativer Effekt von haftungsersetzenden Versicherungssystemen durch anderweitige Präventionsmaßnahmen, insbesondere die Einführung von risikoabhängigen Prämien, kompensiert werden kann. Diese Einschätzung wird auch durch die kanadischen Studien bestätigt.

4. Ergebnis

Leider wurden gerade in Neuseeland kaum tragfähige empirische Untersuchungen zur Auswirkung der Haftungsersetzung auf die Unfallhäufigkeit durchgeführt. Die Studien aus den USA und Kanada zeigen jedoch, dass ein möglicher negativer Effekt von haftungsersetzenden Versicherungssystemen durch alternative Präventionsmaßnahmen kompensiert werden kann. So spricht schon aus diesem Grund vieles dafür, dass die umfangreichen Präventionsmaßnahmen unter dem *Accident Compensation Scheme* mögliche – empirisch nicht nachgewiesene – negative Effekte auf das dortige Sorgfaltsverhalten ausgleichen.

1030) *Cummins/Phillips/Weiss*, JLE 44 (10/2001), S. 427 [455]; so auch *Miller*, Md.L.Rev. 52 (1993), S. 1070 [1090], zur Einführung des *experience rating* in Neuseeland.

Wie andererseits oben gezeigt wurde, kann eine Präventivwirkung schadensrechtlicher Sanktionen nur dort erwartet werden, wo ein menschliches Verhalten auf zweckrationalen und planenden Überlegungen beruht[1031]. Im Bereich der Arbeitsunfälle wurde hier durch die Einführung der *risk rate* (früher der *experience rate*) ein sehr erfolgreicher Beitrag zur Unfallprävention geleistet[1032]. Im Gesundheitssektor wird die Haftungsfreistellung der Ärzte zwar ebenfalls stark kritisiert, durch ein gut funktionierendes Dokumentationssystem wurden negative Auswirkungen auf die ärztlichen Sorgfaltspflichten aber bislang nicht beobachtet[1033]. Gerade bei Straßenverkehrsunfällen verwundert es aber, dass dort keine Prämienerhöhungen für Fahrer mit einer schlechten Unfallstatistik möglich sind; ein derariges Bonus-Malus-System war bis 1998 unter den Vorgängergesetzen zwar immerhin vorgesehen, die ACC machte von der Ermächtigung aber, wohl aufgrund des damit verbundenen zusätzlichen Verwaltungsaufwands, zu keinem Zeitpunkt Gebrauch[1034]. Unter dem aktuellen Gesetz sind individuelle Beitragsanpassungen nicht mehr möglich, die Beitragshöhe ist starr (*flat rate*) und knüpft allein an die Art des versicherten Fahrzeugs an[1035]. Wenngleich die Einführung eines Bonus-Malus-Systems einen nicht unerheblichen Verwaltungsaufwand mit sich bringen würde, könnte hiermit sicherlich ein weiterer Beitrag zur Unfallprävention gerade im relevanten Bereich der Straßenverkehrsunfälle geleistet werden. Die Einführung und Umsetzung einer solchen Möglichkeit wäre daher zu begrüßen, wenngleich der Effekt sich in Grenzen halten dürfte, da ein Bonus-Malus-System in Neuseeland bereits im Rahmen der Kfz-Haftpflichtversicherungen für Sachschäden üblich ist[1036].

Ein problematischer Bereich bleibt schließlich dort bestehen, wo Schäden vorsätzlich herbeigeführt werden, was insbesondere bei Straftaten relevant ist. Auch dort macht das *Accident Compensation Scheme* nicht davon Gebrauch, Rückgriff beim Schädiger zu nehmen. Diesbezüglich kann in der Tat diskutiert werden, ob nicht zumindest bei vorsätzlich herbeigeführten Schäden dem Versicherungsträger eine Regressmöglichkeit eingeräumt werden soll. Insoweit erscheint jedenfalls auf den ersten Blick kein plausibler Grund ersichtlich, die Versichertengemeinschaft für das vorsätzliche Fehlverhalten Einzelner einstehen zu lassen.

Andererseits lag dem *Accident Compensation Scheme* einst der Gedanke eines autarken und geschlossenen finalen Entschädigungssystems zu Grunde. Im Sinne einer sowohl in zeitlicher als auch in finanzieller Hinsicht effektiven Ent-

---

1031) Vgl. oben, S. 242.
1032) Vgl. dazu oben, S. 209.
1033) Vgl. dazu oben, S. 135 u. 238.
1034) *Todd*, Washburn L.J. 39 (2000), S. 404 [417]; *v. Hippel*, in: Haftungsersetzung durch Versicherungsschutz, S. 40 [67]
1035) Vgl. dazu eingehend oben, S. 219 ff.
1036) *Campbell*, Compensation for Personal Injury in New Zealand, S. 208 f.

schädigung insbesondere von Unfall-, aber auch von Verbrechensopfern, sollte sowohl auf einen Verschuldensnachweis als auch auf eine Regressmöglichkeit durch den staatlichen Träger verzichtet werden.

Überdies wird im Hinblick auf Körperschäden in nahezu allen modernen Rechtsordnungen sowohl der Bereich der fahrlässigen als auch der vorsätzlichen Beibringung von körperlichen Schäden von strafrechtlichen Sanktionsnormen erfasst. Insofern muss bezweifelt werden, dass daneben eine Präventivwirkung zivilrechtlicher Normen – mag man sie auch dem Grundsatz nach anerkennen – überhaupt notwendig ist[1037]. Nicht zuletzt dürfte auch gerade durch die nunmehr ausdrückliche gesetzliche Zulassung von Klagen auf Strafschadensersatz (*exemplary damages*)[1038] auf diesem Weg eine gezielte Präventionswirkung erzielt werden.

Weiterhin sprechen darüber hinaus die bisherigen Erfahrungen in der deutschen Arbeitsunfallversicherung dafür, dass der grundsätzliche Verzicht auf schadensrechtliche Sanktionen einem leichtfertigen Verhalten der Unternehmer oder Arbeitnehmer keinen Vorschub geleistet hat[1039]. Ein weiterer, wenngleich bislang wohl noch nicht empirisch untersuchter Effekt, könnte auch darin gesehen werden, dass potentielle Unfallopfer sich gerade um ihrer selbst willen deswegen umsichtiger verhalten, weil sie im Falle eines Unfalls keine umfassende Schadenskompensation wie unter Geltung des *Tort Law* zu erwarten haben[1040].

Eine – jenseits der empirischen Untersuchungen – bewusst wahrgenommene Verhaltensänderung in der Bevölkerung hat sich ebenfalls seit der Einführung des *Accident Compensation Scheme* in Neuseeland nicht gezeigt[1041]. Insofern dürfte als Ergebnis festzuhalten sein, dass ein möglicher – nicht einmal empirisch nachgewiesener – negativer Effekt der völligen Haftungsersetzung auf das Sorgfaltsverhalten der Bürger in Neuseeland ausreichend durch alternative Präventionsmaßnahmen kompensiert wird. Nachteilige Auswirkungen des *Accident Compensation Scheme* können im Vergleich zum traditionellen Haftungsrecht jedenfalls insoweit nicht festgestellt werden[1042].

II. Deckungsbereich und Leistungsumfang

Das *Accident Compensation Scheme* ist keine Gesundheitsversicherung, die bei jedweden körperlichen Schädigungen Entschädigung gewährt. So sind

---

1037) In diesem Sinne auch *Honsell*, ZSR 1997, S. 297 [297].

1038) Vgl. dazu oben, S. 68 ff. u. 155 ff.

1039) Vgl. hierzu *Gitter*, Schadensausgleich im Arbeitsunfallrecht, S. 151.

1040) So *Magnus*, Washburn L.J. 39 (2000), S. 347 [357].

1041) *Palmer*, U. Toronto L.J. 44 (1994), S. 223 [252]; v. *Hippel*, in: Haftungsersetzung durch Versicherungsschutz, S. 40 [54].

1042) So auch *Campbell*, Compensation for Personal Injury in New Zealand, S. 184; *Vennell*, Professional Negligence 1989, S. 141 [141].

Krankheiten – mit Ausnahme der Berufskrankheiten – nicht unter dem System versichert. Aus Kostengründen wurden zudem im Laufe der Zeit die Voraussetzungen zur Eröffnung des Deckungsbereichs zunehmend restriktiver normiert, ebenso wie der Umfang der Entschädigungsleistungen gekürzt wurde. So verwundert es wenig, dass sich auch hieran heftige Kritik entzündet hat.

1. Die Nichteinbeziehung von Krankheiten

Seit Bestehen des *Accident Compensation Scheme* ist die Nichteinbeziehung von Krankheiten unter das System einer der am nachhaltigsten vorgebrachten Kritikpunkte[1043]. Lediglich etwa 12% aller Körperschäden in Neuseeland sind auf Unfälle zurückzuführen[1044]. Unter dem Gesichtspunkt der Gleichbehandlung aller Geschädigten spricht auf den ersten Blick kein vernünftiger Grund für die unterschiedliche Behandlung identischer Schäden, von denen der eine durch Unfall und der andere durch Krankheit verursacht ist[1045]. Selbst im *Woodhouse Report* hatte man sich prinzipiell für die Einbeziehung von Krankheiten unter das Entschädigungssystem ausgesprochen, schreckte von einer dementsprechenden Empfehlung aber wegen fehlender Daten über die finanziellen Auswirkungen zurück[1046]. Gerade in Anbetracht des dem *Woodhouse Report* zugrunde liegenden Solidarprinzips wäre die Berücksichtigung aller Krankheiten eine nur konsequente Umsetzung der dort untersuchten Direktiven; schließlich trägt die Gesellschaft zumindest mittelbar auch die Verantwortung für das Auftreten vieler neuzeitlicher Erkrankungen, beispielsweise Krebs- oder Atemwegserkrankungen aufgrund von Umweltbelastungen[1047].

1043) Vgl. nur *Blair*, Accident Compensation in New Zealand, S. 5 f.; *Brown/Smillie*, NZLJ 1991, S. 249 [251]; *Deutsch*, RabelsZ 44 (1980), S. 487 [494]; *Fleming*, in: Kolloquium Neuere Entwicklungen, S. 429 [431]; *Ison*, Accident Compensation, S. 18 ff., 188; *Henderson*, U. Chicago L.R. 48 (1981), S. 781 [782]; *Maughan*, NZLJ 1999, S. 221 [223]; *Palmer*, U. Toronto L.J. 44 (1994), S. 223 [259 ff.]; *St John*, VUWLR 34 (2003), S. 443 [448]; *Stapleton*, Disease and the Compensation Debate, S. 145 ff.; *Stark*, VersR 1981, S. 1 [1]; *Tarr/Kennedy*, Insurance Law in New Zealand, S. 17; *Todd*, Washburn L.J. 39 (2000), S. 404 [412]; vgl. dazu schon oben, S. 112 ff.

1044) *Ison*, Accident Compensation, S. 19.

1045) *Deutsch*, RabelsZ 44 (1980), S. 487 [495 f.]; *Fleming*, in: Haftungsersetzung durch Versicherungsschutz, S. 11 [12]; *v. Hippel*, in: Haftungsersetzung durch Versicherungsschutz, S. 40 [60]; *Ison*, Accident Compensation, S. 188; *Katzenmeier*, in: Die Entwicklung der Arzthaftung, S. 59 [70]; *Stark*, VersR 1981, S. 1 [1], spricht von einem „inneren Widerspruch".

1046) Vgl. *Harris*, Modern L. Rev. 37 (1974), S. 361 [363]; *Mathieson*, Modern L. Rev. 31 (1968), S. 544 [546]; *Tunc*, in: International Encyclopedia of Comparative Law, Vol. 11, Ch. 14, S. 75.

1047) *Allen/Hartshorne/Martin*, Damages in Tort, Rndr. 2-016; *Deutsch*, RabelsZ 44 (1980), S. 487 [496]; *Todd*, Washburn L.J. 39 (2000), S. 404 [494].

Ein legislatorischer Grund für den Ausschluss von Krankheiten aus einer Sozialversicherung ist sicherlich schwer darzutun[1048]. Eine historische Erklärung mag die primäre Absicht gewesen sein, die Individualhaftung unter dem Deliktsrecht abzuschaffen. Da das Deliktsrecht sich vornehmlich mit Unfällen beschäftigt, wurde die Notwendigkeit der Erfassung von Krankheiten von Anfang an nicht näher vertieft[1049]. Berufsbedingte Krankheiten erfasst das System nur deswegen, weil diese auch unter der vormaligen Arbeitsunfallversicherung bereits abgesichert waren. Weiterhin sind wohl das Fehlen statistischer Daten, das Problem, die Einführung einer „Gesundheitsversicherung" politisch zu verkaufen und insbesondere die befürchtete Expansion der Kosten weitere Gründe, die den Gesetzgeber zu der Entscheidung veranlassten, Krankheiten aus dem Schutzbereich des *Accident Compensation Scheme* auszuschließen[1050].

Während anfangs optimistisch spekuliert wurde, die Beschränkung des Schadensausgleichs auf Unfälle sei lediglich eine Zwischenstation auf dem Weg zu einer umfassenden Gesundheitsversicherung[1051], weist der bis heute fortwährende Ausschluss von Krankheiten ohne jedwede zwischenzeitlich ernsthafte politische Diskussion hierüber in eine andere Richtung[1052]. Zu Recht wurde daher der Vorwurf erhoben, dass man letztlich auch in Neuseeland auf dem halben Weg einer Verwirklichung der Vision einer Gleichbehandlung aller Opfer körperlicher Schäden stehen geblieben ist[1053].

Das grundsätzlich in diesem Zusammenhang in Neuseeland vorgebrachte Argument ist die Ausuferung der Kosten im Falle der Ausweitung des *Accident Compensation Scheme* auf Krankheiten[1054]. In der Tat kam eine nach dem Vorbild des *Woodhouse Reports* unmittelbar nach Umsetzung des neuseeländischen Systems eingesetzte Kommission zur Untersuchung der Einführung eines entsprechenden Entschädigungssystems in Australien im Jahr 1974 zu dem Ergebnis, dass ein Entschädigungssystem, welches Krankheiten erfasst, gegenüber einer reinen Unfallversicherung fünfmal höhere Kosten produzieren würde[1055].

1048) *Deutsch*, RabelsZ 44 (1980), S. 487 [494].

1049) *Fleming*, in: Kolloquium Neuere Entwicklungen, S. 429 [431]; *Ison*, Accident Compensation, S. 20.

1050) *Cane*, Atiyah's Accidents, Compensation and the Law, S. 403 f.; *Ison*, Accident Compensation, S. 20; nach *Fleming*, in: Haftungsersetzung durch Versicherungsschutz, S. 11 [12], würden die Kosten außerdem die damaligen Reserven des neuseeländischen Steuerfonds überstiegen haben.

1051) *Blair*, Accident Compensation in New Zealand, S. 9.

1052) *Ison*, Accident Compensation, S. 29.

1053) *Deutsch*, RabelsZ 44 (1980), S. 487 [507]; *Stark*, VersR 1981, S. 1 [1].

1054) Vgl. *Ison*, Accident Compensation, S. 29 f.

1055) *National Committe of Inquiry, Compensation and Rehabilitation in Australia*; Report of the National Committee of Inquiry, § 483; vgl. dazu auch oben, S. 265).

In diesem australischen Bericht wurden allerdings sehr hohe Entschädigungszahlungen für Verdienstausfälle angenommen, welche die errechneten Systemkosten insgesamt ebenfalls stark angehoben hätten[1056]. Auf Grundlage der Empfehlung der neuseeländischen *Law Commission* von 1988, die seinerzeit ausdrücklich die Ausdehnung des bestehenden Systems auf Krankheiten empfohlen und hierfür auch Finanzierungsstrategien entwickelt hatte[1057], wurden auch in Neuseeland parallel zwei Regierungskommissionen eingesetzt, die sich speziell mit den Fragen der Finanzierung des *Accident Compensation Scheme* beschäftigten; diese kamen zu dem Ergebnis, dass die Einbeziehung von Krankheiten unter das System die Kosten etwa auf das Vierfache ansteigen lassen würden[1058]. Freilich sind diese Untersuchungen letztlich Prognosen gewesen, die nie empirisch überprüft wurden.

Andererseits stellt sich die Frage, ob nicht eher im Bereich der Schadensregulierung als im Finanzierungsbereich Prioritäten gesetzt werden sollten; dies um so mehr, als die allermeisten Neuseeländer ohnehin bereits Beiträge zu privaten Krankenversicherungen zahlen[1059]. Die derzeit für die Finanzierung der gesetzlichen Krankenversicherung verwendeten Steuermittel[1060] würden dann ohnehin direkt für das *Accident Compensation Scheme* eingesetzt werden können, ohne dass damit spürbare Auswirkungen verbunden wären. Die Einbeziehung von Krankheiten wäre damit zwar ein schwieriges organisatorisches Unterfangen, aber sicher kein unlösbares Problem. Vermutlich ließen sich durch die Abwicklung von Unfall- und Krankheitsschäden durch eine einzige Versicherung gerade im Verwaltungsbereich sogar erhebliche Kosten sparen. Schließlich wäre nicht zu verlangen, dass das *Accident Compensation Scheme* sämtliche Krankheiten angefangen vom leichten Schnupfen entschädigt; maßgeblich wäre vor dem Hintergrund des Postulats der Gleichbehandlung aller Geschädigten eine Grundsicherung für Schwergeschädigte, die auch für Opfer von schweren Krankheiten den Verdienstausfall trägt sowie Lebenshilfe und Rehabilitation gewährt. Eine solche Grundsicherung existiert in Neuseeland in Form der gesetzlichen Krankenversicherung, die aus allgemeinen Steuermitteln finanziert wird. Eine weitergehende private Versicherung des Einzelnen für Kosten, die nicht durch die gesetzliche Versicherung übernommen werden – so etwa die allgemeinen Arztkosten –, ist in Neuseeland üblich und könnte ohne weiteres bei-

---

1056) *Cane*, Atyiah's Accidents, Compensation and the Law, S. 404.

1057) *Law Commission*, Personal Injury: Prevention and Recovery – Report on the *Accident Compensation Scheme* (1988), S. 176; vgl. dazu schon oben S. 92.

1058) *Royal Commission on Social Policy*, Towards a fair and just society, 1988, S. 40 ff. und der *Report* der *Economic Development Commission*, S. 21, vgl. dazu *Hussels*, ZIAS 1990, S. 34 [43].

1059) *Ison*, Accident Compensation, S. 29.

1060) Die gesetzliche Krankenversicherung wird in Neuseeland ausschließlich aus allgemeinen Steuermitteln finanziert, ein separater Beitrag ist hierfür nicht zu entrichten.

behalten werden, wenn man auch Krankheiten dem Schutzbereich des *Accident Compensation Scheme* unterstellen würde. Nüchtern betrachtet dürfte in erster Linie die unübersehbare Finanzierungsproblematik sowie die organisatorische Neuordnung der bestehenden Strukturen im Gesundheitsbereich gegen die Verbindung beider staatlichen Versicherungssysteme sprechen. Nachdem unter dem *Accident Compensation Scheme* seit jeher Berufskrankheiten erfasst sind, spricht jedenfalls kein konzeptionelles Argument gegen die Einbeziehung von Krankheiten unter den Schutzbereich; schließlich werden nicht „Unfälle" oder „Krankheiten" versichert, sondern die durch sie verursachten finanziellen Schäden. Diese sind aber immer von gleicher Art, unabhängig von ihrer Ursache[1061].

Bemerkenswert ist die Tatsache, dass der Vorschlag der *Law Commission* bereits in einen Gesetzesentwurf umgesetzt worden war, dessen Inkraftsetzung nur am Ausgang der Parlamentswahl am 27. Oktober 1990 scheiterte[1062]. Ansonsten wäre das *Accident Compensation Scheme* möglicherweise zu diesem Zeitpunkt zu einer einzigartigen umfassenden Gesundheitsversicherung erstarkt. Seitdem wurden indes keine Bestrebungen von parlamentarischer Seite mehr unternommen, die Einbeziehung von Krankheiten unter das System zu untersuchen oder gar ernsthaft zu erwägen, wenngleich in der Literatur diese Thematik bereits als das größte Systemziel des 21. Jahrhunderts beschrieben wurde[1063]. Die *Labour Party* nahm zwar die Ausdehnung des *Accident Compensation Scheme* auf Krankheiten in ihr Wahlprogramm von 1999 auf, ging dieser Absicht aber nach ihrem Wahlsieg nicht weiter nach[1064].

Letztlich wird das Kostenargument stets eine massive politische Waffe darstellen, die sich angesichts der überall leeren Staatskassen zumeist gegenüber jeder rationalen oder sozial motivierten Argumentation durchsetzt und eine derart weitgehende Reform auch in Neuseeland sehr unwahrscheinlich erscheinen lässt[1065]. Die weitere Entwicklung in diesem Bereich bleibt in jedem Fall spannend.

1061) *Hussels*, ZIAS 1990, S. 34 [44], hält die Verknüpfung von Krankenversicherung und Unfallversicherung aufgrund der Konzeption des *Accident Compensation Scheme* als „Unfallversicherung" nicht für möglich. Diese Einstellung scheint jedoch originär durch die aufgrund der traditionellen Trennung zwischen diesen beiden Arten der Versicherung bewirkte Prägung bedingt zu sein, schließlich sind Berufskrankheiten unter dem *Accident Compensation Scheme* wie unter jeder Arbeitsunfallversicherung auch entschädigungsfähig, ohne dass es insoweit nennenswerter zusätzlicher organisatorischer Vorkehrungen bedarf.

1062) Vgl. oben, S. 93, sowie *Todd*, Washburn L.J. 39 (2000), S. 404 [414].

1063) *St John*, VUWLR 34 (2003), S. 443 [448].

1064) Vgl. *Labour Party*, Policy Statement: Labour on ACC (July 1999); dazu *Todd*, Washburn L.J. 39 (2000), S. 404 [491 f.].

1065) So auch *Cane*, Atyiah's Accidents, Compensation and the Law, S. 404; vgl. auch *Palmer*, Compensation for Incapacity, S. 204 f., 338.

2. Umfang der Leistungen

Ein ganz maßgeblicher Vorwurf, den sich wohl jedes staatliche Vorsorgesystem gefallen lassen muss, ist der gegenüber einer unter Geltung des Haftungsrechts möglichen vollständigen Kompensation regelmäßig geringere Leistungsumfang. Dementsprechend verwundert es nicht, dass jegliche Kritik am neuseeländischen System auch den gegenüber einer unter Geltung des Haftungsrechts zurückbleibenden Leistungsumfang rügt. Die auf Höchstsummen begrenzten oder durch Pauschalbeträge beschränkten Entschädigungsleistungen bewirken eine erhebliche Verschlechterung der Position des Einzelnen gegenüber der unter Geltung des Haftungsrechts möglichen vollständigen Schadenskompensation[1066].

Historisch sollte der möglichst vollständige Ausgleich von entstandenen finanziellen Schäden das grundlegende Prinzip des *Accident Compensation Scheme* sein, damit dieses gerade nicht zu einem Sozialsystem verkümmern würde, welches lediglich einen minimalen Lebensstandard zu sichern in der Lage wäre[1067]. Unter einem Versicherungssystem hängt der mögliche Schadensausgleich jedoch notwendig mit der Höhe der Prämien zusammen. Dementsprechend wurde auch schnell deutlich, dass man aus finanziellen Erwägungen der Ausweitung des Versicherungsschutzes auf alle Unfallopfer mit einer Verringerung der Schadensersatzzahlungen begegnen musste, wollte man die Beitragsbelastungen für die Bürger nicht exorbitant steigen lassen. Schon dies führte zwangsläufig dazu, dass unter dem *Accident Compensation Scheme* Geschädigte weitaus weniger Schadensausgleich erhielten, als sie unter dem herkömmlichen *Tort Law* bei einer erfolgreichen Klage gegen den Schädiger hätten erlangen können[1068].

Mit der umfassenden Reform zur Vermeidung weiterer Prämienerhöhungen unter dem ARCIA 1992 schienen die schlimmsten Befürchtungen der Kritiker des Systems wahr zu werden: Mit drastischen Einschränkungen des Deckungsbereichs und des Leistungsumfangs entfernte sich das *Accident Compensation Scheme* von den Leitprinzipien des *Woodhouse Reports*. Während sich das ursprüngliche System nach Inkrafttreten des ACA 1974 noch als eine echte Volksunfallversicherung darstellte, die bei jeder durch Unfall verursachten körperlichen Schädigung eintrat, so setzte der Gesetzgeber mit Inkraftsetzung des ARCIA 1992 enge und bis heute beibehaltene Grenzen im Hinblick auf den Deckungsbereich des *Accident Compensation Scheme*: Psychische Körperschädigungen sind nur noch dann entschädigungsfähig, wenn sie auf einer physischen Körperschädigung oder einem Sexualdelikt beruhen. Die Anerkennung ärztlicher Behandlungsfehler setzt nunmehr den Nachweis des Verschuldens des behandelnden Arztes voraus.

1066) *Ison*, Accident Compensation, S. 179.
1067) *Fleming*, The Law of Torts, S. 390.
1068) *Ison*, Accident Compensation, S. 179.

Viele namhafte Stimmen forderten nach der Reform von 1992 die Abschaffung des Systems und die Rückkehr zum Haftungsrecht[1069]. So kritisch die Einschränkungen im Leistungsbereich zu betrachten sind, so retteten sie letzlich das System vor seiner Abschaffung, denn es ist kaum denkbar, dass die Bevölkerung und die betroffenen Interessenverbände weitere Prämienerhöhungen akzeptiert hätten. Die der Kostenersparnis dienende Reform zeigte hingegen binnen kurzer Zeit Wirkung und führte zur Stabilisierung des Systems[1070].

Dass gleichwohl die Leistungen unter dem *Accident Compensation Scheme* insgesamt hinter dem als individuell gerecht empfundenen vollständigen Schadensausgleich zurückbleiben, zeigt sich auch in der politischen Reaktion auf größere Katastrophen: Als im Jahr 1997 eine öffentliche und fehlerhaft konstruierte Aussichtsplattform in die Tiefe stürzte und dabei 14 junge Menschen mit in den Tod riss sowie zahlreiche weitere Menschen verletzte, zahlte das neuseeländische Parlament schon zur Vermeidung größerer Diskussionen in der Öffentlichkeit umgehend hohe Geldsummen an die Opfer bzw. deren Hinterbliebene aus[1071]. Opfer „alltäglicher" Unfälle kommen freilich nicht in den Genuss derartiger Sonderleistungen. Die Wiedereinführung des Schmerzensgeldes unter dem IPRCA 2001 stellt allerdings ein wichtiges Signal dar, dass ein Schadensausgleichssystem auch jenseits der rein finanziell messbaren Einbußen bereitstehen kann.

Bei aller und stellenweise sicher berechtigten Kritik am zunehmend zu beobachtenden Rückgang der Leistungen und der Einschränkung des Deckungsbereichs ist aber zu bedenken, dass eine höchstmögliche Entschädigung niemals das Ziel des *Accident Compensation Scheme* war. Vielmehr sollte das System nach den Prinzipien des *Woodhouse Reports* lediglich eine *gerechte* Entschädigung aller Unfallopfer unter Beseitigung sämtlicher Unzulänglichkeiten des *Tort Law* gewährleisten[1072]. Diese im Hinblick auf eine vollständige Kompensation bewirkte geringfügige Schlechterstellung des Einzelnen kann als zumutbarer Preis für die Besserstellung angesehen werden, die sich für zahlreiche Verletzte insbesondere durch die Schnelligkeit des Schadensausgleichs ergibt[1073].

1069) *Campbell*, Compensation for Personal Injury in New Zealand, S. 92 ff.; *Delaney*, VUWLR 22 (1992), S. 79 [79 ff.]; *Ison*, VUWLR 23 (1993), S. 25 [25 ff.]; *Harrison*, Matters of Life and Death, S. x, 9, 50; *Keppell*, Auckland ULR 1992, S. 190 [190 ff.]; *Lichtenstein*, Social Justice Resarch 12 (1999), S. 99 [101]; *Mahoney*, AmJCompL 40 (1992), S. 159 [208 f.]; *Maughan*, NZLJ 1999, S. 221 [221] ; *McGregor Vennell*, VUWLR 13 (1993), S. 13 [13 ff.]; *Miller*, Md.L.Rev. 52 (1993), S. 1070 [1070 ff., 1075]; *Palmer*, U. Toronto L.J. 44 (1994), S. 223 [233, 237]; *Todd*, Washburn L.J. 39 (2000), S. 404 [418 f.]; *Wilson/Duncan*, ZIAS 13 (1999), S. 397 [416]. Vgl. dazu näher oben, S. 101 f.

1070) Vgl. die positive Einschätzung in *ACC*, Annual Report 2000, S. 50 ff.

1071) „*Cave Creek Disaster*", nach *Todd*, Washburn L.J. 39 (2000), S. 404 [490].

1072) *ACC*, Annual Report January 1976, S. 13 f.; *Ison*, Accident Compensation, S. 179.

1073) *V. Hippel*, in: Haftungsersetzung durch Versicherungsschutz, S. 40 [71].

Auch wird in diesem Zusammenhang deutlich, dass sich das *Accident Compensation Scheme* nicht als ein eigenständig entwickeltes und neuartiges Schadensausgleichssystem darstellt, sondern vielmehr ein ausgedehnter Abkömmling der Arbeitsunfallversicherung ist. Gerade im Bereich der Arbeitsunfälle gewährt das System den weitreichendsten Schutz unter Einbeziehung von Krankheiten und die umfangreichsten Entschädigungen. Eine Verdienstausfallentschädigung in Höhe von 80% des regelmäßigen Arbeitseinkommens wird in der neuseeländischen Bevölkerung als sehr zufriedenstellend empfunden[1074]. Nichterwerbstätige, Rentner, Hausfrauen und Kinder werden hingegen nur im Hinblick auf die Übernahme der Behandlungskosten entschädigt und haben ansonsten allenfalls bei bleibenden Körperschäden einen Anspruch auf Schmerzensgeld.

Dass die unter dem *Accident Compensation Scheme* möglichen Entschädigungszahlungen als unzureichend empfunden werden, dürfte zusätzlich noch an einem nur aus dem Blickwinkel der angloamerikanischen Staaten heraus verständlichen Problem liegen: So kann unter der Geltung des *Tort Law* regelmäßig die Zahlung von Strafschadensersatz (*exemplary damages*) verlangt werden, was das neuseeländische System naturgemäß nicht vorsieht. Dass unter dem *Accident Compensation Scheme* kein Strafschadensersatz ausgezahlt werden kann, liegt im Grunde auf der Hand. Dies wäre nicht nur unpraktikabel im Zuge der angestrebten schnellen und effektiven Gewährung eines Schadensausgleichs, es würde sich auch gravierend auf die Höhe der zu zahlenden Beiträge auswirken. Da dies aufgrund der haftungsersetzenden Funktion des Systems faktisch einer Abschaffung des Rechtsinstituts der *exemplary damages* gleichkäme, hat sowohl der Gesetzgeber als auch inzwischen etwas zögerlicher die Rechtsprechung die isolierte Geltendmachung von Strafschadensersatz auf dem Klageweg zugelassen. Auch die Wiedereinführung von Schmerzensgeldansprüchen unter dem IPRCA 2001 weist in eine positiven Richtung.

Schließlich darf nicht vergessen werden, dass ein Geschädigter auch jenseits des Leistungsumfangs des *Accident Compensation Scheme* keinesfalls schutzlos gestellt ist: Private Versicherungen haben den Markt der über die staatliche Sicherung hinaus gehenden Ansprüche sofort entdeckt und bieten entsprechende Zusatzversicherungen an. Letztendlich scheint sich damit der Eindruck zu bestätigen, dass sich nicht nur das neuseeländische System den Bedürfnissen seiner Bevölkerung anpasst, sondern auch die Bevölkerung dem System: Einschränkungen im Deckungsbereich und im Leistungsumfang begegnet die Anwaltschaft mit vermehrten Klagen zur Umgehung des Systems, die Rechtsprechung mit der zunehmenden Anerkennung dieser Klagen, private Versicherungen mit Angeboten zur Abdeckung verbleibender Schutzlücken oder Kompensationsdefiziten.

1074) Nach *Todd*, Washburn L.J. 39 (2000), S. 404 [492].

Steigende Kosten im Gesundheitssystem durch den medizinisch-technischen Fortschritt und gestiegene Lebenserwartungen werden freilich ihren Teil dazu beitragen, dass die Ausgaben unter dem *Accident Compensation Scheme* weiter ansteigen werden. Naturgemäß kann der Gesetzgeber darauf nur in dreierlei Weise reagieren: Entweder durch eine Erhöhung der Beiträge, eine Kürzung der möglichen Leistungen oder durch eine Einschränkung des Versicherungsschutzes. Soll das System weiterhin für seine Bevölkerung finanzierbar sein, so können keine übertriebenen Erwartungen an den Umfang der möglichen Entschädigung gestellt werden. Auch die Forderung nach einer stärkeren Berücksichtigung von Opfern mit schweren Langzeitfolgen[1075] mit ihren außerordentlich hohen Kosten ist vor diesem Hintergrund doch wenig realistisch. Eine gesunde Balance zwischen den Faktoren der politisch vertretbaren Einnahmen und dem Umfang der steigenden Ausgaben zu finden, wird weiterhin eine Herausforderung für den neuseeländischen Gesetzgeber darstellen. Dies ist aber kein spezifisches Problem des *Accident Compensation Scheme*; dass ein modernes und gut funktionierendes Gesundheits- und Sozialsystem seinen Preis hat, ist eine weltweit allfällige Problematik.

III. Betrug

Ein effektiver Schadensausgleich kann nur dann gewährleistet werden, wenn die Inanspruchnahme des Systems für den Geschädigten rasch und ohne unnötige bürokratische Hindernisse möglich ist. Im Gegenzug fördert die Abnahme der Kontrolldichte seitens des Versicherers die Gefahr einer missbräuchlichen Inanspruchnahme des Systems. Da das *Accident Compensation Scheme* nach seinen ihm zugrundeliegenden Leitprinzipien effektive, also kurzfristig verfügbare Schadenskompensation gewährleisten sollte, verwundert es nicht, dass die betrügerische Inanspruchnahme von Leistungen (*fraud*) stets ein Problem unter dem System war. Die neuseeländischen Tageszeitungen berichten nahezu wöchentlich von der Aufdeckung derartiger Fälle[1076]. Mitte der 1980er Jahre wurde die betrügerische Ausnutzung des Systems sogar als ein maßgeblicher

---

1075) *Ison*, Accident Compensation, S. 31, 74 f., 188.

1076) Einer der größten Betrugsfälle hat kürzlich die Tagespresse von Neuseeland beherrscht: Nach einer Rückenverletzung hatte ein 45-jähriger Mann für zehn Jahre Verdienstausfallentschädigung in Höhe von insgesamt 495.000 NZ$ erhalten, obwohl er bereits nach kurzer Zeit wieder arbeitsfähig war und in der Zwischenzeit sehr lukrativen Tätigkeiten nachging, die ihn sogar zum „*self-made millionaire*" machten. Er wurde zu einer Freiheitsstrafe von drei Jahren verurteilt, vgl. die Meldung in der Tagszeitung *The Herald* v. 09.12.2004. Nur einen Monat später wurde der Fall einer Frau aufgedeckt, die über 20 Jahre unter einem falschen Namen unberechtigt Entschädigungszahlungen in Höhe von 152.106 NZ$ erhalten hatte, vgl. *The Herald* v. 21.01.2005.

Faktor für den Kostenanstieg angesehen[1077]. Eine missbräuchliche Inanspruchnahme der Leistungen des *Accident Compensation Scheme* war seinerzeit relativ leicht und wurde bekanntermaßen offensichtlich auch ausgenutzt[1078].

Gerade im Bereich der Fälle von sexuellem Missbrauch, die gegenüber den Betroffenen ohne bürokratische Hindernisse und möglichst anonym und ohne Vorlage von Beweisen abgewickelt werden sollten, häuften sich Betrugsfälle massiv[1079]. Wurden in diesem Bereich in den ersten 15 Jahren zunächst durchschnittlich ca. 200 Entschädigungsanträge pro Jahr eingereicht, so stieg diese Zahl im Jahr 1993 sprunghaft auf 13.000 an. Unter dem ARCIA 1992 wurden Entschädigungszahlungen für isolierte psychische Schäden nur noch bei zugrunde liegenden Sexualdelikten[1080] gewährt, was Auslöser für die Bildung einer regelrechten „*Sexual Abuse Industry*" gewesen sein dürfte: Aussagen von Psychologen, ein Patient sei sexuell missbraucht worden, genügten der ACC in der Regel bereits als Nachweis und brachten dem Patienten Entschädigungszahlungen und dem Psychologen die Bewilligung und Finanzierung einer umfassenden Therapie ein, die aus anderen Gründen nicht bewilligt worden wäre; gerade in diesem sensiblen Bereich werden bis heute zahllose Betrugsfälle vermutet und immer wieder aufgedeckt[1081].

Die ACC hat auf die Problematik reagiert und überprüft Entschädigungsanträge weitaus eingehender als früher, wenngleich sich die Betrugsproblematik allenfalls eindämmen, aber nicht ohne weiteres beseitigen lässt[1082]. So hat die ACC inzwischen eine eigene Abteilung eingerichtet, die für die Überprüfung

---

1077) Vgl. *Campbell*, Compensation for Personal Injury in New Zealand, S. 60; *Todd*, Washburn L.J. 39 (2000), S. 404 [413].

1078) *Birch*, Accident Compensation – A Fairer Scheme, S. 1; *Hussels*, ZIAS1990, S. 34 [47], mit Nachweisen aus Tageszeitungen, die von verschiedenen Fällen berichten, in deren Rahmen Personen mit Hilfe ärztlicher Gefälligkeitsbescheinigungen „bezahlten Urlaub" nahmen oder mehrere Monate „auf *accident compensation*" lebten.

1079) *Atkin/Evans/McLay/Petersson*, Torts in New Zealand, S. 150 f.

1080) Die Rechtslage hat sich insoweit nicht verändert, vgl. oben, S. 110 ff.

1081) Vgl. zu der Thematik das Buch von *Goodyear-Smith*, First Do No Harm: the Sexual Abuse Industry, zur 1993 insoweit ausgebrochenen regelrechten Hysterie in Neuseeland und deren Folgen mit ihren zahllosen unbegründeten Falschverdächtigungen, was zu einem Großteil auch dem sorglosen Verhalten der ACC zugeschrieben wurde. Die zahlreichen Falschverdächtigungen führten zur Bildung einer landesweiten Organisation, der *COSA (Casualties Of Sexual Allegations)*, im Internet vertreten unter der URL http://www.menz.org.nz/cosa.htm (Stand: 10.10.2005). Auch in der Tagespresse sind regelmäßig derartige Fälle vertreten, ein aufsehenerregender Fall wurde beispielsweise unter dem Titel „*Unravelling secrets of sexual abuse*" in der Tageszeitung *The New Zealand Herald* vom 02.02.2002 publiziert. Nach diesem Artikel wird die Bewilligung von Entschädigungszahlungen seit 1997 in Fällen behaupteten sexuellen Missbrauchs sehr viel restriktiver gehandhabt.

1082) *Campbell*, Compensation for Personal Injury in New Zealand, S. 60, 81.

von kritischen Fällen auf mögliche betrügerische Hintergründe zuständig ist[1083]. Wird eine betrügerische Inanspruchnahme von Leistungen von der ACC festgestellt, wird schon zu Zwecken der Abschreckung sofort Strafanzeige erstattet, ferner werden, wie die ACC warnend auf ihrer Homepage darstellt[1084], die Leistungen zurückgefordert, die betroffenen Berufsverbände informiert und gegebenenfalls eine weitere Überwachung des Antragstellers angeordnet.

IV. Organisation

Die Durchführung des *Accident Compensation Scheme* hatte man einst der öffentlichen Hand anvertraut, nachdem Kostenschätzungen zu dem Ergebnis geführt hatten, dass die Verwaltungskosten einer Privatversicherung etwa das Doppelte einer öffentlichen Versicherung betragen würden[1085]. Tatsächlich konnten die Verwaltungskosten immer recht niedrig gehalten werden. Sie betrugen 1975 6% und stiegen bis 1979 auf 11,7 % der Gesamteinnahmen[1086]. Nach zahlreichen Umstrukturierungen im Verwaltungsbereich sanken die Verwaltungskosten im Jahr 1993 auf ca. 7 % der Gesamteinnahmen[1087]. Dieser Wert konnte bis heute in etwa gehalten werden[1088]. In der Tat zeigt der Vergleich mit privaten Versicherungen in Deutschland, dass deren Verwaltungskosten weitaus höher liegen und teilweise bis zu 50% der Prämieneinnahmen betragen[1089]. Die *Pearson Commission* hatte in ihrem Bericht[1090] sogar belegt, dass unter Geltung des Haftungsrechts – zumindest im angloamerikanischen Raum – die reinen Verwaltungskosten, wobei dieser Begriff hier im weitesten Sinne verstanden wird, 85% der letztendlich verfügbaren Entschädigungszahlungen ausmachten[1091].

Trotz der gegen das neuseeländische System insoweit oft vorgebrachten Vorwürfe kann damit festgehalten werden, dass das *Accident Compensation Scheme* ein unter wirtschaftlichen Gesichtspunkten außergewöhnlich effizientes Schadensausgleichssystem darstellt[1092].

1083) *„Risk & Assurance and Fraud division"*.

1084) Siehe im Internet unter der URL http://www.acc.co.nz/claimscare/find-out-about-fraud/index.html (Stand: 10.10.2005).

1085) Vgl. *v. Hippel*, in: Haftungsersetzung durch Versicherungsschutz, S. 40 [52]; *Harris*, Modern L. Rev. 37 (1974), S. 361 [368].

1086) *V. Hippel*, in: Haftungsersetzung durch Versicherungsschutz, S. 40 [54].

1087) *Palmer*, U. Toronto L.J., Vol. 44 (1994), S. 223 [227].

1088) *Cane*, Atiyah's Accidents, Compensation and the Law, S. 413; *Duncan*, ZIAS 16 (2002), S. 67 [68].

1089) *V. Hippel*, in: Haftungsersetzung durch Versicherungsschutz, S. 40 [59].

1090) Zum *Pearson Report* unten, S. 265 f.

1091) Nach *Cane*, Atiyah's Accidents, Compensation and the Law, S. 413.

1092) So auch *Towse/Danzon*, Health Econ. 8 (1999), S. 93 [98].

Aber auch im Bereich des Schadensmanagements wurde der ACC vorgeworfen, sie gehe zu wenig auf die Bedürfnisse des einzelnen Geschädigten ein, sei unflexibel, bürokratisch und erreiche nicht den Standard, den private Versicherungen leisten könnten[1093]. Dies erkannte die ACC im Jahr 1994 auch offiziell an, und konnte dabei ihre „Kundenzufriedenheit" (*customer satisfaction*) von unter 50% auf 77% im Jahr 1999 steigern[1094] und erreicht heute insoweit sogar – nach ihren eigenen Angaben – einen Wert von 84%[1095].

C. Die Zukunft des *Accident Compensation Scheme*

Das *Accident Compensation Scheme* existiert nunmehr seit über 30 Jahren. Die bemerkenswerte und für die Einführung des Systems im Jahr 1972 unabdingbare Einigkeit aller politischen Parteien ist seit 1992 entfallen[1096]. Nachdem die führenden politischen Kräfte des Landes zunehmend verschiedene Vorstellungen von der Zukunft des Schadensausgleichrechts in Neuseeland entwickelten, wurde das System bislang viermal grundlegend geändert. Legte die *National Party* noch im Jahr 1998 den Grundstein für die Privatisierung des gesamten Systems, so spekulierte die *Labour Party* schon zwei Jahre später über die Einbeziehung von Krankheiten unter das von ihr wieder verstaatlichte *Accident Compensation Scheme*.

Mag sich damit die These bestätigt haben, dass das *Accident Compensation Scheme* tatsächlich zu einem Spielball der politischen Kräfte des Landes geworden ist, so stellt sich die Frage nach dessen weiterer Zukunft. Die möglichen und in der politischen Diskussion vertretenen Varianten reichen von einer völligen Abschaffung des Systems über die Umwandlung zu einem zweispurigen System unter Zulassung des Klagerechts bis hin zur Schaffung einer umfassenden Gesundheitsversicherung, die auch Krankheiten entschädigt[1097]. Eine völlige Abschaffung des Systems unter Wiederbelebung des Haftungsrechts steht allerdings derzeit wohl kaum zu befürchten. Das *Accident Compensation Scheme* hat sich nach über 30 Jahren derart etabliert und ist mit dem gesellschaftlichen und rechtlichen Gesamtgefüge Neuseelands so verwoben, dass dessen völlige Besei-

---

1093) *Duncan*, NZJIR 20 (3/1995), S. 237 [237 f.].

1094) *New Zealand Institute of Economic Research*, Re-nationalisation of work-related accident compensation, S. 14.

1095) *ACC*, Annual Report 2004, S. 1, wobei freilich nicht angegeben wird, wie dieser Wert eruiert wurde.

1096) *Palmer*, U. Toronto L.J. 44 (1994), S. 223 [237].

1097) Vgl. *Maughan*, NZLJ 1999, S. 221 [221 ff.]; *Todd*, Washburn L.J. 39 (2000), S. 404 [487 ff.].

tigung unter Rückkehr zum Haftungsrecht kaum mehr denkbar erscheint und auch in der öffentlichen Diskussion kaum ernsthaft mehr gefordert wird[1098].

Weitaus mehr Stimmen sprechen sich aber dafür aus, das Recht zur direkten Inanspruchnahme eines Schädigers wieder zuzulassen, das *Accident Compensation Scheme* also nur noch als haftungsergänzendes System weiterzuführen[1099]. Nach der klaren Rechtsprechung des *Court of Appeal*, wonach Schadensersatzklagen ausschließlich dann zulässig sind, wenn der Deckungsbereich des *Accident Compensation Scheme* nicht eröffnet ist, versuchen sich Geschädigte offenbar vermehrt darauf zu berufen, ihre Verletzung unterfalle nicht dem staatlichen System, um möglicherweise höhere Schadensersatzforderungen durchzusetzen[1100]. Derartige Fälle gab es freilich immer, und sie werden unvermeidbar sein, solange die staatlichen Entschädigungszahlungen hinter den tatsächlichen finanziellen Einbußen oder auch nur hinter den Erwartungen der Geschädigten zurückbleiben. Die inzwischen sogar gesetzlich zugelassene Möglichkeit, Strafschadensersatz vom Schädiger zu fordern, selbst wenn ein Entschädigungsanspruch unter dem *Accident Compensation Scheme* besteht, ist eine fast zwangsläufige Folge dieser Entwicklung[1101]. Gerade hier wird aber auch eine zweite Problematik deutlich, die für viele ein Argument für die Wiedereinführung des Klagerechts darstellen dürfte: Die Suche nach einem Verantwortlichen für einen Unfall kann man durchaus als ein menschliches Bedürfnis ansehen. Im Hinblick auf das Entfallen der individuellen Verantwortlichkeit eines Schädigers könnte in Einzelfällen seitens eines Geschädigten daher – gerade mit Blick auf den Regressverzicht der ACC – der Gedanke ausgleichender Gerechtigkeit vermisst werden[1102]. In der überwiegenden Mehrzahl der Fälle scheint die nicht vorhandene Möglichkeit, den Schädiger persönlich belangen zu können, für verletzte Personen in Neuseeland keine bedeutsame Einbuße darzustellen; insoweit überwiegt in der Regel der Vorteil, ohne nennenswerten bürokratischen und vor allem zeitlichen Aufwand eine angemessene Entschädigung zu erhalten[1103]. Die verbleibenden Fälle können mit Hilfe des Strafrechts, sonstiger repressiver gesetzlicher Maßnahmen oder eben auch durch eine Klage auf *exemplary damages* bewältigt werden. Eine Bestrafung des Schädigers, die letztlich als Motivation hinter derartigen Gerechtigkeitsgedanken steht, ist schließlich keine Aufgabe

---

1098) *Todd*, Washburn L.J. 39 (2000), S. 404 [489, 495].

1099) In diesem Sinne *Mahoney*, AmJCompL 40 (1992), S. 159 [159 ff.]; *Miller*, U. Haw. L. Rev. 11 (1989), S. 1 [1 ff.]; *O'Connell/Brown/Vennell*, NZLJ 1988, S. 399 [399 ff.].

1100) *Todd*, Washburn L.J. 39 (2000), S. 404 [490].

1101) Vgl. dazu oben, S. 155 ff.

1102) *Ison*, Accident Compensation, S. 179, sieht hierin sogar die wichtigste Motivation der Befürworter eines zweispurigen Systems oder auch der Gegner des Systems, die eine Wiedereinführung des Deliktsrechts rechtfertigen wollen. Vgl. auch *Todd*, Washburn L.J. 39 (2000), S. 404 [490].

1103) *Ison*, Accident Compensation, S. 179 f.; *Todd*, Washburn L.J. 39 (2000), S. 404 [491].

des *Accident Compensation Scheme*, ebenso wenig wie sie eine solche des Haftungsrechts ist[1104].

Jenseits dieser theoretischen Überlegungen würde allerdings in der Praxis die Einführung des Klagerechts die Effizienz des derzeitigen Systems empfindlich stören. Faktisch wären alle Beteiligten zum Abschluss eigener Haftpflichtversicherungen gezwungen, zudem müsste ein zunächst unübersehbarer Verwaltungsaufwand finanziert werden. Von politischer Seite wurde daher die Einführung eines Klagerechts bislang stets abgelehnt, da diese Alternative zu aufwendig sei und vor allem das Auftreten unüberschaubarer Kosten auslösen würde[1105].

Ein weiterer Punkt, der vermutlich noch auf absehbare Zeit die politische Diskussion in Neuseeland beherrschen wird, ist die Frage nach der Einbeziehung von Krankheiten unter das System. Diesbezügliche Anläufe der *Woodhouse Commission* in Australien[1106] und der *Law Commission* in Neuseeland[1107] verliefen ebenso im Sande wie die Überlegungen der *Labour Party* vor der Verabschiedung des IPRCA 2001. So sehr Gerechtigkeits- und Gleichheitspostulate für eine solche Ausweitung des Systems sprechen, so sicher werden hier neue Fragen auftauchen: Rechtfertigt beispielsweise eine schmerzhafte Krankheit ebenso die Zahlung von Schmerzensgeld wie ein Unfall, der die gleichen Symptome augelöst hätte? Verneint man dies, werden die Abgrenzungsprobleme zwischen Unfall und Krankheit nicht an Aktualität verlieren. Sollte das Schmerzensgeld als Entschädigungsleistung unter dem *Accident Compensation Scheme* zukünftig beibehalten werden, wäre ein Unfall finanziell gesehen für den Betroffenen stets günstiger als eine Krankheit mit denselben Folgen. Eine „Gleichbehandlung aller Geschädigten", wie man es in diesem Zusammenhang unter Bezugnahme auf den Ausgangspunkt dieser Arbeit[1108] gerne als Postulat aufstellen möchte, wird insoweit kaum möglich sein, ohne ganz erhebliche Abstriche bei den Entschädigungsleistungen insgesamt zu machen. Die Abschaffung des Schmerzensgeldes wäre wohl eine zwangsläufige Folge einer solchen Entwicklung. Die Ausdehnung der Grenzen des *Accident Compensation Scheme* ist daher untrennbar mit der Höhe der möglichen Entschädigungsleistungen verknüpft. Die Höhe der möglichen Entschädigungsleistungen wiederum ist der Maßstab für die Akzeptanz des Systems in der Bevölkerung. Wo immer man die Grenzen des Systems ziehen wird, werden sich einzelne Ungerechtigkeiten nie ausschließen lassen. Dreißig Jahre Erfahrung positiver und negativer Art und die Durchführung zahlloser Untersuchungen während dieser Zeit lassen allerdings

---

1104) *Todd*, Washburn L.J. 39 (2000), S. 404 [490].

1105) *Palmer*, U. Toronto L.J., Vol. 44 (1994), S. 223 [252]; *Todd*, Washburn L.J. 39 (2000), S. 404 [490].

1106) Vgl. dazu unten, S. 265.

1107) Vgl. dazu oben, S. 91.

1108) Vgl. oben, S. 54.

hoffen, dass zukünftige Änderungen des *Accident Compensation Scheme* sorgfältiger überdacht und die Auswirkungen bereits im Vorfeld erkennbar werden. Wie immer das System sich weiterentwickeln wird, Neuseeland kann in jedem Fall für sich beanspruchen, eine der gewagtesten und umfassendsten Sozialreformen in der Geschichte mit großem Erfolg durchgeführt zu haben.

D. Das neuseeländische System als Vorbild für internationale Reformen

Viele Staaten zeigten nach Inkrafttreten des ACA 1972 großes Interesse an dem neuseeländischen Modell[1109]. Als erstes Land nahm der Nachbarstaat Australien entsprechende Reformbemühungen auf und setzte bereits 1974 eine der neuseeländischen *Woodhouse Commission* entsprechende Kommission – ebenfalls unter dem Vorsitz von *Sir Owen Woodhouse* – ein, welche die Praktikabilität einer allgemeinen Versicherung für Personenschäden in Australien prüfen sollte. In ihrem Bericht[1110] schlug die Kommission sogar vor, Krankheiten in den Versicherungsschutz mit einzubeziehen. Obwohl auf Grundlage dieses Berichts bereits ein fertig ausgearbeiteter Gesetzesentwurf vorlag, dessen Verabschiedung unmittelbar bevorstand[1111], wurden die Pläne nach einem Regierungswechsel wieder verworfen[1112]. Eine Umsetzung dieses Modells wäre weltweit als die erste umfassende Gesundheitsversicherung in die Geschichte eingegangen. Seitdem hat Australien entsprechende Pläne allerdings nicht weiterverfolgt.

In Großbritannien berief man im März 1973 eine Kommission unter der Leitung von *Lord Pearson* ein, die sich ebenfalls mit den Problemen der rechtlichen Behandlung von Unfallschäden auseinandersetzte. Sie veröffentlichte fünf Jahre später einen dreibändigen, 1094 Seiten umfassenden Bericht, der als *Pearson Report* bekannt wurde[1113]. Im *Pearson Report* schlug man zumindest für Verkehrsunfälle eine versicherungsrechtliche Lösung vor, die man dann im Falle ihrer Bewährung zu einer Volksunfallversicherung weiterentwickeln könnte[1114]. Im Hinblick auf medizinische Behandlungsunfälle empfahl man zunächst die

---

1109) *V. Hippel*, in: Haftungsersetzung durch Versicherungsschutz, S. 40 [55]; *Ison*, Accident Compensation, S. ix; *Palmer*, Compensation for Incapacity, S. 406.

1110) *National Committee of Inquiry, Compensation and Rehabilitation in Australia*, Report of the National Committee of Inquiry, Canberra 1974; der Bericht kam – erwartungsgemäß – im Wesentlichen zu den gleichen Ergebnissen wie der neuseeländische *Woodhouse Report*, vgl. dazu eingehend *Keeler*, The Adelaide L. R. 1975, S. 121 [121 ff.].

1111) Vgl. seinerzeit *Jitsuka/Glücksmann*, VSSR 4 (1976), S. 349 [369].

1112) *Fleming*, The Law of Torts, S. 391.

1113) *Royal Commission on Civil Liability and Compensation for Personal Injury*, Report of the Royal Commission on Civil Liability and Compensation for Personal Injury.

1114) Pearson Report, Vol. 1, S. 65 ff., 69 f., 212 ff., 361 ff. Vgl. hierzu ausführlich *Kötz*, VersR 1979, S. 585 [585 ff.].

Beobachtung der Systeme in Neuseeland und Schweden[1115], um aus den dortigen Erfahrungen später über die Einführung eines entsprechenden Schadensausgleichssystems entscheiden zu können[1116]. Eine Umsetzung auch nur eines Vorschlags des *Pearson Reports* fand allerdings bisher nicht statt[1117].

Auch in Ontario wurde in der Literatur die Ausweitung des bestehenden haftungsersetzenden *No-Fault*-Systems für Verkehrsunfallopfer auf alle Unfallopfer nach neuseeländischem Vorbild gefordert[1118], aber bislang nicht umgesetzt.

In vielen Teilbereichen des Unfallschadensrechts hat das neuseeländische Modell hingegen oftmals als Vorbild gedient. Bei Einführung der schwedischen Patientenversicherung[1119] wurde auf die Erfahrungen in Neuseeland zurückgegriffen, wobei das schwedische Modell als sozialstaatliche Ausgestaltung der Arzthaftung schnell auf internationale Anerkennung gestoßen ist und von verschiedenen Staaten in ähnlicher Form übernommen wurde[1120]. Auch in den australischen und amerikanischen Staaten, in denen im Bereich der Verkehrsunfallhaftung versicherungsrechtliche Modelle eingeführt wurden, hat man sich der Erfahrungen aus Neuseeland bedient[1121].

Eine umfassende Volksunfallversicherung nach neuseeländischem Vorbild wurde allerdings trotz des anfänglich großen Interesses bislang noch in keinem anderen Staat eingeführt. Insbesondere die völlige Abschaffung des Haftungsrechts im Geltungsbereich des Versicherungssystems dürfte für die meisten Länder das entscheidende Hindernis zur Einführung eines Modells nach neuseeländischem Vorbild gewesen sein[1122]. Dies zeigt sich nicht zuletzt daran, dass die meisten Staaten die in Teilbereichen eingeführten Versicherungssysteme lediglich haftungsergänzend und nur in wenigen Fällen haftungsersetzend ausgestaltet haben[1123].

1115) Zur schwedischen Patientenversicherung vgl. oben, S. 49 f.

1116) Vgl. *Kötz*, VersR 1979, S. 585 [585 ff.].

1117) *Tunc*, International Encyclopedia of Comparative Law, Vol. 11, supp. I-16.

1118) *West*, JLSP 10 (1994), S. 241 [241 ff.].

1119) Zu den Einzelheiten des schwedischen Versicherungsmodells vgl. oben, S. 49 f.

1120) *Katzenmeier*, in: Die Entwicklung der Arzthaftung, S. 59 [61]; *Köhler*, in: Arzthaftung, S. 207 [246]; *Radau*, Ersetzung der Arzthaftung durch Versicherungsschutz, S. 207; dazu näher oben, S. 49 f.

1121) Vgl. hierzu schon oben, S. 47 ff.

1122) *Gaskins*, VUWLR 34 (2003), S. 213 [213]; *St John*, VUWLR 34 (2003), S. 443 [444].

1123) Vgl. dazu die Länderübersicht oben, S. 47 ff.

E. Ausblick

Trotz der als Pionierleistung gefeierten und bewunderten Einführung des *Accident Compensation Scheme* in Neuseeland war das ausländische Interesse hieran doch zumeist akademischer Natur. Soweit verschiedene Länder bei der Reformierung von Teilbereichen des Unfallschadensrechts noch auf die Erfahrungswerte in Neuseeland zurückgegriffen haben, gab es nur wenige Verfechter der Einführung einer umfassenden Volksunfallversicherung nach neuseeländischem Vorbild.

In Deutschland schlug vor allem *v. Hippel* im Jahr 1968 in seiner Habilitationsschrift bezüglich der Verkehrsunfälle die „Überwindung" des bisherigen Systems vor[1124]. Nach dem wenige Jahre später folgenden Inkrafttreten des neuseeländischen Systems trat er in zahlreichen weiteren Veröffentlichungen mit Vehemenz für die Einführung einer Volksunfallversicherung nach diesem Vorbild in Deutschland ein[1125]. Einen recht konkreten Vorschlag zur Schaffung einer Gesundheitsversicherung, die sämtliche Unfälle und Krankheiten abdecken sollte, arbeitete bereits im Jahr 1972 *Schäfer* aus[1126]. Einen Plan zur Ausdehnung des Systems der berufsgenossenschaftlichen Haftung über Arbeitsunfälle hinaus auf Umweltschäden hat *Wagner* im Jahr 1990 erarbeitet[1127].

Als Vorteile einer derartigen Globalreform werden vor allem die Beseitigung aller noch bestehenden Schutzlücken und Abgrenzungsschwierigkeiten im sozialen Sicherungssystem, die Vereinfachung und Beschleunigung der Schadensregulierung und die Bewahrung des Einzelnen vor ruinösen Haftungsrisiken angeführt[1128].

Die Reformvorschläge stießen jedoch weitgehend auf Skepsis und Ablehnung[1129]. Die Argumente der Gegner der Einführung einer Volksunfallversicherung gipfelten in der Aussage von *Stark*, das neuseeländische Modell sei eben auf eine Gesellschaft zugeschnitten, in der es mehr Schafe als Menschen gebe und schon deshalb nicht auf hiesige Verhältnisse übertragbar[1130]. Dass aber gerade die Argumente dieses wohl stärksten Gegners einer Einführung des neusee-

1124) *V. Hippel*, Schadensausgleich bei Verkehrsunfällen, S. 8 ff.

1125) *V. Hippel*, NJW 1967, S. 1729 [1736]; *ders.*, JZ 1972, S. 735 [736 f.]; *ders.*, ZRP 1972, S. 49 [50]; *ders.*, ZRP 1973, S. 27 [27 ff.]; *ders.*, ZRP 1976, S. 252 [254]; *ders.*, Grundfragen der sozialen Sicherheit, S. 30; *ders.*, in: Haftungsersetzung durch Versicherungsschutz, S. 40 [56 ff.].

1126) *Schäfer*, Soziale Schäden, soziale Kosten und soziale Sicherung.

1127) *Wagner*, Kollektives Umwelthaftungsrecht auf genossenschaftlicher Grundlage.

1128) *Becker*, Die materielle Rechtsstellung, S. 131; *v. Hippel*, ZRP 1976, S. 252 [253 f.]; *ders.*, in: Haftungsersetzung durch Versicherungsschutz, S. 40 [56 ff.].

1129) Vgl. nur *Baumann*, VSSR 3 (1975), S. 1 [2] und *Stark*, VersR 1981, S. 1 [2].

1130) Vorgetragen auf der Tagung für Rechtsvergleichung vom 12. - 15. September 1979 in Lausanne, wiedergegeben bei *Widmer*, in: Symposium Stark, S. 49 [63] u. *Kötz*, RabelsZ 44 (1980), S. 124 [127], der darüber hinaus die Schafe zu Kühen „aufblähte".

ländischen Modells mehr emotional motiviert waren als auf fundierter Kenntnis der Materie beruhten, zeigte sich auch in der Aussage von *Stark*, Neuseeland sei schon deswegen nicht mit hiesigen Staaten vergleichbar, weil in diesem Land die Industrialisierung noch in den Anfängen stünde und der Lebensstandard erheblich niedriger sei als in Westeuropa[1131], was freilich völlig aus der Luft gegriffen war.

Grundsätzlich muss man vielmehr feststellen, dass das *Accident Compensation Scheme* weder eine neuseeländische Spezialität noch eine Schöpfung des *Common Law* ist, die eine Übertragung auf kontinentale Rechtssysteme verbieten würde[1132]. Sicherlich gab es in Neuseeland zahlreiche Faktoren, welche die erfolgreiche Einführung des *Accident Compensation Scheme* begünstigten. Mit einer vergleichsweise geringen Bevölkerungszahl von seinerzeit 3.3 Mio. Menschen, einer niedrigen Bevölkerungsdichte, einer relativ homogenen Struktur der Gehälter, der Existenz eines bereits recht fortgeschrittenen Sozialsystems und vor allem einem guten politischen Klima haben in Neuseeland ohne Zweifel Voraussetzungen vorgelegen, welche die praktische Durchführbarkeit des *Accident Compensation Scheme* erheblich vereinfacht haben[1133]. Die prinzipielle Möglichkeit einer Einführung des Systems in anderen Staaten ist daher gegeben.

Der direkte Vergleich des neuseeländischen mit hiesigen, aus dem Zusammenspiel von Haftungs- und Sozialrecht bestehenden Schadensregulierungssystemen zeigt indes, dass die Leistungen in Neuseeland insoweit zurückbleiben[1134]. Die historisch gewachsenen und vielfältig gegliederten Ausgleichsregeln lassen in Deutschland oder auch anderen vergleichbaren Staaten das Bedürfnis nach einer globalen Reform wenig dringlich erscheinen. Der Übergang von den derzeitigen Systemen zu einer Volksunfallversicherung wäre ohnehin nur gerechtfertigt, wenn das neue System in Bezug auf Gerechtigkeitspostulate und Effizienzziele besser abschnitte als das herkömmliche[1135]. Wenn auch das Nebeneinander von Haftungs- und Sozialrecht zweifellos außerordentlich komplex ist und in Einzelfällen auch ohne sachlich nachvollziehbare Gründe ungerechte Folgen auslöst, sind hierzulande kaum elementare Schutzlücken denkbar: Der effektive und lückenlose Schutz des Einzelnen, den der soziale Charakter des Schadensausgleichs fordert, ist in Deutschland zwar nicht vollständig,

---

1131) *Stark*, VersR 1981, S. 1 [2].

1132) *Jitsuka/Glücksmann*, VSSR 4 (1976), S. 349 [369].

1133) *Jitsuka/Glücksmann*, VSSR 4 (1976), S. 349 [368]. Die politische Einigkeit über das System ist allerdings seit 1992 mit Verabschiedung des ARCIA 1992 entfallen, vgl. *Palmer*, U. Toronto L.J. 44 (1994), S. 223 [237].

1134) *Deutsch*, auf der Jahrestagung des Deutschen Sozialgerichtsverbands 1974 in Berlin, wiedergegeben bei *Baumann*, VSSR 3 (1975), S. 1 [9].

1135) *Kötz*, in: Haftungsersetzung durch Versicherungsschutz, S. 7 [8].

aber doch weitestgehend erreicht worden[1136]. Entsprechendes dürfte für die meisten anderen modernen Rechtsstaaten gelten, wobei zumindest in den *Common Law*-Staaten aufgrund der dort weitgehend fehlenden Gefährdungshaftungstatbestände größere Schutzlücken bestehen als hierzulande[1137], so dass dort das neuseeländische Modell noch am Ehesten als Vorbild dienen könnte. Schließlich wäre zu bedenken, dass die mit dem derzeitigen System des Schadensausgleichs verbundenen Betätigungsfelder für Versicherungen und Rechtsanwälte eine schlagartige Reform – sei es durch Einführung einer Volksunfallversicherung oder auch nur einer versicherungsrechtlichen Lösung im Bereich von Verkehrsunfallschäden – kaum realistisch erscheinen lassen[1138].

Die meisten Länder wollen dementsprechend am derzeitigen System der Koppelung von Haftung, Haftpflichtversicherung und Sozialversicherung festhalten und den bestmöglichen Schutz des Einzelnen eher durch eine Verschärfung des Haftungsrechts als durch eine Ausweitung des Sozialrechts erreichen[1139]. Im Kfz-Bereich wird hier oft die Einführung einer strikten, nicht durch Höchstsummen begrenzten Haftung des Kraftfahrzeugführers gefordert, die ein Schmerzensgeld einschließt, wobei eine Anspruchskürzung nur bei unverzeihlichem Selbstverschulden des Verletzten stattfinden kann[1140]. Diesen Weg ist man beispielsweise in Frankreich[1141] und in den Niederlanden gegangen[1142].

Eine zwischen den beiden Lösungsansätzen zur rechtlichen Bewältigung des Unfallproblems – staatliche Gesundheitsversicherung oder Verschärfung des Haftungsrechts – stehende Alternative ist schließlich die Einführung einer haftungs*ergänzenden* versicherungsrechtlichen Lösung. Zahlreiche Staaten haben, wie bereits oben[1143] erörtert, für den Bereich der Verkehrsunfallschäden derartige Systeme entwickelt, wobei die versicherungsrechtlichen Systeme eine pau-

---

1136) Zur Lückenlosigkeit des Versicherungsschutzes vgl. *Kötz/Wagner, Deliktsrecht,* Rndrn. 408 ff.

1137) *Zweigert/Kötz*, Einführung in die Rechtsvergleichung, S. 672, 685.

1138) *Becker*, Die materielle Rechtsstellung, S. 4; *Zweigert/Kötz*, Einführung in die Rechtsvergleichung, S. 690. Vgl. dazu auch die leicht zynische Anmerkung von *Cane*, Atiyah's Accidents, Compensation and the Law, S. 426: *„So far as the legal profession is concerned, we may have to face up to the fact that without the tort system, society would need viewer lawyers*".

1139) Vgl. hierzu grundlegend *Cane*, Atiyah's Accidents, Compensation and the Law, S. 398 ff. sowie *Kötz/Wagner*, Deliktsrecht, Rndr. 429.

1140) *Bauer*, VersR 1983, S. 615 [617 f.]; *v. Caemmerer*, RabelsZ 42 (1978), S. 5 [20]. Letztlich war auch in Neuseeland die Forderung nach der Einführung einer Gefährdungshaftung für Kfz-Unfälle Auslöser des eigentlichen Reformprozesses zur Schaffung des *Accident Compensation Scheme*, vgl. oben, S. 75 f.

1141) Loi nr. 85-677 du 7 juillet 1985; nach *Kötz/Wagner*, Deliktsrecht, Rndr. 429, kommt es heute dank dieser Regelung in Frankreich in 85-90% aller Fälle nicht mehr auf den Nachweis des Verschuldens bei den Beteiligten an.

1142) Vgl. dazu *Kötz/Wagner*, Deliktsrecht, Rndr. 429.

1143) Dazu oben, S. 47 ff.

schalierte Schadenskompensation gewährleisten sollen, dem Geschädigten aber daneben der Zivilrechtsweg gegen den Schädiger offen steht. So überlegen diese Lösung auf den ersten Blick erscheinen mag – scheint sie doch die Vorteile versicherungsrechtlicher Systeme mit den Vorteilen des Haftungsrechts zu kombinieren –, hat sie sich in der Praxis dennoch nicht bewährt. Derartige zweispurige Systeme setzen organisatorisch das Bestehen sämtlicher zur Um- und Durchsetzung des Haftungsrechts notwendigen Institutionen voraus, vom Gerichtssytem bis hin zu den Haftpflichtversicherungen. Damit entstehen letztlich doppelte Kosten, welche die Bürger zu tragen haben und derartige Systeme außerordentlich teuer machen[1144]. Weiterhin hat sich gezeigt, dass derartige Systeme gerade aus diesen Kostengründen insgesamt nur geringe Kompensationszahlungen gewähren und dort überhaupt keine Entschädigung leisten, wo sie am Dringendsten benötigt würde, nämlich bei lebenslang geschädigten Opfern. Hier werden die Geschädigten praktisch immer auf den Zivilrechtsweg verwiesen, so dass ein echter Vorteil von zweispurigen Systemen faktisch nicht existiert[1145].

Letztendlich liegt es daher wohl für alle Staaten mit einem funktionierenden Schadensausgleichssystem näher, die zweifellos bestehenden Ungerechtigkeiten und Lücken im Zusammenspiel von Haftungs- und Sozialrecht im Bereich von Unfallschäden durch gezielte Einzelmaßnahmen zu beseitigen oder wenigstens zu reduzieren. In der hiesigen Literatur wurde und wird schließlich mehrheitlich auch eine Reform unter Beibehaltung des derzeitigen Nebeneinanders von Haftungs- und Sozialrecht befürwortet[1146].

Dies soll nicht heissen, dass das neuseeländische Modell keine Alternative zu den hiesigen Schadensausgleichssystemen darstellt. Zweifellos stellte die Einführung des *Accident Compensation Scheme* unter Abschaffung der Individualhaftung in Neuseeland einen wichtigen Schritt in die Richtung einer vollständigen sozialen Sicherung von Unfallopfern dar. Die Reform zeigt eine reale Möglichkeit der Rechtsfortbildung auf und ermöglicht einen effizienten und gerechten Schadensausgleich für alle Unfallopfer. Gleichwohl hat sich aber gezeigt, dass auch das neuseeländische System von dem Ideal einer Gesundheitsversicherung, die unabhängig von der Ursache einer körperlichen Beeinträchti-

---

1144) *Cane*, Atiyah's Accidents, Compensation and the Law, S. 402; *O'Connell*, Insurance LJ 1979, S. 129 [129].

1145) *Cane*, Atiyah's Accidents, Compensation and the Law, S. 402 f.; *Klar*, Can BR 68 (1989), S. 301 [301 f.]; *ders.*, in: *Steel/Rodgers-Magnet*, Issues in Tort Law, S. 33; *Mahoney*, in: *McLean*, Law Reform and Medical Injury Litigation, S. 32 [32 ff.]; *O'Connell*, Insurance LJ 1979, S. 129 [129].

1146) *Bauer*, VersR 1983, S. 615 [617 f.]; *Baumann*, VSSR 3 (1975), S. 1 [9 ff. m. w. Nachw., 42]; *Borgmann*, ZRP 1973, S. 53 [53 ff.]; *v. Caemmerer*, RabelsZ 42 (1978), S. 5 [20]; *Cane*, Atiyah's Accidents, Compensation and the Law, S. 403; *Kötz*, RabelsZ 44 (1980), S. 124 [127]; *Leser*, AcP 183 (1983), S. 568 [572 ff.]; *Rieger*, ZVersWiss 75 (1986), S. 11 [32]; *Schmeer*, VersR 1973, S. 390 [395]; *Stoll*, Haftungsfolgen im bürgerlichen Recht, S. 114; *Zweigert/Kötz*, Einführung in die Rechtsvergleichung, S. 690 f.

gung effektiven Schadensausgleich gewährt, noch weit entfernt ist und dies aller Voraussicht nach auch immer bleiben wird[1147]. Immerhin gewährt das *Accident Compensation Scheme* jedoch, im Vergleich zu anderen Sozialversicherungstypen, den Opfern körperlicher Schäden noch recht großzügige Leistungen[1148]. Die Abhängigkeit des Systems von der Finanzstärke des zugrundeliegenden Staatssystems und der politischen Interessengruppen lässt aber vermuten, dass es sich nunmehr nach über 30 Jahren in dieser Abhängigkeit in gewisser Weise eingependelt hat und weitergehende Reformen in Richtung des Ideals einer Gesundheitsversicherung eher unwahrscheinlich sein dürften.

Als Ergebnis dieser Arbeit lässt sich feststellen, dass das neuseeländische *Accident Compensation Scheme* ohne weiteres ein sozialpolitisches Experiment darstellt, aber ein Experiment, das gelungen ist. Dennoch ist es zumindest für Staaten mit einem funktionierenden Schadensausgleichssystem kein unbedingt nachahmenswertes Experiment. Das *Accident Compensation Scheme* hat zwar einige Unzulänglichkeiten des Haftungsrechts beseitigt, dafür aber neue Probleme geschaffen. Die unbestreitbaren Vorzüge des neuseeländischen Systems gegenüber dem Haftungsrecht müssen dabei teilweise mit unvollständigem Schadensausgleich oder mit einem Streit um die Anwendungsvoraussetzungen des Systems bezahlt werden.

Erwin Deutsch überschrieb eine seiner Publikationen über das *Accident Compensation Scheme* außerordentlich treffend mit den Worten Friedrichs des Großen:

„Der Mantel des Königs ist warm, aber eng“[1149].

1147) So auch *Cane*, Atiyah's Accidents, Compensation and the Law, S. 400.

1148) *Cane*, Atiyah's Accidents, Compensation and the Law, S. 401; *Palmer*, U. Toronto L.J., Vol. 44 (1994), S. 223 [322 f.]; *Rea*, Auckland ULR 4/1982, S. 235 [235].

1149) *Deutsch*, RabelsZ 44 (1980), S. 487 [487].

5. Teil:

Wesentliche Ergebnisse

1. Im heutigen Zeitalter der Technik kommt in allen modernen Rechtsstaaten der Unfallverhütung und dem Unfallschadensausgleich eine immense Bedeutung zu; zur Bewältigung dieses Problems haben sich grundsätzlich zwei Wege entwickelt und bewährt, nämlich entweder die Verschärfung der persönlichen Haftung oder die Ersetzung der Haftung durch ein – meist staatlich getragenes – versicherungsrechtliches System.

2. Der Schadensausgleich unter Anwendung des klassischen Haftungsrechts hat zwar den Vorteil einer vollständigen Kompensationsmöglichkeit, birgt aber zahlreiche Nachteile in Form hoher Kosten, langwieriger prozessualer Auseinandersetzungen zwischen den Beteiligten und vor allem der dem Geschädigten auferlegten Beweislast. Final orientierte versicherungsrechtliche Lösungen unter Ersetzung der Haftung vermeiden diese Nachteile und scheinen daher für den Unfallschadensausgleich prädestiniert.

3. Neuseeland hat im Jahr 1974 als erstes und bislang einziges Land der Erde die Individualhaftung für den Bereich unfallbedingter Körperschäden durch ein versicherungsrechtliches System, das *Accident Compensation Scheme*, ersetzt; es gewährt kostenlose ärztliche Versorgung, Entschädigung des Verdienstausfalls in Höhe von 80% bei Arbeitsunfähigkeit ab der zweiten Woche, Unterstützung bei der Rehabilitation sowie Schmerzensgeld bei dauerhaften Körperschäden.

4. Finanziert wird das *Accident Compensation Scheme* seit anbeginn mit Hilfe mehrerer Fonds, in welche die jeweils zugehörigen Risikoträger (Arbeitnehmer, Arbeitgeber, Kraftfahrer) Beiträge entrichten. Jeder der Fonds wird separat verwaltet, die Ausgaben für die dem jeweiligen Fonds zugeordneten Unfalltypen werden daher immer nur diesem Fonds entnommen; eine Quersubventionierung findet nicht statt.

5. Trotz seiner finalen Ausgestaltung kommt es auch im Rahmen des *Accident Compensation Scheme* an vielen Stellen auf die Ursächlichkeit des vom Versicherungssystem erfassten Schadens an, insbesondere im Bereich der medizinischen Behandlungsunfälle; auch die Abgrenzung von versicherten Unfällen und nicht versicherten Krankheiten ist im Einzelfall oft schwierig. Dies hat zur grundsätzlichen Kritik an dem System geführt, warum Krankheiten nicht per se ebenfalls dem *Accident Compensation Scheme* unterstellt werden, was bislang aus Kostengründen nie ernsthaft in Erwägung gezogen wurde.

6. Empfindliche Leistungseinschränkungen, die im Jahr 1992 zur weiteren Finanzierbarkeit des Systems durchgesetzt wurden, riefen große Kritik an dem zuvor gefeierten System hervor, verdeutlichen aber die Abhängigkeit eines staatlichen Systems von der Finanzkraft des verwaltenden Staates. Die umfassenden Reformmaßnahmen führten aber zu einer Stabilisierung des Systems, so dass seit 2001 auch wieder Schmerzensgeld als Entschädigungsleistung ausgezahlt werden kann.

7. Um das *Accident Compensation Scheme* geschlossen zu halten und unter Kostengesichtspunkten effektiv zu gestalten, wurde es haftungsersetzend ausgestaltet; damit ist es einem Geschädigten, der unter dem System entschädigungsberechtigt ist, versagt, den Schädiger auf dem Zivilrechtsweg unmittelbar in Anspruch zu nehmen. Ausnahmen hat die Rechtsprechung lediglich in Bezug auf die isolierte Geltendmachung von Strafschadensersatz (*exemplary damages*) zugelassen. Eine Regressmöglichkeit seitens der ACC gegenüber dem Schädiger besteht in keinem Fall.

8. Ausländer sind in Neuseeland ebenfalls unter dem *Accident Compensation Scheme* versichert, erhalten dort aber nur minimale Leistungen; um ihnen trotz des auch für sie geltenden Klageausschlusses eine Schadenskompensation zu ermöglichen, ist in solchen Fällen von ausländischen Gerichten im Kollisionsfall eine Korrektur dieses Anspruchsausschlusses im Rahmen des ordre public vorzunehmen.

9. Empirische Studien scheinen im Grundsatz die These zu bestätigen, dass haftungsersetzende Versicherungssysteme sich aufgrund des Fehlens schadensrechtlicher Sanktionsmöglichkeiten negativ auf das Sorgfaltsverhalten der Bürger auswirken; ebenso bestätigen sie aber auch, dass dieser Effekt durch gezielte Präventionsmaßnahmen ausgeglichen werden kann, so wie dies auch in Neuseeland geschehen ist.

10. Die unter dem *Accident Compensation Scheme* möglichen Entschädigungsleistungen sind geringer als die unter Geltung des Haftungsrechts theoretisch erstreitbaren Schadensersatzforderungen. Im Gegenzug gewährt das System aber schnelle und unbürokratische Hilfe, was gegenüber langwährenden Gerichtsprozessen zur Erlangung einer als optimal empfundenen Entschädigung von Vorteil ist.

11. Das *Accident Compensation Scheme* hat sich in Neuseeland trotz aller Kritik bewährt und etabliert, so dass es dort praktisch nicht mehr wegzudenken und mit einer Abschaffung auch nicht mehr ernsthaft zu rechnen ist; gleichwohl besteht für Staaten mit funktionierenden Schadensausgleichssystemen kein Bedürfnis, ein derartiges System einzuführen, da die unbestreitbaren Vorteile eines

haftungsersetzenden Versicherungssystems immer mit Einbußen bei der Schadenskompensation bezahlt werden müssen.

Substantial Findings

1. With the ever-increasing importance of technology in today's society, accident prevention and accident settlement claims have grown at a frightening pace. To manage this problem, two proven paths have developed: increasing personal liability or, in accordance with insurance law, replacing personal liability with a largely state-supported system.

2. The settlement claim in use under classic liability law has the advantage of a complete compensation option, but has numerous disadvantages in the form of higher costs, tedious procedural conflicts between the parties concerned, and, above all, an imposed burden of proof upon the injured party.

3. In 1974 New Zealand became the first, and until now, only country on earth to replace personal liability in accidental injury through a state-supported insurance program: the *Accident Compensation Scheme*. This plan grants free medical attention, 80% work compensation after the second week, and aid money for immaterial damages and rehabilitation in extended injury cases.

4. Since its beginning, the funds for the *Accident Compensation Scheme* have come from numerous funds to which the member risk carrier (ex. the employee, employer, driver) can pay dues at any time. Because each of these funds is administered separately, only the relevant assets of the particular accident type are touched during dispersal, so a cross-subsidization of the funds never takes place.

5. Although it is a no-fault system, the *Accident Compensation Scheme* depends in many areas on the origination of the recorded injuries from the insurance system. This is especially true in the realm of accidental medical malpractice , as determining the cut-off of insured accidents and uninsured accidents can also be a challenge. This leads to fundamental criticism of the program regarding why some illnesses aren't always covered by the ACS when others are. Until now, however, this never came under serious consideration because of financial restrictions.

6. To create more financial options, the New Zealand government placed several additional restrictions upon the *Accident Compensation Scheme* in 1992. These restrictions, however, unfurled copious amounts of public criticism upon a program that was previously well-received. Although these changes may not have been publicly welcomed, their implementation demonstrated the striking dependence a state-run system has on the financial prowess of the state itself. The encompassing measures of reform led to a stabilization of the system; since

2001, both compensation for immaterial damages and indemnification have been covered by the program.

7. Developed to replace insurance liabilities, the *Accident Compensation Scheme* needed to be both closed and cost-effective to be efficient. Because of this, an injured party entitled to compensation must immediately renounce filing suit against the wrongdoer. The jurisdiction has permitted exceptions solely regarding the isolated assertion of exemplary damages. There is no possibility of regression on the part of the ACC compared to the wrongdoer.

8. Foreign nationals are also insured in New Zealand under the *Accident Compensation Scheme*, but receive only minimal benefits. To secure injury compensation for them despite the claim exception their situation must also be addressed by their home courts abroad.

9. Empirical studies demonstrate that insurance plans prohibiting personal liability suits may discourage careful behavior. These studies also confirm, however, that this effect can be mitigated through targeted prevention measures, as seen in New Zealand.

10. The possible injury benefits under the *Accident Compensation Scheme* are fewer than those theoretical fought-for injury replacement claims that are under the cachet of the liability court. In a counter move, however, the program provides fast help with little red tape, a great advantage when compared to the long-lasting court processes needed to obtain the optimal compensation.

11. Despite all of its criticisms, the *Accident Compensation Scheme* has firmly entrenched itself in New Zealand culture, so much so, in fact, that talk of discontinuing the program has all but vanished. States with functioning injury compensation programs, on the other hand, have no need to launch such a program, as the indisputable advantages of a no-fault system must always be paid with losses of the injury compensation.

Literaturverzeichnis

Accident Compensation Commission (ACC): Annual Report, Wellington, diverse Jahrgänge (1973 – 1982).

Accident Compensation Corporation (ACC): Annual Report, Wellington, diverse Jahrgänge (1982 – 1991, 1998 – 2003).

- Injury Statistics 2004, Wellington 2004.

Accident Rehabilitation and Compensation Insurance Corporation: Annual Report, Wellington, diverse Jahrgänge (1991 – 1997).

- Accident Compensation 1995, Wellington 1995.

Allen, David K./Hartshorne, John T./Martin, Robyn M.: Damages in Tort, London 2000.

Angelo, Anthony H.: „The Draft Directive of the European Communities on the Liability of Suppliers of Services – A New Zealand View", in: *Deutsch/Taupitz* (Hrsg.), Haftung der Dienstleistungsberufe, Heidelberg 1993, S. 239 ff. (zitiert: *Angelo*, in: Haftung der Dienstleistungsberufe).

Atkin, Bill/Evans, Katrine/McLay, Geoff/Petersson, Sandra: Torts in New Zealand, 3. Aufl., Oxford u.a. 2002.

Von Bar, Christian: Internationales Privatrecht, Bd. 2 Besonderer Teil, München 1991.

Barta, Heinz: „Überlegungen für eine neue Medizinhaftung", in: *Köhler/Baron von Maydell* (Hrsg.), Arzthaftung – „Patientenversicherung" – Versicherungsschutz im Gesundheitssektor, Baden-Baden 1997, S. 251 ff. (zitiert: *Barta*, in: Arzthaftung).

Bauer, Günter: „Erweiterung der Gefährdungshaftung im Straßenverkehrsrecht?", in: VersR 1983, S. 615 ff.

Baumann, Horst: „Soziale Sicherung gegen Unfälle im Straßenverkehr?", in: VSSR 3 (1975), S. 1 ff.

- „Arzthaftung und Versicherung – Ist eine Patientenversicherung in der Bundesrepublik Deutschland empfehlenswert?", in: JZ 1983 S. 167 ff.

Baums, Theodor: „Die Einführung der Gefährdungshaftung durch F. C. von Savigny", in: ZRG Germ. Abt. 104 (1987), S. 277 ff.

Beck, Andrew: „Exemplary Damages in New Zealand: Sunset and Evening Star", in: Tort L.Rev. 6/1998, S. 194 ff.

Becker, Peter: Die materielle Rechtsstellung des geschädigten Dritten in der Kraftfahrzeug-Haftpflichtversicherung im Vergleich zu der des Versicherten in der sozialen Unfallversicherung, Diss. Jur., Berlin 1976 (zitiert: *Becker*, Die materielle Rechtsstellung).

Bentert, Holger: Das pönale Element – ein Fremdkörper im Deutschen Zivilrecht?: zugleich ein Diskussionsbeitrag zur Frage der Anerkennung US-amerikanischer „punitive-damages"-Urteile, Diss. jur., Berlin 1996.

Bernstorff, Christoph Graf von: Einführung in das englische Recht, 2. Aufl., München 2000.

Binder, Heinz: „Zur Auflockerung des Deliktsstatus“, in: RabelsZ 20 (1955), S. 401 ff.

Birch, William F.: Accident Compensation – A Fairer Scheme, Wellington 1991.

Bitterich, Klaus: „Neuseeländische Accident Compensation als Volksunfallversicherung in der Bewährung: der Injury Prevention, Rehabilitation, and Compensation Act 2001“, in: RabelsZ 67 (2003), S. 494 ff.

Blair, Archibald Patrick: Accident Compensation in New Zealand, 2. Aufl., Wellington 1983.

Blaschczok, Andreas: Gefährdungshaftung und Risikozuweisung, Köln u.a. 1993.

Bodenburg, Reinhard: „Zur Reform des Arzthaftungsrechts – Kunstfehlerbegriff, Haftungsmodelle, ärztliche Gutachter- und Schlichtungsstellen“, in: ZVersWiss 1981, S. 155 ff.

Bogs, Harald: Die Sozialversicherung im Staat der Gegenwart, Berlin 1976.

Borgmann, Brigitte: „Soll unser System der Zuteilung von Unfallschäden reformiert werden?“, in: ZRP 1973, S. 53 ff.

Braun, Johann: „Haftung für Massenschäden“, in: NJW 1998, S. 2318 ff.

Brennan, Troyen A.: „The Role of Regulation in Quality Improvement“, in: The Milbank Quaterly 76 (1998), S. 709 ff.

Brooking, Tom: The History of New Zealand, Westport/London 2004.

Brown, Craig: „Symposium: Alternative Compensation Schemes and Tort Theory: Deterrence in Tort and No-Fault: The New Zealand Experience“, in: Cal. L. Rev. 73 (1985), S. 976 ff.

Brown, Craig/Smillie, John: „The Future of Accident Compensation“, in: NZLJ 1991, S. 249 ff.

Browne, Chris: „What can you be sued for?“, in: *Russel McVeagh/McKenzie Bartleet & Co* (Hrsg.), Legal Updates, Auckland 1996, S. 1 ff.

Butler, Petra: Medical Misadventure im neuseeländischen Accident Compensation Scheme, Diss. jur., Frankfurt am Main 1999 (zitiert: *Butler*, Medical Misadventure).

Cabinet/Caucus Committee (N.Z.): The New Zealand Accident Compensation Scheme: A Review, Wellington 1980.

Von Caemmerer, Ernst: „Das Verschuldensprinzip in rechtsvergleichender Sicht“, in: RabelsZ 42 (1978), S. 5 ff.

Campbell, Ian B.: Compensation for Personal Injury in New Zealand: Its Rise and Fall, Auckland 1996.

Cane, Peter: Atiyah's Accidents, Compensation and the Law, 6. Aufl., London u.a. 1999.

Carden, David M.: „Medical Misadventure: 1992 Style“, in: NZLJ 1995, S. 105 ff.
- „Exemplary damages and negligence“, in: Law Talk 1996, S. 9 ff.
Caygill, David: “1990’s: Decade of Change“, in: VUWLR 34 (2003), S. 395 ff.
Chapman, Bruce/Trebilcock, Michael John: „Punitive Damages: Divergence in Search of a Rationale“,in: Alabama L. Rev. 40 (1989), S. 741 ff.
Cochrane, David. J.: „’Personal Injury by Accident’ with Regard to the Accident Compensation Act“, in: VUWLR 7 (1972), S. 277 ff.
Collier, John G.: Conflict of Laws, 3. Aufl., Cambridge 2001.
Collins, David B.: „Proceedings for Punitive Damages in the Regime of Accident Compensation“, in: NZLJ 1978, S. 158 ff.
- Medical Law in New Zealand, Wellington 1992.
Committee on Absolute Liability (N.Z.): Report of the Committee on Absolute Liability, Wellington 1963.
Cooper, James K.: „Special Article: Sweden’s No-Fault Patient-Injury Insurance“, in: NEJM 294 (1976), S. 1268 ff.
Corkill, Bruce: „Personal Injury: Public and Private Law“, in: NZLJ 1996, S. 318 ff.
Cosack, Tilman: „Die Gefährdungshaftung im Vordringen“, in: VersR 1992, S. 1439 ff.
Cox, Noel: „The Abolition or Retention of the Privy Council as the Final Court of Appeal for New Zealand: Conflict between National Identity and Legal Pragmatism“, in: NZULR 20 (2002), S. 220 ff.
Cull, Helen: Review of Processes Concerning Adverse Medical Events, Wellington 2001.
Cummins, J. David/Phillips, Richard D./Weiss, Mary A.: „The incentive Effects of No Fault Automobile Insurance“, in: JLE 44 (10/2001), S. 427 ff.
Cummins, J. David/Weiss, Mary A.: „Incentive Effects of No-Fault Automobile Insurance: Evidence from Insurance Claim Data“, in: *Dionne* (Hrsg.), Contributions to Insurance Economics, Boston 1992, S. 445 ff. (zitiert: *Cummins/Weiss*, in: Contributions to Insurance Economics).

Dalley, Bronwyn/Labrum, Bronwyn: New Zealand Social & Cultural History, Auckland 2000.
Davis, Peter/Lay-Yee, Roy/Scott, Alastair/Briant, Robin/Schug, Stephan: „Acknowledgement of ‘no-fault’ medical injury: review of patients’ hospital records in New Zealand“, in: BMJ 326 (2003), S. 79 f.
Delaney, Louise: „Accident Compensation and Insurance Bill: A Feminist Assessment“, in: VUWLR 22 (1992), S. 79 ff.
Deutsch, Erwin: „Unfallversorgung statt Haftung in Neuseeland“, in: RabelsZ 44 (1980), S. 487 ff.
- „Kunstfehler und medizinischer Behandlungsunfall in Neuseeland – öffentliche Versicherung statt privater Haftung“, in: VersR 1980, S. 201 ff.

- „Internationales Unfallrecht vor allem der Verkehrsunfälle und einschließlich der Prüfung, ob auch Arbeitsunfälle hier mitzubehandeln sind", in: *von Caemmerer* (Hrsg.), Vorschläge und Gutachten zur Reform des deutschen internationalen Privatrechts der außervertraglichen Schuldverhältnisse, Tübingen 1983, S. 202 ff. (zitiert: *Deutsch*, in: Vorschläge und Gutachten).
- „Internationales Privatrecht und Haftungsrecht – dargestellt am Beispiel des Unfalls –", in: *Lüke* (Hrsg.), Grundfragen des Privatrechts, Vorträge anlässlich des Symposiums zum 65. Geburtstag von Prof. Dr. Günther Jahr, Köln/Berlin/Bonn/München 1989, S. 19 ff. (zitiert: *Deutsch*, in: Grundfragen des Privatrechts).
- „Die Wiederkehr der Fahrlässigkeit", in: VersR 1994, S. 381 ff.

Devlin, Rose Anne: „Some Welfare Implications of No-Fault Automobile Insurance", in: IRLE 10 (1990), S. 193 ff.
- „Liability Versus No-Fault Automobile Insurance regimes: An Analysis of the Experience in Quebec", in: *Dionne* (Hrsg.), Contributions to Insurance Economics, Boston 1992, S. 499 ff. (zitiert: *Devlin*, in: Contributions to Insurance Economics).
- „No-Fault Automobile Insurance and Accident Severity: lessons Still to be Learned", in: *Dionne/Laberge-Nadeau* (Hrsg.), Automobile Insurance: Road Safety, New Drivers, Risks, Insurance Fraud and Regulation, Boston 1999, S. 267 ff. (zitiert: *Devlin*, in: Automobile Insurance).

Dewees, Donald N./Duff, David/Trebilcock, Michael J.: Exploring the Domain of Accident Law, Oxford 1996.

Dewees, Donald N./Trebilcock, Michael J.: „The Efficiency of the Tort System and its Alternatives: A Review of Empirical Evidence", in: Osgoode Hall L.J. 30 (1992), S. 56 ff.

Dias, Reginald Walter Michael/Markesinis, Basil S.: Tort Law, 4. Aufl., Oxford 1999.

Dickinson, Andrew: „Further Thoughts on Foreign Torts: Boys v. Chaplin Explained", in: LMCLQ 1994, S. 463 ff.

Dinslage, Karl: „Patientenversicherung – Alternative zur Arzthaftpflicht –", in: VersR 1981, S. 310 ff.

Dörner, Heinrich: „Internationales Verkehrsunfallrecht", in: Jura 1990, S. 57 ff.

Duffy, Ailsa: „The Common-law Response to the Accident Compensation Scheme", in: VUWLR 34 (2003), S. 367 ff.

Duncan, George: „Accident Compensation – 1995 and still languishing", in: NZJIR 20 (3/1995), S. 237 ff.

Duncan, Grant: „Accident Compensation in New Zealand", in: ZIAS 16 (2002), S. 67 ff.
- „Moral Hazard and Medical Assessment", in: VUWLR 34 (2003), S. 433 ff.

Easton, Brian: „The Historical Context of the Woodhouse Commission“, in: VUWLR 34 (2003), S. 207 ff.
Ehrenzweig, Albert: 'Full Aid' Insurance for the Traffic Victim, Berkeley 1954.
- „Negligence without Fault“, in: Cal.L.R. 54 (1966), S. 1422 ff.
Eichenhofer, Eberhard: Internationales Sozialrecht und IPR, Baden-Baden 1987.
Epstein, Richard A.: Accident Compensation – the Faulty Basis of No-Fault and State Provision, Wellington 1996.

Fahy, James L.: Accident Compensation Coverage – The Administration of the Accident Compensation Act, 8. Aufl., Wellington 1982.
Fairburn, Miles: „The Farmers Take Over“, in: *Sinclair* (Hrsg.), The Oxford Illustrated History of New Zealand, Auckland 1990 (zitiert: *Fairburn*, in: The Oxford Illustrated History of New Zealand).
Fasterling, Björn: „Arzthaftung Schweden – Das schwedische Patientenversicherungsgesetz“, in: VersRAI 1997, S. 45 ff.
Fenn, Paul: „The Economics of Clinical Negligence Reform in England“, in: The Economic Journal 114 (6/2004), S. 272 ff.
Ferguson, Gael: Building the New Zealand Dream, Palmerston North 1994.
Firsching, Karl/Von Hoffmann, Bernd: Internationales Privatrecht, 5. Aufl., München 1997.
Fisher, Antonia: „Exemplary damages and medical negligence“, in: NZLJ 1997, S. 31 ff.
Fitzjohn, Julie/Studdert, David: „A compensation perspective on error prevention: is the ACC medical misadventure scheme compensating the right sort of injury?“, in: N.Z.Med.J.114 (2001), S. 432 ff.
Fleming, John G.: „New Compensation Systems: Woodhouse and Pearson“, in: *von Caemmerer/Jeschek* (Hrsg.), Haftungsersetzung durch Versicherungsschutz, Frankfurt am Main 1980, S. 11 ff. (zitiert: *Fleming*, in: Haftungsersetzung durch Versicherungsschutz).
- „Accident Schemes abroad“, in: *Guillod* (Hrsg.), Kolloquium Neuere Entwicklungen im Haftpflichtrecht, veröffentlicht vom Centre d'études juridiques européenes der Genfer Juristischen Fakultät, Zürich 1991, S. 429 ff. (zitiert: *Fleming*, in: Kolloquium Neuere Entwicklungen).
- The Law of Torts, 9. Aufl., Sydney u.a. 1998.
Flood, Colleen M.: „New Zealand's No-Fault Accident Compensation Scheme: Paradise or Panacea?“, in: H.L.R. Vol. 8 No. 3 (2000), S. 3 ff.
Fox, Jonathan: „Accident Compensation“, in: *St George, Ian* (Hrsg.), Cole's Medical Practice in New Zealand 2004, Wellington 2004.
Fraser, Annie: „The Liability of Service Providers under the Consumer Guarantees Act“, in: NZULR 16 (1994), S. 23 ff.
Fricke, Martin: „Das IPR der Versicherungsverträge außerhalb des Anwendungsbereichs des EGVVG – Eine Einführung“, in: VersR 1994, S. 773 ff.

Fuchs, Maximilian: Zivilrecht und Sozialrecht, München 1992.
- Deliktsrecht, 4. Aufl., Berlin u.a. 2003.

Gaine, William J.: „No-fault compensation systems“, in: BMJ 326 (2003), S. 997 f.
Gaskins, Richard: „Tort Reform in the Welfare State: 'The New Zealand Accident Compensation Act“, in: Osgoode Hall L.J. 18 (1980), S. 238 ff.
- „Rebuilding the New Zealand Accident Compensation Scheme, An International View“, in: Torts L. J. 7 (1999), S. 289 ff.
- „Recalling the Future of ACC“, in: VUWLR 31 (2000), S. 215 ff.
- „The Fate of ‚No-Fault' in America“, in: VUWLR 34 (2003), S. 213 ff.
Gaudry, Marc: „Measuring the effects of the No Fault 1978 Quebec Automobile Insurance Act with the DRAG Model“, in: *Dionne* (Hrsg.), Contributions to Insurance Economics, Boston 1992, S. 471 ff. (zitiert: *Gaudry*, in: Contributions to Insurance Economics).
Geimer, Reinhold: Internationales Zivilprozeßrecht, 4. Aufl., Köln 2001.
Giesen, Dieter: International Medical Malpractice Law, Tübingen u.a. 1988.
Gitter, Wolfgang: Schadensausgleich im Arbeitsunfallrecht, Tübingen 1969.
Gonzenbach, Gerald C.: Die akzessorische Anknüpfung. Ein Beitrag zur Verwirklichung des Vertrauensprinzips im internationalen Deliktsrecht, Zürich 1986.
Goodyear-Smith, Felicity: First Do No Harm: The Sexual Abuse Industry, Auckland 1993.
Greer, Desmond S.: „No-Fault Compensation for Personal Injuries Arising from Road Accidents: Development In The United States“, in: Anglo-American L.R. 21 (1992), S. 221 ff.
Großerichter, Helge: „Kollisionsrechtliche Probleme der Haftungsersetzung durch Versicherungsschutz in Neuseeland“, in: IPRax 1998, S. 220 ff.
Großfeld, Bernhard: Die Privatstrafe: Ein Beitrag zum Schutz des allgemeinen Persönlichkeitsrechts, Frankfurt am Main u.a. 1961.

Harris, David. R.: „Accident Compensation in New Zealand: A Comprehensive Insurance System“, in: MLR 37 (1974), S. 361 ff.
Harrison, Rodney: Matters of Life and Death: The Accident Rehabilitation and Compensation Insurance Act 1992 and Common Law Claims for Personal Injury, Auckland 1993.
Henderson, James A.: „The New Zealand Accident Compensation Reform“, in: U. Chicago L.R. 48 (1981), S. 781 ff.
Hickson, Kenneth D.: Flight 901 to Erebus, Christchurch 1980.
Hiersche, Hans-Dieter: „Die Patientenversicherung nach Skandinavischen Modellen“, in: *Laufs/Dierks/Wienke/Graf-Baumann/Hirsch* (Hrsg.), Die Entwicklung der Arzthaftung, Berlin u.a. 1997, S. 167 ff. (zitiert: *Hiersche*, in: Die Entwicklung der Arzthaftung).

Von Hippel, Eike: „Schadensausgleich bei Verkehrsunfällen", in: NJW 1967, S. 1729 ff.
- Schadensausgleich bei Verkehrsunfällen, Berlin/Tübingen 1968.
- „Internationale Entwicklungstendenzen des Schadensrechts", in: NJW 1969, S. 681 ff.
- „Allgemeiner Schutz vor Haftungsrisiken?", in: JZ 1972, S. 735 ff.
- „Reform des Regresses der Sozialversicherer?", in: ZRP 1972, S. 49 ff.
- „Schadensausgleich bei Verkehrsunfällen – mögliche Wege einer Reform", in: ZRP 1973, S. 27 ff.
- „Haftungsersetzung durch Volksunfallversicherung? Das neuseeländische Modell", in: ZRP 1976, S. 252 ff.
- Grundfragen der sozialen Sicherheit, Tübingen 1979.
- „Haftungsersetzung durch Versicherungsschutz – rechtsvergleichendes Generalreferat", in: *von Caemmerer/Jeschek* (Hrsg.), Haftungsersetzung durch Versicherungsschutz, Frankfurt am Main 1980, S. 40 ff. (zitiert: *v. Hippel*, in: Haftungsersetzung durch Versicherungsschutz).
- „Schadensausgleich bei Verkehrsunfällen: Haftungsersetzung durch Versicherungsschutz", in: NZV 1999, S. 313 ff.

Hohloch, Gerhard: „Gleichbehandlung im Haftungsrecht als Verfassungsgebot? – Zum ‚Grundsatz der haftungsrechtlichen Gleichbehandlung aller Verkehrsteilnehmer' in der neueren Rechtsprechung des Bundesgerichtshofs", in: VersR 1979, S. 199 ff.
- Das Deliktsstatut: Grundlagen und Grundlinien des internationalen Deliktsrechts, Frankfurt am Main 1984.

Hohloch, Gerhard/Jaeger, Gerold: „Neues IPR der außervertraglichen Schuldverhältnisse und des Sachenrechts – Zur Neuregelung der Art. 38 – 46 EGBGB", in: JuS 2000, S. 1133 ff.

Honsell, Heinrich: „Entwicklungstendenzen im Haftpflichtrecht", in: *Honsell/Rey* (Hrsg.), Symposium Stark, Neuere Entwicklungen im Haftpflichtrecht, veröffentlicht im Auftrag der Rechts- und Staatswissenschaftlichen Fakultät der Universität Zürich, Zürich 1991, S. 15 ff. (zitiert: *Honsell*, in: Symposium Stark).
- „Die Reform der Gefährdungshaftung", in: ZSR 1997, S. 297 ff.

Huber, Peter: „Das internationale Deliktsrecht nach der Reform", in: JA 2000, S. 67 ff.

Hughes, John: „Informed Consent and Medical Injury", in: NZLJ 1990, S. 154 ff.

Hussels, Martin: „15 Jahre Accident Compensation Act in Neuseeland – Bilanz und Ausblick –", in: ZIAS 4 (1990), 34 ff.
- „Neuere Entwicklungen im Unfallversicherungsrecht (Accident Compensation) in Neuseeland", in: ZIAS 8 (1994), S. 54 ff.

Imbusch, Stefan: „Das IPR der Versicherungsverträge über innerhalb der EG belegene Risiken", in: VersR 1993, S. 1059 ff.

Ison, Terence: The Forensic Lottery: A Critique on Tort Liability as a System of Personal Injury Compensation, London 1967.

- Accident Compensation: A Commentary on the New Zealand Scheme, London 1980 (zitiert: *Ison*, Accident Compensation).
- „Changes to the Accident Compensation System: An International Perspective", in: VUWLR 23 (1993), S. 1 ff.

Von Jhering, Rudolf: Das Schuldmoment im römischen Privatrecht, in: *von Jhering, Rudolf*: Vermischte Schriften juristischen Inhalts, Neudruck der Ausgabe Leipzig 1879, Aalen 1968, S. 159 ff.

Jitsuka, Kazuyuki/Glücksmann, Ralph: „Die neuseeländische Sozialgesetzgebung zur Entschädigung von Unfallopfern – Accident Compensation Act 1972 –", in: VSSR 4 (1976), S. 349 ff.

Kaltenborn, Markus: „Die Sozialgesetzgebung des Reichskanzlers Fürst Otto von Bismarck", in: JZ 1998, S. 770 ff.

Katzenmeier, Christian: „Ersetzung der Arzthaftung durch Versicherungsschutz?", in: *Laufs/Dierks/Wienke/Graf-Baumann/Hirsch* (Hrsg.), Die Entwicklung der Arzthaftung, Berlin u.a. 1997, S. 59 ff. (zitiert: *Katzenmeier*, in: Die Entwicklung der Arzthaftung).

Keeler, John F.: „Report of the National Committee of Inquiry into Compensation and Rehabilitation in Australia", in: The Adelaide L. R. 1975, S. 121 ff.

- „Social Insurance, Disability and Personal Injury: A Retrospective View", in: U. Toronto L.J., Vol. 44 (1994), S. 275 ff.

Keeton, Robert E.: „The Case for No-Fault Insurance", in: Mississippi L.J. 44 (1973), S. 1 ff.

- „Compensation for Medical Accidents", in: U. Pennsylvania L.R. 121 (1973), S. 590 ff.

Keeton, Robert E./O'Connell, Jeffrey: Basic Protection for the Traffic Victim – A Blueprint for Reforming Automobile Insurance, Boston 1965.

Kegel, Gerhard: Internationales Privatrecht, 7. Aufl., München 1995.

Kegel, Gerhard/Schurig, Klaus: Internationales Privatrecht, 8. Aufl., München 2000.

Keith, Kenneth: „The Law Commission's Report on Accident Compensation", in: VUWLR 34 (2003), S. 293 ff.

Keppell, Susan: „Accident Rehabilitation and Compensation Insurance Act 1992", in: Auckland ULR 1992, S. 190 ff.

Kinder, George: „New Zealand – A New Approach to Personal Injuries Compensation", in: 124 NLJ 1974, S. 442 ff.

Klar, Lewis N.: „New Zealand's Accident Compensation Scheme: A Tort Lawyer's Perspective", in: U. Toronto L.J., 33 (1983), S. 80 ff.

- „The Osborne Report: 'No' to No-Fault", in: Can BR 68 (1989), S. 301 ff.

Klingmüller, Ernst: „Zu den Plänen einer neuartigen Patientenversicherung nach schwedischem Muster in der Bundesrepublik Deutschland", in: VersR 1980, S. 694 ff.

Knoeber, Charles R.: „Penalties and Compensation for Auto Accidents", in: The Journal of Legal Studies, S. 263 ff.

Knorr, Andreas: Modell Neuseeland? Reformen und Reformergebnisse im Überblick, Ilmenau 1997.

Kochanowski, Paul S./Young, Madelyn V. : „Deterrent Aspects of No-Fault Automobile Insurance: Some Empirical Findings", in: JRI 52 (6/1985), S. 269 ff.

Köhler, Peter A.: „Die Versicherungsmodelle der nordischen Länder", in: *Köhler/Baron von Maydell* (Hrsg.), Arzthaftung – „Patientenversicherung" – Versicherungsschutz im Gesundheitssektor, Baden-Baden 1997, S. 207 ff. (zitiert: *Köhler*, in: Arzthaftung).

Kötz, Hein: Sozialer Wandel im Unfallrecht, Karlsruhe/Heidelberg 1976.

- „Der Haftungsgrund bei Straßenverkehrsunfällen", in: Der Schadensersatz bei Straßenverkehrsunfällen - Zivil- und versicherungsrechtliche Aspekte -, Karlsruhe 1976, S. 11 ff.
- „Die Reform des Unfallrechts in Großbritannien - Zum Bericht der Pearson Commission", in: VersR 1979, S. 585 ff.
- Tagungsbericht der Lausanner Tagung für Rechtsvergleichung vom 12. – 15. September 1979, in: RabelsZ 44 (1980), S. 124 ff.
- Einführung, in: *von Caemmerer/Jeschek* (Hrsg.), Haftungsersetzung durch Versicherungsschutz, Frankfurt am Main 1980, S. 7 ff. (zitiert: *Kötz*, in: Haftungsersetzung durch Versicherungsschutz).

Kötz, Hein/Schäfer, Hans Bernd: „Schadensverhütung durch ökonomische Anreize", in: AcP 189 (1989), S. 501 ff.

Kötz, Hein/Wagner, Gerhard: Deliktsrecht, 9. Aufl., Neuwied/Kriftel 2001.

Kreuzer, Karl: „Die Vollendung der Kodifikation des deutschen Internationalen Privatrechts durch das Gesetz zum Internationalen Privatrecht der außervertraglichen Schuldverhältnisse und Sachen vom 21.5.1999", in: RabelsZ 65 (2001), S. 383 ff.

Kropholler, Jan: „Zur Kodifikation des internationalen Deliktsrechts", in: ZfRV 1975, S. 256 ff.

- Internationales Privatrecht, 4. Aufl. Tübingen 2001.

L'Estrange, Charles Henry Noel: The Erebus enquiry: a tragic miscarriage of justice, Auckland 1995.

Landes, Elisabeth M.: „Insurance, Liability, and Accidents: A Theoretical and Empirical Investigation of the Effect of No-Fault Accidents“, in: JLE 25 (1982), S. 49 ff.

Law Commission (N.Z.): Personal Injury: Prevention and Recovery – Report on the Accident Compensation Scheme, Wellington 1968.

Lemor, Ulf D.: „Gleicher Schadensersatz für Verkehrsopfer in Europa? - Diskrepanzen in Haftung und Durchsetzung -“, in: VersR 1992, S. 648 ff.

Leser, Hans G.: „Zu den Instrumenten des Rechtsgüterschutzes im Delikts- und Gefährdungshaftungsrecht“, in: AcP 183 (1983), S. 568 ff.

Liao, Yu-Ping/White, Michelle J.: „No-Fault for Motor Vehicles: An Economic Analysis“, in: ALER 2002 (Vol. 4 No. 2), S. 258 ff.

Lichtenstein, Bronwen: „From Principle to Parsimony: A Critical Analysis of New Zealand's No-Fault Accident Compensation Scheme“, in: Social Justice Resarch 12 (1999), S. 99 ff.

Looschelders, Dirk: „Die Beurteilung von Straßenverkehrsunfällen mit Auslandsberührung nach dem neuen internationalen Deliktsrecht“, in: VersR 1999, S. 1316 ff.

Lukes, Rudolf: „Das Schadensausgleichsrecht – Funktionen und Faktoren im Zeitalter der Technik“, in: VersR 1983, S. 697 ff.

MacDonald, John W.: Law Relating to Workers' Compensation in New Zealand, 4. Aufl., Wellington 1968.

Macfarlane, Stuart: The Erebus Papers: edited extracts from the Erebus proceedings with commentary, Auckland 1991.

Magnus, Ulrich: „European Perspectives of Tort Liability“, in: Eur.Rev.Pr.L. 1995, S. 427 ff.

- „Compensation for Personal Injuries in a Comparative Perspective“, in: Washburn Law Journal, Vol. 39 [2000], S. 347 ff.

Mahon, Peter Thomas: Verdict on Erebus, Reprint, Auckland 1987.

Mahoney, Richard: „Informed Consent and Breach of the Medical Contract to Achieve a Particular Result“, in: Otago L.R. 6 (1985-88), S. 103 ff.

- „New Zealand's Accident Compensation Scheme: A Reassessment“, in: AmJCompL 40 (1992), S. 159 ff.

- „Trouble in Paradise: New Zealand's Accident Compensation System“, in: *McLean* (Hrsg.), Law Reform and Medical Injury Litigation, Aldershot 1995, S. 32 ff.

Manning, Joanna: „Daniels v. Thompson: Double Punishment or Double Trouble“, in: NZLR 2/1998, S. 721 ff.

Markesinis, Basil/Deakin, Simon: Tort Law, 5. Aufl., Oxford 2003.

Marquardt, Anja: Der Ausgleich immateriellen Schadens in der gesetzlichen Unfallversicherung, Diss. jur. Göttingen 1991.

Von Marschall, Wolfgang Freiherr.: „Kollisionsrechtliche Probleme von Schadensverlagerung und Regreß", in: *von Caemmerer* (Hrsg.), Vorschläge und Gutachten zur Reform des deutschen internationalen Privatrechts der außervertraglichen Schuldverhältnisse, Tübingen 1983, S. 190 ff. (zitiert: *von Marschall*, in: Vorschläge und Gutachten).
Marschall von Bieberstein, Wolfgang: „Haftungsbefreiung im dreispurigen Schadensausgleich", in: VersR 1968, S. 509 ff.
Marx, Kirsten: Exemplary damages im englischen Recht, Münster u.a. 1999.
Mathieson, Donald: „Royal Commission of Inquiry; Compensation for Personal Injury in New Zealand", in: MLR 31 (1968), S. 544 ff.
Maughan, Charles William: „Whither ACC?", in: NZLJ 1999, S. 221 ff.
Mazengarb, Oswald Chettle: The Law Relating to Negligence on the Highway, Wellington 1942.
McBride, Nicholas J./Bagshaw, Roderick: Tort Law, Essex, 2001.
McClure, Margaret: A Civilised Community: A History of Social Security in New Zealand, Auckland 1998.
McDowell, Morag/Webb, Duncan: The New Zealand Legal System: Structures, Processes and Legal Theory, 3. Aufl., Wellington u.a. 2002.
McEwin, Ian R.: „No Fault and Road Accidents: Some Australasian Evidence", in: IRLE 9 (1989), S. 13 ff.
McGregor Vennell, Margaret A.: „Issues for Women in Claims for Medical Misadventure", in: VUWLR 23 (1993), S. 13 ff.
- „Order or Chaos: Air Carriers' Liability in the South Pacific - An Overview of International and Regional Developments", in: NZLR 2/1998, S. 345 ff.
McInnes, Robert D.: „Punishing the words of section 5 (1) – the other school of thougt replies", in: NZLJ 1979, S. 8 ff.
McLay, Geoffrey: „Nervous Shock, Tort and Accident Compensation: Tort Regained?", in: VUWLR 30 (1999), S. 197 ff.
McMillan, John: „Managing Economic Change: Lessons from New Zealand", in: The World Economy 21 (1998), S. 827 ff.
Medoff, Marshall. H./Magaddino, Joseph: „An Empirical Analysis of No-Fault Insurance", in: Eval. Rev. 6 (1982), S. 373 ff.
Miller, John Michael.: „Compensating Crime Victims within New Zealand's No Fault Accident Compensation Scheme: the Advantages and Disadvantages", in: *Sumner/Israel/O'Connor/Sarre*, International Victimology: Selected Papers from the 8th International Symposium held 21. – 26. Aug. 1994, Adelaide, Australian Institute of Criminology, Canberra 1996.
- „Compensation for Mental Trauma Injuries in New Zealand", in: The Australasian Journal of Disaster and Trauma Studies, Vol. 3/1998, S. 1 ff.
- „Compensation for Motor Vehicle Injuries in New Zealand", in: Les Cahiers de Droit 39 (1998), S. 371 ff.

Miller, Richard S.: „The Future of New Zealand's Accident Compensation Scheme“, in: U. Haw. L. Rev. 11 (1989), S. 1 ff.

- „An Analysis and Critique of the 1992 Changes to New Zealand's Accident Compensation Scheme“, in: Md.L.Rev. 52 (1993), S. 1070 ff.

Mills, Michael: „The Case for ACC Reform“, in: Social Pol. J. of N.Z. 11 (1998), S. 83 ff.

Ministerial Working Party on the ACC and Incapacity (N.Z.): Report of the Ministerial Working Party on the ACC and Incapacity, Wellington 1991.

Ministry of Transport, Office of Air Accidents Investigation (N.Z.): Air New Zealand McDonnell-Douglas DC10-30 ZK-NZP, Ross Island, Antarctica, 28 November 1979, Accident Report, Wellington 1980.

Morris, John Humphrey Carlile: „The Proper Law of a Tort“, in: Harv. L. Rev. 64 (1950/51), S. 881 ff.

Mörsdorf-Schulte, Juliana: Funktion und Dogmatik US-amerikanischer punitive damages, Tübingen 1999.

Mühl, Margarete: „'Proper law of the tort' im amerikanischen Kollisionsrecht. Zugleich zur methodischen Entwicklung der Rechtsprechung zum Deliktsstatut mit rechtsvergleichenden Hinweisen“, in: VersR 1973, S. 1088 ff.

Mulholland, Raymond D.: Introduction to the New Zealand Legal System, 10. Aufl., Wellington 2002.

Müller, Gerda: „Haftungsrechtliche Probleme des Massenschadens“, in: VersR 1998, S. 1181 ff.

Mummenhoff, Winfried: „Unfälle ausländischer Arbeitnehmer im Inland“, in: IPRax 1988, S. 215 ff.

Münchener Kommentar zum Bürgerlichen Gesetzbuch: Bd. 10: Einführungsgesetz, Internationales Privatrecht, 3. Aufl. München 1998 (zitiert: *Bearbeiter*, in: MünchKomm).

National Committee of Inquiry (AUS): Compensation and Rehabilitation in Australia; Report of the National committee of Inquiry, Canberra 1974.

New Zealand Department of Labour: Personal Injury - A Commentary on the Report of the Royal Commission of Inquiry into Compensation for Personal Injury in New Zealand, Wellington 1969.

- Accident Compensation – A Fairer Scheme, Wellington 1991.

New Zealand Institute of Economic Research: Re-nationalisation of work-related accident compensation – Report to the Insurance Council, Wellington 2000.

O'Keefe, Johne Aeneas Byron/Farrands, Walter Leslie: Introduction to New Zealand Law, 4. Aufl., Wellington 1980.

O'Connell, Jeffrey: „No-Fault Insurance for all Accidents", in: Osgoode Hall L.J. 13 (1975), S. 461 ff.

- „Update on the Surveys on the Operation of No-Fault Auto Laws", in: Insurance LJ 1979, S. 129 ff.

O'Connell, Jeffrey/Brown, Craig/Vennell, Margaret: „Reforming New Zealand's Reform: Accident Compensation Revisited", in: NZLJ 1988, S. 399 ff.

O'Connell, Jeffrey/Tenser, Charles: „North America's Most Ambitious No-Fault Law: Quebec's Auto Insurance Act", in: San Diego L.R. 24 (1987), S. 917 ff.

O'Connell, Jeffrey/Levmore, Saul: „A Reply to Landes: A Faulty Study of No-Fault's Effect on Fault?", in: Missouri L.. Rev. 48 (1983), S. 649 ff.

Oldertz, Carl: „Security Insurance, Patient Insurance, and Pharmaceutical Insurance in Sweden", in: AmJCompL 34 (1986), S. 635 ff.

Oliphant, Ken: „Defining 'Medical Misadventure' – Lessons from New Zealand", in: MedLR 4/1996, S. 1 ff.

Owen, David G.: „Punitive Damages in Products Liability Litigation", in: Michigan L. Rev. 74 (1976), S. 1257 ff.

- „The Moral Foundations of Punitive Damages", in: Alabama L. Rev. Vol. 40 (1989), S. 705 ff.

Palandt, Otto: Bürgerliches Gesetzbuch, 64. Aufl., München 2005 (zitiert: *Bearbeiter*, in: *Palandt*, BGB).

Palmer, Geoffrey W. R.: „Compensation for Personal Injury: A Requiem for the Common Law in New Zealand", in: AmJCompL 21 (1973), S. 1 ff.

- „Lump Sum Payments under Accident Compensation", in: NZLJ 1976, S. 368 ff.
- Accident Compensation in New Zealand: The First Two Years, in: *Palmer, Geoffrey W. R.* (Hrsg.), The Welfare State Today, Wellington 1977, S. 165 ff.
- „Accident Compensation in New Zealand: The First Two Years", in: AmJCompL 25 (1977), S. 1 ff.
- Compensation for Incapacity, Wellington u.a. 1979.
- „New Zealand's Accident Compensation Scheme: Twenty Years On", in: U. Toronto L.J., Vol. 44 (1994), S. 223 - 272.
- „'The Nineteen-Seventies': Summary for Presentation to the Accident Compensation Symposium", in: VUWLR 34 (2003), S. 239 ff.

Paterson, Ron: „The public's hue and cry: medical complaints in New Zealand", in: Journal of Health Services Research and Policy, Vol. 6 (2001), S. 193 f.

Paul, Charlotte: „The New Zealand Cervical Cancer Study: Could it Happen Again?", in: BMJ 297 (1988), S. 533 ff.

- „Internal and external morality of medicine: lessons from New Zealand", in: BMJ 320 (2000), S. 499 ff.

Peters, Philip G.: „Rethinking Wrongful Life: Bridging the Boundary between Tort and Family Law“, in: Tul. L. Rev. 67 (1992), S. 397 ff.

Pichler, Johannes W.: Rechtsentwicklungen zu einer verschuldensunabhängigen Entschädigung im Medizinbereich: Band 1, Die Patientenversicherungsrechte in Schweden, Finnland und Dänemark, Wien 1994.

Posner, Richard A.: „A Comment on 'No-Fault Insurance for all Accidents'“, in: Osgoode Hall L.R. 13 (1975), S. 471 ff.

Radau, Hans J.: Ersetzung der Arzthaftung durch Versicherungsschutz – eine Untersuchung am Beispiel der Patientenunfallversicherung in Schweden, Karlsruhe 1993.

Rea, Bill: „Accident Compensation: A Cuckoo in the Sparrow's Nest of Social Welfare?“, in: Auckland ULR 4/1982, S. 235 ff.

Reed, Allen: „The Anglo-American Revolution in Tort Choice of Law Principles: Paradigm Shift or Pandora's Box?“, in: A.J.I.C.L. 18 (2001), S. 867 ff.

Reichman, Anne C.: „Damages in Tort for Wrongful Conception – Who Bears the Cost of Raising the Child?“, in: Sydney L. Rev. 10 (1985), S. 568 ff.

Rennie, Donald Alexander: „Administering Accident Compensation in the 1980s“, in: VUWLR 34 (2003), S. 329 ff.

Rennie, Donald Alexander/Miller, John M.: Brooker's Accident Compensation in New Zealand, Loseblattsammlung, Wellington 1992.

Rieger, Walter: „No-Fault in Deutschland? Die Faszination ist geschwunden“, in: ZVersWiss 75 (1986), S. 11 ff.

Rittner, Christian/Kratz, Ernst Jürgen/Walter-Sack, Ingeborg: „Zur Angemessenheit des Probandenschutzes nach § 40 Abs. 1 Nr. 8 AMG“, in: VersR 2000, S. 688 ff.

Rogerson, Pippa: „Choice of Law in Tort: A Missed Opportunity?“, in: I.C.L.Q. 44 (1995), S. 650 ff.

Rohe, Mathias: Zu den Geltungsgründen des Deliktsstatuts. Anknüpfungsgerechtigkeit unter Berücksichtigung rechtshistorischer und rechtsvergleichender Erkenntnisse mit Einschluss gegenwärtiger Reformvorschläge, Tübingen 1994.

Rolfe, Mark: „Far Away Fordism: The Americanisation of Australia and New Zealand during the 1950s and 1960s“, in: NZJH, Vol. 33 (1/1999), S. 73 f.

Rosengarten, Joachim: Punitive damages und ihre Anerkennung und Vollstreckung in der Bundesrepublik Deutschland, Hamburg 1994.

- „Der Präventionsgedanke im deutschen Zivilrecht“, in: NJW 1996, S. 1935 ff.

Royal Commission of Inquiry (N.Z.): Report of the Royal Commission of Inquiry, Compensation for Personal Injury in New Zealand, Wellington 1967 (zitiert: *Woodhouse Report*).

Royal Commission on Civil Liability and Compensation for Personal Injury (U.K.): Report of the Royal Commission on Civil Liability and Compensation for Personal Injury, Vol. 1 – 3, London 1978 (zitiert: *Pearson Report*).
Royal Commission on Social Policy (N.Z.): 2nd Report of the Royal Commission on Social Policy – Future Directions, Wellington 1988.
Royal Commission to Inquire into the Crash on Mount Erebus, Antarctica, of a DC10 Aircraft Operated by Air New Zealand Limited: Report of the Royal Commission to Inquire into the Crash on Mount Erebus, Antarctica, of a DC10 Aircraft Operated by Air New Zealand Limited, Wellington 1981.
- Submissions and transcripts of hearings, notes of evidence, briefs of evidence, final submissions, and exhibits, Wellington 1984.

Von Savigny, Friedrich-Carl: System des heutigen Römischen Rechts, Bd. VIII, Berlin 1849 (Neudruck 1956).
Schack, Haimo: Einführung in das US-amerikanische Zivilprozeßrecht, 2. Aufl., München 1995.
- „Entscheidungszuständigkeiten in einem weltweiten Gerichtsstands- und Vollstreckungsübereinkommen", in: ZEuP 1998, S. 931 ff.
- Internationales Zivilverfahrensrecht, 3. Aufl., München 2002.
Schäfer, Dieter: Soziale Schäden, soziale Kosten und soziale Sicherung. Argumente für ein Modell zur Integration aller Ausgleichsleistungen für Personenschäden in das soziale Sicherungssystem, Berlin 1972.
Schlueter, Linda L/Redden, Kenneth R.: Punitive Damages, 4. Aufl., Charlottesville 2000.
Rogers, W. V. Horton (Hrsg.): Winfield and Jolowicz on Tort, 16. Aufl., London 2002.
Schmeer, Herbert: „Haftungsersetzung durch Versicherungsschutz?", in: VersR 1973, S. 390 ff.
Schönberger, Carsten: Das Tatortprinzip und seine Auflockerung im deutschen internationalen Deliktsrecht, München 1990.
Schulin, Bertram (Hrsg.): Handbuch des Sozialversicherungsrechts, Bd. 2: Unfallversicherungsrecht, München 1996 (zitiert: *Bearbeiter*, in: *Schulin*, Handbuch des Sozialversicherungsrechts).
Schulin, Bertram/Igl, Gerhard: Sozialrecht, 7. Aufl., Düsseldorf 2002.
Schulz, Carsten: „Englisches internationales Deliktsrecht im Umbruch. Die Red-Sea-Entscheidung des Privy Council",in: RIW 1996, S. 468 ff.
Schwarz, Gilbert: „Unfallregulierung im Europäischen Ausland", in: NJW 1991, S. 2058 ff.
Seidel, Katrin: Die Anknüpfung der unerlaubten Handlung im deutschen internationalen Privatrecht unter Berücksichtigung des Kollisionsrechts der Schweiz, Österreichs, Italiens, Frankreichs, Großbritanniens und der USA, Diss. jur., Kiel 1999 (zitiert: *Seidel*, Anknüpfung der unerlaubten Handlung).

Select Committee on Compensation for Personal Injury in New Zealand: Report of Select Committee on Compensation for Personal Injury in New Zealand, Wellington 1970.

Shapira, Giora: „New Zealand Accident Compensation and the Foreign Plaintiff: Some Conflict of Laws Problems“, in: Ottawa L. Rev. 12 (1980), S. 413 ff.

Sieg, Karl: „Überlagerung der bürgerlich-rechtlichen Haftung durch kollektive Ausgleichssysteme“, in: VersR 1980, S. 1085 ff.

Sieghörtner, Robert: Internationales Straßenverkehrsunfallrecht, Tübingen 2002.

Smillie, John: „Exemplary Damages and the Criminal Law“, in: Tort L. Rev. 6/1998, S. 113 ff.

Spickhoff, Andreas: „Die Tatortregel im neuen Deliktskollisionenrecht“, in: IPRax 2000, S. 1 ff.

St John, Susan: „Accident Compensation in New Zealand: A Fairer Scheme?“, in: *St John/Dalziel/Boston* (Hrsg.), Redesigning the Welfare State in New Zealand; Problems, Policies, Prospects (1999), Auckland 1999, S. 154 ff. (zitiert: *St John*, in: Redesigning the Welfare State).

\- „Summary: Looking back at Accident Compensation: finding lessons for the future“, in: VUWLR 34 (2003), S. 443 ff.

Stapleton, Jane: Disease and the Compensation Debate, Oxford 1986.

Stark, Emil W.: „Entschädigungsrecht am Scheideweg – Haftpflichtrecht mit Haftpflichtversicherung oder Personen- und Schadensversicherung“, in: VersR 1981, S. 1 ff.

Staudinger, Ansgar: „Das Gesetz zum Internationalen Privatrecht für außervertragliche Schuldverhältnisse und für Sachen vom 21.05.1999“, in: DB 1999, S. 1589 ff.

Von Staudinger, Julius: Kommentar zum Bürgerlichen Gesetzbuch mit Einführungsgesetz und Nebengesetzen, Einführungsgesetz zum Bürgerlichen Gesetzbuch/IPR, 13. Aufl., Berlin 1998 (zitiert: *Bearbeiter*, in: *Staudinger*, BGB).

Steel, Freda M./Rodgers-Magnet, Sandra (Hrsg.): Issues in Tort Law, Toronto 1983 (zitiert: *Bearbeiter*, in: *Steel/Rodgers-Magnet*).

Steffen, Erich: „Haftung im Wandel“, in: ZVersWiss 1993, S. 13 ff.

Stein, Michael Ashley: „Priestley v. Fowler (1837) and the Emerging Tort of Negligence“, in: Boston College L.R. 44 (2003), S. 689 ff.

Stephens, Robert: „The Economic and Social Context for the Changes in Accident Compensation“, in: VUWLR 34 (2003), S. 351 ff.

Stoll, Hans: „Zweispurige Anknüpfung von Verschuldens- und Gefährdungshaftung im internationalen Deliktsrecht?“, in: *Heldrich* (Hrsg.), Konflikt und Ordnung, Festschrift für Murad Ferid zum 70. Geburtstag, München 1978, S. 397 ff. (zitiert: *Stoll*, in: FS Ferid).

- „Sturz vom Balkon auf Gran Canaria – Akzessorische Anknüpfung, deutsches Deliktsrecht und örtlicher Sicherheitsstandard“, in: IPRax 1989, S. 89 ff.
- „Haftungsfolgen im bürgerlichen Recht. Eine Darstellung auf rechtsvergleichender Grundlage, Heidelberg 1993.

Stolleis, Michael: „Industrielle Revolution und Sozialversicherung“, in: *Ruland* (Hrsg.), Verfassung, Theorie und Praxis des Sozialstaats, Festschrift für Hans F. Zacher zum 70. Geburtstag, Heidelberg 1998, S. 1081 ff. (zitiert: *Stolleis*, in FS Zacher).
- Geschichte des Sozialrechts in Deutschland, Stuttgart 2003.

Stritch, Andrew: „Competition and Compensation: The Privatisation of ACC“, in: Social Pol. J. of N.Z.11 (1998), S. 67 ff.

Szakats, Alexander: Compensation for Road Accidents, Wellington, 1968.
- „Community Responsibility for Accident Injuries: The New Zealand Accident Compensation Act“, in: U.B.C. Law Rev. 8 No. 1 (1973), S. 7 ff.

Tarr, Anthony A./Kennedy, Julie-Anne R.: Insurance Law in New Zealand, 2. Aufl., Sydney 1992.

Thomas, Heinz/Putzo, Hans (Hrsg.): Zivilprozessordnung: mit Gerichtsverfassungsgesetz, den Einführungsgesetzen und europarechtlichen Vorschriften (EuGVVO, EheVO, ZustellungsVO, ZustDG, AVAG), 24. Aufl., München 2002 (zitiert: *Bearbeiter*, in: *Thomas/Putzo*, ZPO).

Tobin, Rosemary: „The Common Law, Nervous Shock and Accident Compensation“, in: NZLJ 1992, S. 282 ff.
- „Trauma and Compensation“, in: NZLJ 1995, S. 248 ff.

Todd, Stephen: „Exemplary Damages“, in: NZULR 18 (1998), S. 145 ff.
- „Mental Injury and Actions for Damages“, in: NZLJ 1999, S. 216 ff.
- „Privatization of Accident Compensation: Policy and Politics in New Zealand“, in: Washburn L. J. 39 (2000), S. 404 – 495.
- The Law of Torts in New Zealand, 3. Aufl., Wellington 2001.

Todd, Stephen/Black, John: „Accident Compensation and the Banning of Actions for Damages“, in: Tort L. Rev. 1993, S. 197 ff.

Towse, Adrian/Danzon, Patricia: „Medical Negligence and the NHS: An Economic Analysis“, in: Health Econ. 8 (1999), S. 93 ff.

Trutmann, Verena: Das internationale Privatrecht der Deliktsobligationen. Ein Beitrag zur Auseinandersetzung mit den neueren amerikanischen kollisionsrechtlichen Theorien, Basel/Stuttgart 1973.

Tunc, André: „Traffic Accident Compensation: Law and Proposals“, in: *Tunc* (Hrsg.), International Encyclopedia of Comparative Law, Vol. 11 - Torts, Ch. 14, Tübingen u.a. 1986, S. 30 ff.
- „Quatorze ans après: Le système d'indemnisation neozelandais“, in: Rev. Dr. int. Comp. 1989, S. 139 ff.

Vennell, Margaret: „Medical Negligence and the Effect of the New Zealand Accident Compensation Scheme", in: ZVglRWiss. 1981, S. 228 ff.

- „Medical injury compensation under the New Zealand Accident Compensation Scheme: an assessment compared with the Swedish Medical Compensation Scheme", in: Professional Negligence 1989, S. 141 ff.
- Accident Compensation, in: *Todd* (Hrsg.), Law of Torts, S. 26 ff., Auckland 1991.
- Remedies, in: *Todd* (Hrsg.), Law of Torts, Auckland 1991.
- „Beyond Compensation", in: Hawaii L. Rev. 15 (1993), S. 568 ff.

Vennell, Margaret/Manning, Tim: „The Accident Rehabilitation and Compensation Insurance Act 1992", in: NZRLR 1992, S. 1 ff.

Vette, Gordon/MacDonald, John: Impact Erebus, New York 1984.

Vogelsang, Wolfgang: „Die Neuregelung des Internationalen Deliktsrechts: Ein erster Überblick", in: NZV 1999, S. 497 ff.

Von Wächter, Carl-Georg: „Über die Collision der Privatrechtsgesetze verschiedener Staaten", in: AcP 24 (1841), S. 230 ff; 25 (1842), S. 1 ff; S. 161 ff; S. 361 ff.

Wagner, Gerhard: Kollektives Umwelthaftungsrecht auf genossenschaftlicher Grundlage, Berlin 1990.

Wandt, Manfred: „Zum Rückgriff im Internationalen Privatrecht", in: ZVglRWiss 86 (1987), S. 272 ff.

Wenckstern, Annette: Die Haftung bei der Arzneimittelprüfung und die Probandenversicherung: Haftungsersetzung durch Versicherungsschutz, Frankfurt am Main, 1999.

West, Leigh: „Comprehensive No-Fault in New Zealand: A Model For Ontario?", in: JLSP 10 (1994), S. 241 ff.

Weyers, Hans-Leo: Unfallschäden – Praxis und Ziele von Haftpflicht- und Vorsorgesystemen, Frankfurt am Main 1971.

- „Perspektiven für das Unfallschadensrecht", in: ZRP 1977, S. 292 ff.

Widmer, Pierre: „Reformüberlegungen zum Haftpflichtrecht", in: *Honsell/Rey* (Hrsg.), Symposium Stark, Neuere Entwicklungen im Haftpflichtrecht, veröffentlicht im Auftrag der Rechts- und Staatswissenschaftlichen Fakultät der Universität Zürich, Zürich 1991, S. 49 ff. (zitiert: *Widmer*, in: Symposium Stark).

Wilde, Christian: Der Verkehrsunfall im internationalen Privatrecht. Ein Beitrag zur Methodik des amerikanischen und kontinentaleuropäischen Kollisionsrechts, Hamburg 1969.

Willy, Anthony A. P.: „The Accident Compensation Act and Recovery for Losses arising from Personal Injury and Death by Accident", in: NZULR 6 (1975), S. 250 ff.

Wilson, Ross: „1990s – Decade of Change", in: VUWLR 34 (2003), S. 387 ff.

Wilson, Ross/Duncan, Grant: „An update on Accident Compensation in New Zealand: The end of an Experiment?“, in: ZIAS 13 (1999), S. 397 ff.

Von Winterfeld, Achim: Das englische Deliktsstatut in seiner geschichtlichen Entwicklung. Eine Untersuchung der englischen Rechtsprechung unter Berücksichtigung der schottischen Entscheidungen, Diss. jur., Göttingen 1971.

Woodhouse, Owen: „Aspects of the Accident Compensation Scheme“, in: NZLJ 1979, S. 395 ff.

Wussow, Werner (Hrsg.): Unfallhaftpflichtrecht, 15. Aufl., Köln u.a. 2002 (zitiert: *Bearbeiter*, in: *Wussow*, Unfallhaftpflichtrecht).

Zador, Paul/Lund, Adrian: „Re-Analysis of the Effects of No-Fault Auto Insurance on Fatal Crashes“, in: JRI 53 (6/1986), S. 226 ff.

Zweigert, Konrad/Kötz, Hein: Einführung in die Rechtsvergleichung, 3. Aufl., Tübingen 1996.

Frankfurter Abhandlungen zum Sozialrecht

Herausgegeben von
Ingwer Ebsen, Franz Ruland und Michael Stolleis

In der Reihe "Rechtswissenschaft" der EUROPÄISCHEN HOCHSCHULSCHRIFTEN sind bereits erschienen:

Gudrun Doering-Striening: Die Versagung von Opferentschädigungsleistungen gemäß § 2 Abs. 1 OEG. Zugleich ein Beitrag über Handhabung und Bedeutung von § 2 Abs. 1 OEG in der Praxis. EHS II, Band 657. 1988.

Ernst-Peter Gerhardt: Integrative Erziehung behinderter und nichtbehinderter Kinder im Kindergarten – rechtlicher Rahmen und Finanzierung. EHS II, Band 947. 1990.

Anne Breuer: Antidiskriminierungsgesetzgebung – Chancen oder Irrweg? Zur Verfassungsmäßigkeit und Geeignetheit gesetzgeberischer Maßnahmen zur Förderung der Gleichberechtigung. EHS II, Band 1112. 1991.

Michael von Savigny: Die Gesundheitsfürsorge im Strafvollzug unter besonderer Berücksichtigung der Gefangenen im freien Beschäftigungsverhältnis. EHS II, Band 1254. 1992.

Bernd Schieferstein: Die Wahrnehmung überörtlicher Sozialhilfeaufgaben durch höhere Kommunalverbände – am Beispiel des Landeswohlfahrtsverbandes Hessen. EHS II, Band 1294. 1992.

Band 1 Theresia Degener: Das ambulante Pflegerechtsverhältnis als Modell eines Sozialrechtsverhältnisses. 1994.

Band 2 Martina Keil-Löw: Die Kündigung des Versorgungsvertrags eines Plankrankenhauses nach § 110 SGB V. Suche nach einem wirksamen Instrument zur Steuerung der Krankenhauskapazität. 1994.

Band 3 Thomas Stöhr: Reform der einkommensteuerlichen Behandlung von Alterseinkünften. 1998.

Band 4 Martin Gegenwart: Die sozialrechtliche Stellung des Asylbewerbers in Frankreich und Deutschland. 1998.

Band 5 Frank Ehmann: Verwaltungsakte mit Dauerwirkung im Sozialhilferecht. 1999.

Band 6 Georg Karuth: Kindererziehungszeiten in der gesetzlichen Rentenversicherung. Verfassungsmäßigkeit der subsidiären Anrechnungsmethode. 2000.

Band 7 Angela Busse: Die medizinische Rehabilitation geistig und psychisch Behinderter. Zur Dogmatik medizinischer Rehabilitationsleistungen im Recht der finalen Sozialversicherungsträger. 2000.

Band 8 Knut Hinrichs: Selbstbeschaffung im Jugendhilferecht. Zur Aktualität fürsorgerechtlicher Grundsätze in der Jugendhilfe. 2003.

Band 9 Jürgen Fenn: Verfassungsfragen der Beitragsgestaltung in der gewerblichen Unfallversicherung. Gefahrtarif und DDR-Altlasten als Gleichheitsproblem. 2006.

Band 10 Olaf Dziallas: Das neuseeländische Accident Compensation Scheme. Haftungsersetzung durch Volksunfallversicherung. 2006.

www.peterlang.de

FSC
www.fsc.org
MIX
Papier | Fördert
gute Waldnutzung
FSC® C083411

Kolibri 360 GmbH
Ferdinand-Jühlke-Straße 7
99095 Erfurt, Deutschland
produktsicherheit@kolibri360.de

Druck:
CPI Druckdienstleistungen GmbH
im Auftrag der
Kolibri 360 GmbH
Ferdinand-Jühlke-Str. 7
99095 Erfurt